新编剑桥印度史

新编剑桥印度史

THE NEW CAMBRIDGE HISTORY OF INDIA

近代印度妇女

Women in Modern India

〔美〕杰拉尔丁·福布斯　著

蒋茂霞　译

CAMBRIDGE

云南人民出版社

图书在版编目（CIP）数据

近代印度妇女 / (美) 杰拉尔丁·福布斯著；蒋茂霞译. -- 昆明：云南人民出版社，2023.11
（新编剑桥印度史）
书名原文：Women in Modern India
ISBN 978-7-222-21014-1

Ⅰ.①近… Ⅱ.①杰… ②蒋… Ⅲ.①妇女—历史—印度—近代 Ⅳ.①D443.519

中国版本图书馆CIP数据核字(2022)第124298号

著作权合同登记号：图字：23-2014-055号

责任编辑 王 逍
装帧设计 王睿韬
责任校对 董郎文清 周 彦 白 帅
责任印制 代隆参

丛书名	**新编剑桥印度史**	E-mail	ynrms@sina.com
书　名	**近代印度妇女**	开　本	720mm×1010mm　1/16
作　者	〔美〕杰拉尔丁·福布斯　著	印　张	21.75
	蒋茂霞　译	字　数	426千
		版　次	2023年11月第1版第1次印刷
出　版	云南人民出版社	印　刷	昆明美林彩印包装有限公司
发　行	云南人民出版社	印　数	0001—2000册
社　址	昆明市环城西路609号	书　号	ISBN 978-7-222-21014-1
邮　编	650034	定　价	109.00元
网　址	www.ynpph.com.cn		

出版说明

剑桥世界史系列图书，在世界上享有很高学术声誉，是当今史学界的著名学术品牌。“新编剑桥印度史”丛书是其中之重要一种。2003年，云南人民出版社率先在国内推出的《剑桥东南亚史》，在学术界产生了较大影响，促进、推动了中国的东南亚史研究。在中印交往越来越密切的形势下，深化对印度的研究十分重要。云南人民出版社再次携手剑桥大学出版社出版“新编剑桥印度史”丛书中文版，旨在为专家学者提供有益参考，拓宽研究视野，提升国内研究印度的水平，推进中国的印度史及南亚史研究。它也是云南人民出版社响应国家建设中国面向西南开放重要桥头堡战略的一项重要学术文化工程。

“新编剑桥印度史”丛书是剑桥大学南亚研究所在1922—1937年间出版的《剑桥印度史》系列基础上，汲取国际上关注印度特定领域的专家学者最新研究成果精华推陈出新的倾心之作。自1987年推出《葡萄牙人在印度》（*The Portuguese in India*）以来，到目前为止，英文版已出版23种。其论述内容始自14世纪，终于20世纪七八十年代。丛书以一本本主题独立、时间重叠、内容互为补充的著作，涵盖了印度政治、经济、宗教、医学、科技、艺术、社会生活等领域。丛书英文版面世以来，世界媒体及专家学者给予了很高的评价，赞其“是真才实学的集大成者”，“不仅是现存史料的大汇聚，更有开拓性的研究、深刻的洞见和对某些个案富有见地的新的诠释”，“每一本都是引人入胜、叫人爱不释手的佳作”……

“新编剑桥印度史”丛书是专业性很强的学术著作，要达到“信”“达”“雅”的翻译标准并非易事。为了保证翻译质量，我们组织了一支由既具有深厚语言功底，也具有相关学术背景的专家学者组成的翻译、译校和审读队伍。专有名词的翻译参照了习惯译法，力求准确和统一；为了方便读者，书中所有译名首次出现时在其后标出了原文。

这里需特别说明的是：因该丛书原版各册出版时间跨度大，故编者身份及丛书内容介绍在各册中有所不同，为保持原貌，中译本未做统一。另为方便读者核查原著作内容，中译本标注出了原著页码。

为保证一定时限内出书，所有参加该项目的编校人员本着打造高质量学术精品的愿景，尽了最大的努力；但未敢有追求100分的完美奢望，如能得到读者朋友们90分的认可，即已感到由衷的欣慰。书中难免有诸多不足之处，诚挚欢迎专家学者与广大读者朋友批评指正，望不吝赐予建设性意见，以便重印、再版时改进。

今天，呈献给大家的这套书，凝聚了所有参与者、关心者的心血，特别是出任本丛书翻译顾问的孙培钧先生（中国南亚学会原会长）、孙士海先生（现任中国南亚学会会长）、林承节先生（北京大学教授）、谭中先生（印度德里大学历史学硕士、博士，曾获印度政府二等莲花奖及中印友谊奖）以及担任译审委员会主任的云南省社会科学院院长任佳女士等对本丛书的翻译出版给予了精心指导和大力帮助，借此谨向他们致以衷心的感谢！云南省社会科学院、云南省南亚学会、中国南亚学会、中国社会科学院、北京大学、云南大学、四川大学等研究机构、高校及有关专家学者对该丛书的翻译、译校和审读工作给予了有力支持和无私奉献，在此一并谨致谢意！

云南人民出版社

2012年9月

新编剑桥印度史

尽管1922—1937年间出版的最初的“剑桥印度史”对印度编年史的编纂和对印度政府行政结构的描述做出了很大贡献，但不可避免的是，它已经被过去50年里出版的大量新研究超越了。

为了完整呈现关于南亚历史发展的最新学术成果和不断变化的见解，“新编剑桥印度史”丛书将以一系列简短而自成一体的著作出版。在总的4个部分中，每一本图书都针对一个独立的主题，由1—2位作者完成。在总的4个部分中，将以统一的格式出版互为补充的31本。每一本都会包括一篇很长的文献述评，以引导非专业人士进一步阅读相关文献。

4部分即：

Ⅰ 莫卧儿人及其同时代族群；

Ⅱ 印度邦国和向殖民体制的过渡；

Ⅲ 印度帝国和现代社会的开端；

Ⅳ 当代南亚的演进。

每本书的最后都会附有准备出版的单本书的书名。

总编前言

“新编剑桥印度史”丛书内容涵盖了16世纪初以来的历史。在某些方面，它标志着剑桥史风格的根本改变，在其他方面，编者们认为他们仍是在坚定不移地按照既定的学术传统进行工作。

1896年夏，F.W.梅特兰（F.W.Maitland）和阿克顿勋爵（Lord Acton）萌发了编撰一套综合性现代史的想法。至同年底，剑桥大学出版社的理事们已决定出版《剑桥现代史》。阿克顿勋爵被任命为负责人。出版工作预计从1899年开始，到1904年完成，但事实上，首卷在1902年才问世，末卷出版则迟至1910年，而附加的图表卷和地图卷是在1911年和1912年出版的。

《剑桥现代史》获得了巨大的成功，其后又出版了一个完整的各具特色的剑桥史丛书系列，涵盖了英国文学、古代世界、印度史、英国外交政策、经济史、中世纪史、英帝国、非洲、中国和拉丁美洲等领域；甚至在现在，也还在筹备出版其他新的系列。的确，这些种类繁多的剑桥史丛书使本社在出版人文和社会科学领域的一般参考书方面拥有明显的优势。

剑桥史系列之所以如此与众不同，是因为它们从来就不只是与词典和百科全书类似的著作。用H.A.L.费歇尔（H.A.L.Fisher）的话来说，剑桥史一直都是“由那些关注专门领域的最新研究成果的专家写成”。不过，正像阿克顿勋爵和出版社理事们于1896年一致同意的那样，它们从不是现存材料的简单汇编，而是原创著作。毫无疑问，这些书的质量参差不齐，一些书很快就过时了，但它们的优点在于它们始终在创造而不是简单记述已有的知识：它们倾向于潜心研究，大大地推动了更深入的研究工作。正是这一点，使得这些出版物价值倍加凸显，从其他种类的参考书中脱颖而出。“新编剑桥印度史”丛书的编者们在他们的工作中是承认这一点的。

最初的《剑桥印度史》是于1922—1937年间出版的。该丛书原计划出版6卷，但其中论述自公元1世纪起至穆斯林入侵印度止这段时期历史的第2卷一直没有出版面世。一些材料依旧具有价值，但很多方面目前看来已是过时了。过去50年对印度进行了大量新研究，而新研究成果的一个显著特征是对传统印度史中十分武断的年代学和分期法的恰当性提出了质疑。

编者们认为，使用传统方式来编撰新的印度史在学术上是不合宜的。过去半个世纪人们对印度史研究的选择性从一开始就注定了整个印度史不可能以均衡、全面的方式来展现。他们的结论是，最好的方案是把印度史划分成在时间上相互重叠的4部分，每一部分大致包含8卷本具有独立题目或主题的著作。尽管就篇幅而言，这套书相当于传统类别的大部头著作，但形式上，“新编剑桥印度史”丛书将成为一套包括了几个独立但互补的部分的鸿篇巨作。据此，各分本分列在以下4部分中：

Ⅰ　莫卧儿人及其同时代族群；

Ⅱ　印度邦国和向殖民体制的过渡；

Ⅲ　印度帝国和现代社会的开端；

Ⅳ　当代南亚的演进。

正像这些部分中的各本之间是互补的那样，它们确实既在主题上也在年代上相互交错。恰如它们所呈现的那样，它们旨在根据现在的研究来描述这一主题，以促进进一步的研究。我们不期待“新编剑桥印度史”丛书成为这一领域的定论，而是成为有关这一主题持续争论中的一个重要声音。

中文版总序

这里呈献给读者的是英国剑桥大学出版社出版的“新编剑桥印度史”丛书的中译本。这套著述是英、美、印度等国的一大批学者多年潜心研究的结晶。内容以近现代为主，广泛涉及政治、经济、宗教、社会生活、科技、艺术等领域。著者中不少人是享有盛名的史学家，也有些是卓有成就的后起之秀。著述使用了包括实地考察成果在内的大量第一手资料，内容充实，立论严谨，分析深入，观点富有创意。丛书自问世以来，在国际学术界广受好评。此次中译本的出版，对中国学界和广大读者深入了解印度的历史和现状、促进两国的学术和文化交流，无疑会起到积极的作用。

由于一段时期以来中印间往来闭塞，直到20世纪90年代，在中国人心目中，印度依然是一个神秘国度。凭着少量记载和虚虚实实的传言，中国人得到的印度形象是零星的、片面的、过时的，有些甚至是扭曲的，恰像数十年前西方人对中国的了解一样。随着中印两国改革开放和人员交往的增多，特别是两国作为“金砖国家”成员崛起，媒体的报道越来越频繁，去印度旅游的人也越来越多。这样，迷雾渐渐被拨开，一个真实的印度鲜活地呈现在中国人民面前。人们一方面看到了和中国相似因而非常眼熟的景象：贫穷、落后、奋发图强、日新月异的变化、一个新兴大国的悄然崛起……另一方面，也有很多现象觉得不能理解甚至有一种不可思议感。比如，印度社会为何如此五光十色，又怎样能实现多元统一？为什么会不断爆发宗教骚乱，而且每次都有大批人狂热地跟随？为什么独立60多年了，种姓影响还如此强烈，以致今日有一批低种姓政党在地区政治舞台上成了主角？最近10多年来，是什么原因使印度历届政府大都是多党联合执政，有的执政联盟甚至由20多个党构成？这些疑问，从现实里是很难找到答案的。答案寓于历史中。只有了解印度历史，才能知道印度从古至今的复杂发展进程；了解其特点，才能对今日印度的现实做出合理的解释。历史不但是现实的镜子，也是打开现实迷宫、认识真实印度的钥匙。

坦率地说，中国学者对印度历史的研究是很薄弱的。迄今，我们至多只是在若干点上有所探讨，面上的研究特别是宏观整体的把握是很欠缺的和肤浅的。“新编剑桥印度史”丛书使中国学者不仅有机会了解各有关专题的论证，而且能够领略到撰写者收集材料的细致、学风的踏实严谨、视野的开阔，了解到他们各具特色的史学观点、分析方法和编撰风格。这些都会给国内史学工作者以新的启示，而他们研究的丰硕成果更是值得中国学者借鉴、吸纳。当然，各国国情不同，中国学者在历史研究的观点、方法和研究的重点上有自己的特色。保持和发扬自己的特色，同时以敞开的胸怀吸收国外一切优秀成果，我们才能得到真知。这也是研究印度历史、认识今日印度的正确道路。

不久前，在一次研讨会上，几位同事曾就推进国内印度史研究的问题交换意见。大家一致认为，除了要在收集、整理资料上下大功夫外，还必须在宏观把握上更加努力。当前，要特别努力理顺印度史上一些重大关键问题，尤其是那些有争议的问题。因为这些关键问题构成历史的基本骨架，是深入研究具体事件和过程的指针。我国史学界以往曾受到极左指导思想的影响，加之缺乏与国际学术界的沟通，对印度史的看法有不少不客观之处，应该纠正。如果把关键问题理顺了，深入研究具体问题就有了坐标。借此“新编剑桥印度史”丛书中译本出版之机，我愿把自己这方面的一点浅见写出来，向学界求教，期望抛砖引玉，引起讨论，以共同的努力，促进印度史研究的深入开展。

重大关键点很多，我初步想到了以下几点：

1.印度社会结构的独特性

印度社会是阶级—种姓复合型社会，这在世界上是独一无二的。自雅利安人部落解体以来，阶级成了社会构成的细胞；这时种姓制度的形成，成了社会构成的另一种细胞。两者是分别存在的，又有交叉重叠，都对社会的结构、功能、性质、人与人关系和社会意识等方面起着支配性影响。两套体系的内部梯级在成员构成上有一致的一面，但又不尽相同。前者可流动，后者则世代相传，固定不变。两者都是以维护少数特权上层的统治为根本目标的，起到相辅相成的作用，但也有相互制约的一面。正是种姓制度的存在，使阶级关系发展得不充分，造成了印度阶级社会某些独有的特点。习惯于用阶级观点观察历史的中国学者都认为印度古代社会和中国一样都属东方型社会，其实印度和中国是有很大不同的，最大的区别就在于印度社会构成的复合性质。因此，研究印度历史和社会如果低估种姓制度的作用而一味强调阶级分野，得出的结论就有脱离历史实际之虞。

今天，种姓对社会的影响虽然已经淡化，但依然清晰可见。不仅种姓观念至今在农村和经济不发达地区依然是支配人们思想行动的强大因素，近年来北印度不止一个邦低级种姓政党的兴起和取得邦执政地位更是强劲地表明，低级种姓的影响力如今上升了，大有与高级种姓一争高低的气势。悲观论者认为这是种姓制度的复苏。其实，它不是复苏，而是种姓制度式微道路上的波澜，是新生力量对旧形式的利用。这是可以理解的。长期受压抑的低种姓随着经济和教育条件的改善，其精英需要在政治和社会地位上取得真正平等的权利。低种姓具有人数优势，竭力把选票变为武器，实现这个目标。低种姓政党的兴起和影响印度政治生态的平衡是必然趋势。要达到种姓制度最终淡化，这一段路是必定要走的，而且会是一段很长的路。

2.如何看待穆斯林进入印度和教派主义的出现

印度古代史上外族入侵接二连三，有两种性质，一是来掠夺财富，一是来征服领土，建立统治，并伴随大规模的族群移居。穆斯林入侵这两种情况都有，像加兹尼国王马哈茂德1001—1026年间入侵印度17次，掠走财物无数，就是纯粹的掠夺者；德里苏丹国和莫卧儿帝国的建立与之不同，穆斯林此时大规模来印度定居，逐渐融入次大陆居民的大群体中。特别是大量印度教徒改宗伊斯兰教后，使穆斯林本土化趋势加强。因此，历史研究在论及穆斯林入侵时，应该把德里苏丹国和莫卧儿帝国时期穆斯林的进入印度和那种纯粹的掠夺入侵区别开来。前者固然也是作为入侵者来的，带来了屠杀、破坏、宗教压迫，但其后代（更不用说大量印度教改宗者）已成了印度次大陆居民的一部分，世代在这里生活，对次大陆的经济发展和文化繁荣做出了自己的贡献。这一点必须得到肯定。印巴分治后，选择留在印度的穆斯林首先认同自己是印度人，这是基本事实。正因为这样，社会对他们不应再以外来侵略者看待，也不能再以伊斯兰教是外来宗教的理由排斥他们，印度教徒和穆斯林应和睦相处。这也就是尼赫鲁在印度独立时就把世俗化和宗教平等定为基本国策的原因。这一方针是完全正确的。

穆斯林统治印度后利用政治权力实行宗教压迫，造成了宗教对立与仇恨。英国殖民统治者为了维护殖民统治，也竭力利用宗教矛盾，制造分裂，结果导致了印巴分治。

也就是在英国统治时期，宗教与政治的密切结合产生了一个怪胎，这就是教派主义。教派主义者宣称，一个教派不仅信仰相同，而且有共同的经济和政治利益，应把维护本教派的利益放在高于一切的地位。印巴分治前，鼓吹教派主义的主要是穆斯林上层，印度教也有少数人鼓吹，不过是处于守势。分治后，尼赫鲁警告说，在独立后的印度，印度教教派主义将是威胁国家世俗化进程的主要危险。事实果然如此。一再发生的宗教骚乱、旷日持久的寺—庙之争、关于“印度教特性”的鼓吹，在在都表明印度教教派主义是事端的主要挑起者和幕后的罪魁祸首。

表面看来，似乎印度频发的宗教冲突是出自人们的宗教狂热，其实，真正狂热的是那些教派主义组织和教派主义者。他们常年蛊惑宣传，利用群众的宗教感情，煽动大众。所谓宗教冲突，其实质是政治利益之争。在选举政治下，这个利益之争的集中表现就是通过煽动群众的宗教感情，在大选中捞取选票。印度总理曼莫汉·辛格最近还说，教派主义是今日印度面临的最大挑战之一。有些人和组织为了否定印度多年实行的世俗化国策，编造种种理由。历史研究者在这个问题上应该是非分明，揭露真相。

3.殖民统治的双重历史使命

马克思于1853年就指出："英国在印度要完成双重的使命：一个是破坏性的使命，即消灭旧的亚洲式的社会；另一个是建设性的使命，即在亚洲为西方式的社会奠定物质基础。"这一精辟论断为学术界全面正确地认识殖民主义的历史作用提供了入门的钥匙。

英国统治印度近两个世纪，在印度实行的经济掠夺、政治压迫和民族欺凌可谓罄竹难书。历史研究无论何时谈到殖民统治时，对侵略罪行绝不能回避或轻描淡写，更不能美化或为之辩解。

在充分揭露的同时，也必须冷静地观察和研究另一面，即殖民统治和剥削不自觉地起到的建设性作用。殖民剥削是为宗主国资本主义发展服务的，无论哪个时期的殖民政策，万变不离其宗，都是为了最大限度地掠夺殖民地半殖民地的财富。为了把殖民地半殖民地变成自己的商品市场、原料产地和投资场所，就必须摧毁横亘在它前进道路上的绊脚石——当地的自然经济结构，并对其上层建筑实行相应的改造。殖民统治者必须这样做，只有这样才能实现掠夺目的；但只要这样做，不管愿意与否，就会为这些国家资本主义因素的出现奠定物质基础。这是殖民统治固有的内在矛盾，是不以人的意志为转移的。印度在英国统治下，到20世纪中期，无论是社会经济、政治制度，还是教育制度、社会观念，都有了巨大的变化，有的方面甚至是跳跃式的前进。这一点只要追踪研究整个殖民统治时期的印度史，就会有深刻的印象。

不过，殖民统治者对破坏性和建设性两种使命都不会彻底完成，一般来说都是在进行一定阶段后半途止步。这同样是由其卑鄙私利决定的。

英国在印度的所作所为正是呈现出这样鲜明的矛盾性。具体表现为：它实现了印度的政治统一，却人为地保持了部分分裂状态（土邦）；它摧毁了印度的自然经济和村社，却竭力维护半封建的土地所有制；它把印度和世界资本主义市场联系起来，却剥夺印度自主贸易的权利；它把大工业移植到印度，却竭力压制民族工业的发展；它把政治民主制传到这个国度，却只是用作殖民高压统治的装饰物；它自诩是西方自由平等思想的传播者，却傲然高踞于印度人民头上，颐指气使；它为了庞大的殖民统治机器和商业机构的运转不得不兴办近代学校，却要通过奴化教育，摧毁印度民族自豪感的根基；它在行政管理上、教育体制上实行世俗主义，却为了对抗民族运动竭力挑动宗教冲突。凡此种种，都清楚地反映了上述殖民统治的内在矛盾如影随形，支配它的一举一动。

有的人讲起殖民统治的历史，对其建设性作用的一面不愿承认。从心情上说这是可以理解的。然而，感情代替不了理智的分析。历史研究是讲唯物主义和辩证法的，如果离开这个原则，我们就不能真正把握历史发展的全貌，认识就会出现偏差。比如，印度的大工业、近代教育和近代知识分子什么时候开始有的，是独立后突然冒出来的吗？1885年建立的国大党为什么一开始就以在印度实行议会民主制作为追求目标，那些先驱者的先进思想是哪里来的，是自己头脑里想出来的吗？今天，历史研究的任务已经不是要论证它的建设性使命是否存在，这已是很清楚的事了；而是要深入研究由于它蓄意阻挠破坏性和建设性使命的彻底完成，给印度的现代化进程造成了什么样的畸形，带来哪些危害，应当怎样纠正，这才是历史研究为现实服务之正道。

4.印度争取独立的非暴力不合作道路

习惯于认为武装斗争是被压迫民族争取独立的唯一道路的中国学者，要充分肯定印度的非暴力不合作道路是需要在思想上转很大弯子的。但这是必须的，因为如果正视历史事实就不能不承认，印度通过这条道路确实取得了独立。事实上，世界各国的国情千差万别，革命根本就不存在什么唯一的道路。印度的特殊国情使它走非暴力不合作道路有必要，也有可能。

以往，人们对非暴力不合作道路有微词，认为那算不上革命，原因之一是认为它是懦弱的表现，反映了民族资产阶级的软弱性。民族资产阶级确实有软弱性，但甘地提出这一策略并非由于软弱，而是出于不可动摇地坚持真理的信念和渗透着强烈宗教性的价值观。谁能说一生十多次绝食、十多次坐牢，自称“剩下一个人也要斗争到底”的甘地是怯懦者？谁能说千千万万的群众不怕入狱、不怕没收财产，坚持以各种形式进行不合作斗争是软弱的表现？甘地非暴力思想表现的是大无畏精神，他的目的是鼓励每个人勇敢地坚持真理，他留下的最宝贵的遗产就在这里。

以往，人们对非暴力不合作道路有微词，是认为它对广泛发动群众是严重的羁绊，对统治者缺乏打击力度。殊不知，不合作策略调动了全国千千万万群众在各个领域以不同形式开展斗争，汇合在一起，成了雷霆万钧、令统治者胆战心惊的斗争风暴。就群众发动面之广和威力之大而言，印度的群众运动在现代世界民族解放运动史上是少见的。

以往，人们对非暴力不合作道路有微词，也是认为广大群众一旦行动起来，就不可能接受非暴力的禁锢，最终会摒弃它的领导。实际上，由于甘地在第二次不合作运动前就已明确表态，允诺不会因为发生个别暴力事件中止运动；结果参加人数之多、阶层之广泛，远远超过了第一次。广大群众的确是不愿受非暴力信条禁锢的，控制不住时会自行其是。但是，他们对甘地的无比热爱使他们即便在越出非暴力的限制时，也仍然打着甘地旗号，认为是在执行甘地的教导。1942年

8月，国大党决定开展“退出印度”运动，在还没有开始实施时就遭到当局扼杀。下层群众却闻风行动起来，而且发挥创造性，破坏交通线、攻击警察局，把甘地和国大党要求的非暴力不合作变成了暴力不合作；同时宣称，这是不合作的新形式，是按照甘地各自为战的要求实行的。可见，认为群众不接受非暴力就会离它而去并没有根据，群众不接受可以自行修正，成为群众版的非暴力不合作策略。这次斗争风暴显示出，如果广大群众都把甘地的非暴力不合作策略按自己的想法修正和发挥，对英国统治者而言，那将是何等可怕的事情！正是这场风暴带来的震撼，为战后英国决定退出印度埋下了最早的种子。

今天，我们强调要充分肯定非暴力不合作道路，不是要把它奉为典范，贬低武装斗争道路；只是要说明，不同国家可以有不同道路，不能生搬硬套，拿自己设定的标准苛求别人。

5.印度经济现代化的模式

1955年，作为政府总理的尼赫鲁为印度经济现代化规划了道路。其基本内容为：以增长、社会公平和自力更生为国家发展三目标，在混合经济体制下，实现以公营成分占主导地位的工业化和以合作制为基本结构的农业现代发展。其突出特点是：强调增长和社会公平并重，不能因追求增长而拉大贫富差距；在工商业领域大力发展国营成分，占领国民经济的制高点；私营成分只能在国家允许的框架内发展，要严加控制；实行进口替代方针，对进出口贸易和外商投资实行严格管制。结果，印度经济虽有发展，但在一段时期后成了半封闭的经济，处于停滞状态。

自1991年拉奥执政起，印度开始全面经济改革。之后的政府像接力赛一样，一棒接一棒地深化改革内容，完成了经济发展模式的转型。这样就形成了现代化第二个模式。其特点可以概括为：在自由化、市场化、全球化的方向下，用重点发展高科技产业特别是信息产业带动技术进步和经济全面发展。印度半管制的内向型经济转变成了市场化的、开放的外向型经济。

这个转轨是适应世界发展潮流的要求，是改变印度已经落后了的经济结构，为停滞不前的经济注入活力的要求，也是提高人民群众生活水平的要求，因而是完全必要的。改革取得了显著成效，使经济发展上了一个新台阶，增长速度进入快车道，国家经济实力和人民群众的生活水平都有了明显提高。

面对日益显现的改革成效，改革初期那些质疑和反对改革的声音逐渐减弱了，虽然在一些问题上还存在分歧，但各政党的共识已越来越多。可是，另外一种声音却有抬头之势，这就是对尼赫鲁规划的发展道路持否定态度，认为当年强调公营成分为主导，对私营经济严加约束，强调自力更生，强调建设“社会主义类型社会”，都做错了。有些政党和学者认为，印度从独立时起就应该实行像第二个模式那样的政策。这种“今日对就一定是昨天错”的思维是脱离历史实际的，是非历史主义的。

新模式并非凭空出现，而是在第一个模式的基础上重构的。没有第一个模式奠定的根基，就不可能有第二个模式。试想：如果没有公营重工业的迅速发展，完整的工业体系能那么快地建立吗？如果没有公营工业的发展和对私营经济的控制，国家经济发展的规划能得到切实的保障吗？如果不实行进口替代，印度能真正实现经济自立吗？如果印度那时就完全敞开国门，印度国内市场还能是印度的市场吗？新模式是新的，但也并不是完全摈弃了第一个模式的要素。例如，增长、社会公平和自力更生仍然是国家经济发展的目标；尽管现在在指导思想上是增长第一，兼顾公平，但这个兼顾被十分强调，绝不是可有可无的。再如，混合经济体制今天依然存在。公营成分在国民经济中的地位虽然改变了，但只要还有大量公营成分存在，混合经济体制就不会消失。正因为有这些继承关系，所以第二个模式虽然以自由化、市场化、全球化为改革方向，但仍带有鲜明的印度特色，与其他发展中国家的模式并不完全相同。

尼赫鲁规划的印度初期发展道路确实有一些不妥当之处，如对公营成分的作用期望太高、对私营成分管制过严、对农业合作化抱有不切实际的幻想等。但整体上说，他规划的道路是符合当时的实际的，是必须的，因而是正确的。值得一提的是，在实行改革开放后，人们发现，经济虽然快速增长了，但社会贫富分化也在加剧，普通下层群众的不满导致了不止一届政府下台。当后继的一个个政府吸取教训，都把缩小贫富差距的口号响亮地喊起时，人们突然发现，这不就是尼赫鲁当年定为国策的口号吗？这不就是他要建立的“社会主义类型社会”的实质吗？原来，尼赫鲁是有先见之明的。这样说来，要以今天的模式否定昨天的模式确实是站不住脚的。可以说，没有昨天便没有今天，那些今天正确的政策未必昨天就能实行。印度的问题其实不在于尼赫鲁道路错了，再正确的决策由于所依据的客观形势和历史任务的变化也需要随时改变。后来的执政者没有及时改变，甚至有些方面还背道而驰，这是造成经济发展停滞的重要原因。回顾历史应当总结经验，吸取教训，但千万不能脱离时空条件，主观臆断。

6.联合政府成了近20多年印度政治格局的常态

从1989年起，印度人民院历届选举结果都是“悬浮议会”，即没有一个党取得过半数席位，只能几个党成立联合政府，或建立少数派政府，取得别的党外部支持。这样，联合政府就成了常态。

这种变化引起了不同反应。有一些人认为，联合政府出现是偶然的，不会持续太久。更多人认为，联合政府一再出现，是印度民主政治倒退的表现，给经济发展前景蒙上浓厚阴影。提起联合政府，很多人就会感到不安。究竟应怎样评估这一现象？

联合政府在未来一段长时期内常态化是不可避免的。国大党从20世纪70年代起就因内外因素的共同作用，失去了原有的大批支持者，不再有能力在大选中取得过半数席位。新崛起的印度人民党由于其教派主义意识形态得不到穆斯林支持，印度教徒也有很多人不赞同，每次大选最多能得到1/3强的席位。更应着重提出的是近20多年来，随着各地区经济的发展，地区精英在舞台上崭露头角；随着保留制的扩大，低种姓精英大批出现，他们都要在政治上发动本地区本种姓的群众争取自身的利益，这就导致了地区政党和低种姓政党像雨后春笋般地出现。而大量政党在大选中都参与争夺选票和席位，就使选票严重分散化成为必然。在这种情况下，任何政党要独自达到过半数席位都是非常困难的。这种情势短期内有没有可能改变？没有。所以，在未来一段时期，除非发生了非常特别的变故，要改变联合政府的格局是很少有可能的。

联合政府成为常态不是民主政治的退步，相反是进步中出现的现象。印度是实行议会民主制的国家，议会民主制的活力就在于竞争。20世纪50—80年代，印度实际上是由国大党包揽执政权（1977—1979年除外），竞选变得有名无实。国大党由于是民族运动的旗手，在印度独立后又作为国家建设的领导者，政绩突出，受到广大群众拥戴是理所当然的。然而，很难撼动的执政地位又使它缺乏严格自律，不能与时俱进，不免失去许多群众的信任。如今在多党竞争、轮番执政的大环境下，逼使每个想争取更多选票的党都不得不注意自律，努力靠近群众。例如，国大党为了重振雄风，在索尼娅领导下强调加强党员同群众的联系，从改进基层工作做起；为了夺回民心，对国大党以往的某些错误政策和举动公开道歉；国大党领导的团结进步联盟执政后，尊重邦的权利，再也没有发生以往一个党单独执政时那些侵害邦自主权的事件。再从中央与地方关系的角度看，进入联合政府时期后，中央与地方关系大为改善。由于大量地区性政党参与中央执政，宪法规定的邦自主权受到了前所未有的尊重。这些都说明，民主政治进程并没有因为出现联合政府而逆转；相反，正是由于无论哪个执政党再也没有为所欲为的资本，所以对民主的尊重也普遍增加了一分。

联合政府带来了一系列问题，这是事实。例如，政府决策时不同倾向的政党互相牵制，迁延时日，妨碍及时决断；政党间争权夺利，钩心斗角，工作缺乏效率；执政联盟内讧不断，外部支持的党动辄撤销支持，导致政局不稳，一再提前大选，政府更替频仍；等等。这些对经济改革确实有消极影响，该实行的政策往往不能及时实行。但也应看到，联合政府并没有阻止改革的开展和深入。事实上，经济改革全面展开和深入正是在这一时期发生的。各执政党为了争取民心，都努力表现出对改革高度关心。这就使改革步步深入，保证了经济增长步入快车道。

多党联合执政开始时暴露出的问题确实很多，但实践出智慧，人们在实际工作中，逐渐摸索出了较成功的联合范式，包括在政策主张上求同存异、形成最低共同纲领、建立常规化的协调机制、规定必要的纪律约束等。事实证明这都是防止混乱的行之有效的办法。正因如此，如果说，最初的联合政府大都中途夭折，1999年建立的全国民主联盟政府和2004年建立的团结进步联盟政府都胜利完成了任期。形势越来越趋稳定，人们对联合政府的信心也随之一步步得到增强。

以上所述，只是管窥之见，挂一漏万，且言不尽意。只盼引起学术同行对重大关键点的关注，共同探讨，共同把握，以期把印度史的研究推向前进。

云南人民出版社出版“新编剑桥印度史”丛书中译本是一件有重要意义的事。云南省社会科学院和中国南亚学会、云南省南亚学会鼎力协助，承担了丛书翻译和审校的全部组织工作，并投入本单位多位专家参与译审。这是一项有价值的庞大的文化工程，任务之繁重和艰巨可想而知。作为印度史的一名研究者和普通读者，我要在这里对所有参加这一建设性工作的热心的领导者和学者表示深深的敬意和谢忱。相信这套丛书中译本的出版会在我国史学界引起积极回响，并得到读者的普遍欢迎。相信随着国内外优秀著作的不断出版，我国印度史研究园地必将迎来百花竞放、枝繁叶茂的一天。

林承节

2011年9月16日于北京大学

致　谢 xv

撰写该书所开展的研究工作是由美国印度研究所、美国国家人文基金会和纽约州立大学赞助的。我使用了美国、英国和印度等地图书馆的资料，特别感谢伦敦印度事务局和弗西特图书馆的图书管理员们，感谢国家图书馆、尼赫鲁纪念图书馆、亚洲学会、全印妇女大会图书馆、印度国家档案馆、西孟加拉邦档案馆、马哈拉施特拉邦档案馆、泰米尔纳德邦档案馆以及印度各档案馆的图书管理员们，感谢斯密斯学院图书馆、美国国会图书馆、美国根斯坦图书馆的图书管理员们。多年以来，图书管理员们一直热忱地帮助我查询书籍和文档，使我获益匪浅。

感谢剑桥系列的编辑戈登·约翰逊、克里斯·贝利、约翰·理查兹给予我的肯定，并感谢他们在我要求延长最后期限之时给予我的包容。玛丽格尔德·阿克兰是一位超棒的编辑，乐于助人且一直鼓励着我，同时亦十分感谢弗朗西斯·纽金特辛勤的编辑工作。盖尔·米诺和芭芭拉·拉姆萨克二人对我的原稿进行了细致的阅读，他们的意见对于我的校订工作极有帮助。我在撰写该书时，还请教了众多同行的意见，并珍视他们的观点。我要特别感谢C. S. 拉克希米、尼拉·德塞、贾亚·查理哈、西尔维亚·瓦土克、维纳·塔瓦尔·奥尔登堡、姆里纳利妮·辛哈和达格玛·恩格斯。我大量地借鉴了他们的工作和观点，并借鉴了其他许多优秀学者的作品。与此同时，我还获得了同行们的巨大帮助，他们阅读了本书的部分内容，并把他们未出版的文章和稿件的副本都给了我。

还有许多朋友和同学也对我的研究给予了帮助。在印度，我想提到的是梅特里伊·克里希纳拉杰、妥塔·米特拉、乔伊·查理哈、帕布洛·巴塞洛缪、塔兰·米特拉、阿迪蒂·森、巴拉迪·雷、拉纳·碧哈尔和马妮莎·碧哈尔。在英国的塔潘·雷查杜里、理查德·宾格尔和罗斯玛丽·西顿给我提出了意见和建议。在美国纽约州立大学奥斯威戈分校和锡拉丘茨大学的朋友们借给了我书籍和文章，他们倾听我的抱怨，并鼓励我继续写作下去。

书中使用的照片来自多种渠道，特别是私家收藏。我抱着极大的诚意去努力追踪拍摄这些照片的摄影师，但却经常无功而返。我十分感谢斯密斯学院和不列颠博物馆以及那些向我提供了照片收藏的个人：普拉达普·钱德拉·马赫塔卜博士、舒达·马宗达、克里希纳拜·宁布卡、米塔恩·拉姆、赛瓦蒂·米特拉和雷努卡·雷。我还被允许使用帕布洛·巴塞洛缪拍摄的照片。

在本书写作的过程中，我的丈夫，西德尼（斯基普）·格林布拉特一直陪在我的身边：鼓励我、听我读章节的初稿、提建议，并总是催促着我去完成该书的写作！现在我们应该可以去度假了，不用再携带该书的任何章节。

缩略词

ABP 《甘露市场报》

AIWC 全印妇女大会

BC 《孟买纪事报》

BPWC 孟买省妇女理事会

BVA 孟买治安协会

CPI 印度共产党

CS Papers 科妮莉亚·索拉博吉文集（印度事务局和东方图书馆馆藏，伦敦）

CWMG 《圣雄甘地文选》

DNB 《国家人物传记辞典》

DRP 《雷德医生书信集》（新德里尼赫鲁博物馆和纪念图书馆）

DSS 妇女报效国家社

EPW 《经济与政治周刊》

FC 弗西特馆藏（伦敦弗西特图书馆）

GOI 印度政府

IAR 《印度年度纪事》

IESHR 《印度经济和社会史评论》

ILM 《印度妇女杂志》

INC 印度国民大会党

IOOLC 印度事务局和东方图书馆馆藏（伦敦）

ISR 《印度社会改革家》

JBC 约瑟芬·巴特勒馆藏（伦敦弗西特图书馆）

JN　　《贾瓦哈拉尔·尼赫鲁文集》（新德里尼赫鲁博物馆和纪念图书馆）

JWH　　《妇女史期刊》

MR　　《现代评论》

MRS　　妇女国家协会

NCWI　　印度全国妇女理事会

NFIW　　印度妇女国家联合会

NI　　《新印度》

NMML　　尼赫鲁博物馆和纪念图书馆（新德里）

NSS　　妇女真理力量组织

RP　　《拉思伯恩书信集》（伦敦弗西特图书馆）

RSS　　国家妇女协会

RWC　　鲁斯·伍德斯莫尔馆藏（位于马萨诸塞州北安普敦的斯密斯学院）

SPL　　社会纯净同盟

WBA　　西孟加拉档案馆（加尔各答）

WIA　　妇女印度协会

WSIQ　　妇女研究国际论坛（原名为妇女研究国际季刊）

拼写说明 xix

印度许多的名字都有替代拼写。在正文中，我力图使用最常见的拼写方式或者最易接受的拼写方式。但在脚注的参考书目中，我采用的是名字最初的拼写形式。

目　录

插　图

导 言 1

最早的印度妇女的历史记录始于19世纪，它们是殖民地历程的产物。这些记录讲述了古时妇女深受尊敬，之后很长一段时期她们的地位下降，再之后欧洲人出现了。根据这些叙述，外国统治者引入了关于妇女角色和妇女能力的新理念，这些理念为开明的印度人所接受，直到最近英属印度妇女史仍一直这样描述，即妇女史在很长一段时间的停滞和衰落之后，正缓慢却渐进地迈向"现代化"。英国传教士和那些期待着有机会对他们的社会提出批评的印度改革家都假设了一个曾有过的"黄金时期"，之后几个世纪却充斥着腐化与背叛的社会。解决办法表现为欧洲式的管理、技术和价值观。这种以时间的线性发展记述过去的方式是欧洲史的标志。

受欧化影响的历史和其引用的印度文献都认为女性有独特的个性。印度文献将女性本质化为奉献和自我牺牲，但偶尔也是反抗和危险的。宗教、法律、政治和教育方面的文献对不同种姓、阶层、年龄和宗教派别的男性有着不同的看法。与此相反，女性的差异性却为生物学特征以及女性注定扮演的从属性和支持性角色所掩盖。历史学家在描绘印度女性时，同样持本质主义观点。印度文献和历史叙事偶尔会挑选出一名妇女，给予其特别关注，但这通常是因为根据男性标准，该女子的成就突出。与女性生活密切交织的话题——家庭和农业技术，宗教仪式和情绪，生育能力和家庭规模，家居用品、珠宝和服饰，继承和财产权，结婚和离婚——在很大程度上被忽视了。

20世纪70年代，联合国让世界注意到了女性的地位，要求成员国组建委 2
员会，就这一主题汇集统计资料并生成报告。当印度和其他国家建立委员会来研究女性状况时，联合国宣布1975年为国际妇女年，1975—1985年为妇女十年。

同在西方一样，国际指令在印度受到少数但坚定的学者团体的欢迎，他们已调查过与女性地位有关的问题。这个团体中的历史学家首先把注意力放在对重大政治事件描述的明显疏漏上，到后来才转向研究特定女性群体面临的最突出问题。

不久以后，开始有了对妇女史的系统研究，历史研究者们意识到他们正见证着一场革命。美国妇女史领域的先驱、妇女史的奠基人，格尔达·勒纳（Gerda Lener）说："女性有历史，女性存在于历史。"她的话成了一种宣言，催生了一种新的思考社会性别的方式。历史学家和其他社会科学家认为女性身份是建构的，而非自然的和本质的。这种假设激起了关于妇女不平等地位问题的讨论。

在西方，一般有三种研究妇女史的方法，其中最早的是追加历史的方法，即重新审查资料来源发现女性的贡献和作用后，再撰写历史。第二种方法是性别化历史，利用女性主义视角再思考史学，并使性别差异成为社会关系分析的关键。第三种方法是贡献性历史，其给予女性能动性特权，并认识到父权制如何妨碍女性行动。

殖民背景下妇女史的书写面临着新的挑战。殖民史讲述了英国的教化使命就是把印度妇女从自身的文化和社会中解救出来。据帕塔·查特吉（Partha Chatterjee）所说，民族主义话语（Nationalist discourse）在19世纪末期已解决了"妇女问题"。[①]正如我认为的那样，如果是甘地复兴了"妇女问题"，则民族主义历史学家就会总结，是甘地把女性带入了公共生活，并
3 给予她们武器来解决自身的问题。但这过分简单化了，且忽略了甘地之前的妇女史。撰写妇女史的任务面临着新的挑战，其来自于加尔各答的底层研究学派，以及对日常生活中的反抗感兴趣的历史学家。

第一册《底层研究》（*Subaltern Studies*）于1982年问世，这预示着新历史学派的诞生，该学派关注所有非精英殖民地对象。借用安东尼奥·葛兰西

① Partha Chatterjee, "The Nationalist Resolution of the Women's Question," *Recasting Women: Essays in Colonial History*, ed. Kumkum Sangari and Sudesh Vaid (Delhi, Kali for Women, 1989), pp. 238–9.

（Antonio Gramsci）的"底层"一词，这些历史学家已经解释了在200年的英国统治期间强制与顺从的相互作用。底层研究的历史学家试图解释霸权历程，他们揭露并系统阐述了受压制民众的情况。尽管他们给予了女性一定的关注，但揭露女性的"底层性"却并非他们专长。

正是底层研究促使佳亚特里·斯皮瓦克（Gayatri Spivak）写出了具有挑战性的文章《庶民能说话吗？》[①]，在这篇文章中，她阐明了撰写殖民地妇女史的问题：

> 作为殖民史学的客体，起义的主体，社会性别的思想建构使男性占主导地位。在殖民生产的背景下，如果庶民没有历史，不能说话，那么庶民妇女则笼罩于更深的阴影中。[②]

斯皮瓦克告诫不加批判的历史学家在肯定"受压迫者的具体经验"时，应提防陷阱。[③]她认为这种撰写历史的方式通常会建构一个自主主体，其对殖民主义和父权制的双重压迫以及西方学术的深层压制没有应有的认识。[④]在文章的最后，她要求女性主义学者认真考虑她的观点。[⑤]

詹姆斯·斯科特（James Scott）揭示了东南亚的日常反抗形式，受其作品启发，[⑥]道格拉斯·海恩斯（Douglas Haynes）和比如甘·普拉卡什（Gyan Prakash）把这种思想延伸至南亚及性别问题上。他们的目的是把注意力从"集体抗争的非常时刻"转移到"各种非对抗性抵抗和论辩式行为"上。[⑦]对妇女史来说，这可以找到一种审查妇女能动性的方法，即使她们从 4
属于并加入了压制性的父权社会。[⑧]

英属印度的历史学家正在撰写一系列严谨的专著，论述妇女在殖民统

① Gayatri Chakravorty Spivak, "Can the Subaltern Speak?" *Marxism and the Interpretation of Culture*, ed. Cary Nelson and Lawrence Grossberg (Urbana and Chicago, University of Illinois Press, 1988), pp. 271–313.

② Ibid., p. 287.

③ Ibid., p. 275.

④ Ibid., p. 295.

⑤ Ibid., p. 308.

⑥ James Scott, *Weapons of the Weak: Everyday Forms of Peasant Resistance* (New Haven, Yale University Press, 1985).

⑦ Douglas Haynes and Gyan Prakash, *Contesting Power* (Delhi, Oxford University Press, 1991), pp.1–2.

⑧ Nita Kumar, ed., *Women as Subjects, South Asian Histories* (Charlottesville and London, University Press of Virginia, 1994), p.4.

治中的经历及其对她们生活的影响，以及妇女和“妇女问题”如何影响殖民政治。

撰写有关社会性别的文章还有其他方法，特别是将重点放在控制了妇女生活的殖民体系以及分析主流论述中决定女性建构的文献资料上。这有助于我们理解霸权历程如何产生影响。这些研究的主题不是女性的生活和日常表现，而是女性被设想和被描绘的方式，这进而影响了女性看待自己的方式以及她们的行为。新的理论体系（质疑权力关系、语言、观察者的目光和实证主义观念的优势）已经发现社会性别是一个引人注目的话题。这种从女性主义视角展开的学术研究对妇女史作品的产出做出了重大贡献。

本书属于妇女史范畴，并力图最好地解读这一概念。我最大限度地利用女性的材料来证明印度女性并不像一些记述告诉我们的那样沉默。

妇女史开始时，正如米里亚姆·施奈尔（Miriam Schneir）在《女性主义：重要的历史著述》（1972年）中所写的那样：“女性主义作品不会来自于印度教深闺中或穆斯林闺房中；数世纪以来的奴役没有为智育发展或表达方式提供沃土。”[①]历史上，这种对戴面纱且被奴役的女性身份的建构激发了殖民想象，任其以“文明使命”掩盖直接剥削。20世纪的30年代和40年代，英国女性主义者渴望帮助她们的“小妹妹”，但仍深信帝国统治是仁慈的。如玛丽·达莉（Mary Daly）等冷战时期，后殖民女权主义者曾指责其所处社会的父权体系，但却未以书面的形式对刻薄抨击第三世界国家男性的文
5 学作品予以指摘。[②]首先，不是所有的印度妇女都戴着面纱，尽管人们普遍认为她们需要端庄和体面。把女性世界定义为一个完全压制女性能动性的世界，这同样不正确。进一步而言，宣称与世隔绝和没有与世隔绝的印度女性没有发言权，是第三种压制行为。

近来，关于女性的学术研究——不论是妇女史还是对历史文献提出新的质疑——都因档案保管员和历史学家对女性作品与实物的搜索和保存工作而得以推动。1970年，在我最初关注印度妇女史时，发现寻找资料来源困难重重。25年之后的现在，我得以看到我们取得的成绩以及未竟之业。在20世

① Miriam Schneir, ed., *Feminism: The Essential Historical Writings* (New York, Vintage, 1972), p. xiv.

② Mary Daly, *Gyn / ecology: The Metaethics of Radical Feminism* (Boston, Beacon Press, 1990).

纪70年代早期，女性记录不在图书馆或档案馆，而是在家中和个人记忆中。我们这些人就转向研究那些已发现的关于女性生活的记录、文献、期刊、杂志、文学、回忆录、信件、照片、宣传册，这些都是女性编写或拍摄的。最重要的是，我们结识了愿意记录下自己口述史的女性。研究人员收集歌曲、民间故事、艺术作品，并带着新的性别敏感性来重读强调男权观点的文献资料。研究单位和文献中心承担了保护文集和书籍的任务，否则它们可能已经消失。尼赫鲁纪念图书馆专注于获取早先被图书馆忽略的女性私人文集，同时加大对重要口述史的收集。遗憾的是，一些小型图书馆和省级档案馆未保存好珍贵的女性档案藏品，一些重要的私人收藏已经消失。孟买妇女声像研究档案馆是保护女性文献资料的新的、勇敢的尝试，特别是保护照片、影片和录音等。迄今为止，仍未有保护女性物质文化的档案馆或博物馆。

在写这本书时，我广泛使用了女性主义学者创作的素材，以及我自己多年来研究印度妇女史的笔记。我积极参与女性档案的发现和保护工作，也浏览了一些我担心已不复存在的私人收藏。我认为该书的独特之处在于我采用了女性自己对其参与及见证的活动的描述。在重视女性自身话语权的同时， 6
我也明白使其成为自身命运主宰者的危险。在我设法使读者意识到女性周围的约束条件时，我受到了女性视其自身为能动者这一观点的影响。历史学家有责任在具体语境中进行个人叙事，但是认识到这些女性将其自身建构成世间的主体角色也很重要。

我的目的是优先使用女性自身的描述，因此在该书的大部分内容中，我将重点放在受过教育的女性身上。教育使她们中的少数人成为精英。遗憾的是，使用“精英”一词为女性分类，而忽略了那些力争接受教育的女性。阿南迪拜·乔希（Anandibai Joshi）就是一个恰当的例子。她9岁结婚，最终前往美国费城女子医学院学习，并成为印度首位在国外接受培训的女医生，在此之前她经受了一段充斥着贫困、虐待和社会排斥的艰难生活。海马巴蒂·森（Haimabati Sen）是一个儿童寡妇，她被其兄长和姐夫赶出家门。最后她接受了方言体系的教育，成为了一名医师，之后撰写了详尽的回忆录。在其中，她回忆了因获取高等教育和工作而成为精英，也回忆了自己的一生。但并非精英的身份给予她或阿南迪拜·乔希这种机会，她们的成绩全凭意志力而来。许多有发言权和留下记录的女性没有过着优越的生活。她们在父权社会中生活和工作，却没有在此中丧失自由。我还使用了非传统资料来源：精英阶层之外的，并能表现印度复杂性和多样性的口述历史、女性日记、信件、歌曲、宣传册、文学作品和照片。

我从19世纪印度男性改革家入手开始了本书的撰写工作。我之所以选择以这种方式开始是因为父权制给予女性的机会极少，除非男性决定改变。我承认是英国人触发了这种变革。虽然他们提议的诸多改革与社会最深层次的需求关系不大，然而，教育却是改革议程中有助于妇女解放的一项内容。但这也不纯粹是件幸事，因为一些教育方案旨在使女性社会化，使其较以前具有更强的依赖性和顺从性。此外，教育经常把妇女与其家庭中的传统盟友孤
7 立开来。但教育也可带来少许意外的好运。

许多受过教育的女性开始定义自身的问题。随着女性组织的发展，男性开始关注权力政治。如果说民族主义者解决了女性问题，那只是从其自身角度来说的；关于妇女问题的女性讨论依然存在。

在民族主义运动前我讨论了妇女运动，这是因为女性在被卷入民族主义风潮前就开始要求获得她们的权利了。参与妇女运动的女性用社会主义女性主义思想对其新角色做出解释，换言之，她们把关于女性权利的争论与女性行使传统角色和服务于家庭需要的职责联系在一起。尽管传统观点相信是甘地把女性带入了公共生活，但我认为她们早已存在于其中。甘地为其描述了行动蓝图。同样重要的是，甘地使妇女们的丈夫和父亲相信在政治上活跃的她们不会反抗家庭。女性主义者要求与男性的平等，但这从未完全融入民族主义方案，即使民族主义已被女性化了。

我用一章的内容来评价新的殖民经济状况对妇女意味着什么。我的分析因缺乏可用的资料而受到限制，这一领域迫切需要更多的研究。这些主题对于研究者来说是困难的，但历史学家有必要采取措施来揭示更多从事家务劳动以及就职于种植园、农业、采矿业、交通、新职业等领域的女性的生活。

第七章着眼于20世纪30年代晚期至50年代早期的女性活动。重点是女性的行动主义。到20世纪40年代，女性参与了所有运动，不论保守或激进，她们开始以不同的眼光来看待自己。女性日渐发现社会女性主义的不足，同时开始借鉴更激进的思想体系，特别是马克思主义及其分支。到1947年独立时，宣称为所有妇女说话的妇女组织的领导权遭到了破坏。

最后一章讨论了印度独立后的某些主题：政治参与、经济参与和当代妇女运动。我认为，《走向平等》（*Toward Equality*）是一份政府用以调 8
查自独立以来女性状况的重要报告，它对当代妇女运动的影响至关重要。该报告的作者使我们意识到，独立运动的承诺仅在法律、法规和政策文件中得以兑现。然而，就其本身而言，这不是个小问题，尽管承诺远未达到甘地的许诺及女性的期望。作为一名历史学家，我注意到，《走向平等》出现于1974年，即独立后的第27年。它的出版完全是为了纪念过往。在其他曾经历殖民统治的国家以及许多未经历殖民统治的国家，女性表现并不如此出色。不是所有的印度女性都受益于宪法的承诺，但要强调的是女性继续为其权利而战。

当代女性主义运动在印度依然存在，但却被种种势力分隔开来，这些势力已威胁到了20世纪80年代的共识。右翼运动及其妇女部队的兴起使人联想起对女性参与民族主义斗争的动员。妇女运动的成果是动员女性参与家庭之外的活动，并确认不再将印度女性排除于政治或政治活动之外。但这不是一场女性争取平等的运动。女性参与这些右翼活动服务于法西斯议程，同时只赋权于那些能够为"敌人的血"而尖叫的女性。

我在整本书中都使用了"女性主义"一词，我非常清楚萨洛吉妮·奈都（Sarojini Naidu）以及近来的马杜·基什沃（Madhu Kishwar）都曾声明"我不是女性主义者"[1]。我们每个人都用自己的方式来定义女性主义者——我喜欢包容性的定义，这让我理解了萨拉拉德维·乔杜拉里（Saraladevi Chaudhurani）和萨洛吉妮·奈都（Sarojini Naidu）演讲中的女性主义以及海马巴蒂·森博士（Dr. Haimabati Sen）和马杜·基什沃（Madhu Kishwar）作品中的女性主义。女性主义支持女性享有平等权利，并认为父权社会应对女性所受的压迫负责。我想引用维纳·奥尔登堡（Veena Oldenburg）对使用女性主义者一词做出的评论：

> 女性主义有着悠久的历史，其不再是完全统一的；女性主义是多元的，其类型的差别如同分析父权制一词存在差异一般。我从最简单的政治意义将女性主义者这个词定义为：一个人（不一定是女

① AIWC, Fourth Session, Bombay, 1930, p. 21; Madhu Kishwar, "Why I Do Not Call Myself a Feminist," *Manushi*, no. 61 (November–December, 1990), pp. 2–8.

> 性）持有的分析视角是从认知历史、社会或文化背景下的权力和社
> 9 会性别间的关系出发的。对我来说，反对使用女性主义者这一词的争论因马克思主义者、社会主义者、弗洛伊德追随者或者是后结构主义等术语和理论同样起源于西方这一事实而遭到了削弱——它们没有引起类似的愤慨，事实上它们被印度学者（过度）用作分析印度社会的标准架构。[①]

本书写于政治和社会快速变革时期。冷战结束及苏联解体有助于新气象的形成，民族主义和自由主义思潮的民主、进步、抗议及异议在此形势下时常受到抨击。传统叙事面临挑战，同时人们借助历史来解释发生了什么并验证其论断的真实性。在“妇女史”领域里，还存在其他的争论。当冲突“学派”和新的资料充斥我们周围的环境时，对严肃历史学家的指责似乎是可怕的。一个人可能忍不住置历史于不顾，但是仍有像迪佩什·查卡拉巴提（Dipesh Chakrabarty）一样的人要求我们“把矛盾情绪、矛盾性、武力使用及与之相随的悲剧、讽刺写入现代史中”[②]。在本书中，与其说我撰写了新史学，不如说我仿效了最好的历史学家，他们对资料有充分认识，且对所开展的工作有自我意识，关注并非总是“恰当”的证据，并给出暂时性结论。写本书的过程令人十分愉悦，我希望它可以激励他人撰写历史，把性别纳入他们的概念构架中，或是欣赏和享受女性已经做了的事。

---

① Veena Talwar Oldenburg, "The Roop Kanwar Case: Feminist Responses," *Sati, the Blessing and the Curse*, ed. John S. Hawley (New York, Oxford University Press, 1994), pp. 102 –3.

② Dipesh Chakrabarty, "Postcoloniality and the Artifices of History: Who Speaks for 'Indian' Pasts?" *Representations, 3* (winter, 1993), p. 21.

第一章　19世纪的改革：为妇女角色的现代化所做的努力 10

在19世纪关心提高妇女地位的改革家中，罗姆莫罕·罗易（Rammohun Roy, 1772—1833年）的名字常常被排在第一位。尽管历史学家把罗姆莫罕称作“近代印度之父”“妇女权利的捍卫者”以及女性主义者，但他与女性的私人关系却不甚理想。罗姆莫罕一生结过三次婚，分别在9岁、10岁和21岁时。他的第一任妻子在婚后不久就过世了，另一个妻子在1826年也过世了，第三个比他活得长。没有证据显示罗姆莫罕把他的妻子们当作他人生的伴侣。事实上，有传言说罗姆莫罕的养子拉贾拉姆是他和穆斯林情妇的私生子。[1]父亲过世后，罗姆莫罕和母亲塔瑞尼·德维（Tarini Devi）发生了争执，一气之下，他携妻儿离开了家。当塔瑞尼·德维教唆其外甥挑战罗姆莫罕获得祖上财产的权利时，母子之间的关系愈加恶化。1817年，一场诉讼就这样开始了。根据法庭记录中一份未使用过的文献显示，罗姆莫罕曾准备在法官面前证明，他的母亲不仅憎恨他，希望他在世俗中毁灭，甚至“期待他的死亡”。倘若母亲作为证人被法庭传唤，罗姆莫罕甚至设想了一套问题来质问自己的母亲，打算问问母亲对自己如此生气是否是因为自己拒绝崇拜母

① S. N. Mukherjee, "Raja Rammohun Roy and the Status of Women in Bengal in the Nineteenth Century," *Women in India and Nepal*, ed. Michael Allen and S. N. Mukherjee (Canberra, Australian National University, 1982), p. 165.

亲的偶像，以至于她宣誓不作伪证后，还可以为了毁灭自己而撒谎。[1]罗姆莫罕承认自己赞赏母亲的力量和独立性，但是却乐意当众羞辱母亲。[2]从这一观点来看，罗姆莫罕称不上是一个理想的妇女权利的捍卫者。女性的声音究竟在哪？

遗憾的是，塔瑞尼·德维没有就该事件留下只言片语。与儿子的争吵是
11 因为宗教、财产，还是简单的因为她是一位难相处的老妇人，不能忍受儿子的不顺从？1822年塔瑞尼·德维去世，正如与她同时代的众多女性一样，我们对她的认识仅来自于她儿子的作品。

一位名叫拉希孙达里·德维（Rashsundari Devi，约1809年—？）的孟加拉妇女用一部《我的人生》（*Amar Jiban*）记录了自己的人生故事。该书于1868年出版。[3]这本自传围绕日常生活，详细再现了一名扮演家庭主妇和母亲角色的妇女的日常生活点滴。由于迷恋读书，她从儿子的一本书上偷撕下一页并偷拿了一小叠纸，然后把它们藏在厨房，并在那儿开始了她的学习。这是首部以孟加拉语写的自传，对改革家试图改变女性生活的那个时期有着大量细节描写。当拉希孙达里·德维终于能够记述自己为掌握简单的阅读所付出的努力时，她写道："现在未婚女孩的父母非常注重女孩的教育。但是为了实现女性教育，我们必须做出大量的努力。"[4]

印度当代著名的女性主义学者维纳·马宗达（Vina Mazumdar）博士回忆了她的高曾祖母在萨蒂（Sati）习俗（在丈夫火葬的柴堆上殉葬）被废除后继续举行该仪式的情况。家族历史记录显示，尽管儿孙们都反对，但她自愿这样做。一位孙媳妇拒绝接受这位即将殉夫妇人的祝福。据维纳·马宗达家族的回忆，这位反叛者是一位性格坚强、开朗的女性。[5]

我们对于这些19世纪早期女性生活的了解，要么来自后来的回忆录，

---

① "On the Part and Behalf of the Defendant Above Named," *Raja Rammohun Ray Letters and Documents*, ed. Rama Prasad Chanda and Jatindra Kumar Majumdar ((Delhi, Anmol Publications, 1987)), p. 234.

② S. N. Mukherjee, "Raja Rammohun Roy," pp. 164–5.

③ Tanika Sarkar, "A Book of Her Own. A Life of Her Own: Autobiography of a Nineteenth Century Woman," *History Workshop Journal, 36*, (autumn, 1993), pp. 35–65.

④ "Rassundari Devi," *Women Writing in India 600 BC to the Present*, 2 vols., vol. 1, 600 B C to the Early Twentieth Century, ed. Susie Tharu and K. Lalita (New York, The Feminist Press,1991), pp. 190–202, quote from pp. 201–2.

⑤ Vina Mazumdar, "Comment on Suttee," *Signs*, 4, no. 2 (winter, 1978), pp. 270–1.

要么来自人们记忆中的传闻，要么来自他人的叙述。这些现存的记录有着误导性。我们之所以熟悉塔瑞尼·德维和维纳·马宗达的女性祖先是因为我们对19世纪的社会改革充满了兴趣。罗姆莫罕·罗易被认为是最伟大的改革家之一，因此他人生的所有的细节都被记录了下来。罗姆莫罕·罗易坚决反对萨蒂这种以妇女同意与其丈夫的尸体一起被焚烧，来宣告其贞洁的风俗。维纳·马宗达仅是家族历史中有着萨蒂故事的众多印度人之一。由于社会变 12
革——英语称作“社会改革”——成为如此重要的问题，因此我们获取的关于印度19世纪早期女性的叙述经常涵盖对萨蒂、童婚、守寡、一夫多妻、教育受限等问题的讨论。这些问题在记述中占据主导地位，让我们对女性的工作和职业、价值和情感生活、身体健康状况一无所知。正如拉塔·玛尼（Lata Mani）正确地指出：社会问题的讨论把女性塑造成了牺牲者或女英雄，但否定了她们复杂的个性和能动性。玛尼写道：“传统不是引起妇女地位争议的根据。相反，妇女实际上成为争论和重新阐述传统的基础。”①

殖民时期的印度妇女问题

在19世纪，“女性问题”显得较突出。这不是“女性想要什么”的问题，而是“女性如何被现代化”的问题。它是19世纪英属印度的核心问题，因为外国统治者关注这个社会的特殊面。醉心于他们的“文明使命”，有影响力的英国作家们都在谴责印度的宗教、文化和社会中有关女性的法规和习俗。

英国人不是首批与印度有着彻底不同文化传统的外来征服者。几个世纪前，伊斯兰王朝就从西北方进入次大陆，给印度带来一种新的宗教以及组织权力关系的新方式。但真正影响印度普通人生活的重要变革却是从英国统治开始的。传统印度社会是“离心的”，且此前来自外国侵略者的挑战也认可印度保持这种离心状态。传统的国家收租并要求臣服，但是并不干涉社会秩序。穆斯林统治没有大幅地改变这种结构。但是追求商业目的英国人引入了

① Lata Mani, "Contentious Traditions: The Debate on *Sati* in Colonial India," *Recasting Women: Essays in Colonial History*, ed. Kumkum Sangari and Sudesh V aid (Delhi, Kali for Women, 1989),pp. 117–18.

新的关系，并用这样一种世界观来解释他们的行为，即“清晰、明确、工具主义、技术性、科学性、有效性、真实性的世界观，尤其是使接触到这种世界观的人都获益”①。

19世纪正是欧洲处于政治、社会、科学剧变的时期。英国人认为主宰次大陆是自己道德优越性的体现。在如何最好地统治印度殖民对象的争论中，英国人被引向了关于男性和女性之间的理想关系的讨论。②詹姆斯·穆勒（James Mill）在他那本具有影响力的书《英属印度史》（*History of British India*，首次出版于1826年）中提出可将妇女地位视为社会进步的指标。这种准则很简单："在粗鲁无礼的人群中，妇女通常受到贬抑；而在文明人群中，妇女通常受到颂扬。”穆勒解释道，当社会发展时，“女性的状况逐步得到改善，直到她们与男性以平等的关系交往并自愿担任有助益的副手。”通过阅读哈尔海德（Halhed）的《印度教法典》（*Code of Gentoo Laws*）、《摩奴法典》（*Code of Manu*）的译本、一些宗教作品、旅行者和传教士的叙述了解印度社会后，穆勒总结，“没有什么能够超越印度人对妇女习惯性的歧视了……妇女处在极度的贬抑地位”③。

传教士们对此持肯定的态度。E.斯托罗牧师（Reverend E.Stonw）于1848年来到印度，并断言印度的不统一是妇女地位低下的结果。斯托罗的强国名单——以色列、罗马、西欧，这些国家因赋予女性崇高的地位而获得了勇气和美德。④英国人把军事力量和妇女地位联系在一起，并总结道，对印度的统治是自然而不可避免的。⑤

到19世纪末，作为合法化英国统治进程的一部分，赫伯特·霍普·莱斯利爵士（Sir Herbert Hope Risley）描绘印度知识分子的特征是，对知识和政治理念感兴趣，但对社会改革却毫不关心。因此，莱斯利对于印度那没有改

① Sudipta Kaviraj, "On the Construction of Colonial Power: Structure, Discourse, Hegemony," *Contesting Colonial Hegemony*, ed. Dagmar Engels and Shula Marks (London, German Historical Institute London, 1994), p. 31

② Mrinalini Sinha, "'Manliness': A Victorian Ideal and Colonial Policy in Late Nineteenth Century Bengal," Ph.D. dissertation, SUNY Stonybrook (1988). Published title: *Colonial Masculinity: the "manly Englishman" and the "effeminate Bengali", in the late nineteenth century* (Manchester, Manchester University Press, 1995).

③ James Mill, *The History of British India*, 2 vols. (New York, Chelsea House, 1968), pp. 309–10.

④ Revd. E. Storrow, *Our Indian Sisters* (London, The Religious Tract Society, n.d.), pp. 154–67.

⑤ Francis G. Hutchins, *The Illusion of Permanence: British Imperialism in India* (Princeton, N.J., Princeton University Press, 1967).

革的整体发展持悲观态度。他在评论中总结道：

> 没有历史证明民族热情可以在肮脏腐化的环境中被点燃。一个 14
> 将知识浅薄和道德停滞视为女性自然状况的社会不可能培育出具备勇气、奉献、献身等高品质的国民。①

在印度的英统治者间流传的包括人道主义、功利主义、社会达尔文主义和民族主义等观点②。实证主义者和社会达尔文理论对宗教和文化的排名显示印度的演进程度落后于中东或西欧国家。如果印度还有希望的话，那就是西方理念和制度的引入。然而，几乎没有任何关于印度社会的西方评论家真的相信存在彻底改造印度的可能性。无论如何，新的性别思想以及对待妇女态度实际上的改变将是所有积极变革的必要前奏。

印度的反应

殖民统治引发了变革。印度人重塑了这些外来的理念和制度，使其适合印度的社会和文化背景。当印度东部地区的知识分子重新认识了他们的过去，并开始了新的智力活动时，历史学家拉加特·K.雷（Rajat K.Ray）描述了外来观念对孟加拉复兴的影响，他是这样表述的："他们以这样的方式来消化、借鉴和继承这些理念，使得出现的新文化不是无力的模仿，而是真正的本土产品。"③这种思想重新定义了两性关系，混合了国外的新理念、本土观念以及印度男性和女性对存在于他们当中的外国势力的反应。

不是所有的人都认同两性关系需要改变。许多印度知识分子赞颂他们的文化对待妇女的态度④，或者比较印度妇女和欧洲妇女的状况，然后推断出双方的妇女都经受了苦难。⑤那些持"社会弊病因妇女受到压迫而起"的这 15

① Sir Herbert Hope Risley, *The People of India*, 2nd edn., ed. W. Crooke (Delhi, Oriental Books Reprint Corp., 1969), p. 171.

② Vina Mazumdar, "The Social Reform Movement in India – From Ranade to Nehru," *Indian Women: From Purdah to Modernity*, ed. B. R. Nanda (New Delhi, Vikas Publishing, 1976), p. 46.

③ Rajat K. Ray, "Man, Woman and the Novel: The Rise of a New Consciousness in Bengal (1858–1947)," *IESHR*, 16, no. 1 (March, 1979), p. 3.

④ Tanika Sarkar, "The Hindu Wife and Hindu Nation: Domesticity and Nationalism in Nineteenth Century Bengal," *Studies in History*, 8, no. 2 (1992), pp. 213–35.

⑤ Tapan Raychaudhuri, *Europe Reconsidered* (Delhi, Oxford University Press, 1988), p. 336.

种观念的人把女性教育和女性解放视为迈向发展的第一步。[①]但是双方——赞美两性关系的一方以及确信需要改革的另一方——都有一种把印度与世界分开的思想，之后这种思想又与民族主义事业联系在了一起。帕塔·查特吉（Partha Chatterjee）认为，印度人在追求科学、技术、理性经济学和西方政治形态的同时，把印度视为“真实身份”的来源，需要保护和巩固，而不是改革。[②]

在19世纪的最后10年，出现了一种被认可的改良思想。这种思想模式——特别是对妇女的看法——贯穿了20世纪的大部分时间。首先，印度妇女是值得同情的。1839年，麦海士·昌达·德布（Mahesh Chundra Deb）给“常识获取协会”（Society for the Acquisition of General Knowledge）做演讲，在谈及年轻已婚妇女的日常生活时说：

> 可以说每个认真调查过印度妇女状况的人，都禁不住同情她们所处的愚昧可怜的境遇。不管她们如何亲切关怀，也不管她们怎样尽责和孝顺，怎样顺从她们的丈夫，她们仍经常遭受严厉的斥责，有时甚至因为毫无根据的猜忌或暴虐的念头而受到残酷的惩罚。[③]

德布演讲的主题——印度妇女的悲惨境遇——在西方印度社会的评论界获得了共鸣，并且在20世纪众多的演讲和文章中不断地被重复。但人道主义仅是用于推进改革的论证之一。受西方思想的激励和影响，这些改革家也通晓他们自己的传统。罗姆莫罕·罗易、维迪亚萨迦教授（Pandit Vidyasagar）、斯瓦米·达亚南达·萨拉斯瓦蒂（Swami Dayananda Saraswati）和许多其他受过印度古典文学熏陶的人都认为印度正在从黑暗时代中恢复过来。他们认为曾经存在一个“黄金时期”，那时候妇女受到重视，且占据着较高的地位。印度学家对吠陀历史的观点被采纳，其有助于
16 反驳穆勒对印度的描述。[④]在“黄金时期”，妇女接受教育、成年才结婚、

---

① David Kopf, *The Brahmo Samaj and the Shaping of the Modern Indian Mind* (Princeton, N. J, Princeton University Press, 1979).

② Partha Chatterjee, "The Nationalist Resolution of the Women's Question," pp. 238–9.

③ Mahesh Chundra Deb, "A Sketch of the Conditions of the Hindoo Women" [1839], *Awakening in the Early Nineteenth Century*, ed. Goutam Chattopadhyay (Calcutta, Progressive Publishers, 1965). pp. 89–105.

④ "Literature of the Ancient and Medieval Periods: Reading against the Oriental Grain," *Women Writing in India*, vol. I, p. 49.

行动自由、可参与社交和政治。这种观念很可能遏制了就妇女生活开展的严肃的历史研究，直到最近这种状况才有所改善。乌玛·查克拉瓦蒂（Uma Chakravarti）认为，对当代女性来说，这种对过去的看法“产生了一个狭窄且具有限制性的领域，在这个领域里，印度女性的形象成为一种束缚和修辞的工具，尽管如此，它却发挥着说明历史事实的作用”①。

黄金时期被普遍接受，但是对“衰落”的解释却存在巨大差异。一些改革家简单地归责于战争和入侵，声称政治混乱不可避免地限制了妇女教育和流动性。许多改革家把这种衰落定位在印度教经籍出现的时期，即大量法典，如《摩奴法典》、评注、印度史诗——其中最杰出的有《摩诃婆罗多》和《罗摩衍那》——以及《往世书》或神的故事被著述的时期。理论家们认为妇女地位的衰落可以从这些作品中寻找到根源。②但大部分的改革家却谴责穆斯林的统治。他们声称童婚、禁止寡妇再婚、隔离和限制妇女教育都是穆斯林威胁妇女安全的应对，但他们忽略了一个事实，即穆斯林统治者们如阿克巴大帝试图废除萨蒂，而且比起印度教法，伊斯兰法律给予了妇女更高的地位。③

对于历史学家来说，“黄金时期”和“黑暗时代”具有不确定性，但这些观念却被证实有助于合法化社会改革思想的发展。麦海士·昌达·德布为了说服听众相信需要及时关注妇女问题，他说：“不论从何种角度，也不论是从身体状况还是精神状态来看待印度妇女的处境，我们会发现她们的境遇是悲惨的，这对我们是巨大的羞辱。”④正是对“黑暗时代”的假设，使得这种自我批评受到欢迎。

过去已经过去了，转变和改革对于恢复社会失去的活力是必须的。这些改革家不是复旧者，在道德权威的较量中，他们用那种已流传开来的语言与殖民行政官员进行交谈。殖民官员认同宗教是印度人生活的中心，印度人民是宗教的奴隶，萨蒂和许多其他风俗都是宗教仪式。印度军事上的软弱与英国胜利的对比论述集中在性别关系的主题上，而其他一系列诸如贸易模式、

---

① Uma Chakravarti, "Whatever Happened to the Vedic Dasi?" *Recasting Women*, p. 28.

② Charles H. Heimsath, *Indian Nationalism and Hindu Social Reform* (Princeton, NJ., Princeton University Press, 1964), pp.114–15.

③ "Ideals of Indian Womanhood," *ISR*, 38 (September 24, 1927), p. 56.

④ Deb, "A Sketch," p. 91.

技术创新、战争技术和作战方法等问题却被排除于论述之外，这样一个朝代的败落就并不令人称奇了，然而事实就是如此。①

对黄金时期以及对导致衰落的错误的揭示，使印度人进行变革成为可能。一旦人们了解了妇女的悲惨境遇和状况改善的方法，剩下的就只是意愿问题了。维迪亚萨迦教授向听众们慷慨陈词说：

> 同胞们！你们还要被幻象误导多久！睁开你的双眼一次，看看印度这个曾经溢满美德的国土正在被通奸和堕胎充斥着。你深陷堕落，如此可悲。请汲取圣典的精神，遵循它的指令，这样你将能够把这罪恶的污点从你的国家去除。②

按照多数社会改革家的说法，改革实际上是回到过去，它与自然法则和理性指令和谐共存，然而“罪恶的风俗”，如童婚和一夫多妻，却难与自然和谐共存。罗姆莫罕·罗易记述，妇女被“捆绑着”“逼迫着登上火葬用的柴堆”，这样她们将随同她们已逝的丈夫一起走向死亡。维迪亚萨迦写道，“风俗阻碍了女性成员的发展”。唐多·凯沙夫·卡尔维（D.K.Karve）在记述一个种姓寡妇时写道，“她成为一些畜生情欲的牺牲品”③。按照这些改革家的说法，这些风俗是源于愚昧和恐惧的扭曲行为，对其的遵循不符合常识。第一代在西方接受教育的年轻人将理性描绘为思想和行为的检验标准。这些人后来成为社会改革的拥护者，他们把理性主义与复兴“黄金时期”的
18 呼吁相结合。维韦卡南达（Vivekananda）认为，应毫不犹豫地把西方的全套分析法应用于“宗教科学”上。同样，斯瓦米·达亚南达清晰地表示他不会为印度教的谬误辩护，而会揭露它们，正如他揭示其他宗教的错误一样。④当然，理性标准是社会体系的支撑，改革家声称这种社会体系在“黄金时期”就已存在。

---

① Lata Mani, "Contentious Traditions," *Recasting Women*.

② Isvarachandra Vidyasagar, Marriage of Hindu Widows (Calcutta, K.P.Bagchi and Co., 1976), pp. 108–9.

③ Neera Desai, *Woman in Modem India*, 2nd edn. (Bombay, Vora and Co., 1967), p. 65;Vidyasagar, *Marriage of Hindu Widows*, p. 123; Dhondo Keshav Karve, *Looking Back* (Poona, Hingne Stree–Shikshan Samstha, 1936), p. 45.

④ M.K.Halder, *Renaissance and Reaction in Nineteenth Century Bengal: Bankim Chandra Chatterjee* (Columbia, Mo., South Asia Books, 1977), p. 188.

改变妇女的生活

对改革前夜的妇女生活我们知道些什么？当然，我们有改革家（早先已经提到）的档案，但这些档案却为辩论术所污染。虽然近来的女性主义学术成就为我们过去的看法添砖加瓦，但构建一幅清晰的、殖民统治前的妇女生活画面却是困难的。英国殖民统治前的档案虽包含许多规范性文本，但鲜有对妇女实际生活进行阐述的文献。由茱莉亚·莱斯莉（Julia Leslie）翻译的特里阿姆巴卡亚杰万（Tryambakayajvan）的《妇女的律法体系》（*Stridharmapaddhati*）（妇女宗教地位和职责指南）是唯一一本完全致力于妇女职责阐释的现存著作。该书写于18世纪改革运动前，描述了来自拥有土地的、最高阶层妇女的生活。遗憾的是，“该文没有提及女性农业劳动力、商业妇女，或那时存在过和工作过但没有记录的女性群体”[1]。

在较高种姓中，女孩的青少年时期都在婚礼的准备中度过。由父母安排，女孩嫁给一个同种姓的男性，理想的情况是这个男性有更高的地位。婚礼结束后，她被送往夫家，并被要求调节自己以适应男方家庭的习惯。她需要将丈夫视为“所有神灵中的最高主神”那样服侍。生下儿子的妇女是幸运的，然而那些无子嗣的妇女或者仅生下女儿的妇女却遭人白眼。上了年纪的妇女看着自己的孩子成熟和结婚，然后再接受自己作为婆婆和祖母的新角色。如果她的丈夫在她之前去世，那她就要成为一个有节制的寡妇。在丈夫去世后，她的一生将用于追忆丈夫，她的不洁再也无法根除，她在余下的岁 19
月里将被视为最不吉祥的人。[2]妇女忠实地履行自己的职责，协助维护一个有序的世界。

历史上，女性经历的这些条例和规定之所以不同，取决于宗教、种姓、阶层、年龄、辈分以及一些偶然性。有一些女性合乎理想，但也有一些女性反抗这些规定。历史记录证实女性发现要脱离宗教中和学术中的传统角色，偶尔可通过政治行为来实现。[3]一些能够生活在父权家庭外的女性选择以交

① I. Julia Leslie, *The Perfect Wife: The Orthodox Hindu Woman according to the Stridharmapaddhati of Tryambakayajvan* (Delhi, Oxford University Press, 1989), pp. 3–20.

② Ibid., pp. 273–304.

③ Tharu and Lalita, *Women Writing in India*, introduction.

际花的身份获得地位。[①]但这些有着非凡天赋的女性或者那些对自己生活不满意的女性的选择却是有限的。保存下来的档案告诉我们，只有少数女性获得了教育、名望，并成为军队统帅，但是大部分女性被剥夺了像男性那样学习知识、获取财产和社会地位的机会。

19世纪下半叶，英属印度的各地都出现了改革团体。他们关注萨蒂、溺女婴、一夫多妻、童婚、深闺制、禁止女性教育、神妓（与神结合的寺院舞女）以及从夫居的大家庭等问题。他们的行动对其他地区具有改革头脑的个人起到了激励和鼓舞作用，逐渐地带有全印度特性的改革组织开始出现。

男性改革家

印度全国有一份改革家的长名单，他们代表女性进行了重大努力。在孟加拉，伊斯沃·钱德拉·维迪亚萨迦（Iswar Chandra Vidyasagar）捍卫女性教育，领导运动推动寡妇再婚的合法化。喀沙布·钱德拉·森（Keshub
20 Chandra Sen），一位来自梵社（Brahmo Samaj）[②]的领袖，寻求通过学校、祈祷会、生活经验等方式使妇女发挥新的作用。在世纪之交，印度教修道会的激进领导人斯瓦米·维韦卡南达，认为妇女能够成为一股强大的再生力量。在北印度，雅利安社（Arya Samaj）的创始人斯瓦米·达亚南达·萨拉斯瓦蒂（Swami Dayananda Saraswati）[③]鼓励对女性进行教育，谴责贬低妇女的风俗，如婚姻双方年龄的不平等、嫁妆以及一夫多妻制。同时，"圣人之路"（Radhasoami faith）的追随者，拉伊·萨利格·拉姆（Rai Salig Ram）［也被称为胡扎上师（Huzur Maharaj）］在其散文集《爱情书信》（*Prem Patra*）中，表达了支持妇女解放的思想。在穆斯林改革家中，赫瓦贾·阿

---

① 对此主题的有趣讨论，见Veena Oldenburg, "Lifestyle as Resistance: The Case of the Courtesan of Lucknow, India," *Feminist Studies*, 16, no. 2 (summer, 1990), pp. 259–87.

② 梵社源于一个希望反思其宗教遗产的孟加拉印度教徒团体。1815年，罗姆莫罕·罗易聚集他的朋友进行宗教讨论，到了1828年，他们以梵社的名义每周聚在一起进行礼拜仪式和讲道。德宾德拉纳特·泰戈尔（1817—1905）是《梵天公约》和典籍书卷的作者，也是修订仪式的设计者，创建了新印度教。当他的追随者想在种姓平等、禁酒、妇女平等领域采取激进行动时，梵社分裂，然后再次分裂。到了19世纪70年代，新印度教已被视为一个独立的宗教。

③ 在北印度，达亚南达·萨拉斯瓦蒂（1824—1883）发起了一场强有力的运动，反对大众的印度教，包括反对婆罗门祭司、仪式、朝圣以及关于寡妇再嫁和女性教育的习惯性禁令。手握无可指摘的吠陀本集，他于1875年在孟买创建了最早的雅利安社（高尚社团）。几年之内，德里、拉合尔和其他印度北部城市的改革家都建立了独立的雅利安社。

尔塔夫·侯赛因·哈利（Khwaja Altaf Husain Hali）和谢赫·穆罕默德·阿卜杜拉（Shaikh Muhammad Abdullah）推行女童教育。在印度西部，摩诃提婆·戈文德·罗纳德（Mahadev Govind Ranade）创建全国社会会议（National Social Conference），关注社会改革。同时，帕西记者贝拉姆吉·马拉巴里（Behramji Malabari）在《泰晤士报》上发表关于"童婚的罪恶"和"强迫年轻妇女守寡的悲剧"等话题的文章，引起了英国大量读者的关注。唐多·凯沙夫·卡尔维则采取了实际的解决办法——让年轻的寡妇们到自己在浦那（Poona）开办的教育机构接受教育，而后成为女子学校的教师。在南印度，R.文卡塔·拉特那姆·奈都（R. Venkata Ratnam Naidu）反对神妓制度，维拉萨林甘姆·潘图鲁（Virasalingam Pantulu）则为婚姻改革而奋斗，他们两人也都在寻求增加女性受教育的机会。在印度各地及各社团，改革家的身影随处可见，他们讨论了若干问题，其中大部分与婚姻和女性教育的重要性相关。

对于这些19世纪的改革家，尤其令人感兴趣的是他们的行动主义。他们关于两性的思想来源于个人经验；在生活中，他们试图改变那些与他们一起生活和工作的人。改革家们不是简单地应对英国的打压——他们以热情来回应这些实际存在的问题。

为了阐明这些男性改革家所做的努力，我将简述"孟加拉的伊斯沃·钱德拉·维迪亚萨迦教授""马德拉斯管辖区说泰卢固语的维拉萨林甘姆·潘图鲁""来自孟买的法官摩诃提婆·戈文德·罗纳德"一生所从事的事业。
这三人皆出生在19世纪上半叶，接受过良好的教育，且拥有促使他们思考妇 21
女在印度社会所遭受困境的个人经历。

1828年，8岁的伊斯沃·钱德拉·维迪亚萨迦（1820—1891年）与父亲从米德纳普尔（Midnapur）县的比尔辛格（Birsingha）村步行去加尔各答，希望进入一个英语机构学习。由于父亲难以支付印度教学院（Hindu College）的高额费用，因此伊斯沃·钱德拉进入了梵文学院学习。在加尔各答学习期间，他借住在一个朋友的家里，朋友的妹妹是一个儿童寡妇（child widow）。这是伊斯沃·钱德拉第一次感受到妇女因风俗所承受的艰辛。一段时间后，他年迈的导师决定娶一位年轻的女孩为妻。伊斯沃·钱德拉拒绝了导师的热情款待，以此表达自己的愤怒。不到一年，他的导师去世，留下一个无处可去、生活无着的年轻寡妇。[1] 为此，伊斯沃・钱德拉发誓，要穷其一生致力于提高印度教寡妇的地位，并鼓励寡妇再婚。[2]

伊斯沃・钱德拉也成了一个充满激情的女性教育支持者和一夫多妻制的反对者。他引经据典，写了长长的宣传册来证明自己的立场。他写道，宗教的衰落创造了一种允许现代风俗繁盛的环境。当反对者提出异议时，伊斯沃・钱德拉坚称这些反对者曲解了典籍，他雇用了一位熟练掌握梵语的人士来指出反对者的无知。

在伊斯沃・钱德拉的第一本关于寡妇再婚的宣传册（1855年）中，他宣称寡妇再婚这种做法在“黑暗时代”（Kali Yuga）中是被允许的，这个黑暗时代也是伊斯沃・钱德拉所生活的时代。在第一个星期，该宣传册就销售了2000册，再版的3000册也很快销售一空，第三版的印刷量达到了1万册。[3] 但不是每个人都信服伊斯沃・钱德拉的观点。在加尔各答的街道上，维迪亚萨迦被侮辱、谩骂，甚至受到死亡威胁。[4] 但他仍然继续努力，敦促英国人通过允许印度教寡妇再婚的法律。伊斯沃・钱德拉征集了近1000个签名发动请愿，并把这份请愿书发送给印度立法委员会。该委员会收到了成千上万个
22 赞同和反对“寡妇再婚议案”的签名，但委员会成员最后决定支持“开明的少数派”。1856年，“印度教寡妇再婚法案”（The Hindu Widow Remarriage Act）获得通过。虽然就改善妇女生活来说，该法案的价值值得探究，但是任何人都不应该怀疑伊斯沃・钱德拉渴望创立一个更加人道的社会的想法。

再婚法案未能改变寡妇的地位。高种姓寡妇时常因丈夫的离世而受到责备，她们被要求摘下珠宝首饰，以简单的食物维持生活。年轻的寡妇成为男人们的“捕食”对象，要么成为这些男人的情妇，要么被这些男人带走卖到城里的妓院。对寡妇来说，她们只能悲哀地屈服于追逐者，然后怀孕。1881年，印度西部的苏拉特（Surat）法院审判了一位名叫维贾雅拉克希米（Vijayalakshmi）的年轻婆罗门寡妇，罪名是杀害其私生子。在初审时，

---

① Desai, *Woman in Modern India*, p. 69; S. K. Bose, *Iswar Chandra Vidyasagar* (New Delhi, National Book Trust, 1969), pp. 5,32.

② Asok Sen, *Iswar Chandra Vidyasagar and his Elusive Milestones* (Calcutta, Riddlu–India, 1977), p. 60.

③ Bose, *Iswar Chandra*, p. 35.

④ Sen, *Iswar Chandra*, p. 59.

她被判绞刑。上诉后，被改判终身流放，后来减为5年流放。该案件激怒了一名年轻的马拉提（Marathi）家庭主妇塔拉拜·欣德（Tarabai Shinde）（约1850—1910年），为此她撰写了《女性和男性间的比较》。维贾雅拉克希米案件在公众间引发了关于寡妇的不幸和寡妇再婚问题的激烈争论。塔拉拜很清楚寡妇再婚的问题仅是隐喻了妇女所遭受的一般虐待。她写道："难道真的只有妇女的身体是容纳各种各样鲁莽行为和恶习的场所？或者男性有着与我们在女性身上发现的完全一样的缺点？"关于寡妇，她说，"一旦女子的丈夫去世，甚至是一条狗也难以咽下她所获得的食物"[①]。然而，在一个改革家们虽然想要帮助女性，却不愿给予她们平等地位的世界里，塔拉拜·欣德恳求平等的愿望是被忽视的。

维迪亚萨迦属于库林婆罗门（kulin brahmins）种姓，库林是贵族种姓，有着严格的婚姻限制，来自该种姓的新郎非常紧俏，能够随心所欲地娶很多位妻子。当维迪亚萨迦收集关于这种一夫多妻风俗的数据时，被问题的严重性所震惊。根据胡格利（Hooghly）县133个库林婆罗门的抽样数据，伊斯沃·钱德拉揭露了一夫多妻制所固有的弊端。一个50岁的男人结了107次婚；博拉纳什·班多帕迪亚雅（Bholanath Bandopadhyaya）（55岁）有80个妻子；巴加班·查托帕迪亚雅（Bhagaban Chattopadhyaya）（64岁）有72个妻子。这类引证材料还有很多。伊斯沃·钱德拉认为库林制（kulinism）的 23
习俗很不人道，他向政府呈递了有2500人签名的请愿书，要求立法禁止一夫多妻制。然而立法机构并没有采取行动。10年后，他呈递了另一份请愿书，这次共有2.1万人签名。由于对1857年叛乱伴随而来的社会改革过度谨慎，政府仍拒绝立法。维迪亚萨迦继续他的努力，虽然他分别在1871年和1873年出版了反对一夫多妻制的宣传册，但该问题仍没有得到解决。[②]

维迪亚萨迦的第三次运动是关注女孩和男孩接受相同的大众教育。他被任命为胡格利县、米德纳普尔县、布德万（Burdwan）县和纳迪亚（Nadia）县等学校的特别督察，能够运用自己的影响力在孟加拉建立方言教育体系，包括建立40所女子学校。J.E.德林克沃特·贝休恩（J.E.D.Bethune）是总督委

① Rosalind O'Hanlon, "Issues of Widow hood: Gender and Resistance in Colonial Western India," *Contesting Power: Resistance and Everyday Social Relations in South Asia*, ed. Douglas Haynes and Gyan Prakash (Delhi, Oxford University Press, 1991) pp. 62–108, quotes from p. 93 and p. 96.

② Bose, *Iswar Chandra*, pp. 43–7.

员会（Governor-General's Council）的法律顾问，他在1849年开办了一所女子学校。带领这所学校走过艰难的岁月成为维迪亚萨迦的责任。维迪亚萨迦一直与这所学校保持着联系，直到1869年。[①]

尽管这位伟大的男性进行了诸多努力，但是寡妇再婚却从未获得社会的认可，一夫多妻制也没有被废除，争取女性教育的斗争也才刚刚开始。从妇女权利的角度来看，新法律常被证明不利于妇女。在传统上实行再婚习俗的种姓中，再婚妇女经常被剥夺合法的继承权，[②]同时，实行再婚习俗的种姓也被贬低，被视为劣等种姓。[③]社会精英们称颂妇女守寡，视其为受人尊敬的品质。[④]维迪亚萨迦的传记作者记述了他的诉求难以被理解的原因：他力求在殖民背景下推行根本性的改革。对于许多与他同时代的人来说，维迪亚萨迦的提议过于激进。虽然殖民政府批评印度的风俗，但是他们不愿支持维迪亚萨迦为变革所做的努力。维迪亚萨迦代表了19世纪最好的社会改革家，他支持社会变革，以他那“不屈不挠的意志开展积极的社会行动”[⑤]。

坎杜库里·维拉萨林甘姆·潘图鲁（1848—1919年）出生在马德拉斯
24 （Madras）管辖区戈达瓦里（Godavari）县县府拉贾芒德里（Rajahmundry）。这里是泰卢固语地区，维拉萨林甘姆是一个接受古典泰卢固语训练的婆罗门，他一生参与的运动推动了泰卢固语在现代教育和交流中的运用。通过考试后，他被任命为一所政府学校的老师。后来，他担任了一所英语—方言双语学校达瓦列斯瓦拉姆（Dhavaleswaram）的校长。作为梵社和祈祷社（Prarthana Samaj）的成员，[⑥]他发行了自己的杂志《教化提倡杂志》来支持社会改革。尤其是，他相信通过反对邪恶风俗和尝试结束错误行为来净化宗教是十分必

① Ibid., pp. 23–5.

② Lucy Carroll, "Law, Custom and Statutory Social Reform: The Hindu Widow's Remarriage Act of 1856," *Women in Colonial India: Essays on Survival, Work, and the State*, ed. J. Krishnamurthy (Delhi, Oxford University Press, 1989), pp. 23–5.

③ Prem Chowdhry, "Popular Perceptions of Widow–remarriage in Haryana: Past and Present," *From the Seams of History*, ed. Bharati Roy (Delhi, Oxford University Press, 1995), pp.39–40.

④ Sekhar Bandyopadhyay, "Caste, Widow–remarriage and the Reform of Popular Culture in Colonial Bengal," *From the Seams of History*, p. 34.

⑤ Sen, *Iswar Chandra*, p. 165.

⑥ 梵社的倡导者喀沙布·钱德拉·森于1864年访问孟买后，孟买祈祷社始建立。这个组织的成员信奉万能的神，并相信通过对神的崇拜可获得拯救，反对偶像崇拜和婆罗门祭司的权威。宗教奉献要求关心世界，因此祈祷社成员逐渐致力于社会改革。虽然祈祷社成员反对将传统的印度教视为一种宗教，但是他们却不想脱离印度教社会。

要的，而宗教净化、社会改革和方言教育将是复兴社会、扫清邪恶道路的三大支柱。①

维拉萨林甘姆把寡妇再婚和女性教育作为其社会变革计划的关键。1874年，他开办了自己的第一所女子学校，1878年组建了社会改革协会（Society for Social Reform）。在社会改革协会的首次会议上，会员们讨论了反舞妓运动的重要性，让人们放弃在庆典上雇佣舞妓的行为。1879年，维拉萨林甘姆把寡妇再婚当作协会会议的关键议题。1881年，维拉萨林甘姆在拉贾芒德里为该地首位再婚的寡妇主持仪式。这个小镇对再婚是怀有敌意的，但是在维拉萨林甘姆的坚持下，不久以后就有了一个由再婚夫妇组建的小型社区。维拉萨林甘姆继续寻找想再婚的人，与此同时就“公众舆论需要改变”撰写了大量的文章。1891年，寡妇再婚协会（Widow Remarriage Association）成立，30个婆罗门家庭写下保证，许诺将参加所有再婚庆典仪式和婚宴。②最后拉贾芒德里的大部分杰出市民都加入了维拉萨林甘姆的寡妇再婚协会。 25

维拉萨林甘姆对女性教育也有重大影响。当改革派和保守派在拉贾芒德里就女性教育展开辩论时，该地辩论的表现形式与在加尔各答和孟买的辩论形式有异，而这两地的殖民势力显而易见。在拉贾芒德里使用的辩论语言是泰卢固语，进行的论战没有提及印度社会的殖民批判。在这种背景下，妇女改革不等同于西化。这场运动的影响是深远的：

> 寡妇再婚运动是催化剂，它把在西方接受教育的第一代安得拉人带入社会、宗教和政治改革活动中。它为改变妇女地位所做的努力具有象征意义，对那些关于妇女及其在家庭和社会中的作用的正统理念构成了根本性的挑战。这场运动在思想上对现代泰卢固语文学的发展和安得拉邦的民族主义运动都产生了重要的影响。③

在孟买，毕业于埃尔芬斯通学院（Elphinstone College），之后先后做过

---

① *Autobiography of Kandukuri Veeresalingam Pantulu*, trans. Dr. V. Ramakrishna Rao and Dr. T. Rama Rao, 2 parts (Rajamundry, Addepally and Co., n.d.), p. 173.

② On Virasalingam see *Autobiography*; Neera Desai, *Woman in Modern India*; Pratima Asthana, *Women´s Movement in India* (Delhi, Vikas, 1974); Karen I. Leonard and John Leonard, "Social Reform and Women's Participation in Political Culture: Andhra and Madras," *The Extended Family*, ed. Gail Minault (Columbus, Mo., South Asia Books, 1981), pp. 19–45; "Rao Bahadur Mr. K. Virasalingam Pantulu and His Wife," ILM, 2 (September, 1902), pp. 84–5.

③ Leonard and Leonard, "Social Reform," p. 36.

教师和记者的法官摩诃提婆·戈文德·罗纳德（1842—1901年），就像同时代的诸多年轻人一样，对社会中的风俗和信仰产生了质疑。1869年，罗纳德加入寡妇婚姻协会（Widow Marriage Association），1870年，他加入祈祷社。起初，罗纳德和他的同事们致力于“反对那些在理性思维中站不住脚的肤浅教条”，但之后他们对社会行动更感兴趣。[①]

1871年，罗纳德被委派担任浦那的一名法官，在那里他与一群坚定的、决心实现真正变革的社会改革家为伍。在他接受任命后不久，他不到20岁的妻子去世了。一起从事社会改革事业的同事们希望他娶一位寡妇，但是罗纳德的父亲认为这是一场灾难，于是抢先行动，迅速为他31岁的儿子和一个11岁的女孩拉马拜安排了婚事。罗纳德虽然抗议，却没有拒绝这段婚约。婚后，罗纳德既是丈夫又是老师，他指导着这个女孩，使其日后成了印度一位最重要的社会改革家。[②]

在接下来的几年，罗纳德试图在改革议程和传统社会间进行斡旋。他想
26 支持寡妇再婚和女性教育并反对童婚。但是他那介于传统和现代之间的个人世界却充满道德的模糊性。其他的改革家虽然表达了不满，但他们却不能把罗纳德推向更彻底的立场。

罗纳德那社会改革家的名声是依据他建立的最重要社会改革机构之一——全国社会会议（始于1887年，National Social Conference）——以及其在社会变革哲学中所发挥的作用来确立的。他坚信印度曾有过黄金时期，比起他们生活的时代，那个时期的妇女享有更高的地位。他把衰落归咎于传承书（被“铭记”的宗教文献包括法律书籍、史诗和往世书）的作者。只有渐进式变革可以复兴黄金时期，但这不是通过极端的和痛苦的变革来实现。罗纳德认为渐进式变革是印度固有的，外部力量仅起到刺激作用，但变革的真正动力来自“社会本身的内部资源”[③]。

罗纳德把他期望看见的社会描述为一个“从限制到自由，从轻信到信任，从无序生活到有序生活，从偏执到宽容，从盲目的宿命论到人类命运

① Heimsath, *Indian Nationalism*, p. 179.

② Ramabai Ranade, *Himself, The Autobiography of a Hindu Lady* (New York, Longman, Green and Co.,1938).

③ Heimsath, *Indian Nationalisms*. 181.

感”的不断变化的社会。①他警告那些批评家，故步自封或者妨碍变革都将导致衰退，而且可能导致印度社会的消亡。

每年，单独行动的改革家，或者是与当地机构共事的改革家，都来参加全国社会会议，以获知次大陆各地所采取的改革措施。作为全国社会会议的发起人和领导人，罗纳德推荐了4种实现社会变革的方法，其中他个人最中意的方法是论证，特别是引用过去传统的例子来说服反对者，让其明白许多风俗都是添附的，而非真正印度文化的一部分。如果求助历史未起作用，罗纳德建议改革家采用道德论证的方法来实现社会变革。只有在说服尝试未果时，改革家才应该采用法律方法；而当这些都不奏效时，才能进行社会反抗。1889年，在第二次全国社会会议的年会上，有500多位人士庄严地宣誓，表示他们将支持寡妇再婚和女性教育，停止实行童婚和嫁妆交换。在罗纳德看来，这是迈向通过全印议程认同女性改革的重要一步。

在丈夫去世后，拉马拜写了一本回忆录，回顾了她的童年时代、与罗纳 27
德法官的婚姻、罗纳德对她的早期教育以及直到1901年罗纳德辞世前他们在一起的生活。这本回忆录于20世纪的早期出版，附有拉马拜对其童年时代以及1873年11岁结婚时的情况描述。她记忆中的童年没有恐惧和焦虑。从小她就知道早婚无法逃避，她记述了自己以及其他小女孩是如何期盼伴随结婚所进行的庆典。当受到丈夫家庭中其他女性的嘲笑时，她保持平静，承认在接受很少教育的女性面前表现出阅读兴趣是不得体的。②至少她以这种方式来回忆自己的一生，拉马拜是一位尽职的妻子，尽管她的“职责”背离了女性的正常差事。

改革家们把妇女视为被改变的对象——是说服性辩论、社会行为、教育和立法产生的结果。历史学家苏米特·萨卡尔（Sumit Sarkar）认为这些改革家们首先关心的是改变自己家庭内部的关系，他们只寻求妇女“有限的、可控的解放”③。在妇女重建方案中，她们本身不是方案的合作者，更多的时候她们常被描述为反对自身解放的人。这些妇女不愿意按照她们的丈夫和父亲所规定的方式来改变，对此她们没有给出直接的解释，我们却可以把这理

① Ibid., p. 187.

② Ramabai Ranade, *Himself*, chapter 5.

③ Sumit Sarkar, "The 'Women's Question' in Nineteenth Century Bengal," *Women and Culture*, ed. Kumkum Sangari and Sudesh Vaid (Bombay, Research Center for Women's Studies, 1994), p.106.

解为是初期的女性主义抵抗、女性真正利益的理智解读，或者是这些女性简单地反对任何变革行为。舒达·马宗达（Shudha Mazumdar）讲述了她的母亲反对她成为圣特蕾莎女校（St. Theresa's School for Girls）的“寄宿生”：

> 母亲觉得我成为寄宿生将导致许多复杂问题：该结婚时我可能很难嫁出去……为了防止我成为家庭永久的负担，或晚年依靠我的兄弟们，她建议，最重要的是事先签订有利于我的契约，授予我获得父亲大部分财产的权利，以确保我的经济独立性。①

但是这些改革家们，像舒达的父亲，都不愿放弃父权体制下的权利，也
28 不愿重新分配财富。他们梦想中的世界是：女性接受教育，摆脱社会的某些恶俗——童婚、萨蒂、一夫多妻，但同时，这些新女性应献身于家庭和家人。

19世纪晚期的“新女性”

19世纪期间，妇女生活模式开始发生变化。事实上，“完美妻子”的观念正在被重新定义。第一，女性在不同人生阶段参与的适当活动发生了变化。第二，适合女性的活动场所增加了。第三，对个体主义有了新的且与日俱增的认同感。

“英国征服印度”推动的变革结果是，19世纪末期出现了众多受过教育的、善于表达的、流动的女性，她们越来越多地参与公共活动。对生活在农村的男人和女人来说，其生活都受到家庭的支配。随着城市化进程的深入、与殖民统治关联的新职业的增加，工作逐渐与家庭分开。与这种改变对应的是新的教育机构、宗教机构和社会机构的成立。当家庭成员离开农村来到城市时，他们与“陌生人”的接触增加，也见证了传统家庭活力的削弱。与上一代的男孩子们一样，一些女孩子到教育机构就读、参加与家庭事务无关的社会聚会以及新宗教仪式。现代化运动力求从男女更加平等的角度来修正两性关系，而这些“新女性”，正如这个称呼一样，亦是现代化运动的一部分。②

① Shudha Mazumdar, *Memoirs of an Indian Woman*, ed. Geraldine Forbes (New York, M. E. Sharpe, 1989), pp. 43–4.

② Ghulam Murshid, *Reluctant Debutante* (Rajshahi, Bangladesh, Rajshahi University, 1983), introduction.

许多印度男性曾撰写过他们的生活，着重描述他们自己和他们的父亲以及祖父之间的差异。例如，布罗延德拉·纳特·德（Brajendra Nath De，1852—1932年）最初是在家中接受教育，后来被送到一所教授英语的新式学校就读。之后，他获得了前往英格兰求学的奖学金，并在英格兰当地通过了公务员考试。他荣归故里后，开始了自己的事业，因此离开传统家庭在外居住成为必然。[1]首批被任命进入印度文官系统（Indian Civil Service，
ICS）的印度人共8位，布罗延德拉·纳特是其中之一，他被认为是现代 29
职业阶层的典范，但他的妻子在与其结婚时，却还是孩童，同时罗延德拉·纳特依然依附于那个有着众多家眷和众多束缚的数代同堂的大家庭。他坚持让自己的女儿们接受教育，其中名叫萨罗杰·纳利妮·杜特（Saroj Nalini Dutt）的女儿，在第一次世界大战后的最初几年里带头组建了农村妇女组织。

许多“新女性”在家中接受教育，然后被送往女子学校。注重女性教育的父母等到女儿年长后才安排她们的婚事，偶尔也会允许年轻的已婚妇女继续接受教育。成年的新娘之后成为母亲，并且经常在抚养子女上起着更重要的作用。[2]新女性经常有机会自己做出某些选择，较之上一代女性，她们所获得的地位是真实的。

女性能做的事情也发生了重大变化——从私人领域向公共领域扩展。但这既过度简化了印度背景，又过度戏剧化了实际状况。这种变化既不突然也不持久，许多短暂地上过学或走出闺房参加“复杂”集会的女性回到家后，仍继续着她们那传统的生活。

女性个性的自我表达机会也在增多。尽管早期的妇女绝不是无差异群体，但却没有足够的文献资料让我们可以跳出那些对妇女生活的概括性描述。正规教育，特别是那些供女性阅读或由女性撰写的出版物，都赋予了女性发言权。尽管不可能列举这段时期（1850年前后至第一次世界大战）所有的文学作品，更不用说查找到这些文学作品，但我们却知道在孟加拉，女性创作了差不多400部文学作品，内容涉及诗歌、小说、自传，并创办了21种

① Brajendra Nath De, "Reminiscences of an Indian Member of the Indian Civil Service," *The Calcutta Review*, 127 (1953); 128 (1953); 129 (1953); 130 (1954); 131 (1954); 132 (1954); 136 (1955).

② Meredith Borthwick, *The Changing Role of Women in Bengal*, 1849–1905 (Princeton, N.J., Princeton University Press, 1985), chapter 5.

学术期刊。[1]通过写作，女性可以相互交流，发展新的人际关系。

萨拉拉德维·乔杜拉里（Saraladevi Chaudhurani，1872—1954年），一位来自著名的泰戈尔家族的孟加拉妇女，是“新女性”的绝佳典范。其母亲
30 名叫斯沃纳库马里·德维（Swarnakumari Devi），是一位小说家和妇女杂志编辑。萨拉拉德维出生在一个从财富、威望和参与当时重大文化活动来说都称得上显赫的家庭。她在家中通过一位家庭教师开始接受教育，之后进入贝休恩学院，1890年以优异的成绩从该学院的英语专业毕业。为准备文学硕士考试，萨拉拉德维继续学习法语、波斯语，之后学习梵语。待在家中时，她学习音乐、写歌、为母亲的杂志撰写文章。她最大胆的一步是离开家，成为迈索尔（Mysore）王后（Maharani）学校的一名老师。直到32岁萨拉拉德维才同意结婚，这是她母亲临死前的要求。1905年，她嫁给了拉合尔的拉姆布吉·杜特（Rambhuj Dutt），他既是旁遮普（Punjabi）的民族主义者，也是雅利安社的成员。她生了一个儿子并继续以教育家、爱国者和女性主义者的身份开展工作。[2]

在萨拉拉德维生活的时代，她是一位不寻常的女性，但是还有其他许多名声稍小或拥有较少自由的女性，也利用各种机会来获取教育，她们朝掌控自己生活的方向迈出了第一步。

结 论

男性改革家们的目标是进步的。社会改革没有实质性地改善女性地位，复兴似乎注定失败。19世纪晚期的印度人因被殖民身份受尽屈辱，故十分关注力量和权力的问题。对于导致其失败的弱点，他们需要一个解释，而对于如何积蓄力量，他们也需要一个回答。如果他们接受了19世纪欧洲理论，即妇女地位是文明程度和文明力量不可或缺的一部分，而印度的风俗正在贬低妇女地位，那么他们就失败的原因获得了解释，也就改革获得了启示。在班基姆·钱德拉·恰托帕迪亚雅（Bankim Chandra Chattopadhyaya）的爱国小说

---

[1] Malavika Karlekar, *Voices From Within: Early Personal Narratives of Bengali Women* (Delhi, Oxford University Press, 1991), p. 11.

[2] Borthwick, *The Changing Role of Women*, pp. 131–3; "Saraladevi Chaudhurani," DNB, vol. I , ed. S. P. Sen (Calcutta, Institute of Historical Studies, 1972), pp. 289–91.

《幸福修道院》（*Anandamath*，1882年）中，面对一个受虐的、被忽视的母亲神形象，民主主义者出现了。这些民主主义者举起了“向祖国致敬”的标语，为“母亲”的重生献出生命。“女神崇拜”“尊重祖国”以及“承诺女性教育和改善妇女地位”是伟大改革家维韦卡南达，一位现代男性的三重誓 31
言。[1]但他认为其同辈人采取的大部分社会改革方案对于“国家重建”这一伟大任务来说是不够的。变革是必要的，但并不是依靠西方的指引、不断地捶胸顿足指责印度教的弊病，或是依靠接受英语教育的知识分子的领导来实现的。变革必须来自由知识阶层指引和教育的人民。[2]

1891年的《同意年龄法案》（Age of Consent Act）是一项把同意年龄从10岁上升到12岁的法案。对该法案的辩论演变成了一场控制印度妇女性行为的战争。那时，许多受过良好教育的、具有影响力的男性都卷入了民族主义政治，同时“妇女问题”不再是受过教育的印度人和英国统治者能够达成协议的主题。[3]当“新女性”提步向前，建立她们自己的组织并整理社会改革优先考虑的事项时，她们仍在考虑这些问题。男性改革家提议的变革不能解决“妇女问题”，他们对家庭之外的女性的生活知之甚少。而且，当改变发生时，许多男性改革家仍怀疑法律措施的效力。就最近出版的关于印度妇女史的三本书籍，贾纳基·奈尔（Janaki Nair）撰写书评对“现代化范式的有限效力”进行评论，她写道：“殖民者和民族主义者声称的‘现代化’议程不包括，实际上是不能包括印度社会更广泛的改革。”[4]然而，这些可敬的、受过良好教育的印度男性所采取的措施是把改善妇女地位与现代化议程相结合。他们发起运动进一步尝试建立那些支持新一代女性领导人的机构。

① M. K. Haldar, *Renaissance and Reaction in Nineteenth Century Bengal: Bankim Chandra Chatterjee* (Columbia, Mo., South Asia Books, 1977), p. 188.

② Raychaudhuri, *Europe Reconsidered*, p. 338.

③ Partha Chatterjee argues that the nationalists dispensed with the "woman question" by relegating it to the realm of the spiritual. *Recasting Women*, pp. 233–53.

④ Janaki Nair, "Reconstructing and Reinterpreting the History of Women in India," *JWH*, 3, no. I (spring, 1991), p. 132.

32

第二章　妇女教育

自19世纪以来，最早期的妇女回忆录中讲述了迫切希望学习阅读的故事。拉希孙达里·德维（Rassundari Devi）大约出生于1809年，她在家务劳动和照顾12个孩子之余，偷偷挤出珍贵的时间自学阅读。后来，她描述自己的求知欲时说：

> 我忙于大量的家务劳动，以至于没有意识到是怎样度过每一天的。一段时间后，学习阅读的欲望变得如此强烈。我对自己渴望读书这点很生气。因为女孩子是不读书的……那是旧体制中不好的一面。其他方面没有如此糟糕。人们惯于鄙视读书的女子……实际上，如果年老的妇人看到女性手中拿着纸张，则习惯于表露诸多的不满。但不管怎样，我不能接受这点。①

拉希孙达里的进步是缓慢的，但是她学会了阅读、写字，最后记录下了自己的经历。

海马巴蒂·森（Haimabati Sen，约1866—1932年）比拉希孙达里晚半个世纪出生，她回忆自己在孟加拉东部库尔纳（Khulna）县度过的童年时代时说：

> 外围住宅区是我常去的地方，也是我度过所有时间的地方；在办公时间里，我待在学校的教室。老师非常喜欢我。我非常喜欢听课。但是我没有权利接受教育。虽然在各个方面我都活得像个男孩子，但就教育而言，我仍然是一个女性。在我们的国家流行着这样

---

① *Women Writing in India*, vol. I , ed. Tharu and Lalita, p. 199.

> 的迷信：如果女子接受了教育，就不得不守寡；因此，接受教育这条路对我而言是彻底地封闭了。但是神在我心中植下了一个迫切的愿望，那鼓舞着我。①

幸运的是，一位副督察来学校视察，听到海马巴蒂回答了其兄弟们未能回答的问题。这位副督察与海马巴蒂的父亲沟通后，让她成了一名正式的学生。

潘迪塔·拉马拜（Pandita Ramabai，1858—1922年）因渊博的学问被授予“学者”的头衔。拉马拜的第一位老师是她的母亲。拉马拜的父亲安纳特·帕德马纳巴·唐格雷（Anant Padmanabha Dongre）是一位伟大的吠陀学者。他不顾自己所属种姓宗教团体的反对，决定教导自己的妻子。拉马拜从 33
8岁开始接受严格的教育，14岁时，她已熟记《薄伽梵往世书》（*Bhagavata Purana*）和《薄伽梵歌》（*Bhagavad Gita*），并开始学习梵文语法和词汇。其间，她与家人正在从一处朝圣地向另一处朝圣地行进，她直接学习了不同教派是如何实践印度教法的。②

虽然不能以这3个案例对女性渴望学习一概而论。然而传统观念传达的信息是女性接受教育是不得体的，甚至是危险的，因此我们确信这些执着的女性仅是少数。威廉·亚当（William Adam）在报告《孟加拉教育状况》（1836年）中写道：“在大多数的印度家庭中存在一种迷信的看法，即如果一个女孩被教授读书和写字，婚后她将很快变成寡妇。这种看法更为女性所重视，而男性则不加劝阻。”亚当也提到了印度教徒和穆斯林教徒中这种常见的恐惧，即“读写能力”可能激发女性的好奇心。③因为印度女性完全依靠父亲，然后是丈夫，最后是儿子的供养，她们认为祈祷和举行宗教仪式能确保这些男性长寿。如果学习阅读将导致丈夫的死亡，那么追求知识就相当于自杀。这是一个性别隔离的世界，男性和女性从事不同的工作，占据不同的空间。女性主要与女性进行互动，也正是女性厉行禁止女性教育。据说，在19世纪70年代以前，许多学习过阅读的女性对其他女性隐瞒自己的这项技

① *From Child Widow to Lady Doctor: The Intimate Memoir of Dr. Haimabati Sen*, tmns. Tapan Raychaudhuri, ed. Geraldine Forbes and Tapan Raychaudhuri, in press.

② *Nicol Macnicol, Pandita Ramabai* (Calcutta, Association Press, 1926) pp. 11–13; "Ramabai Pandita", *DNB*, vol. , pp. 457–9.

③ Syed Nurullah and J. P. Naik, *History of Education in India: During the British Period* (Bombay, Macmillan, 1943), p. 21; Meredith Borthwick, *The Changing Role of Women*, pp. 60–1.

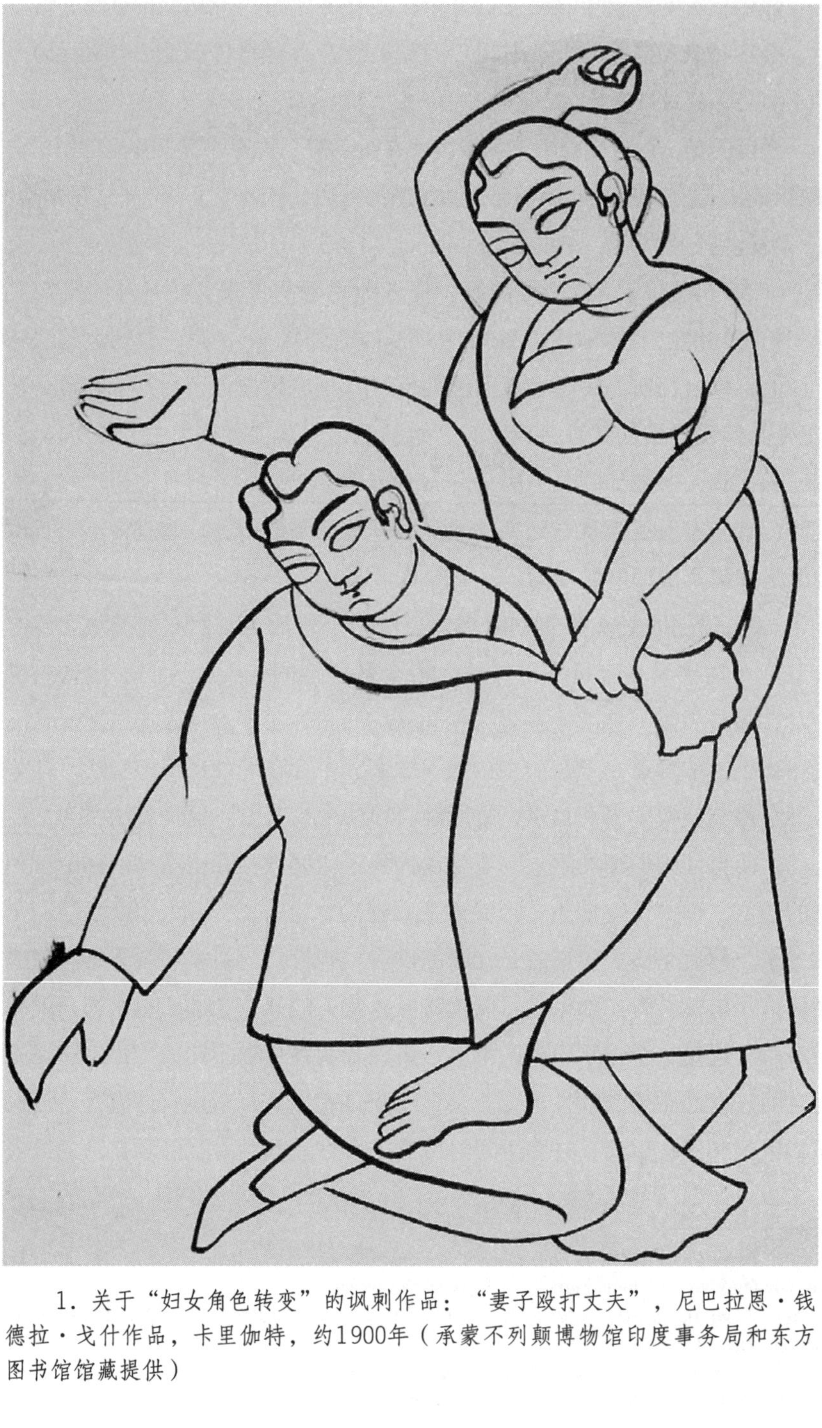

34 1. 关于“妇女角色转变”的讽刺作品：“妻子殴打丈夫”，尼巴拉恩·钱德拉·戈什作品，卡里伽特，约1900年（承蒙不列颠博物馆印度事务局和东方图书馆馆藏提供）

能。即使母亲们宽容地对待自己的女儿，婆婆们和在公公家的其他女性却很少如同母亲那样宽厚。我们很难推测那些强烈反对教育的女性的动机，作为屈从于严厉的父系制、父权制的对象，女性没有立场来反对这些盛行的规则，她们的生存依赖于对现状的维护，在她们之间接受过教育的陌生人无疑是她们的威胁。那些渴望学习的妇女和女孩们没有求助的对象，只能指望那些控制着她们生活的男性。

传教士们开设了首批女子学校，但是他们努力的成果很快被印度改革家
们超越。尽管他们做了勇敢的尝试，但是女性教育却没有实质的进展，直到 35
19世纪后半叶，政府开始提供财政援助，女性教育才有所发展。即使那样，组建女子学校的工作却停滞不前，直到城市职业精英与改革家一起支持女孩接受正规教育，情况才有所好转。在19世纪的后25年，教育机构大量产生，受教育女性的数量稳定增长，于是争论转向了“最适合女性的教育类型是什么”。在19世纪结束前，一些女性挺身而出，明确表达了她们对女性教育的观点。到20世纪时，女性已经准备设计女子课程并建立女子学校了。

传统教育

传统上，教育意味着学习宗教文学作品。在印度教徒中，祭司种姓婆罗门学习各领域宗教知识，其他再生族（刹帝利和吠舍）接受不太严格的学习方案，但也要学习实用技能。首陀罗和大部分女性不能学习宗教书籍，但是一些女性可以学习阅读。一些来自上层阶级毗湿奴派信徒家庭（Vaisnavite families）的女性学习阅读往世书文献。[1]穆斯林女孩们被期望学习《古兰经》和一些计算技能，但是上层阶级家庭奉行严格的隔离制，禁止他们的女儿上学。因此，女性只能在家中或通过她们的亲属，或通过家庭教师来了解自己的宗教。[2]在世纪之交，孟加拉仅有11所古兰经女子

① Aparna Basu, "Mary Ann Cooke to Mother Theresa: Christian Missionary Women and the Indian Response," *Women and Missions: Past and Present: Anthropological and Historical Perceptions*, ed. Fiona Bowie, Deborah Kirkwood, and Shirley Ardener (Providence, R.I./Oxford, BERG, 1993), p. 190.

② Sonia Nishat Amin, "The Early Muslim Bhadramahila: The Growth of Learning and Creativity, 1876–1939," *From the Seams of History*, p. 112.

学校，142名学生。[1]

在19世纪初，与男性识字率相比，女性识字率极低。男性识字率与西方国家或日本相比，也很低，孟加拉的男性识字率大约为6%，德干（Deccan）的男性识字率约为20%。而且，当地男子学校的数量在逐渐减
36 少。[2]男孩子们有三种学校可供选择：小型乡村学校，教授基础阅读和计算；为印度教徒（主要是婆罗门）开办的高等学校，教授梵文语法、辞典编纂和文学；为穆斯林教徒开设的波斯语和阿拉伯语学校。我们不知道印度全国有多少所这样的学校，但在孟加拉，每个县约有100个传统教育机构，学生总数为1.08万名。19世纪20年代，浦那共有164所印度教学校。阿帕纳·巴苏（Aparna Basu）认为“印度教徒和穆斯林教徒中这种高等教育的情形类似于印刷术发明前欧洲的高等教育情形”[3]。

女性教育是非正规的，且多受限于实际情况。来自体面家庭的女性经常学习古典或通俗文学作为一种“值得称赞的消遣”，而那些有产家庭的女孩子们则会接受一些记账之类的教育。[4]但是大部分女性学习的仅是持家本领。

印度的英语教育

英语教育被引入印度是因为东印度公司需要办事员和翻译人员。从1813年开始，公司拨出一些钱用于教育。1833年《特许状法案》颁布后，英语成为官方语言。1844年，哈丁勋爵（Lord Hardinge）宣布接受过英语教育的印度人将优先获得政府任命。自由贸易主义者表示支持该项政策，他们相信这将有助于发展忠诚于英国的印度民众。传教士们对该政策也齐声赞成，他们渴望改变那些有影响力的家庭出身的印度人的信仰，而且他们也认识到用英语作为职业发展的语言来进行这种转变将容易很多。自由主义者相信西方哲学和文学潜移默化的影响力。但是，到了19世纪末，这些人才看到了教育危

① A Usha Chakraborty, *Condition of Bengali Women Around the Second Half of the Nineteenth Century* (Calcutta, Usha Chakraborty, 1963), p. 52.

② Aparna Basu, *Essays in the History of Indian Education* (New Delhi, Concept Publishing Co” 1982), pp. 31–2; Nurullah and Naik, *History of Education in India*, pp. 12–13.

③ Basu, *Essays*, p. 33.

④ Kalikinkar Datta, *Survey of India´s Social Life and Economic Condition in the Eighteenth Century*, (1707–1813) (Calcutta, Firma K. L. Mukhopadhyay, 1961), pp. 23–4.

险的一面，即教育可能促进民族主义和政治动荡局面的产生。于是，政府试图控制，甚至限制教育。[1]

早在政府决定赞助英语教育之前，印度的绅士们已在加尔各答设立了印度教学院（Hindu College）。该学院于1816年开办，办学宗旨是为年轻的 37
印度男性进入东印度公司谋求待遇不错的职位做准备。在20世纪的头30年里，印度教学院和遍及英属印度各处的类似学校依靠印度有钱人的赞助，与教梵语、波斯语和阿拉伯语的传统学校形成直接竞争。随着经济模式的改变，对传统学校的赞助不复存在。几乎同一时间，那些头脑灵活的年轻人决定学习英语。[2]

与支持男校相反，殖民政府对女子教育几乎没有什么兴趣。尽管传教士和自由主义者施加了压力，殖民政府还是不关心女性教育。传教士之所以对女性教育和女子学校感兴趣是因为他们认为女性需要被领入教会以促使信仰永久性的转变。但是，既然由男性做决定，女性教育只能是辅助性的。[3]

19世纪40年代，未婚女传教士抵达印度，被指派与妇女和儿童打交道。这些受过教育的女传教士渴望证明自己的价值，她们把精力都放在促使印度已婚成年妇女皈依基督教上。[4]她们以教师的身份进入家庭，其间她们读故事、教授针线活，并试图把这些她们负责照顾的女性带到耶稣基督跟前。女传教士很少能成功转变她们的信仰。当这些闺房方案明显不奏效时，教会当局以女子学校替代了闺房方案。女传教士继续教书，而她们的学生，那些来自信仰基督教家庭的印度女性，则成为若干新创办的女子学校的教师。[5]

早期女子学校

1816 年，印度教学院创办，之后紧跟着成立了加尔各答学校协会（Calcutta School Society），旨在促进女性教育。该协会的秘书拉达·坎塔·德布（Radha

① Basu, *Essays*, pp. 7–9.

② Ibid., p.14.

③ Harihar Das, *Life and Letters of Toru Dutt* (London, Humphrey Milford, 1921), p. 8.

④ Geraldine Forbes, "In Search of the 'Pure Heathen': Missionary Women in Nineteenth Century India," *EPW*, 21, no. 17 (April 26, 1986), pp. ws2–ws8.

⑤ Glendora B. Paul, "Emancipation and Education of Indian Women Since 1829," Ph.D. dissertation, University of Pittsburgh (1970).

38 2. 拉合尔福曼女子学校入口，H.R.弗格作品，1936年（承蒙斯密斯学院，索菲亚·斯密斯收藏提供）

Kanta Deb）成为女性教育的赞助人，并协助建立加尔各答女子青少年协会[Calcutta Female Juvenile Society，1819年由浸信会（Baptists）创办]。1821年，学校协会派玛丽·安妮·库克（Mary Anne Cooke）小姐来到加尔各答，但却 39
没能筹集到开办学校的费用。圣公会传教会（Church Missionary Society）介入，后雇用库克小姐为"体面"的印度教女孩开设了30所学校。这些学校获得了印度教绅士们的赞助，并雇用婆罗门学者担任教员，但是它们仍未能吸引较高种姓的女孩来就读。宗教教义阻止了那些有威望的家庭送孩子来这些学校就读，那些较低阶层或者是基督教家庭的女学生进入学校则是因为受到学校提供的衣物和其他物品的诱惑。

圣公会在南印度的工作更有成效一些，它于1821年在蒂鲁内尔维利（Tirunelveli）开设了第一所女子寄宿学校。到1840年，苏格兰教会协会（Scottish Church Society）拥有6所学校，共200名印度女学生。到19世纪中期，马德拉斯的传教士在走读学校和寄宿学校教授了近8000名女学生，她们中的大部分都是基督教徒。[1]

印度教女子学校（Hindu Balika Vidyalaya）是最重要的女子学校之一，由J.E.德林克沃特·贝休恩（J.E.Drinkwater Bethune）于1849年在加尔各答建立。J.E.德林克沃特·贝休恩是总督顾问委员会的法律顾问兼教育理事会主席。该校是一所世俗学校，授课语言为孟加拉语，接送女孩们的校车上以梵文诗句装饰，写着"女儿的教育是父亲的宗教责任"。维迪亚萨迦教授被任命为学校秘书。贝休恩劝说几个显赫家庭支持这种办学方式。到1850年，该校共有80名学生。1851年，贝休恩逝世，该校获得的资助随之减少。1863年，该校共有93名女学生，年龄从5岁到7岁不等，其中3/4来自"最底层"，这显示了上层种姓对女性教育仍持有偏见。[2]

① Dr. (Mrs.) R. Vishalakshmi Nedunchezian, "Education of Girls and Women in Tamilnadu," *Status of Women Souvenir 1973* (Madras, Task Force Sub–Committee on Education, Tamilnadu, 1975), no page numbers.

② J. C. Bagal, *Women′s Education in Eastern India: The First Phase* (Calcutta, The World Press Private Ltd., 1956), pp. 77–95; N. S. Bose, *The Indian Awakening and Bengal* (Calcutta, Firma K. L. Mukhopadhyay, 1969), pp. 188–9; "Hindoo Women," *Calcutta Review*, 40 (1864), pp. 80–101; "The Bethune Female School," *The Bengalee* (January 13, 1863), p. 13; Borthwick, *Changing Role*, pp.73–7.

政府支持女性教育

1848—1856年间，达尔豪西勋爵（Lord Dalhousie）担任印度总督，他声称，就可能产生的重要的、有利的影响来看，没有一种变革能比得上女性教
40 育。[1] 1853—1855年间，查尔斯·伍德爵士（Sir Charles Wood）担任管理委员会主席。1854年，他发布了一份教育急件，详述了政府政策的变化，即从向精英们提供高等教育转为支持民众接受方言教育。全套教育体系的新重点囊括了男性和女性教育。急件写道：

> 不能夸大印度女性教育的重要性。我们很高兴地注意到，现有证据显示许多当地民众期望给予自己女儿良好教育的愿望渐增。相对于只有男性接受教育而言，开展女性教育将在很大程度上推动教育及提高人们的道德水准。[2]

尽管殖民当局的精神支持和财政支持对扩展女性教育是必要的，但却不能保证开设足够的女性学校。不像男性教育，女性教育本身不能提高家庭的名望或改善家庭的财政状况，事实上，它更可能带来负面影响。

即使可能推行，印度的规范和社会风俗也使英国的教育模式推行困难。印度的性别隔离观念根深蒂固，在某些领域甚至是完全隔离，这意味着女孩只能接受女教师的教育，且只能在男女分开的教育机构中学习。普遍接受的早婚观念也限制了女孩就读的年限。此外，妇女们要烹煮食物和养育孩子，这几乎没给她们留下上课和学习的时间。

此外，还存在与女子教育机构相关的第三组问题：印度人不习惯把自己的女儿送到“学校”学习，然而这是实现女性教育的唯一实用方法。闺房教育——在家中接受教育不仅昂贵、烦琐，而且大部分是徒劳无益的。开办学校是解决问题的途径，但是，哪类学校？谁来任教？教授内容是什么？哪些家庭会选择送他们的女儿上学？学习时间有多长？如果女孩在青春期前结婚，她们能否以已婚妇女的身份继续接受教育？印度社会的领导人不得不解决这些问题——而这是一个比提供精神支持和物质支持更加艰巨的任务。

---

① Y. B. Mathur, *Women´s Education in India*, 1813–1966 (Bombay, Asia Publishing, 1973), p. 25.

② Ibid., p. 29.

改良的印度教和女性教育 41

政府学校的建设取得了突破性进展，如贝休恩学校和宗教改革机构赞助的学校。首先是梵社，之后是祈祷社、雅利安社、神智学会（Theosophical Society），它们都支持女性教育。

1854年，女子学校约有626所（孟加拉288所，马德拉斯256所，孟买65所，西北边境省和奥德17所），共有学生21 755名。[①]显然这些学校的规模都非常小，与总人口比起来接受教育的女孩总数也是极少的，然而，对女性教育的态度已经发生了改变。

印度人支持女性教育是因为他们需要社会和宗教改革，或者社会和资金的流动，又或者两种原因都有。印度教学院和其他早期男校的创建者们希望增加他们自己阶层的机会。随着社会对受过教育的新娘的需求的增加，早期的支持者视女性教育为促进社会性流动的机会。他们还渴望社会改革，而社会改革可能发生的条件是女性同男性一样都接受教育。许多受过西方教育的孟加拉绅士毋庸置疑地希望“他们的妻子和女儿”远离各种形式的不道德的、粗鄙的流行文化。这增加了新女性和教育程度较低的女性之间的社会距离，而且也使受过教育的中产阶级妇女失去了通过街头艺人和流行歌曲进行抗议的途径。[②]这里关心的不是女性个体，而是关心女性作为男性伴侣、“科学的”养育者以及公民社会成员的发展。

梵社是设立在孟加拉的改革社团，其成员领导了女性教育和两性平等运动。喀沙布·钱德拉·森是梵社领导人，他曾在1861年就女性教育的重要性做过演讲。次年，他把那些支持女性改革的男性组织起来，成立了一个社团。1865年，梵社赞助了第一个机构，妇女可以在这里聚集接受宗教教育、缝纫课程以及讨论社会问题。[③]

① Ibid., p. 26.

② Sumantha Banerjee, "Marginalization of Women's Popular Culture in Nineteenth Century Bengal," *Recasting Women: Essays in Colonial History*, pp. 130–1.

③ Borthwick, *Changing Role*, p.291.

42

3. 来自梵社的女孩，N.B.普嘉利作品，约1904年（承蒙赛瓦蒂·米特拉提供）

1866年，女性教育的话题导致了梵社的分裂。那一年，新天道（Nava- 43
bidhan，喀沙布·森分离出去的团体）欢迎玛丽·卡彭特（Mary Carpenter）小姐来到加尔各答。卡彭特的使命是促进女性教育，很快她便注意到师资紧缺。①她公开谈论这个问题，向总督呈递建议，并帮助建立全国印度协会（National Indian Association）来促进印度人和英国人之间的相互理解。1872年，卡彭特、喀沙布·森以及另外一个名叫安妮特·阿克罗伊德（Annette Akroyd）的英国妇女建立了一所师范学校。②后来，阿克罗伊德与喀沙布决裂，转而与另外一个追随梵社教义及实践的团体合作建立了印度教女子学校。到1878年，该女子学校与原贝休恩学校合并成为贝休恩学院，隶属于加尔各答大学。1883年，卡达姆比尼·巴苏（Kadambini Basu）和钱德拉慕欣·巴苏（Chandramukhi Basu）在贝休恩学院获得了文学学士学位，成为英帝国的首批女毕业生。③

在马德拉斯，神智学会支持女性教育。安妮·贝赞特（Annie Besant，1847—1933年）是该学会的领导者，她在演讲中宣称，在古代，印度妇女接受教育并在社会中自由行动。她敦促回归这个“黄金时期”。在英格兰，自贝赞特在1874年就妇女选举权进行公开演讲后，她便被视为与妇女解放有关联的人。④1889年，贝赞特读到了勃拉瓦茨基（Blavatsky）夫人的《秘密教义》，在此之前，她和发生在英格兰的其他众多运动有关。然后，她决定加入神智学者的行列，把印度当作自己的家。勃拉瓦茨基夫人是神智学会的创建者，她把童婚、儿童寡居、萨蒂看成是对原始印度教教义的曲解。⑤1893年，当贝赞特首次在印度演讲时，她谈到印度过去的辉煌，并表示需要重振过去的辉煌。之后，她关注具体的问题。1901年，她为《印度妇女杂志》撰
写了一篇关于女性教育的文章。贝赞特警告说如果女性不接受教育，印度的 44

① Mary Carpenter, *Six Months in India*, 2 vols. (London, Longman, Green and Co., 1868), vol. H, pp. 142–5.

② Lord Beveridge, *India Called Them* (London, George Alien and Unwin, I947), p. 83.

③ David Kopf, "The Brahmo Idea of Social Reform and the Problem of Female Emancipation in Bengal," *Bengal in the Nineteenth and Twentieth Century*, ed. J. R. McLane (East Lansing, Mich., Asian Studies Center, 1975), pp. 47–50.

④ Annie Besant, *The Political Status of Women*, 2nd edn. (London, C. Watts, 1885), pp. 1–11 (pamphlet).

⑤ H. P. Blavatsky, "Hindu Widow–Marriage," *A Modern Panarion: A Collection of Fugitive Fragments* (London, T. S. Publishing Society, 1895), vol. I , p. 243.

命运将成定局。但西方教育不是解决办法，西方教育使女性失去了其性别特征。印度人应该效仿自身的女性典范——杜尔迦（Durga）女神。[1] 贝赞特承诺将努力进行女性教育改革，并基于这些信念成立了一所女子学院。[2]

在北印度，雅利安社也支持女性教育。雅利安社是改良主义的印度教派，遵循斯瓦米・达亚南达・萨拉斯瓦蒂的教导。到19世纪末，进步的雅利安社成员认识到让女性参与改革的重要性。1890年，贾朗达尔社（Jullundar Samaj）开设了雅利安女子学校（Arya Kanya Pathshala），由一位女校长负责。[3]

贾朗达尔女子中学（Kanya Mahavidyalaya）的建立时间稍迟了些，它和女子小学都建于1892年，它们的存在归功于拉拉・德夫拉杰（Lala Devraj）所做出的努力。他在家中开办了自己的第一所女子学校，支撑这所学校的费用是靠卖“废纸”所得，担任学校职员的老师们获得部分补偿，补偿金是德夫拉杰母亲厨房的食物。因为女性接受教育获得公众认同，因此到学校注册的学生人数也开始增长。不久以后，一群富有经验的女教师和学校管理者共同设计了专门的教学材料。这所女子学校在社区中占据着特殊的位置，其“在旁遮普邦成了与女性相关的各种变革的催化剂”。[4]

妇女教育的发展

从1849年贝休恩学校建立到1882年印度教育（亨特）委员会在其发布的报告中回顾印度教育进程的期间，女子小学和教师培训机构得到了大力发展。
45 但女子高等教育和男女混合教育仍然是引发争议的问题。[5] 面对98%的学龄女孩没有入学的事实，亨特委员会报告的撰写者建议给予女子学校比

① "Mrs. Besant on Indian Womanhood," *ILM*, I , no. 7 (January, 1902), pp. 195–7; "Indian Women," *MR*, 25 (1919), pp. 271–2.

② Arthur H. Nethercot, *The Last Four Lives of Annie Besant* (Chicago, University of Chicago Press, 1963), pp. I7, 55. 73; "Annie Besant," *DNB*, vol. I, pp. 51–3.

③ Kenneth W. Jones, *Arya Dharma: Hindu Consciousness in Nineteenth Century Punjab* (Delhi, Manohar, 1976), pp. 104–5.

④ Madhu Kishwar, "Arya Samaj and Women's Education: Kanya Mahavidyalaya," *EPW*, 2 1, no. 17 (April 16, 1986), pp. ws9–ws24; Kumari Lajjavati, "A Pioneer in Women's Education," *ISR*, 45 (June 1, 1945), pp. 134–5.

⑤ Premila Thackersey, *Education of Women: A Key to Progress* (New Delhi, Ministry of Education and Youth Services, 1970), p. 6.

4. 在马德拉斯学校上学的印度女孩，R.文凯·布罗斯作品，约1930年（承蒙斯 45
密斯学院，索菲亚·斯密斯收藏提供）

男子学校更充裕的助学金以及给予女学生特别奖学金和奖项。接下来的20年里，高等教育迅速发展；1881—1882年间，印度的大学仅有6名女学生，而到了世纪之交，女学生人数达到264名。同时期，中等学校注册人数从2054人升为41582人。[①]

在亨特委员会发布报告之后到世纪末的一段时期，妇女教育的故事可以通过3位教育先驱开展的工作来讲述——孟买和浦那“智慧之家”（Sharada Sadan，1889年）的创始人潘迪塔·拉马拜·萨拉斯瓦蒂，加尔各答“伟大母亲迦利女神学校”（Mahakali Pathshala of Calcutta，1893年）的创办人马塔吉·塔帕斯维尼（Mataji Tapaswini），以及在浦那开办了一所寡妇学校（1896
年）的唐多·凯沙夫·卡尔维。这三人特别值得注意是因为他们代表着女校 46
建设的努力成果，且强调了女性在组织和定义女性教育中的参与性，这与那些宗教改革组织的努力是不同的。从现代意义上来说，这些学校不是世俗的公立学校；事实上，它们都狭隘地植根于种姓、阶级和社团基础之上。

① Thackersey, *Education of Women*, pp. 1–11; Mathur, pp. 40–4.

潘迪塔·拉马拜

潘迪塔·拉马拜是一位真正卓越的女性教育先驱，也是一位叛逆的女性权利的倡导者。她的父亲监督她的教育，并允许她保持单身。她的父亲和母亲离世时，拉马拜16岁，未婚，能读梵文。她和她的哥哥游历印度各地，进行有关女性教育和社会改革的讲演。加尔各答的精英们为她着迷，授予她“萨拉斯瓦蒂”（Samswati）——学习女神的称号，同时还称她“学者”，因为她似乎与其他婆罗门学者一样知识渊博。其他的听众却表现出愤慨，当拉马拜试图演讲时，他们嘲笑她，朝她喝倒彩。[1]

拉马拜的哥哥在加尔各答去世，她嫁给了哥哥的好朋友比彭·贝哈里·达斯·梅德哈维（Bipen Behari Das Medhavi，种姓是首陀罗）。第二年，23岁的拉马拜生了一个女儿。不幸的是，她的丈夫在次年去世了。

回到浦那后，拉马拜开始与改革家们合作，通过雅利安妇女协会（Arya Mahila Samaj）来教导女性。[2]在浦那时，她向亨特委员会提供了证据，强调迫切需要女医生和女教师。拉马拜决定学习英语和医学，她向母院设于英格兰牛津郡旺蒂奇（Wantage in Oxfordshire）的圣母玛利亚英国国教高教会派（Anglo-Catholic Community of St.Mary the Virgin）成员寻求帮助。他们给了她一些援助，而拉马拜则通过销售自己的书《女性道德》来实现收支平衡，
47 该书敦促女性对自己的生活负责。拉马拜和她的小女儿以及一位旅伴阿南迪拜·巴加特（Anandibai Bhagat）于1883年启程前往英格兰。不久以后，三人在旺蒂奇定居下来，拉马拜声明自己不愿皈依基督教。几个月后，阿南迪拜自杀（有关记录非常扑朔迷离），永远地离开了极度震惊的拉马拜。

---

① Jyotsna Kapur, "Women and the Social Reform Movement in Maharashtra," M.Phil thesis, Delhi University (1989), p. 79.

② *The Letters and Correspondence of Pandita Ramabai*, compiled by Sister Geraldine, ed. A. B. Shah (Bombay, Maharashtra State Board of Literature and Culture, 1977), pp. 15–18; Rajas Krishnarao Dongre and Josephine F. Patterson, *Pandita Ramabai: A Life of Faith and Prayer* (Madras, Christian Literature Society, 1969), pp. 6–10; Muriel Clark, *Pandita Ramabai* (London, Paternoster Bldg., 1920), pp. 24–5; "Pandita Ramabai," *Men and Women of India*, Ⅰ, no. 6 (June, 1905), pp. 316–19. Meera Kosambi, "Women, Emancipation and Equality: Pandita Ramabai's Contribution to Women's Cause," EPW, 23, no. 44 (October 29, 1988), pp. ws38– ws49; Meera Kosambi, *At the Intersection of Gender Reform and Religious Belief* (Bombay, SNDT, Research Center for Women's Studies, Gender Series, 1993).

拉马拜仅25岁，就已经目睹了父母、兄长、丈夫和闺蜜的死亡，她独自一人领着小女儿生活在陌生的国度，并决定接受洗礼。[1]拉马拜继续着自己的学习，直到1886年她决定乘船前往美国参加表妹阿南迪拜·乔希（Anandibai Joshi）的毕业典礼。

为筹措这项行程的费用并推广自己的事业，拉马拜撰写了《高种姓印度教妇女》一书。在拉马拜离开美国之前，这本书已销售了1万册。1887年，波士顿的仰慕者成立了拉马拜协会来支持她在印度开展的工作。她游遍了美国和加拿大，调查教育、慈善公益机构，并给各种团体开设讲座。到1888年5月，她以协会的名义募集到了3万多美元。[2]

在印度，潘迪塔·拉马拜在孟买创建了“智慧之家”，这是一所寡妇学校。该校曾是一所非宗派学校，婆罗门的所有种姓规则在这都被严格地遵守着。它吸引了一些高种姓印度教寡妇，在这些人当中就有戈杜拜（嫁给唐多·凯沙夫·卡尔维后，改名为阿南迪拜）。但印度教集团通常对拉马拜的动机心存疑虑。

拉马拜试图通过组建由改革家（被视为忠诚的印度教徒）组成的学校执行委员会来阻止批评。然而这个办法未能奏效，不到一年，孟买的报纸刊登了批判拉马拜及其学校的文章。由于经济困难，她被迫把学校搬到浦那，其间，《狮报》指控她让寡妇们皈依基督教。拉马拜公认的罪行是她允许寡妇参加她自己的私人祈祷会。到1893年，25个女孩退出了学校。但拉马拜并不缺少需要庇护的寡妇，不久她又有了其他学生。到1900年，“智慧之家”已经培养了80名能够通过教书和护理病人自谋生路的女性。[3]

拉马拜的第二所学校取名为“解放”（Mukti），该校建立于1897年的 48
饥荒之后，位于距离浦那30英里之外的克德冈（Kedgaon）。她把饥荒的受害者、妇女和儿童带到“智慧之家”，供他们吃穿，并让他们在她的学校读书。为了控制瘟疫蔓延，政府限制人们的行动，在浦那，城市法官限制“智慧之家”居住者的数量。由于拉马拜不能在浦那照顾饥荒受害者，便把他们送到克德冈，在那她购买了100英亩土地。到1900年，“解放”最终发展成一

[1] *Letters and Correspondence*, p. 14.

[2] Ibid., pp. xx–xxi.

[3] Ibid., pp. 257–362.

个可以容纳2000名妇女和儿童就读、涉及行业培训和工业生产的大型机构。美国委员会欣然同意拉马拜的所有方案，并为“解放”学校筹措资金。①

拉马拜自作主张，她鼓励“智慧之家”的被收容者成为基督徒，同时开发了一套独特的教育方案来满足被收容者的需要。拉马拜对基督教的解释在教义上属于折中派，结合了从旺蒂奇的修女们、罗马天主教、犹太人和印度的基督教朋友那里学到的观点。她把种姓视为印度社会的重大缺陷，认为它导致了对智力的错误评价和对体力劳动的诋毁。种姓协会助长了狭隘的利己主义，抑制了民主精神的发展。

拉马拜设计了辅导课程。她选择的图书强调营造关爱精神的道德模式，课程包括生理学和植物学，教授学生关于她们自身身体和生存的物质世界的知识。行业培训包括印刷、木匠活、裁剪技术、石工技术、木刻、编织和针线活，同时还有农业和园艺培训。所有的学生都被要求参加“协会”或社团，如禁欲主义联盟（Temperance Union）或者是基督教勉励会（Christian Endeavor Society），这样做是为了瓦解种姓障碍，发展植根于兴趣上的新的忠诚。作为这些社团的成员，孩子们学会了简单的议事规则，而且被鼓励负责自己的事务。②

拉马拜的教育工作给同时代的人留下了深刻的印象，但是她与基督教的联系使她对女性教育的贡献黯然失色。当对统治权力的憎恶与日俱增时，作
49 为一个公认的基督徒，拉马拜的工作激怒了西印度最有权势的一些人。拉马拜相信他们强烈的愤怒与自己很多的学生来自较高种姓有关。她认为如果自己开展的工作对象仅局限于低种姓妇女，那么这些人将漠不关心。③

有许多问题激怒了拉马拜，她对此做出了尖锐的、不受欢迎的评论。当听说鲁赫马拜案件时，她对英国男性和印度男性进行了愤怒的谴责。鲁赫马拜结婚时还是一个孩童，因为拒绝和丈夫有夫妻关系（见第三章），审判后被判入狱（但从未被关押）。拉马拜写道：

> 让我们惊奇的是像鲁赫马拜这样一位毫无防备的女性，在面对强有力的印度法律、强大的英国政府、1.29亿男性、3.3亿印度教神

---

① Ibid., pp. 342–416.
② Ibid., p. 412.
③ Ibid.,p. 257.

> 时，敢于大声疾呼，所有这些势力共谋把她粉碎成虚无。我们不能谴责英国政府没有保护这个无助的妇女，它只是在履行与印度男性们达成的协议而已。①

拉马拜留给后人最伟大的财富是：她是印度首位对寡妇教育付出努力的人，她身后的学生们继续着她的工作。

马塔吉·塔帕斯维尼公主

孟加拉的"伟大母亲迦利女神学校"（Great Mother Kali School）与潘迪塔·拉马拜那种与教会有联系、受到外国资助的学校形成强烈反差。"伟大母亲迦利女神学校"于1893年由马塔吉·塔帕斯维尼（Mataji Maharani Tapaswini）公主创建于加尔各答，这所学校和它的许多分校在发展女性教育上被称为"真正的印度尝试"②。该校既没有接受外国人的财政支持，也没有雇用外国教师。其创建人在开展女性教育时，接受了"学校"的模式，但是反对男女同校，并反对两性使用同一教学大纲。他们的目标是"立足于民族路线来严格教育女孩，希望她们可以重建印度社会"。这个目标与民族主义"复兴者"的目标一致，以历史学家塔尼卡·萨卡尔的观点来看，民族主义"复兴者"不是"以抵制殖民知识的名义"来无意识地反对改革。③尽管 50
他们与自由主义改革家有区别，但他们也相信进步和女性教育之间有关联，同时期待印度妇女将来能够在国家事务中发挥更大的作用。

甘伽拜（马塔吉·塔帕斯维尼公主）是德干的一位婆罗门女性，她学习过梵语，研究过圣典，并开办了自己的第一所学校，共有30名学生。④她带着使命来到了加尔各答，力图促进女性教育与印度宗教和道德原则之间的协调。不像潘迪塔·拉马拜，甘伽拜相信印度社会能够从内部实现复兴。她的女性理想教育观念被转化为教学大纲，该大纲包含：宗教作品和历史知

① Ibid.,p. 257；Kosambi，" Women,Emancipation and Equality. ws44–ws45.

② Minna S. Cowan, *The Education of the Women of India* (Edinburgh, Oliphant, Anderson and Ferrier, 1912),p. 113.

③ Tanika Sarkar, "Rhetoric Against the Age of Consent," *EPW*, 28, no. 36 (September 4, 1993), pp. 1869–78.

④ M. M. Kaur, *The Role of Women in the Freedom Movement* (1857–1947) (New Delhi, Sterling, 1968), p. 85. Kaur claims that Maharani Tapaswini was a niece of the Rani of Jhansi.

识；了解讲述女儿、妻子、儿媳以及母亲职责的神话和传说；实用技术，例如烹饪和缝纫。[①]这份教学大纲受到了“印度教中产阶级绅士们”的赞扬，他们认为，当时存在的多数女性教育使年轻的印度教妇女“道德败坏，且失去了民族特点”[②]。由于存在“受过教育的女孩不做饭”的普遍认识，烹饪课程特别受欢迎。该校的财政资助增长迅速，10年里就建立了23所分校，共有450名学生。由于学校迅速壮大，学校出版了自己的孟加拉语和梵文课本。甘伽拜越来越多地转向监管工作，而学校的实际管理则交由达尔邦加（Darbhanga）土邦主（孟加拉最大的土地主）负责的董事会掌握。

这所学校受到极大的欢迎。赞助人对学校强调宗教训谕、家居技能以及严格遵守深闺制深感满意。虽然最初只有很少的正规读写课程，但这种情况逐渐转变。“伟大母亲迦利女神学校”于1948年并入加尔各答大学，保留下
51 来的课程只是一些宗教仪式演示。[③]在20世纪的早些年，这所学校的存在以及学校的名望都表明，至少在孟加拉，社会保守势力认可了女性教育的思想。[④]

唐多·凯沙夫·卡尔维

19世纪90年代，唐多·凯沙夫·卡尔维在浦那建立了很多女子学校。在他的自传《回顾往事》中，卡尔维通过个人经历的再现来解释其如何引导自己于1896年创建了一所寡妇学校。自传的其他部分还讲述了戈杜拜·乔希（之后称为阿南迪拜）的故事，她是一名儿童寡妇，之后成为卡尔维的第二任妻子。戈杜拜·乔希是潘迪塔·拉马拜的第一个学生，在那之后不久，她便梦想建立一个寡妇之家。“卡尔维之家”的建立被认为是夫妇两人毕生梦想的顶峰。阿南迪拜暮年时，就此开玩笑说：

> 有时，我开玩笑地告诉他，虽然人们称他为导师，但这种荣誉一部分应归功于我。因为如果没有我来负责家庭事务，让他自由地

---

① Kaur, *The Role of Women*, p. 145.

② "The Mahakali Pathshala," *The Statesman* (February 3, 1985), p. 7.

③ Latika Ghose, "Social and Educational Movements for Women and by Women, 1820–1950," *Bethune School and College Centenary Volume*, 1849–1949, ed. Dr. Kalidas Nag (Calcutta, S. N. Guha Ray, I950), p. 146; Cowan, *The Education of Women in India*, p. 113; "The Mahakali Pathshala," p. 7.

④ *ILM*, 3, no. I (July, 1903), p. 16; *ILM*, 3, no. 6 (December, 1903), pp. 194–5.

去从事公共活动，他不可能有那么多的成就。[①]

卡尔维与改革运动的联系可追溯到他的大学时代。从埃尔芬斯通学院（Elphinstone College）毕业后，卡尔维在接受浦那弗格森学院（Fergusson College）的教职之前，曾在孟买三所不同的中学教数学。在浦那，他被选为德干教育协会的终身委员。[②]当他的妻子去世后，卡尔维决定娶一位寡妇，他选择了他大学时期的朋友的妹妹——22岁的戈杜拜。为此，他家乡的人把他开除教籍，还迫害了他的母亲。这些行为震惊了卡尔维，致使他质疑再婚这种帮助儿童寡妇的方法。同时，他对教育的兴趣与日俱增，认为这是一种帮助寡妇经济独立的方式。1896年，他开设了一家寡妇庇护所，后来转变成为一所学校。

学校的课程设计是为了帮助年轻寡妇就业，使她们能够自给自足。因为女子学校稀缺，所以卡尔维被要求也接收未婚女孩。为接纳这些新成员，卡尔维建立了女子学校来培育"好妻子、好母亲、好邻居"。他认为寡妇需要教育，那"可以使她们经济独立，也使她们自行思考"[③]。然而，未婚女孩需要的则是一种加强其依存关系的教育。

帕尔瓦蒂拜·阿萨瓦利（Parvatibai Athavali）——阿南迪拜的寡妇妹妹，在卡尔维学校的发展和壮大中起到了重要作用。帕尔瓦蒂拜11岁结婚，20岁守寡，成为父亲家中第三个守寡的女儿。她拒绝所有再婚商议，并声明自己的愿望是学习和"做一些重要的工作"[④]。在卡尔维的学校接受了教育后，她成为该校的一名教师，然后又成为学校的负责人。帕尔瓦蒂拜是个自愿削发的寡妇，她保持着正统的饮食习惯，并公开表示反对寡妇再婚。[⑤]卡尔维通过帕尔瓦蒂拜获得了保守派的信任，早先保守派因为卡尔维再婚，认为他具有激进派的特征。在帕尔瓦蒂拜的公开演讲中，她坚持妇女的天职是嫁人。她赞成卡尔维学校的课程用地方语言教授，同时也着重教授儿童保育和家务技能知识。传统上，这些科目都是由家庭中年长的妇女教授，但是妇

① D.D.Karve, ed. and trans. *The New Brahmins: Five Maharashtrian Families*, ed. assistance, Ellen E. McDonald (Berkeley, University of California Press, 1963), p. 79.

② "(Maharshi) Dhondo Keshav Karve," *DNB*, vol. I, pp. 299–301.

③ Quoted in D.D.Karve, *The New Brahmins*, p. 51.

④ Parvati Athavale, *My Story, The Autobiography of a Hindu Widow*, trnns. Revd. Justin E. Abbott (New York, G.P.Putnam, 1930), p. 30.

⑤ Dhondo Keshav Karve, *Looking Back* (Poona, Hinge Stree–Shikshan Samastha, 1936), p. 75.

女工作渐增的复杂性使得正规教育成为必然。[1] 帕尔瓦蒂拜告诫女性不要为了进入无婚姻的生活而排斥自己的“自然角色”。帕尔瓦蒂拜自己也曾踏足婚姻生活，从她的记述来看她本人是自愿进入婚姻生活的。她这样来描述自己的生活：

> 我认为一个有着一两个孩子的寡妇，一个曾经切实经历了幸福家庭生活的寡妇，如果能做一些重要的工作，那么她将不会受到诱惑而再一次担起婚姻生活的职责。按照这种观点，我确定了我生活的理想。[2]

在帕尔瓦蒂拜对女性的理想教育和理想人生历程的描述中，她似乎忽略了自己的生活教训。就像卡尔维一样，帕尔瓦蒂拜也将女性扮演公共角色视为偏离正轨的非规范行为。

卡尔维把大部分的钱都花费在自己建立的学校上，甚至把5000卢比的人
53 寿保险单兑现以筹集“卡尔维之家”的资金。阿南迪拜现在是卡尔维孩子的母亲，她感到惊恐，因为她知道倘若卡尔维过世的话，自己甚至连家务活之类的工作都找不着。许多婆罗门寡妇可以找到帮厨或者帮佣的工作，但是如果寡妇再婚的话，她们将被视为不洁。根据阿南迪拜自己的记述，“哭喊，与他争吵，辱骂他”都无法让卡尔维改变态度。卡尔维一如既往地忽视家庭的日常生活用度。最后，阿南迪拜认识到，为了生存，她必须找工作。阿南迪拜完成了产科课程，挣到了足够支付家用的费用。[3]

卡尔维创办的第三所女性机构是成立于1916年的女子大学。他听说了日本的女子大学，断定这种模式比西方大学男女同校制的模式更加适合印度。1915年，作为全国社会会议的主席，卡尔维说：“我们必须认识到国家和社会经济要求女性应该有不同于男性的一席之地……但是她们任职的场所是不同的，尽管平等可能更重要。”[4] 所有在女子大学开设的课程都以方言教授，包括家政学等特别科目，这样“女性就可以避开一些困难的科目，比如数学和物理学”[5]。该机构在最初几年的发展并不乐观，直到1920年，维塔

① Athavale, *My Story*, p. I33.
② Ibid., p. 30.
③ Karve, *Looking Back*, pp. 77–82.
④ Ibid., p. 104.
⑤ Ibid., pp. 95–106; D.D.Karve, *The New Brahmins*, p. 56.

尔达斯·萨克莱爵士（Sir Vithaldas Thackersey）捐献了150万卢比并接手了该大学，条件是该大学以他的母亲命名。因此该大学变成“纳蒂拜·达莫达尔·萨克莱夫人印度女子大学”（Shreemati Nathibai Damodar Thackersey，简称“SNDT”），该大学后来迁址孟买。[①]

20世纪早期

在世纪之交，女子学校的数量和入学人数都急剧增长。到第一次世界大战结束时，全国各地都开设了女性教育机构，中小学入学人数增长了3倍，大学入学人数增长了5倍。[②]父母们现在有了更多的选择：他们可以选择教育机构的类型以及课程，甚至可以选择授课语言。这些选择缓解了保守主义者与自由主义者、宗教与非宗教人士、希望激进变革的人士与因循守旧者、 54
亲英派与反英派人士的担忧。像卡尔维一样的教育机构创建人有力地证明了在从传统到现代的转变过程中，女性教育是渡过难关的一种理想方法，卡尔维的后继者继续响应他的这种论证：

> 在深谋远虑和有抱负的男性眼中，比起没有经过正规教育的妻子，接受过专门教育的女性是更令人满意的伴侣。在印度，女孩在家中或在自己母亲手下接受教育就其本身而言是可取的，但是现代生活遇到了许多需要处理的复杂情况，为此，正规的、系统的教育是必要的。[③]

塔帕斯维尼公主和凯沙夫·唐多·卡尔维培养来自传统家庭的女性，正如他们主张的那样，成为现代世界中的好妻子和好母亲。为获得保守群体的支持，他们制定了以家政学和宗教知识为主的课程。他们的语言也与设置的课程匹配。卡尔维可能会教育年轻的寡妇自立，但是他更清楚需要教授未婚的女孩如何成为好妻子和好母亲。马塔吉·塔帕斯维尼则对就业教育毫无兴趣。

潘迪塔·拉马拜和这两位教育家形成鲜明对比。她对自己所处的社会感

① G. L. Chakravarkar, *Dhondo Keshav Karve* (New Delhi, Publications Division, Government of India, 1970), pp. 169–87.

② Basu, *Essays*, p. 14.

③ "Thackesay (sic) Women's University Convocation," Sir Visvesvaraya's convocation address, June 29, 1940, *IAR*, I (January–June, 1940), (Calcutta, Annual Register, n.d.), p. 438.

到不满，宣布放弃印度教成为基督徒。从学生数量上来讲，她成功创建了一所学校，但是从物质和心理上她都依赖于外国传教士的支持。外国传教士们赞助并赞扬拉马拜，但与此同时她却被自己的群体所排斥。拉马拜希望女性能够养活自己。她的想法是诱人的，因为她关注来自更低阶层的妇女，然而上层阶级和高种姓家庭并不打算让他们的妻子和女儿经济独立。

1900—1920年，新女性，即19世纪社会改革和教育成就的受益人，挺身而出创办了自己的学校。她们也意识到了保守派对女性教育的态度，但情况有了很大的变化。女性教育的需求稳步增长，而父母所希望的似乎是再次确
55 定这些新式学校能否遵守“传统”风俗。为了阐明这种变化，我将简述两位女性：罗科亚夫人和苏巴拉克希米修女的教育成就。

罗科亚·萨卡沃特·侯赛因夫人

1909年，罗科亚·萨卡沃特·侯赛因夫人（Begumrokeya Sakhawat Hossain，1880—1932年）在丈夫去世后不久，在比哈尔邦（Bihar）的巴加尔普尔（Bhagalpur）县设立了一所穆斯林女子教育机构。这触怒了丈夫的亲戚们。被继女赶出家门后，罗科亚夫人关闭了学校，然后搬到了加尔各答。1911年，她在加尔各答开设了另外一所学校——萨卡沃特纪念女校（Sakhawat Memorial Girls' School）。虽然这不是第一所由穆斯林妇女开设的穆斯林女子学校，但是罗科亚夫人为这项事业系统化的投入和无畏的奉献却使她博得了“先驱者”的称号。尽管罗科亚夫人公开写到并谈及深闺风俗的罪恶，但这所用乌尔都语作为授课语言的学校却是为那些遵守深闺制的学生设计和组建的。①

按照罗科亚夫人自己的描述，她幸运地拥有了支持她的教育热情的兄长

① Sources on Begum Rokeya include *Inside Seclusion: The Avarodhbasini of Rokeya Sakhawat Hossain*, ed. and trans. Roshan Jahan (Dhaka, Bangladesh, BRAC Printers, 1981); Ghulam Murshid, *Reluctant Debutante* (Rajshahi, Bangladesh, Rajshahi University, 1983); Amin, "The Early Muslim Bhadramahila," pp. 107–48; Sonia Nishat Amin, "The World of Muslim Women in Colonial Bengal: 1876–1939," Ph.D. dissertation, University of Dhaka (1993); Sonia Nishat Amin, "Rokeya Sakhawat Hossain and the Legacy of the 'Bengal' Renaissance," *Journal of Asiatic Society, Bangladesh*, 34, no. 2 (December, 1989), pp. 185–92; Sonia Nishat Amin, "The New Woman in Literature and the Novels of Nojibur Rahman and Rokeya Sakhawat Hossain," *Infinite Variety: Women in Society and Literature*, ed. Firdous Azim and Niaz Zaman (Dhaka, University Press Limited, 1994), pp.119–41.

和丈夫。她的姐姐卡里穆恩妮萨（Karimunnessa）却没有这么幸运。当卡里穆恩妮萨被发现学习英语阅读时，她被送到祖母那里，并在祖母的监视下生活，这种状况一直持续到卡里穆恩妮萨的婚姻被包办为止。为安全起见，罗科亚的哥哥在深夜教她阅读英语。罗科亚的丈夫，赛义德·萨卡沃特·侯赛因（Syed Sakhawat Hossain）是一位曾经在西方受过教育的鳏夫。他期盼得到年轻妻子的陪伴。婚后不久，他用英语给罗科亚上课，并鼓励她写文章。结婚3年以来，21岁的罗科亚就发表了关于妇女状况的文章。多年以来，她写了大量的文章、短篇故事和小说。在这些作品中，罗科亚认为需要让女性意 56
识到她们所受到的压迫，以及教育在唤醒她们的过程中所发挥的作用，并就此阐明了自己的观点。

在她的三篇文章《女性搭档》《房屋》《面纱》中，罗科亚评论了女性的非对称发展、缺乏经济手段以及为了男性荣誉而受到约束等问题。在《理想的家庭主妇》一文中，她指出教育将帮助女性聪明地、专业地实现她们的传统角色，并因此推动国家的发展，此外，教育可使女性与男性一样得到成长与发展。

就课程设置和深闺制的限制条件，罗科亚夫人的学校与旁遮普和联合省的穆斯林女子学校相符，[①]其教学重点都放在读写能力和实用科目上，如手工艺、家政学和园艺。罗科亚夫人学校的课程也包括身体素质训练，这是唯一一门偏离教育方案的科目，其教育方案旨在培养好妻子和好母亲，即使妇女们成为丈夫的伴侣、帮手和孩子的老师。

在接送女学生前往和离开学校的过程中，该校遵守最严格的女性隔离规则。只有当这些年幼的学生在闷热的、不通风的马车中呕吐、昏厥时，规则才会有微小的调整（用窗帘取代紧闭的百叶窗）。[②]女学生在学校里要戴头巾，这是端庄服饰的新样式，适合进入新天地的现代女性穿戴，因在新天地中既不适合穿戴为户外设计的面罩，也不适合穿戴家中的衣物。新头巾的出现意味着女性着装的端庄性和现代性受到关注。

尽管罗科亚夫人的学校遵守女性隔离规则，她却撰文严厉地批评了这

① Gail Minault, "Purdah's Progress: The Beginnings of School Education for Indian Muslim Women," *Individuals and Ideals in Modern India*, ed.J. P. Sharma (Calcutta, Firma K. L. Mukhopadhyaya, 1982), pp. 76–97.

② Jahan, *Inside Seclusion*, pp. 33–5.

种习俗。除《面纱》一文外，她还撰写了一篇短篇故事《女苏丹的梦想》（*Sultana's Dream*，1905年），在文中她讲述的是女性主宰世界，而男性则居于家中的梦想，另外她还撰写了《被隔离的人》（*Avarodhbasini*，1929年），用47个连续性的报道纪实性地描述了面纱风俗。她那关于女性隔离的讽刺性作品旨在使不了解深闺制的读者了解这一风俗所带来的不幸（罗科亚的姑母
57 之所以会被火车轧死，是因为她不愿大声呼救）。罗科亚夫人这样写道，隔离“不是一个裂开的、使人们疼痛的伤口。它是一个沉默的杀手，就如同一氧化碳那样”[1]。她否认这个风俗在古兰经或者伊斯兰法中有任何依据。

罗科亚的运动并不受欢迎。她被指责既亲基督教又亲欧盟，由于支持凯瑟琳·梅奥（Katherine Mayo）的《印度母亲》（*Mother India*）一书，罗科亚招致了更多的敌意。但是她的学校继续开放着，一些来自良好家庭的穆斯林女孩到这上学。显然她那关于忽视女性教育将最终威胁伊斯兰文化的中心论点引起了人们的共鸣。

苏巴拉克希米修女

几乎在罗科亚夫人于加尔各答开设穆斯林女校的同一时间，苏巴拉克希米修女（Sister Subbalakshmi，1886—1969年）在马德拉斯为年轻的高种姓寡妇开设了一所学校。苏巴拉克希米修女关心的是社会上那些被抛弃的儿童寡妇，她打算把这些不幸的、不祥的妇女改变为在社会上有用的、受重视的成员。[2]

苏巴拉克希米在11岁结婚前已接受了四年半的正规学校教育。她的丈夫在婚后不久就去世了，于是苏巴拉克希米回到了位于坦焦尔县（Tanjore）里什尤尔（Rishyiyur）的父母家。她的父母决定不用那些通常加在寡妇身上的限制条件来烦扰女儿，反而安排送苏巴拉克希米去上学。他们所处的

① Ibid., p. 20.

② Monica Felton, A Child Widow's Story (London, Victor Gollancz, 1966); *Women Pioneers in Education (Tamilnadu)* (Madras, Society forthe Promotion of Education in India, 1975); interview with Mrs. Soundarain, Madras (January 22, 1976); letter from Rabindranath Tagore to Miss M.F. Prager, Eur. Mss., B183, IOOLC; interview with Sister Sublakshami (sic) (December 10, 1930), RWC, box 28; Malathi Ramanathan, *Sister R. Subbalakshmi: Social Reformer and Educationalist* (Bombay, Lok Vangmaya Griha, 1989).

社会集团对此反应强烈，因此苏巴拉克希米的父亲苏布拉曼尼亚·耶尔（Subramania Iyer）决定搬家。在马德拉斯，苏布拉曼尼亚·耶尔在家中教女儿学习英语，然后把她送到一所修女学校。修女们的献身精神给年轻的苏巴拉克希米留下了深刻的印象，因此她决定将一生奉献给寡妇的教育事业。虽然她从没成为基督徒，但她却被亲切地称为“苏巴拉克希米修女”，以赞誉她献身于其所选择的事业。

苏巴拉克希米通过了入学考试，进入了管辖区的马德拉斯大学读书。作
为马德拉斯首位攻读学士学位的印度教寡妇，她受到了开除教籍的威胁，在 58
街上她受到骚扰，在教室里也遭遇排斥。1911年完成学士学位课程后，她准备开始自己的人生事业。她在父亲马德拉斯郊区的家中开办了自己的第一所学校，最初，班上只有4个婆罗门寡妇。

苏巴拉克希米的兴趣是帮助寡妇，这与爱尔兰女性主义者克里斯蒂娜·林奇（Christina Lynch）小姐（后称德赖斯代尔夫人，Mrs. Drysdale）的兴趣不谋而合。林奇小姐是一位被任命为哥印拜陀（Coimbatore）的女子教育监察，她因寻找“合适的”（高种姓）学校老师存在困难而深受烦扰。同时，她了解到，在马德拉斯，年龄在5岁到15岁不等的寡妇超过2.2万名，而且她们中的很多人都是婆罗门。在与苏巴拉克希米的父亲见面时，林奇小姐解释说自己已经制定了一个方案，借此政府将资助愿意接受教师培训的年轻婆罗门寡妇一处避难所。与此同时，苏巴拉克希米修女也在与她的朋友和亲戚一道制定同样的方案。1912年，萨拉达女子联盟（Sarada Ladies Union）成立，这是一间女子俱乐部，为会员提供听讲座、讨论新观点、为婆罗门女子学校筹钱的机会。

1912年，政府同意资助一所师资培训寄宿学校。政府将支付租金，并为3名女学生发放奖学金；剩余的运营费用则必须通过捐赠和学费予以实现。为了使这个方案更易为那些批评印度教寡妇接受教育的人士所接受，林奇小姐建议把学校从城市中较为开明的地区搬到更传统的特里普利卡内（Triplicane）。这意味着苏巴拉克希米不得不为这些寡妇们找个“家”。几经寻找后，她最后选定了冰屋，这是一个老旧的、沿着海滩建立的仓库，一度被用来存储波士顿运来的冰块。女孩们逐渐加入了苏巴拉克希米的行列，那时冰屋里共居住了35位女孩。正如苏巴拉克希米修女评述的那样，大量年

轻寡妇和女职员居住在没有男人保护的冰屋里，会被“许多流言蜚语和恶语中伤”。众多外出走动的不祥妇女的出现，迫使当地人改变了他们的日程安排。苏巴拉克希米写道：

> 我记得那些富裕家庭里的正统老人们是如何希望新郎的娶亲队伍在早上9点前或10点后出行。那样将不会碰到那些去上学的寡妇们。[1]

59 学校的课程由政府指定。目的是把这些妇女培训成为教师。首先，她们准备好参加日常课程，然后完成大学入学考试，最后进入玛丽皇后学院（Queen Mary's College，开设于1914年，是马德拉斯第一所女子学院）。1922年，一所师资培训机构——威林登女子职业学院兼实习学校（Lady Willingdon Training College and Practice School）成立，苏巴拉克希米修女任校长。在这所机构里，苏巴拉克希米修女能实施一些她自己的教育理念。该学院提供3种课程：为具备潜力的高中老师提供继续教育培训，为教授到8年级的初中老师提供中级培训以及为小学教师提供培训。英语在各科目中都受到重视（因为懂英语的教师受欢迎），一些职业科目被要求灌输用双手工作的价值观念，同时学校还设置了受欢迎的体育训练课程，印度教祭司和基督教牧师则提供道德和宗教教育。不久以后，苏巴拉克希米修女被迫开设了萨拉达学校，这是一所为成年寡妇开设的中学寄宿学校。该学校的成立十分必要，因为即使结婚年龄逐渐上调，冰屋也不接受18岁以上的寡妇。但是，寡妇担任教职的观念已经开始被接受。

这所寄宿学校严格遵照正统印度教习俗来运营。在学校开设的早期，苏巴拉克希米修女谴责再婚。她那守寡的姑母V.S.瓦拉姆巴尔·阿玛尔（V.S.Valambal Ammal），被一位到家的访客形容为一个“剪坏头发的”、穿着白色纱丽、进行传统礼拜仪式的妇女。德赖斯代尔夫人利用自己的巡视机会找到高种姓寡妇，并且经常为那些“不情愿”的，但希望亲自看看学校如何运营的父亲们支付火车费用。[2]

苏巴拉克希米修女明白依照传统习俗和种姓规则来运营这所寡妇寄宿学校的重要性，然而她却一生反对寡妇那被公认的角色。她通过在冰屋区域为渔民开设学校，来表现自己对种姓规则的藐视。当她被告诫不能以政府

---

① By Sister Subbalakshmi, n.d. enclosed in a letter from R. Tagore, Eur. Mss., B 183, IOOLC.

② Ibid.

公务员的身份加入妇女印度协会（Women's Indian Association，WIA）时，苏巴拉克希米修女仍继续出席妇女印度协会分会场会议，同时谨慎地避免过多地参与公共年会。当妇女印度协会和全印妇女大会（All-India Women's 60
Conference，AIWC）开始了支持《童婚限制法》（Child Marriage Restraint Bill）的运动时，苏巴拉克希米修女发表演说反对这种风俗，并向乔希委员会（Joshi Committee）提供了关于早婚不良影响的证据。她的行为表明她是一个理想主义者，也是一个精明的女性。只要利于自己的长期目标，她就乐意妥协。

在精神上，苏巴拉克希米修女被斯瓦米·维韦卡南达和罗摩克里希那传教会（Ramakrishna Mission）深深地吸引。她把罗摩克里希那和他的信徒维韦卡南达视为首批深刻关注女性问题的宗教改革家。虽然天主教修女的典范在孩童时期就引起了她的注意，但是成年后的苏巴拉克希米修女从改良的印度教中获得了精神寄托和行动哲学。

结　论

这些例子着重指出，女性教育的成功尝试是印度受教育女性的劳动成果。许多学校不仅受地理限制、教派束缚，也易受种姓的影响。这些学校专为女性而设，任职的教师是女性，课程也与“特定性别的社会化”接轨。

着眼于20世纪第二个10年的女性教育及其成果，人们开始能够回答“女性教育达到三个推进女性教育的团体之预期程度”的问题，这三个团体分别是英国统治者、印度男性改革家，印度受教育女性。

英国人希望为他们服务的公务员的妻子是受过教育的，从而进一步确保这些人的忠诚。没有接受过教育（或者仅接受过方言教育和传统科目教育）的妻子将把家庭分裂成两个世界。因为英国人确信反抗会在他们难以接近的闺房中策划并孕育，他们相信接受过英语教育的印度妇女养育的孩子是亲英者。尽管有这个梦想，除了那些与公务员结婚的妇女以外，教育还是未能促进女性的忠诚度。妻子们成为丈夫的助手，即使在与公务员结婚的女性中也出现了背叛者。在印度，许多女性批评英国的政策。

具有改革思想的印度男性有兴趣去发展一个进步社会。如果女性受到教 61

62 5. 伙伴式的妻子，穿着马裤的舒达·马宗达在大吉岭，约1933年（承蒙舒达·马宗达提供）

育，印度社会将不再被描述成颓废和落后的社会。从个人层面来说，这些男性在职业成长上，渴望得到受过教育的女性给予的陪伴和支持。他们希望女性能够承担起帮助社会中不幸者的责任。从国家层面来说，他们设想女性负责社会改革而男人则逐利政治。

受过教育的妇女陪伴其丈夫前往公务员岗位就职，陪同丈夫离开世代居住的地方，开设学校，应酬县级行政官。有个悉心打扮的、说英语的妻子，夫妻双方的事业才可能开展。在男人们着迷于政治活动并担心社会改革可能使唤醒民众的任务变得复杂时，女性一度接管了社会改革的任务。当男人们担心教育可能导致女性“走太远”的时候，女教育家们承诺使其学生以“专业化的家庭主妇”的身份毕业。教育体系呈现极大的保守性，但是女性教育还是具有意想不到的、非预期的影响。

第一代受过教育的女性找到了发言权，她们记述了自己的人生和女性的状况。第二代受过教育的女性采取了行动，她们清楚地表达女性的需要，批判她们所处的社会和外国统治者，并发展她们自己的机构。这些机构虽然和男性设计的机构一样保守，但却不应该视其为女性希望维护现状的标志。更确切地说，这应被视为女性充分明了自己从属地位的证明。

通过发展教育机构所付出的努力，女性认识到自己力量的有限性。离经叛道的行为受到了严厉地惩罚。在家庭中，希望学习的女孩受到取笑和排斥。到学校读书的女孩子在街上会被扔石头，如果到男校上学，女孩会在教室里被边缘化。当女性寻求职场实习时，她们会受到骚扰。这些“新女性”因新生活而承受压力，她们认识到了界限在哪儿，她们可以走多远。但这是一个动态的过程；女性接受了教育，然后成为教育者。到了20世纪早期，女
性所受到的限制较19世纪早期已大幅减少。对于上一代来说属于离经叛道的 63
行为在下一代那里则变成了可接受的行为。更重要的是，到了20世纪的早些年，印度女性全面参与了重新定义自己未来的行动。

64

第三章　妇女组织的涌现

19世纪晚期、20世纪早期开展的教育尝试推出了一批“新女性”，她们的兴趣超越了家庭的范围。拉多·拉尼·祖特希（Lado Rani Zutshi）在家中接受家庭教师的教导，她是曼莫喜尼·萨加尔（Manmohini Sahgal）的母亲。曼莫喜尼这样描述自己的母亲：

> 为了教育女儿们，1917年她在拉合尔（Lahore）安顿下来……她加入基督教女青年会（YWCA）继续学习英语和绘画课程，傍晚时，她会骑上自行车去上课。在拉合尔，没有其他同等地位的印度妇女有勇气这样做……在拉合尔，她创办了一家女性休闲俱乐部，并成为俱乐部主席。①

在印度历史上，女性首次开始与家庭之外和当地社区之外的女性交流。一方面，在一小群妇女间通用的公共语言是英语，这突破了语言障碍，使交流成为可能。另一方面，受过方言教育的女性数量也在增长，这使她们可以了解新创办的女性杂志所刊载的妇女问题。这是被更传统的社会边缘化的两个群体，群体中的女性都在寻求来自与她们自身相仿的女性的友谊。受到男性监护人“与时俱进”的鼓励，她们加入了新开设的女性俱乐部和协会。各种反映妇女关注点的组织和协会源自当地的小型俱乐部和印度国民大会党（the Indian National Congress)、全国社会会议的妇女附属机构。1947年独立前夕，一个国家妇女组织联盟理直气壮地宣称它是印度第二个具有代表性的

---

① Manmohini Zutshi Sahgal, *An Indian Freedom Fighter Recalls her Life*, ed. Geraldine Forbes (New York, M. E. Sharpe, 1994), p. 33.

6. 英迪拉·钱德拉·辛格王公女士团体，未注明日期（承蒙普拉达普·钱德 65
拉·马赫塔卜博士提供）

机构。

这些组织成了表达“女性意见”的媒介。同时，对那些日后在政治和社
会机构中担任领导职务的女性来说，这些组织亦是训练场。反过来，这些机
构在印度的国家建设中也发挥了重要作用。毫无疑问，机构采用的是西方模
式，西方对妇女和女性公民责任的看法被全盘采用。在印度当时的背景下， 65
新女性被视为丈夫的伴侣和帮手、理想的母亲和为国增光的人，这些组织与
这种新女性的看法协调发展。

男性建立的妇女协会

首批妇女组织是由新宗教改革协会的男性创立。在孟加拉，喀沙布·钱德拉·森（Keshub Chandra Sen），这位具有超凡魅力的梵社领袖发展了教育方案、女性杂志、祈祷会和印度修道院（Bhamt Ashmm）。在印度修道院中，家人们住在一起，模仿英国中产阶级的生活方式。不久以后，梵社的其他成员认为喀沙布过于保守，他们与喀沙布决裂并成立了公共梵社

[Sadharan (General) Brahmo Samaj]。[①]公共梵社成员受到男女平等思想
66 的激励，为他们各自家庭的女性成员创建了新协会。

祈祷社在孟买开展类似的工作。这些男性从一开始就与祈祷社密切相关，特别是著名的祈祷三人组（Prarthana trio）——G.R.班达瓦卡（G. R. Bandavarkar）、纳拉扬·甘奈希·钱德拉瓦卡尔（Narayan Ganesh Chandavarker）、摩诃提婆·戈文德·罗纳德，他们关心社会改革，主要是妇女地位的改善。当潘迪塔·拉马拜在1882年抵达西印度时，法官罗纳德及其朋友们帮助她建立了雅利安妇女协会（Arya Mahila Samaj），旨在提升和教化女性。[②]

拉马拜是法官罗纳德的妻子，她成为了雅利安妇女协会的中坚力量。拉马拜希望该协会以每周讲座的方式，帮助女性组织家庭聚会以相互结识并成为朋友，为新近接受教育的女性提供互助网络。当这些女性建立自信后，她预言她们将开始定义受教育女性的作用。雅利安妇女协会设想的理想女性是有能力的家庭主妇，当发生如洪水、饥荒、瘟疫等紧急情况时，她们能够进入公众视野并有所作为。[③]

女性也在各改革总会的妇女附属机构中集会。在这些机构里，最引人注目的是全国社会会议的附属机构女子社会会议（Bharata Mahila Parishad）。1887年，在印度国民大会党召开的第三次会议上，全国社会会议成立，旨在建立一个讨论社会问题的论坛。直到1905年，女子社会会议才创建。参加全国社会会议大会的女性不相信男性成员能严肃地对待女性问题。[④]

女子社会会议的首次集会在一个挤满了200多名女性的大厅中举行。妇女们安排了这次会议，并禁止男性参加。与会者们先用马拉提语（Marathi）和古吉拉特语（Gujarati）进行祷告，然后由主席巴钱德拉（Bhalchandra）女士致开幕词。刚刚丧偶的拉马拜·罗纳德是首批发言人之一。她鼓励女性为

① Sivanath Sashtri, *History of the Brahmo Samaj*, 2nd edn. (Calcutta, Sadharan Brahmo Samaj, 1974), pp. 105–64.

② "Arya Mahila Samaj," *Directory of Women´s Institutions*, ed. K. J. Chitalia, vol. I , Bombay Presidency (Bombay, Servants of India Society, 1936), p. 6.

③ "Arya Mahila Samaj" (n.d.), notes by Mrs. Leela Joshi (received from the author); "Arya Mahila Samaj: An Appeal" (n.d.), cyclostyled sheet received from Sarojini Pradhar; "Pandita Ramabai Saraswati," *Women´s Forum* (March–April, 1972), no page numbers.

④ "The Indian Social Conference," *ILM*, 3 (1904), p. 225.

了国家的重建与男性并肩工作，并建议她们把业余时间用于做义工：教导孤 67
儿、视察女子学校、帮助寡妇找到体面的工作。①接下来，阿巴斯·提亚勃杰（Abbas Tyabji）夫人诵读一篇关于穆斯林女性教育的文章，然后是关于慈善公益事业的发言。一般性讨论关注的是医疗救助、家庭生活、早婚和儿童福利等众多问题。②

在随后的年会里，通常都有多达300名，有时甚至超过700名女性出席。即使会上讨论的问题和发表的讲话与在全国社会会议上听到的问题和讲话非常相似，组织者还是认为脱离男性的女性聚会至关重要。年会主题继续围绕女性教育和废除“罪恶”社会风俗的必要性来展开，例如童婚、嫁妆以及对寡妇的忽略。有关女性在改变现状中可能发挥作用的讨论具有尝试性。总的来说，参加这些会议的女性认为她们自己首先需要了解这些问题。③

在帕西团体（Parsee community），开展妇女社会工作的主要组织是帕西妇女团体（Stri Zarthosti Mandal），源自瑙罗吉·帕图克（Naoroji Patuck）先生一家开展的瘟疫救助工作。因深为妇女遭受的苦难所触动，帕图克先生在他家里开设了一个业务班。到1903年，有50多名女性参加了这个班，他的家庭决定邀请其他女性加入来组建一个组织。塞伦迈·M.库尔塞吉（Serenmai M.Cursetjee）小姐成为该组织的首任主席，并在接下来的36年里掌管着帕西妇女团体。在此期间，帕西妇女团体扩展了它的日常工作事项，医疗护理和教育被纳入其中，同时该组织还成功获得了富人——帕西慈善家拉坦·塔塔爵士（Sir Ratan Tata）的资助。④同样重要的是，对那些在20世纪20—30年代积极参与广泛活动和活跃于各组织的女性来说，这个组织起到了训练场的作用。

在这些协会声名鹊起时，它们推动了新的妇女组织的形成。贾汗·阿拉·沙·纳瓦兹（Jahan Ara Shah Nawaz）夫人后来成为全国妇女组织中一位杰出的、有影响力的成员，她讲述自己参与的第一个女性协会是她叔叔

---

① "Mrs.Ranade'sAddress,"*ILM*,3 (1904),p.259.

② "The Ladies Gathering," *ILM*, 4 (1905), pp. 219–20.

③ "The Indian National Social Conference," *ILM*, 5 (1906), pp. 230–2; "Ladies Gathering at Surat," *ILM*, 6 (1907), p. 380; "The Ladies Social Conference," *ILM*, 8 (1908), pp. 227–8.

④ *Golden jubilee Stri Zarthosti Mandal, 1903–1953, and Silver jubilee Sir Ratan Tata Industrial Institute, 1928–1953 Volume* (Bombay, 1953), pp. 5–7.

68 沙·丁（Shah Din）构想的。沙·丁曾读到过一篇文章，讲述在拉合尔召开的一次锡克教徒会议上，2000名女性筹集到足够的钱来建立一所女子中学。他担心穆斯林妇女落在别人后面，便命令他家族（米安家族）的女性每个月聚会两次，讨论女性教育和社会改革的问题。女性成员需要就这些主题撰写文章，并在聚会上提交用于讨论，同时她们从周边村子的贫困女性着手，开始了她们的“社会工作”。从家族成员合作中汲取的经验使这些女性发起了一个更大的组织——旁遮普的穆斯林妇女协会（Anjuman-e- Khawatin-e-Islam），沙·纳瓦兹夫人的母亲阿米尔·温·妮萨（Amir-un-Nisa），她被称作米安家族的潘科赫斯特（Pankhurst）夫人，是该组织的创建成员之一。到1915年，米安家族的女性在全印穆斯林妇女大会（All-Indian Muslim Women's Conference）中起到了主导作用。①

当受男性影响的和由男性引导的妇女组织在教育女性和提供女性首次公共事业经验等方面开展重要工作时，它们也强加了限制条件，特别是男性改革家把家庭视为女性活动的核心和首要舞台，他们设想由接受了卫生和育儿等科学观念的现代女性来经营家庭。这些男性希望自己妻子参与的家庭之外的活动是帮助不幸群体的社会工作以及灾难来袭时的救济工作。他们的妻子可以协助国家建设，但不是以政治煽动，而是通过建立机构改善社会风俗中出现的恶劣局面来进行协助。妇女协会有助于把稚嫩的新娘转变成为男性的伴侣和帮手。当年轻女性参加这些组织的集会时，她们暂时摆脱了家庭中年长女性的影响和控制。在这里，她们能够进一步继续自己的教育，发展与其他受过教育女性的友谊，并能够共同制定慈善方案。

每当女性希望凭借自己的力量做事时，伴随着男性的支持和监护的限制条件就显露出来。宗教改革和公共协会处理的是男性领导人定义的妇女
69 问题，但却不会自动帮助处理女性自身定义的问题。当海马巴蒂·米特拉（Haimabati Mitra），这位来自孟加拉的儿童寡妇找到梵社领导人，希望他们帮助自己获得教育时，他们却帮助她找了一个新郎。在海马巴蒂和朋友萨罗吉尼（Sarojini）的谈话中，她表示自己想要的是学习。萨罗吉尼反驳道：

---

① Gail Minault, ed., "Sisterhood or Separation? The All-India Muslim Ladies' Conference and the Nationalist Movement," *The Extended Family* (Columbus, Mo., South Asia Books, 1981), pp. 83–108; Jahan Ara Shahnawaz, *Father and Daughter: A Political Autobiography* (Lahore, Nigarishat, 1971), pp. 13–23, 42–50.

"你应该结婚后再学习。" 海马巴蒂现在对梵社的承诺冷嘲热讽，她说："未来当然是要依靠神的旨意。我的愿望无足轻重。" [①] 在孟买，帕西理事会（Panchayat）欢迎女性发表对家庭法的看法，但却彻底否决了巴伊・迪纳伊F. S. 帕图克（Bai Dinhai F. S. Patuck）关于废除继承法中两性差异的建议。[②]

英国对女性教育的这种支持没有延伸到人身自由的问题上。引起公众极大关注的鲁赫马拜案（实际上是发生在1884—1888年的一系列诉讼案件）证明可通过英国法律强迫女性屈服于最严厉的父权习俗。鲁赫马拜在11岁时嫁给达达吉・比卡吉（Dadaji Bhikaji），她婚后仍居住在父亲家中继续学习，之后通过了大学入学考试。当达达吉要求鲁赫马拜来与自己同住时，她拒绝了。达达吉便向法院提出恢复夫妻同居权的请求。鲁赫马拜胜诉，但是当达达吉再上诉后，法院即命令鲁赫马拜要么与其丈夫一起生活，要么进监狱。[③] 提拉克（Tilak）在印度是公开反对英国统治的人士，他赞成法庭的判决，宣称英国法律肯定了印度的宗教圣典（关于道德和法律的文献以及人类行为的手册）。罗纳德和其他的改革家成立了鲁赫马拜辩护委员会，使这个案件引起了社会的关注。潘迪塔・拉马拜为此大动肝火。她写到，政府提倡教育和解放，但是当一位妇女拒绝"成为奴隶"时，政府"却伤害了她的心灵，允许政府法律成为铆接束缚其链条的器具"。[④] 1888年，双方当事人达成妥协，鲁赫马拜免于监禁。之后，鲁赫马拜前往英格兰学医，返回印度后 70
成为了浦那当地一所印度教徒医院的院长。[⑤] 这个案例清楚说明殖民管理者虽然鼓励女性接受教育，但当她们违抗了父权制时，殖民管理者是不能被指望来保护她们的。

---

① *From Child Widow to Lady Doctor: The Intimate Memoir of Dr. Haimabati Sen, trans. Tapan Raychaudhuri*, ed. Geraldine Forbes and Tapan Raychaudhuri, in press.

② *Golden jubilee Stri Zarthosti Mandal*, pp. 25–6.

③ Meera Kosambi, "Women, Emancipation and Equality: Pandita Ramabai's Contribution to the Women's Cause," *EPW*, 23, no. 44 (October, 1988), p. ws44; C. Heimsath, *Indian Nationalism and Hindu Social Reform* (Princeton, N.J., Princeton University Press, 1964), pp. 170–1; Dagmar Engels, "The Limits of Gender Ideology," *WSIQ*, 12, no. 4 (1989), pp. 428–9; Ruth Woodsmall, Notebooks, 1916–1917, box 3, Diaries, 1913–1917, RWC.

④ *Letters and Correspondence of Pandita Ramabai*, ed. A. B. Shah (Bombay, Maharashtra State Board of Literature and Culture, 1977), pp. 175–8.

⑤ Woodsmall, Notebooks, 1916–1917, RWC.

首批由妇女组建的妇女组织

在建立自己的协会后，女性才开始定义自身的利益，开始提出解决方案并采取行动。妇女协会有各种称谓，它们于19世纪晚期、20世纪早期在印度各地涌现出来。尽管存在地理条件的限制，但大部分妇女协会的共同目标是集合女性来讨论妇女问题。萨拉拉德维·乔杜拉里（Saraladevi Chaudhurani）对妇女会议与印度全国社会会议合并举行表示谴责，她提倡建立一个永久性的印度妇女协会。女性对此反应积极，萨拉拉德维开始计划首次会议。当男性同事批评她时，萨拉拉德维则指责他们摆出一副神气十足的样子对待女性。她写道，这些男人“标榜自己支持女性、支持女性享有平等机会、支持女性教育和女性解放”，这是“他们喜爱的、年度会议上雄辩的话题”。[①]她指责这些男人生活在“摩奴的阴影中”，他们不允许女性的独立行为。1910年，萨拉拉德维组建的组织——印度妇女大团体（Bharat Stree Mahamandal）在阿拉哈巴德（Allahabad）召开了首届会议。[②]

印度妇女大团体计划在印度各地开设组织分支来促进女性教育。它在拉合尔、阿拉哈巴德、德里（Delhi）、卡拉奇（Karachi）、阿姆利则（Amritsar）、海得拉巴（Hyderabad）、坎普尔（Kanpur）、班库拉（Bankura）、哈扎里巴格（Hazaribagh）、米德纳普尔（Midnapur）和加尔各答等地都发展了分部，以印度女性道德和物质文明中的共同利益为基础，“把各种族、各种信仰、各阶层、各党派的女性都团结了起来”[③]。

71 印度妇女大团体的领导人认为深闺制是普及女性教育的障碍。为了绕过这种习俗，她们就把教师送到妇女们的家中教授她们读书、写字、音乐、缝补和刺绣。[④]萨拉拉德维曾写到女性摆脱男性掌控的重要性，因此该组织只

---

① Saraladevi, "A Women's Movement," *MR* (October,1911), p. 345.

② Ibid.

③ J. C. Bagal, "Sarala Devi Chaudhurani," *Sahitya Sadhak Charitmala*, no. 99 (Calcutta, Bangiya Sahitya Parishad, 1964), p. 24; Saraladevi, "A Women's Movement," p. 348.

④ "An Account of the Work Among Women in Calcutta," *ILM*, 8 (May–June, 1935), p. 176; "The Bharat Stree Mahamandal," *MR* (September, 1912), p. 312; Saraladevi, *Jibaner Jharapata* (Kalikata, Sahitya Samsad, 1958), pp. 196–7; Saraladevi, "A Women's Movement," p. 348; Latika Ghose, "Social and Educational Movements for Women by Women, 1820–1950," *Bethune School and College Centenary Volume, 1949–1959*, ed. Dr. Kalidas Nag (Calcutta, S. N. Guha Ray, 1950), pp. 150–1.

允许女性成员的加入。然而，该组织的大部分成员先前曾在男性掌控的妇女组织中工作，所以她们设计的方案与男性改革家所喜爱的方案相似。

对这些早期组织的描述，留存下来的东西不多，但它们却使我们看到了女性明确表达自己的需要以及女性发挥的领导作用。妇女们认识到自己的世界不同于其母亲、祖母们的世界，于是有必要寻求语言和社会技能来适应新角色。由于很多女性在年幼时就成婚了，因此继续教育被视为必然。一些妇女协会教授诸如数学和地理等基础学科，而另外一些妇女协会只教授英语。在“科学”等同于“现代”的这个世界里，关于保健、儿童保育、卫生和营养学的讲座和课程特别流行。家庭外机会的增加要求女性学习新的社会技能，如礼貌地交谈、奉茶、公开演说等。

女性领导人把妇女问题解释为女性教育、童婚、奉行深闺制、女性在家庭中的地位等。她们中的许多人相信所有女性都面临同样的问题。无疑，她们从特定的阶级定位来表述观点，但当存在着反对女性教育的极大的偏见时、当童婚受到推崇时、当寡妇因再婚而在体面的家庭无法被接受时，她们却参与了针对这些问题所开展的运动。女性隔离和性别隔离普遍存在，但严格的深闺制仅在印度的某些地区实行。女性领导人利用经验，假定所有的妇女都经历过姻亲的刁难，她们对女性在家庭中地位的评价以个人的法律知识和观察为基础。如果要求用例子来证实她们的看法，她们中的很多人都会讲述自己亲戚、佣人的经历以及她们从众多的被调查者那里听说的故事。她们以有限的方式了解到女性所共有的诸多问题，另外她们的经济基础与自己宣 72
称代表的女性也是不同的。因此，她们对某些选择的可行性的看法局限于像自身一样的女性身上。她们设立的女子学校、寡妇庇护所、手工艺培训中心仅帮助那些属于她们阶级的女性。即使农村的穷人赞成女性教育，他们也无法把女儿送到学校去。寡妇之家适合于那些来自体面家庭、需要赚钱的寡妇，它们通常只接收婆罗门寡妇。手工艺制品——特别是缝纫和刺绣制品——仅使一些高种姓妇女获得了谋生方式，因为她们能够接近客户、可以住在寡妇之家并拥有工作的空间。贾伊杰·拉姆（Jaijee Lam）在1898年丧偶，时年28岁，她带有两个孩子，以沙丽刺绣谋生。她以中国刺绣技艺而闻名，随着中国刺绣的女装风靡一时，贾伊杰·拉姆便能够以一种体面的方式养活自己和孩子。但家庭的生活水平不只归功于她的收入，她的丈夫给她留下了一些财产。在定义妇女问题和提出适宜的补救方法时，这些早期妇女组织的创建人倾向于把像贾伊杰·拉姆一样的女性看作是典型。因此，她们的机构可以服务于一些来自她们自己阶级的不幸的女性，但几乎不向其他阶级的女性提供服务。

全国妇女组织

第一次世界大战后，一些全国性的妇女组织建立了。主要的三个组织是：出现于1917年至1927年之间的妇女印度协会、印度全国妇女理事会（National Council of Women in India）、全印妇女大会。

妇女印度协会

妇女印度协会开始时并不起眼。玛格丽特·卡曾斯（Margaret Cousins）是一位爱尔兰女性主义者、神智学者、音乐家，她于1915年抵达印度。不久以后，在阿迪亚尔（Adyar）的神智学会官员邀请若干女性与玛格丽特·卡曾斯会面。这次会面后，卡曾斯和多萝西·吉纳拉贾达沙（Dorothy Jinarajadasa，一个爱尔兰女性主义者，嫁给一位备受尊敬的锡兰神智学者C.吉纳拉贾达沙）商谈组建一个妇女机构。许多印度女性已经是泰米尔妇女协会（Tamil Madar Sangam）的成员，并且与英国女性一道组建了全国印度协会（National Indian Association）来促进女性教育，该组织尤其注重英语和手工艺教学。[①] 当这两个团体开始更自由地交往时，她们决定组建女子休闲俱乐部来举办茶话会、羽毛球和网球运动。卡曾斯和吉纳拉贾达沙提议建立一个覆盖教育、手工艺和体育运动等内容的新组织。[②]

妇女印度协会一成立，吉纳拉贾达沙便急于鼓励组建分支组织。她写信给马德拉斯管辖区各神智学分会的干事们，解释说妇女印度协会的地方分支机构能够对印度的重建发挥重要作用。[③] 这些信件引起了积极的反应，以至于吉纳拉贾达沙受到了鼓舞，她写道："实际上，印度男性不反对妇女真正

① Kamala Bai L.Rau, *Smrutika: The Story of My Mother as Told by Herself*, trans. Indirabai M. Rau (Pune, Dr. Krishnabai Nimbkar, 1988), pp. 26–32.

② "Report of the Madanapalli Branch of the WIA, 1916–1937," WIA Papers.

③ "*A New Society for IndianLadies, 'New India*" (May10,1917),p.9.

想做的任何事。”[①]

成立该机构的妇女之所以决定把它称为妇女印度协会，是因为其成员资格对印度人和欧洲人开放。安妮·贝赞特（Annie Besant）成为第一任主席，玛格丽特·卡曾斯、多萝西·吉纳拉贾达沙、马拉提·帕特瓦尔丹（Malati Patwardhan）夫人、阿穆·斯瓦米纳坦（Ammu Swaminathan）夫人、达德哈博伊（Dadhabhoy）夫人、安布贾马尔（Ambujammal）夫人担任名誉秘书长。在第一年结束时，妇女印度协会共组建了33个分部；5年之内，一共组建了43个分部，20个中心，会员人数达到2300名。妇女印度协会的分支机构都认可该协会的创办宗旨，但它们保持自治，这使调动分支机构表达女性意见成为可能。[②]

尽管妇女印度协会与神智学会有着明显联系，且依赖神智学会，但它却定义自身为一个囊括和代表了来自各种族、文化和宗教的妇女协会。妇女印度协会各分支机构的工作方向主要涉及宗教、教育、政治和慈善四个领域。该机构认为女性天生就具备宗教倾向，它鼓励开展无教派的宗教活动。但它认为最重要的还是开展教育活动，因此妇女印度协会支持其分支机构建立成人班，教授读写、缝纫和急救护理等课程。妇女印度协会从一开始就在政治 74
上表现出了活跃性，1917年它曾派遣代表团去参见蒙塔古（Montagu）国务大臣，要求赋予女性选举权。慈善作为第四个工作领域，包括赈济穷人、建立寡妇庇护所、救济受灾群众。[③]妇女印度协会的英文月刊《女性领域》（*Stri Dharma*）也刊登用印地语和泰米尔语撰写的文章，该刊物附有女性感兴趣的新闻事件、来自妇女印度协会分支机构的报告以及有关妇女状况的文章等。

妇女印度协会的早期组织者发现，要联合女性一起组建地方分支机构很难。来自萨勒姆（Salem）分部的官员抱怨道：“定期把那些不情愿的姐妹们从厨房里拖出来，劝说她们花几分钟来开会，真是一件累活。”[④]分支机构创

① Mrs. D.Jinarajadasa, "The Emancipation of Indian Women," *Transactions of the Eighth Congress of the Federation of European National Societies of the Theosophical Society*, held in Vienna, July 21–26, 1923, ed. C. W. Dijkgraat (Amsterdam, 1923), p. 86.

② Women's Indian Association, *Quinquennial Report, 1917–1922*, WIA Papers.

③ WIA, *Quinquennial Report, 1917–1922*.

④ S. Kamakshi to Dear Sister (August 10, 1924), file no. 3, DRP.

建成功的地方，常归功于一两个妇女的决心。在苏拉特（Surat），卡努本·C.梅塔（Kanuben C. Mehta）请求丈夫（用英语）写信给多萝西·吉纳拉贾达沙，表明自己希望组建一个分支机构。[1]卡努本组建的首个团队共有成员30名，她们筹集到足够的钱来开设一个手工艺班。之后又努力开设了英语班和绘画班（每个班有15名女孩参加），成年女性聚集在一起读书和讨论书的周例会也随之形成。每当参会人员减少，卡努本就会到他们家拜访，敦促她们重返会议。她们逐渐发展成一个紧密结合的团体，能够在总部要求提出“女性意见”时做出快速应对。卡努本很快学会了英语，开始和总部直接通信。到了1921年末，她已经就选举权、卫生和儿童福利等议题组织了讲座。[2]

妇女印度协会在马德拉斯诞生并成长，它以自尊运动吸引了妇女的注意力。自尊运动有着庞大的议程而非局限于妇女权利上，它旨在建立一个摆脱祭司种姓控制的社会，所有人都享有正义和平等。从意识形态上看，自尊运动在批判现存的两性关系，尤其批判宗教在确定妇女从属地位中所起到的作
75 用上显得更加激进。它发现要在同一时间与财产归属、种姓特权和性别歧视等问题进行抗争很难。归根到底，自尊运动抵制婆罗门教义，然而对女性角色又保持同样的狭隘定义。[3]自尊运动的存在限制了妇女印度协会对高种姓妇女的吸引力。

印度全国妇女理事会

紧接着建立的全国性的妇女组织是印度全国妇女理事会。到1925年，孟买、加尔各答、马德拉斯等地的妇女利用在战争工作中形成的网络把各种妇女俱乐部和协会联合起来组建了一个新的理事会。[4]国际妇女理事会于1988

① From Chhanganram Mehta to D. Jinarajadasa (March 27, 1918), DRP.

② Chhanganram Mehta to D. Jinarajadasa (May 2, 1918); C. Mehta to M. Cousins (June 17, 1991); C. Mehta to Dear Sister (September 12, 1919, July 28, 1920, April 10, 1921); Kanuben Mehta to Dear Sister (April 10, 1921, December 1, 1921); K. Mehta to Jinarajadasa (February 9, 1922); K. Mehta to M. Cousins (March 23, 1922, April 11, 1922); DRP.

③ Prabha Rani, "Women's Indian Assodation and the Self–Respect Movement in Madras, 1925–1936: Perceptions on Women," paper delivered at the Women's Studies Conference, Chandigarh (October, 1985); C. S. Lakshmi, "Mother, Mother–Community and Mother Politics in Tamil Nadu," *EPW*, 25. nos. 42 and 43 (October 20–27, 1990), pp. ws72–ws83.

④ BPWC, *First Annual Report*, BPWC Papers, BPWC Library, Bombay; "History of the Council Movement," *Bulletin* (January, 1932), p. 4, Premchand Papers.

年在华盛顿召开了第一次会议以促进女性的社会、经济和政治权利。[1]阿伯丁（Aberdeen）侯爵夫人担任1922年至1936年期间国际理事会的会长，当她听说印度的理事会后，便邀其加入国际理事会。[2]1925年，印度全国妇女理事会作为国际妇女理事会的国家分支机构成立了。

在孟买理事会执行委员会成立初年，多拉博·塔塔（Dorab Tata）爵士的妻子梅里拜·塔塔（Mehribai Tata）担任该执行委员会主席，这对它的发展起到了关键作用。梅里拜是班加罗尔（Bangalore）帕西团体的一员。她的父亲H.J.巴巴（H.J.Bhabba）是一位著名的教育家，监督着自己女儿梅里拜的教育，并把她介绍给他的那些欧洲朋友们。梅里拜善于与欧洲人和印度人交际，因此嫁给塔塔实业公司（Tata Industries）的奠基人贾姆希特吉·塔塔（Jamsetjee Tata）先生的大儿子再合适不过。夫妇俩在1898年结婚，梅里拜成为印度最重要工业家族的成员之一。

1904年，在一次欧洲之行中，塔塔女士赞赏起致力于解决公民问题的英国女性。在印度，她对英国女性未做多少工作来帮助印度姐妹表示谴责。[3] 76
她反对诸如捐钱设立一所孤儿院这样被动的慈善捐款。梅里拜敦促中产阶级妇女访问贫民窟，与人们交流“靠慈善捐款生活是不光彩的”以及“自重、诚信工作的必要性”等话题。[4]

在她看来，深闺制、种姓差异和缺乏教育妨碍了女性通过工作来改变其社会状况。作为必要的第一步，她敦促男性支持女性教育及其行动自由。[5]她的声音响彻国内外，这很自然地给了她财富、社会地位及自信。每当在欧洲或美国演讲，人们都会注意到她总是以一身“本地服装”出现，饰以“一串上好的珍珠项链”，偶尔戴上她个人私有的世界上最大的钻石。

那些加入塔塔女士队伍的妇女们也紧跟着自己的男人们采取了一种慈善策略，她们所采取的慈善方式仿照上层英国女性采用的慈善方式。特别是在

---

① Veronica Strong–Boag, *The Parliament of Women* (Ottawa, National Museum of Canada, 1976), pp. 72–3.

② BPWC, *Fifth Report*, p. 4, BPWC, *Sixth Report*, p. 8, BPWC Papers.

③ Lady Tata, *A Book of Remembrance* (Bombay, J. B. Dubash, 1933), pp. 12–13.

④ Lady Tata to Miss Serenbai Maneckjee Cursetjee (March 3, 1931), *A Book of Remembrance*, pp. 138–9.

⑤ Lady Tata, "An Address Delivered by Lady Tata to the Battle Creek College, *USA*" (November 29, 1927), *A Book of Remembrance*, pp. 100–3.

孟买管辖区，这些妇女中的许多人都嫁给了工业界和银行业界的富人们。正如这些男人们支持慈善事业和捐款是为了取悦他们的统治者一样，这些新近解放的妇女也参与了公共活动，这被视为印度的英国官员和英格兰政策制定者的“教化”行为。①

尽管像塔塔女士一样的妇女们对理事会思想体系的建立有着影响力，但个体成员的兴趣决定了理事会的工作方向。理事会成立了常务部门委员会来处理艺术、劳工、立法和新闻方面的事务。一般来说，这些委员会收集信息、准备备忘录，并把它们呈递给有关当局。②其中，关注妇女地位改善的立法委员会最活跃，部分原因是米塔恩·塔塔·拉姆（Mithan Tata Lam）的领导。她是第一个通过律师资格考试，并在印度当律师的印度女
77 性。另一部分原因是，这是一种“社会工作”，而开展这份社会工作不用担心会失去地位。尽管理事会的成员从不对访问贫民窟和工人住宅区的想法感兴趣，但慈善计划仍在继续。令这些女性感兴趣的新的活动舞台是政治请愿。

因为理事会的精英本质，其未能成长为一个重要的全国性组织。理事会每年的会员费是15卢比，花500卢比可以成为终身会员，花1000卢比就可以成为赞助人。在全国理事会最初组建的时候，它有3名终生会员：博帕尔的皇太后（the Dowager Begum Saheb of Bhopal）、巴罗达的王后（Maharani Saheb of Baroda）和多拉博·塔塔女士（Lady Dorab Tata）。会长是巴罗达的王后殿下（H. H. the Maharani of Baroda），她在1928年、1930—1934年、1936—1937年期间，担任会长继续服务于该组织。1938—1944年，特拉凡哥尔的女土邦主塞图·帕瓦蒂·巴伊（Maharani Setu Parvati Bayi of Travancore）担任会长。其他在执行委员会中担任重要职务的女性包括多拉博·塔塔女士、科妮莉亚·索拉博吉（Cornelia Sorabji）小姐——印度第一夫人的高级律师，③塔拉拜·普列姆昌德（Tarabai Premchand）夫人—— 一位富有银行

① Douglas E. Haynes, "From Tribute to Philanthropy: The Politics of Gift Giving in a Western Indian City," *JAS*, 46, no. 2 (May 1987), p. 341.

② NCWI, *Third Biennial Report*, 1930–2, *NMML*.

③ Antoinette Burton, "Empire, Oxford, and Imperial Culture: Cornelia Sorabji at Somerville CoWege, 1889–1892: *At the Heart of the Empire: Indians and the Colonial Encounter in Late-Victorian Britain* (in progress).

家的妻子，沙菲·提亚勃杰（Shaffi Tyabji ）夫人——孟买重要穆斯林家族
之一的成员，和莫尤尔班杰大君之妻苏查鲁·德维（Maharani Sucharu Devi of
Mourbhanj）——她是喀沙布·钱德拉·森的女儿。这些都是有钱有地位的
女性，能够负担理事会领导们期望的昂贵旅行，也有足够的场所提供给理事
会做“办公室”。但是许多女性无法承担加入该组织的费用，而且她们在这
些富裕的、拥有各种头衔的女性面前也感觉不舒服。但正如塔拉拜·普列姆
昌德所说的，这不是该协会不具“吸引力”的唯一原因。理事会从政治上和
社会上来说都是保守的。因为与英国人以及那些有钱有地位的重要成员存在
联系，印度全国妇女理事会仍然远离独立斗争。社会上她们选择维持现状。
1928年，印度全国妇女理事会的孟加拉理事会通过一项决议，请求为加尔各
答派驻一位女缓刑犯监督官。最终，她们推选了一位英国女性来担任该职
务。她们认为由印度妇女来做这类工作太过“前卫”，这在一段时间内是应
该回避的。[1]她们发现开展农村工作既困难又危险，村民们对她们既不信任
又不友善，[2]对此，印度全国妇女理事会的成员不是重新评估她们的工作技 78
巧或者改变她们的工作方式，而是要求改善农村工作条件。

印度全国妇女理事会的成员仰仗政府来实现她们希望改进的部分。她们停止在人群（一个她们希望改善其状况的群体）中开展实际工作，但仍然确信自己了解印度妇女的问题和掌握这些问题的解决方法，并就福利问题向政府提出建议。她们发现社会福利工作适合自己，且通过家庭、婚姻和社会互动所建立的联系使她们获得了民众的信任，而这难以通过经验和参与工作的人员数量来获取。理事会成员的关注焦点，是印度在国际上符合其他地方提出的保健和福利的最低标准，而且维持这个结论使得掌权的英国男性和印度男性都成为既得利益者。

印度全国妇女理事会的成员没有采纳塔塔女士的建议去访问贫民窟，但有几位女性却这样做了。其中一位是社会工作者马尼本·卡拉（Maniben Kara, 1905—1979年），她最终成为工会一名重要的会员。[3]马尼本还是一个孩子的时候，就已经和一些外国朋友悄悄地去过工人住宅区。回想起那时，她为

---

① Bengal Provincial Council Report, *NCWI Report*, 1928-9.

② NCWI, *Biennial Report*, 1938-40, p. 7.

③ "Life Sketch of Maniben Kara" (unpublished), received from Western Railway Employees Union (Bombay, 1979).

自己所见到的感到震惊和惭愧：震惊是因为自己对这样一个不同的世界一无所知，惭愧是因为自己居住的地方离工人住宅区如此之近。她前往英格兰继续社会工作研究，1929年返回印度。回到孟买后，她组建了服务组织（Seva Mandir），在穷人中开展工作。据她回忆，当时有共产主义者指控她蓄意破坏革命，而来自贫民窟的妇女则质问她是不是没什么用来打发时间的。[1]本希望帮助他人，却遭到责骂，马尼本成了M.N.罗（M.N.Roy）激进人道主义团体中的一员，同时她把精力转到了组织工人的工作上。由于妇女所承担的家务和她自身所持的女性礼仪观念，马尼本无法让她们加入工会。她对印度全国妇女理事会的工作不感兴趣，而理事会的成员也认为她的工作激进。

全印妇女大会

最重要的妇女组织以及3个组织（妇女印度协会、印度全国妇女理事会、全印妇女大会，译者注）中真正印度化的组织是最后成立的那个。1927
79 年1月，全印妇女大会（The All-India Women's Conference, AIWC）[2]在浦那初次集会，在接下来的6个多月，玛格丽特·卡曾斯和其他一些妇女印度协会成员开展了卓有成效的工作。孟加拉公共教育主任卡塔恩（Oaten）先生敦促妇女们决定哪种教育适合印度女孩，然后再异口同声地告诉政府“印度女孩想要的，并在其得到她们想要的教育前一直呼吁”。对卡塔恩先生建议的答复刊登在了《女性领域》上，这最终促成了会议的举办。[3]

玛格丽特·卡曾斯给印度各地的女性领导人寄去通知，建议她们组织地方会议讨论教育问题，每个会议应就女性教育问题整理出一份备忘录，然后在浦那召开的全印大会（all-India Conference）上介绍。

在首次召开的全印大会上，共有87名地方接待委员会的成员、58名地方会议代表和2000多名观察员（包括男性和女性）参会。桑格利的王公之妻（The Rani Saheb of Sangli）致开幕词，并介绍了第一任主席巴罗达的王后奇姆纳拜·盖克瓦德（Maharani Chimnabai Saheb Gaekwad of Baroda）。在开幕

---

① Interview with Maniben Kara (Bombay, April24, 1976); "Maniben Kara," s–14 (September 17, 1969), South Asian Archive, Centre for South Asian Studies, Cambridge.

② Aparna Basu and Bharati Ray, *Women´s Struggle: A History of the All India Women´s Conference 1927–1990* (New Delhi, Manohar, 1990).

③ M. Cousins, "How the Conference Began," *Roshni*, special number (1946), p. 14.

词中，她坚持女性需要一种特殊的教育形式，这在本质上不是女性主义教育，因为那意味着男性和女性之间的对抗。这种特殊的教育形式可以帮助女性明白自己所处的位置是男性位置的“补充”。巴罗达的王后关注社会风俗，特别是深闺制和童婚，因为它们抑制了女性读写能力的提高。她说女性觉醒的时刻到了。虽然注意到女性对政治产生了新的兴趣，但她要求教育应适合“女性的天性”。

参加全印大会的代表包括众多专业教育家以及社会改革家、与民主主义运动有联系的女性和有财有势者。大会决议概述了女性教育的最佳类型——它应包括妇女社会地位的基本设想。代表们对此表示赞成，他们说，教育体系应考虑到个体潜力的充分发展。同时，他们也希望教授所有女孩“为母之道”及如何使家更具吸引力以及如何帮助他人等。代表们提出了更具体的决议，强调道德教育和体育教育的重要性，谴责童婚，敦促采用特殊方法来教 80
育受深闺制影响的女性。[1]

全印妇女大会既没有提倡所有女性接受大众教育，也没有设想存在一个让中上层女性接受与男性同样教育的世界。[2]大部分参加大会的女性同意教育体系应该致力于培养出有文化的妻子和母亲，但是她们也希望培养出女医生、女教授和女律师。不管课程强调家政学还是自然科学，普遍的看法是教育应该与社会性别角色相协调。

在女性教育的讨论中，会议代表以史料为依据对女性角色进行评论。他们坚称，在古代印度，妇女有同样获取教育、政治权力和财富的机会。社会风俗——特别是童婚和深闺制——起因是外来入侵，它们阻止了女性获取教育。这种历史的解读——辉煌历史之后是黑暗时代——合法化了组织及组织方案的主要目标。但自从把女性社会地位的下降归咎于外族人——穆斯林后，这种历史的解读也就限制了全印妇女大会的号召力。接受存在“黄金时期”这一理论既限制了其吸引来自其他团体和阶层女性注意的可能性，又抑制了激进女性主义对其的批判。

到1928年，全印教育改革妇女大会（All-India Women's Conference on Educational Reform）断定：除非根除有害的社会风俗，否则教育问题不会有

① AIWC on Educational Reform, Poona (January 1927), pp. 28–32, AIWC Library, New Delhi.

② Ibid. pp. 32–42.

什么进展。第二年，全印妇女大会扩大了关注范围，涉及社会福利的所有问题，并宣布大会成员开展的主要工作是整理涉及这些问题的公众舆论。20世纪30年代，随着公民不服从运动的出现，全印妇女大会决定不过问政治。在抉择过程中，它选择维持其请愿组织的身份。

当社会问题的数量增多、范围增大时，全印妇女大会面临着相似的抉择。全印妇女大会继续扩展关注范围——先从教育着手，然后把限制女性教育的社会风俗也纳入其中，尤其是童婚和深闺制。到了20世纪30年代中期，分委会的列表里加上了劳工、农村重建、本土工业、教科书、鸦片和《童婚
81 限制法》等内容。与此同时，她们的决议案从提倡电影审查延伸到推动广泛的节育教育。全印妇女大会的领导人意识到她们开展的工作正把她们领入两个方向：一方面有益于女性，另一方面则能够帮助整个民族。她们代表女性所开展的工作越来越关注“无独立法律人格”群体，然而对民众福祉的关心却把她们引向了甘地的重建方案和甘地的社会运动。她们对女性法律地位的关注驱使她们与英国官员和立法委员协作，然而甘地却强调改善农村和涉及贱民的基层工作，同时他对社会变革的动力做了完全不同的解释。

到了1936年，矛盾已十分明显。那年，玛格丽特·卡曾斯在其主席致辞中回顾了全印妇女大会自创建以来所取得的进步。她回忆起首届全印妇女大会代表的是知识阶层，然而到1936年，全印妇女大会的成员已包括“王公夫人”（maharanis）、“哈里真”（harijans，贱民）等不同阶层，体现了“姐妹们的团结一致”。她们的工作使“团结在一起的女性的声望、尊严、影响力、权力和能力都获得了提高，使公众对女性的能力和公民权利有了全新的、深入的了解”。谈及未来的发展方向时，卡曾斯敦促姐妹们密切关注尼赫鲁的批评，其认为她们开展的计划因没有探究“根本原因”而显得“肤浅”。姐妹们对社会问题的研究和学习必须严谨，而她们为改革做出的努力应说是印度大重建计划的一部分。此外，在卡曾斯最后的陈述中，她鼓励全印妇女大会成员继续她们在各条战线上的工作：“首先是为政治自由效力，为摆脱内外臣服效力，为所有我们已经明确的理想和改革的最终任务并肩效力。”[①]

① AIWC, Eleventh Session, Ahmedabad (December 23–27, 1936), pp. 23–5.

玛格丽特·卡曾斯对妇女团体团结一致的乐观态度掩饰了组织内部深层的问题。甚至卡曾斯就任这个名誉职位，全印妇女大会也在暗中进行了长时间的争论。尽管所有人都承认卡曾斯曾帮助创立该团体，但许多女性却不希望让一个英国女人来担任主席。①

20世纪30年代末至40年代初，全印妇女大会宣称其代表所有女性并替
她们发声，从而面临一系列的挑战。阿姆利特·考尔（Amrit Kaur）是甘地 82
的忠实追随者之一，她希望全印妇女大会能够成为一股女性政治力量。但这个建议被否决了。全印妇女大会致力于推动综合性的妇女法律草案的制定，但该方案并不受穆斯林妇女的欢迎，因为她们中的很多人都相信伊斯兰法律源于古兰经，是不能被篡改的。为吸纳下层社会的农村和城镇女性进入该组织，全印妇女大会所做的努力是将会费降至4安那，而非开展令这些女性感兴趣的项目。因而这些问题没有在国家层面上得到解决。

7. 全印妇女大会主席雷努卡·雷与她的两位部下，1952年（承蒙雷努卡·雷 82
提供）

到20世纪40年代，全印妇女大会明确自己为代表女性的第一机构。1939

① From Hilla Rustomji Faridoonji to Mrs. S. C. Mukherjee (April 4, 1936), AIWC Files.

年，结束了由与会者提出决议的旧方法；此后，决议由全印妇女大会的分支机构在会议前提交。1941年，全印妇女大会创办了《光明》季刊。1946年，全印妇女大会建立了一个配备固定人员的中央办公室。随着组织细节的完善，其成员能够将精力集中在两项主要工作上：宣传妇女问题，研究并提供印度女性数据。

在战争年代，全印妇女大会的省级分支机构呈现了新的生命力。有些分
83 支机构着手处理地方问题，他们支持农民运动、教育贱民、鼓励政治参与，有时甚至以激烈的方式处理地方问题。他们尝试向那些被中央机构忽视的女性伸出援手，但这是一份艰辛的工作。迪娜·阿萨娜（Dina Asana）夫人在给名誉秘书长库尔苏姆·萨亚尼（Kulsum Sayani）的一份报告中提及自己在成年女性教育问题上所经受的失败。

> 在一些社区，妇女们虽然乐意学习，但贫困使她们既没有时间也没有方法来摆脱难以忍受的现状。而在其他地方，即使妇女有时间且乐意学习，却被家里的男人们阻止去上课。我们有一些人已经成功地教育了我们的用人。①

同时，全印妇女大会的其他分支机构成为有威信的组织，也显现了女性的竞争地位和影响力。然而，在开展针对自己阶层的女性和受压迫阶层女性的工作方面，这些机构却一事无成。②

童婚改革问题

印度各种全国性妇女组织的发展，它们为开展彼此之间的合作所付出的努力，以及它们与印度男性、英国官员、英国女性的关系，通过20世纪20年代后半期的童婚问题可见一斑。关注童婚问题尤其重要，因为它是首个社会改革问题，有组织的女性在反对童婚的论证发展中和政治请愿的工作中都起到了主要作用。为确保《童婚限制法》的通过所做的努力，让这些女性认识

① Letter from Mrs. Dina Asana to the honorary general secretary (November 11, 1944), AIWC Files, no. 326.

② AIWC Files, no. 374; Kolaba Women's Association, AIWC Konkan Constituency halfyearly report for January–June 1936, AIWC Files, no. 136; AIWC Circular no. 6 (May 8, 1939), AIWC Files, no. 203.

8. 萨赫拉姆·巴苏（20岁）与其新娘拉努（8岁）的新婚照，1907年（承蒙赛 84
瓦蒂·米特拉提供）

到议程的相互矛盾及与表面上的支持者协作的困难。同时，她们也学会了区分有效请愿和有效行动。在许多方面，她们就童婚问题开展的工作使每种行为都具有了政治含义。

在英属印度，童婚长久以来都是一个棘手的话题。[1] 英国传教士和官员
85 们都对青春期前结婚感到十分震惊，而许多印度人解释说，只有在达到青春期以后的初婚才会紧接着举行圆房仪式。1860年，刑法确定已婚和未婚女孩的同意年龄是10岁。该问题在19世纪80年代再次出现，1891年，刑法修订，把同意年龄提高到12岁。[2] 女性在完婚时年龄被公开质疑，这足以说明英国人在印度实行的“文明使命”。然而，直到30年后，该法案中才出现定罪条款。到那时，才有了新的理由来重新审查印度的结婚年龄。

恢复对结婚年龄和同意年龄的关注可以追溯到国际联盟的讨论。对女性和女童买卖的关注引起对同意年龄的考虑，最终在印度议会中形成了提案。[3] 针对这些问题的各种法案被提出，又被废止，直到1927年，哈比拉斯·萨尔达阁下（Rai Sahib Harbilas Sarda）提出了印度教童婚法案。仅仅几个月后，美国揭露丑闻的记者凯瑟琳·梅奥[4] 出版了《印度母亲》，对印度人和印度风俗进行了猛烈抨击。[5] 她使用医院记录、官方记事以及个人采访撰写的“粗制滥造的作品”不仅震惊了美国和英国的读者大众，也煽动了他们。梅奥痛斥印度人对待各年龄段女性的做法，尤其关注性行为，并描述了儿童新娘被年长于她们的丈夫强奸。她得出这样的结论：社会风俗是印度人软弱的原因，也清楚表明印度人对“掌管政府”还未做好准备。[6] 一些印度男人把这种抨击称为“庸俗下流”，其他一些印度男人则争辩说是英国官员

---

① Geraldine Forbes, "Women and Modernity: The Issue of Child Marriage in India," *WSIQ*, 2, no. 4 (1979), pp. 407–19.

② Tanika Sarkar, "Rhetoric against Age of Consent, Resisting Colonial Reason and Death of a Child–Wife," *EPW*, 28, no. 36 (September 4, 1993), p. ws1870.

③ Barbara N. Ramusack, 'Women's Organizations and Social Change: The Age–of–Marriage Issue in India," *Women and World Change: Equity Issues in Development*, ed. Naomi Black and Ann Baker Cottrell (Beverly Hills, Sage Publications, 1981), p. 201.

④ For an insightful review of Mayo in her pre–India days see Gerda W. Ray, "Colonialism, Race, and Masculinity: Katherine Mayo and the Campaign for State Police" (unpublished paper, 1992).

⑤ Mrinalini Sinha, "Reading Mother India: Empire, Nation, and the Female Voice,"*JWH*, 6, no. 2 (1994), pp. 6–44.

⑥ Katherine Mayo, *Mother India* (New York, Harcourt Brace, 1927), p. 32.

9. 罗恩和帕德米尼·森·古普塔的新婚照，1938年（承蒙帕德米尼·森·古普 86
塔提供）

87 阻止他们来根除这些社会陋习。[1]政府官员企图逃脱指责，于是开始告知议会和“全世界”，他们支持有益的社会立法。[2]

议会把《童婚限制法》（Sarda Act）委托给由莫罗潘特·维萨瓦纳特·约希（Morophant Visavanath Joshi）爵士担任主席、共10名成员组成的特别委员会。其成员中仅有一名印度女性，她是妇女印度协会推荐的拉梅什瓦里·尼赫鲁（Rameshwari Nehru）夫人。[3]一经委派，该委员会便对公众态度做出快速评估；他们共发放了8000份问卷，并宣布广泛调研听取证人证词。[4]

妇女组织也从各方面促使《童婚限制法》的通过。她们发动反对童婚的宣传、评论提议议案、请愿、与约希委员会见面并为确保《童婚限制法》的通过进行游说。《童婚限制法》通过后，为使其意义深远，妇女组织又开展出生、结婚和其他立法的登记工作。

全印妇女大会的分支机构在印度各地组织会议，女性可在会上表达自己的意见。在她们的发言中，并没有把谈论内容局限于童婚，她们认为这只是众多“压制个性，拒绝给予女性教育和身心发展机会”的风俗之一。[5]谢里发·哈米德·阿里（Sharifah Hamid Ali）组织了一个特殊的活动来支持《童婚限制法》。在对信德（Sind）的穆斯林妇女演讲时，她告诉听众自己是7个女儿的母亲，其中2个女儿成为“童婚风俗的受害者”。这种个人经历使她将其他女儿的婚姻推延到她们成年并让她们接受教育。哈米德·阿里夫人直到25岁才结婚，她认为女性最早的成婚年龄应该是18岁。[6]另外一位女性，即迪万（Diwan）夫人，在古吉拉特（Gujarat）的一次女性集会上发言，表示需要改变妇女意识：

> 应该彻底改变妇女观，这是非常必要的。如今，女性认为她们从事某些工作是适宜的，而做另外一些工作则是不合适的，且一直

① J. T. Sunderland, "Miss Katherine Mayo's 'Mother India' Weighed in the Balance, What is the Verdict?" *MR*, 16 (1929), pp. 1–6.

② GOI, Home Dept., Judicial (July 11, I927), file no. 382/27, p. 8.

③ Ibid.

④ *Report of the Age of Consent Committee, 1928–1929* (Calcutta, 1929), p. 3

⑤ Speech by Smt. Akilabai, "Child Marriage Bill," *The Hindu* (clipping, n.d.), DRP.

⑥ Ibid.

未婚是危险的。必须避免这种自卑情结。[①]

抵制童婚风俗的女性开始批评整个体制，包括她们进入这个体制的社会化过程。然而，演讲中表达的激进主张却难以促使她们认真考虑之后应传达 88
给政府官员的请愿和决议。

当她们与约希委员会会谈时，全印妇女大会的成员力求驳倒反对者的论证。她们否认女性喜欢早婚、否认晚婚可能引发不道德行为、否认所有男性都支持童婚，并且否认童婚是吠陀教的一部分。[②]她们从不认为是否结婚、与谁结婚、何时结婚的决定应该是个人权利的问题。更确切地说，她们对晚婚的支持是让妇女准备好适应其生物学上的角色。

约希委员会建议将15岁定为最低成婚年龄，21岁为同意年龄。世界舆论给印度和英国的立法者带来的影响力是毋庸置疑的。在美国和英国，立法机关活动记录被密切关注，仿佛结果会证明或反驳梅奥的结论。[③]在私人通信中，英国官员清楚表示他们感觉除了支持这项议案外没有别的选择。如果不支持该议案，改革家和民族主义者对外国统治抑制社会改革的指控将被获信。然而立法机构最终采取了折中方案，即将女性最低成婚年龄设为14岁，男性最低成婚年龄设为18岁，同时没有提及同意年龄。《童婚限制法》于1929年10月初通过，1930年4月生效。

妇女组织为《童婚限制法》的通过感到欣喜。但印度全国妇女理事会的态度相对谨慎，她们认为，这是反对社会弊病战斗的第一场战役，但还不是一场胜利。[④]妇女印度协会立即毫不犹豫地召集了一场会议向哈比拉斯·萨尔达阁下表达庆贺。在她们看来，《童婚限制法》是1929年取得的重大成就。[⑤]全印妇女大会的反应最为积极，称《童婚限制法》是“重大成就”和“个人胜利”。[⑥]

愉悦是短暂的。当政府官员开始对异议进行评估并断定反对声音主要

① *The Indian Quarterly Register*, 2, nos. 3 and 4 (July–December, 1929), (Calcutta, n.d.), pp. 395–6.

② AIWC, 1929, p. 95.

③ *Legislative Assembly Debates*, January 29, 1929, vol. I, p. 197; September 10, 1929, vols. IV and v, pp. 679–80; September 19, 1929, vols. IV and v, p. 1110.

④ NCWI, 1928–9, p. 20.

⑤ WIA, *Golden jubilee Celebration Volume* (Madras, 1967), p 5.

⑥ AIWC, 1930, pp. 12, 24.

89 来自穆斯林集团时，就削弱了政府承诺严格执行《童婚限制法》的力度。甚至在《童婚限制法》通过前，穆斯林领导人就曾以会有“可怕的动乱”相威胁。① 随着该法案获得批准，他们威胁将通过与甘地和国大党一起开展反政府运动的方式，违反《童婚限制法》和“其他法律”。② 英国人不打算检验威胁的真实性。

穆斯林领导人要求修正《童婚限制法》以把穆斯林排除在外。③ 妇女组织则试图以多种方式来反对这一提议。全印妇女大会宣称她们代表印度所有的女性讲话④，穆斯林女性成员也递交请愿书支持《童婚限制法》。在请愿书中她们告诉总督：

> 我们，也代表印度的穆斯林女性，坚称仅是一小部分伊斯兰男性教徒向阁下您提出建议，要求穆斯林享有《童婚限制法》的豁免权。该法案对所有女性的影响程度远胜于其对男性的影响程度，我们不接受这部分男性代表我们女性讲话。⑤

政府最终没有修订或者废止该法案，与其说是因为妇女组织的警觉，倒不如说是因为世界舆论和政策连续性的重要性。英国官员意识到修订将使人联想到软弱，而且这是引起“国际联盟兴趣和注意”的话题，最好的策略是置之不理，因为人们普遍认为《童婚限制法》是形同虚设的规定。⑥

实际上，《童婚限制法》没有被执行，因为很难进行起诉，也很难判决有罪。而且，很多被查明有罪的人都被赦免了。由于在该法案生效前，人们都蜂拥举行婚礼，童婚的数量反而增多了。⑦ 政府因此指责那些具有改革意向的印度人没有支持该法案，也没有在向民众强调童婚的恶行上有更多的作为。⑧ 而印度改革家则反过来谴责政府。

《童婚限制法》对妇女组织有着深远的影响。这是个共识问题，它不仅
90 有助于让来自不同地区和团体的女性能够共同开展工作，也有助于让这三个

① GOI, Home Dept., Judicial 1929, file no. 561/29.
② "Civil Disobedience Movement in Delhi," GOI, Home Dept., Political, file no. 256/1/1930.
③ GOI, Home Dept., Judicial, file nos. 272/31, F73/31, 793/32,76/32.
④ AIWC, 1931,p. 43
⑤ WIA Appendix D, "Muslim Ladies Defend Sarda Act," Report, 1930–1.
⑥ GOI, Home Dept., Judicial, file nos. 269/31, 65/30
⑦ GOI, Home Dept., Judicial, file nos. 818/33, 65/30.
⑧ Samuel Hoare to E. Rathbone (November 7, 1933), RP, folder no. 6.

全国性的组织能够协调它们之间的行动。在印度各地调研时，约希委员会听取了许多女性提出的反对童婚的理由。这些女性给人一种印象，那就是印度有许多接受过教育、有着良好口才的女性，她们明白国家问题所在，并能就此做出明确答复。

对女性立场的支持造成一种妇女问题和提出这些问题的女性都受到了重视的错觉，因为禁止童婚的法律已经获得通过，因而许多人认为童婚问题已经得到了解决。仅有妇女组织和几位男性改革家继续在为法案的施行问题而烦恼。长远看来，这种经历帮助参与这场活动的女性意识到了自身地位的低下。

结　论

在第二次世界大战期间，妇女组织作为完全成熟的实体出现，它们能够应对当时国内和国际上出现的最重要的问题。妇女组织拥有的领导权是短暂的，但与此同时它们几乎参与了所有重要的委员会或者计划小组会议来讨论印度的未来。它们对战争持有坚定的立场，致力于改善孟加拉以及印度其他饥荒地区的状况。它们虽然决定不组建单独的女性党派，但仍继续为出台一个承认女性权利的新民法而努力。

可能会有人看到这些组织经历的变化，并询问取得了什么进展（若有的话）。组织的数量虽然有增加，但除极少数的情况外，组织成员仍只限于城市的中产阶级。这些组织获得了代表印度妇女的权利，但它们处理的仍是行为规矩的问题，并追求着那些知道不可能被执行的立法。

组织的成功和失败都归因于社会主义女性主义，其是组织诉求的思想基础。虽然这些妇女组织的众多参与者都谴责使用“女性主义”这个词，把它等同于仇视男性以及妇女参政论者的暴力行为，但它们却追求给予女性更大的自主权。当它们为教育、选举、社会弊病的改善请愿时，妇女们得以履行对家庭和国家的社会责任。它们追求一种妇女们能够受到尊敬和礼待的家 91
庭秩序。这些组织中的一些女性质疑双重标准，并要求女性的完全自主权，但她们却最终屈从于多数人的观点。因为这些妇女组织是在男性的支持下成熟起来的，也是在与男性主导的民族主义党派的合作中繁盛起来的，因此它们无法接受激进思想也情有可原。将女性的需要置于首位和妇女组织要把印度妇女建构为养育和自我牺牲的群体是对立的。而且，这将迫使这些妇女组织在民族主义和女性主义中抉择。社会主义女性主义思想的发展使女性主义和民族主义在一种新的建构概念（new construct）中和平共存成为可能，玛戈·巴德兰（Margot Badran）称这种概念为“女性主义式的民族主义（feminist nationalism）”[①]。

谁会因这些妇女组织的存在而受益？答案是大量的中产阶级妇女。她们在与组织机构的合作中获取了经验，她们获得了第一手的政界动态分析，并在某种程度上从其他妇女那学会了这种动态分析。当组织实行集中管理时，许多妇女对组织的宗旨感到失望，她们离开这些组织，去与那些更边缘化的团体合作共事。那些留在组织中的女性在为选举权和女性合法权利奋斗时，很好地利用了自己的新智慧——请愿政治。需要记住的是，在这种对不顺从的女性特别残酷的环境下，妇女组织不再尝试改变社会现实。在马尼本·卡拉（Maniben Kara）对社会工作失去信心时，像她一样的妇女们为选择工会工作付出了沉重的代价。认识到自己作为工会领导人既不能改变父权制度，也不能把女性带入工会，对马尼本来说付出的代价可不小。因此，这些社会组织在历史上虽然有着显著的成绩，也有着严重的局限性。

① Margot Badran, "Dual Liberation: Feminism and Nationalism in Egypt, 1870s–1925,"*Feminist Issues*, 8, no. I (1988), pp. 15–34.

第四章　妇女权利运动 92

1917年，印度事务大臣埃德温·蒙塔古（Edwin Montagu）宣布英国政府想让更多的印度人参与国家管理过程。为更多地了解印度和欧洲的舆论，蒙塔古和总督切姆斯福德勋爵（Chelmsford）计划了一次印度之行，以倾听个人和团体的意见。萨拉拉德维·乔杜拉里听说了此次计划的行程后，请求蒙塔古和总督切姆斯福德勋爵约见印度妇女大团体的成员以商讨女性教育的必要性。[①] 在马德拉斯新成立的妇女印度协会成员也请求接见。官员通知这两个团体，他们仅欢迎涉及政治议题的代表团，因此玛格丽特·卡曾斯夫人发送了一份新的申请，请求接见女性，让她们提出自己的政治需求。1917年12月15日，长期从事国大党工作的印度女诗人萨洛吉妮·奈都（Sarojim Naidu，1879—1949年）带领一个由全印杰出女性组成的代表团拜见了蒙塔古和切姆斯福德。该代表团的成员递交了一份呈文，记录了印度女性对自己所承担的公民责任的认识。代表们希望女性在帝国统治下的自治国家中享有“公民”地位。[②] 自该代表团之后，印度妇女开始了捍卫自身政治和公民权利的斗争。

当这些女性要求投票权时，她们宣称自己代表所有的女性。19世纪，

---

① "Ladies' Deputation," *ISR*, 28 (November 11, 1917), p. 121.

② "A Ladies' Deputation to Mr. Montagu," *NI* (October 25, 1917), p. 5; "Women's Deputation to Mr. Montagu," NI (December 13, 1917), p. 5; Dr. (Mrs.) Muthulakshmi Reddi, *Mrs. Cousins and her Work in India* (Madras, Women's Indian Association, 1956), pp. 1–5; J. H. and Mrs. Cousins, *We Two Together*, (Madras, Ganesh and Co., n.d.), p. 310; "A Copy of the Address Presented by the All- India Women's Deputation to Lord Chelmsford (Viceroy) and Rt. Hon'ble E.S.Montagu (Secretary of State)," pamphlet, Suffrage–India, FC.

英国官员表达了对“印度妇女”的关切，在此之前，他们也为女性的这种主张感到高兴。但现在英国人对自己的“文明使命”进行了不同的定义。第一
93 次世界大战以后，英国的印度社会评论家抱怨印度的中产阶级对农村群体所遭受的风俗和传统侵害毫无同情。[1]先前是“印度妇女”需要保护，现在是“贫困妇女”需要保护。[2]那些希望英国人欢迎其请愿和请愿书的女性现在被谴责忽略了印度的广大妇女。

虽然原因不同，但杰出的民族主义者也同样质疑女性的请求。支持女性教育和组建社会组织的印度男性并不乐于倾听女性谈及父权制的罪恶。而保持沉默，则加深了女性无知和屈从的刻板形象。如果坦率地谈及印度妇女承受的苦难，她们将被贴上不忠于自己文化的标签。选举权和公民权是女性追求的理想议题，因为可以在不涉及敏感的社会或文化问题的情况下讨论这些议题。然而，投身其中的女性认识到了在殖民体制下追求妇女权利的固有困难。

首次要求妇女选举权

印度妇女组建了一个代表团，要求拜见勋爵切姆斯福德和蒙塔古先生，并请求在同样条件下享有与男性相同的选举权。代表们组织妇女大会来支持自己的请求，并呼吁印度国民大会党（Indian National Congress）和其他政治组织给予帮助。1918年，孟买和马德拉斯的省级会议通过决议把因性别而取消资格（sex disqualification）的条款从改革法案中移除。同样的决议也获得了安得拉（Andhra）省级会议、孟买国民大会党特别会议（the Bombay Special National Congress）、印度自治同盟（the India Home Rule League）和穆斯林联盟（the Muslim League）的批准。

1918年8月，萨洛吉妮·奈都为了妇女的选举权在孟买召开的国大党特别会议上发言。奈都夫人劝说自己的听众说：给予妇女选举权是理性的，具
94 有科学的，政治上的合理性，符合传统，且符合人权。谈及那些认为政治将使女性变得非女性化的反对意见，她向听众承诺：

---

① Report on Indian Constitutional Reform, *Parliamentary Papers*, vol. VIII (Cmd. 91091), p. 116.

② Ibid., pp. 116, 151;Judith M. Brown, *Modern India* (Delhi, Oxford University Press, 1985), p.152.

> 绝对、绝对不会发生这样的事。因为我们认识到男人和女人各有不同的目标和命运，正如男人永远不能履行女人的责任、完成女人的使命一样，女人也不可能履行男人的责任……我们要求投票权，不是要干涉你们执行公务或履行公民义务，也不是要干涉你们活动的公众场合和你们的权力，而是，我们可能在这些在我们怀中长大的孩子们心中奠定民族性格的基础，并逐步向他们灌输国民生活的理想。①

5000名代表参加了此次特别会议。占总人数75%的大多数人通过了决议。

印度国民大会党第33届会议于1918年12月在德里召开，萨拉拉德维·乔杜拉里（Saraladvi Chaudhurani）在会议上呈递了支持妇女选举权的决议。萨拉拉德维对听众说，女性与男性一样有权利定义自己的人生，因为这是一个人权、公正、自由和自主的时代。她说，某些观念在这个世界中已不再适用，特别是“男性是理智的，女性是感性的，这种不切实际的划分”。萨拉拉德维认为，“女人的领域”，包括“在艰辛的生活中充当男性的同伴，以及在政治和其他领域中充当男性的同事”。这超出了萨洛吉妮·奈都的主张范围。②

继这些会议之后，印度各地出现了国大党省级、县级会议以及妇女组织的集会，以表示对妇女选举权的支持。而印度女性和几位英国女性，特别是多萝西·吉纳拉贾达沙和玛格丽特·卡曾斯，在幕后认真地工作着。她们认为此时请愿政治似乎是给政府留下印象的唯一途径。而且，主张妇女参政的英国人士告知她们这些策略是有效的。蒙塔古本人告诉长期担任英国妇女选举组织委员的米莉森特·弗西特（Millicent Fawcett），印度女性应该向选举权委员会提出要求选举权的充分理由。弗西特夫人把这个信息传达给她在印度的朋友，并在寄给妇女印度协会分支机构的信中也引用了这一信息。弗西特夫人 95
在信件中表示有关女性应该向选举权委员会主席写信，并请求接见。③

① *Report of the Special Session of the Indian National Congress*, Bombay, August 19–31 and September 1, 1918 (Bombay, 1918), pp. 109–10.

② *Report of the Thirty–Third Session of the Indian National Congress*, Delhi, December 26–31, 1918(Delhi, 1918) pp. 118–21.

③ Letter from D. Jinarajadasa and Meenakshi Ammal Mahadeva Sastri to "Dear Madam" (November 14, 1918), box 70, FC.

96 10. 赫拉拜和米塔恩・塔塔在伦敦，1919年（承蒙米塔恩・塔塔・拉姆提供）

索思伯勒选举权委员会（Southborough Franchise Committee）于1918年前往印度收集信息。他们接受了妇女的请愿，但仅接见了来自孟加拉省和旁遮普省两省的妇女。[1]在最终的报告中，他们得出结论，认为赋予妇女选举权还为时尚早。索思伯勒勋爵判定印度妇女不需要选举权，即使她们需要选举权，社会风俗也将妨碍选举权的实施。[2]

为选举权而奋战的印度妇女们为此感到十分愤怒。索思伯勒委员会忽视了她们的决议和请愿，也忽视了女性已经在市政委员会和其他地方机构中任职的事实。妇女印度协会迅速采取行动。安妮·贝赞特（Annie Bsant）和萨洛吉妮·奈都前往英格兰向联合特别委员会（joint Select Committee）提交证据，与此同时，妇女印度协会的地方分支机构则召开会议，通过决议，并把她们的意见转发给伦敦。[3]在孟买，女性举行抗议集会，并向议会议员发送信件和电报。孟买妇女选举权妇女委员会（Bombay Women's Committee for Women's Suffrage）的主席贾伊吉·杰汗吉尔夫·佩蒂特（Jaiji Jehangir Petit）夫人发了这样一封电报给伦敦："女性不要求任何帮助，只要求权利和公正。如果选举权被否决，这意味着对印度妇女发展的严重阻碍。"[4]

索思伯勒委员会的两名委员赞成赋予印度妇女选举权，他们分别是霍格（Hogg）先生以及总督执行委员会唯一一位印度成员C.桑卡拉·奈尔（C.Sankaran Nair）爵士。委员会发布报告之后，桑卡拉·奈尔爵士会见了孟买委员会成员，并建议她们派遣代表团到联合特别委员会举证。孟买妇女选举权委员会决定派遣赫拉拜A.塔塔（HerabaiA. Tata）夫人和她的女儿米塔恩（Mithan，之后嫁给了米塔恩·拉姆）与桑卡拉·奈尔爵士一道前往英格兰。[5]

赫拉拜那萌发中的女性主义受到了著名统治者兰季特·辛格（Ranjit 97
Singh）的孙女索菲-杜利普辛格（Sophie Duleepsingh）公主的鼓励。自1799

---

① Letter from M. Cousins to A. Besant (June 4, 1919), Theosophical Society Archives, Madras.

② Mrs. Herabai Tata, "A Short Sketch of Indian Women's Franchise Work," pamphlet (n.d.), Suffrage–India, FC.

③ Letter from M. Cousins to "My Dear Sisters" (May 28, 1919), AIWC Files.

④ Tata, "A Short Sketch."

⑤ Mithan Lam," Autumn Leaves: Some Memoirs of Yesteryear," an unpublished memoir, p. 7; correspondence of Mrs. Herabai A. Tata to Mrs. Jaiji J. Petit, chairman (sic) of the Bombay Women's Committee for Women's Suffrage. For work done in England by Mrs.Tata at the time of the first Indian Reform Act, December, 1919, see account no. 612, AIWC Files.

年起，到1839年去世，兰季特·辛格一直统治着旁遮普。索菲公主住在英格兰，但是她经常前往克什米尔（Kashmir）度假，也正是在这里，赫拉拜和索菲公主相遇了。索菲佩戴着一枚“妇女选举权”徽章，向赫拉拜阐明了选举权运动。在索菲的指导下，赫拉拜成为了“妇女选举权事业的忠实信徒和效力者”。当孟买委员会决定派遣一名代表前往英格兰时，赫拉拜表示自己愿意前往。赫拉拜的丈夫赞成这个计划，并同意资助这项工作。他们未婚的女儿米塔恩，也对妇女权利深感兴趣，并陪同母亲前往伦敦。①

赫拉拜详细陈述了自己为妇女选举权所做的努力。尽管妇女印度协会派遣安妮·贝赞特和萨洛吉妮·奈都作为代表前往英格兰，但赫拉拜却是这场运动中真正的战士。她给那些有影响力的人士写信并发送备忘录，请求众多组织的支持，还向邀请她发言的所有团体发表演说。赫拉拜和米塔恩研究了所有与妇女选举权有关的论题，并准备了内容充实的报告来陈述理由。塔塔有限公司通过向孟买选举权委员会提供捐助来支持她们的工作。此次捐助足够支付赫拉拜的行程及其此行大部分的开销，余下的费用由赫拉拜的丈夫承担。②

安妮·贝赞特告诫联合特别委员会，他们正在因忽视女性的需求而犯错。据贝赞特的说法，在英国人对其强加女性合适位置的观念前，印度的政治委员会曾吸纳过女性成员。贝赞特预言，如果英国人继续排斥女性，印度妇女可能会加入政治抗议，这将产生严重后果。任何试图镇压女性骚乱的举动都将失败，因为印度男性“无法容忍警察对女性的干涉”③。贝赞特提出反抗的风险存于深闺内，这是一个危险的区域，因为其未被开发和殖民。

当萨洛吉妮·奈都与联合特别委员会谈话时，她说自己代表着所有的印度女性，甚至代表那些正统的印度教女性和穆斯林女性。奈都断言，被赋予
98 选举权的女性将是一股强大的进步力量。她无视那些认为遵守深闺制会给投票带来困难的反对意见。她告诉委员会，仅有一些“上层”妇女戴面纱，同时她从不认为“深闺制会阻碍妇女想要做的事”④。遗憾的是，委员会没有足够的时间接见赫拉拜·塔塔，只让她呈递了一份声明。贝赞特、奈都和塔

① Lam, "Autumn Leaves," pp. 4–12.

② See correspondence from H.Tata to J.J.Petit.

③ Joint Select Committee on Government of India Bill, *Parliamentary Papers*, 1919, vol. H , Minutes of Evidence (Cmd. 203), p. 75.

④ Ibid., pp. 131–2.

塔三位女性，都认为近来的教育和社会机会恢复了印度妇女先前的力量和影响。她们宣称，印度妇女是强健的、团结的，已经为改革社会做好了准备。

多数英国男性对此持怀疑态度。他们认为大部分印度妇女未受过教育，且深居简出。他们听说的许多印度人的经历，进一步加深了他们的成见。科妮莉亚·索拉博吉（Corhelia Sorabji, 1866—1954年）曾在牛津学习法律，她于1894年回到印度，担当女性的辩护人，她反对男女民族主义改革者开展的工作。科妮莉亚的父亲，索拉博吉·卡瑟德吉（Sorabji Karsedji）牧师原是琐罗亚斯德教教徒，后改信基督教，他娶了弗兰西娜（Francina），一位原本信仰印度教、后皈依的女性。这个家庭因其在教育和社会改革领域的贡献而闻名。科妮莉亚被英国律师界拒绝，[①]而这是在印度开业当律师的唯一途径。根据授权令，她代表女性进行申辩，之后她又被任命为监护法院（Court of Wards）官员，处理涉及深闺制度中那些与世隔绝的女性（purdahnashin）的案件。[②]科妮莉亚开创了不平凡的事业，而且作为一名破除传统以帮助女性的专业人士，她在国际上享有盛誉。英国对现为政坛一分子的印度受教育女性提出了批判，科妮莉亚为此事的真实性提供了依据，但科妮莉亚对民族主义和女性主义的排斥，致使历史学家忽略了她在其中所发挥的重要作用。

索拉博吉小姐生活的圈子很有影响力，她有许多机会向她的英国朋友展
示"印度人"的观点。[③]她声称，印度妇女存在两个群体，其中一个被她称 99
为"进步人士"，她把该群体的成员定义为一小群接受过教育的女性，约占女性人口的10%，这部分人在很大程度上不受古老习俗的支配。其他90%的女性未受过教育，且深居简出。所有为缓解妇女困苦而实行的方案均有益于"进步人士"，但实际上广大妇女却未受到这些方案的影响。[④]而且，进步人士并没有努力去体会广大妇女生活的现实情况。

---

① 1919年，科妮莉亚·索拉博吉最后取得了律师从业资格。但在那之前，依据成文法，英国的所有女性都不具有律师从业资格。 See Antoinette Burton, "Empire, Oxford and Imperial Culture: Cornelia Sorabji at Somerville College, 1889–1892," *At the Heart of Empire: Indians and the Colonial Encounter in Late–Victorian Britain* (in progress).

② Cornelia Sorabji, "Some Experiences" (March 1, 1931), newspaper clipping, Gham–Khwar–i–Hind of Lahore writes (n.d.), CS Papers, Eur. Mss., F/165/5, IOOLC.

③ Letters from Sir Campbell Rhodes to Lady Malcolm (March 13, 1929) and C. Sorabji to Lady Stanfordham (March 13, 1929), Social Service File; Cornelia Sorabji Diaries, CS Papers, Eur. Mss., F/165/5, IOOLC.

④ C. Sorabji, "Note on a Social Settlement for the Service of Women" (n.d.) and "Note on the Possibility Appertaining to a Social Service Institute" (n.d.), CS Papers, Eur. Mss., F/165/5, IOOLC.

关于提议的蒙塔古–切姆斯福德改革，科妮莉亚在提交给政府的机密备忘录中告诫说西方政府的理想不适合一个宿命论的、迷信的印度社会。只有在核心家庭、教育机构和政府都完全支持社会流动、个人权利和行为的国家，议会民主制才能成功实现。而印度的伦理观和机制却正好与之相反。在通过教育转变印度机构和印度人的看法之前，西方的政治体制是没用的。[1]目前，政府有继续保护民众的责任。

关于女性选举权的议题，科妮莉亚写道："我们（印度妇女）仍然不能对平等的公民权和均等的机会提出要求——我们的历史不许这样。"虽然进步女性达到了一个高度文明的状态，但大部分女性仍然蒙昧无知。她认为，给予这些"落后女性"选举权是危险的。在所有女性都接受教育之前，政治改革对这个国家来说不具有"任何真正的、持久的价值"[2]。

没有确凿证据表明科妮莉亚·索拉博吉的建议有何影响，但下议院（House of Commons）的议员没有理睬由印度妇女组织、印度国民大会党、自治同盟、穆斯林联盟和英国妇女组织呈递的选举权备忘录。蒙塔古注意到保守派反对妇女选举权几乎是出于一种"宗教情绪"。由于激怒宗教教徒是
100 危险的，他便敦促议会通过已存在的《印度法案》，附文允许省立法委员会把女性加入注册选民的名单中。[3]

印度女性活动家觉得被出卖了。她们没有特别要求——除了给予那些符合为男性设立的选举资格标准的女性选举权。把女性排除在《印度法案》之外似乎在实际上承认了男性权威凌驾于女性之上。[4]她们的反对者用深闺制度作为"反对印度女性获得选举权的主要武器"。显然，英国人承诺保障少数人的权利仅意味着保障少数男性的权利。而就女性而言，大部分女性被剥夺了权利是因为少数女性深居简出。这种自相矛盾的情况使得萨洛吉妮·奈都探究：英国人为何在不给予妇女选举权后，竟然还制定特别的条款来保护

---

[1] Confidential memorandum, "The Montagu–Chelmsford Reforms," CS Papers, Eur. Mss., F/165/13, IOOLC.

[2] From an Indian correspondent, "The Position of Women II ," *Common Cause* (May 9, 1919), pp. 36–7.

[3] H. Tata to J. J. Petit (December 7, 1919), AIWC Files; Joint Select Committee on Government of India Bill, vol. I, Report and Proceedings of the Committee, *Parliamentary Papers 1919*, vol. IV, Part I of the Preamble (Cmd. 203).

[4] Letter from M. Cousins to Mrs. Fawcett (October 30,1918), box 90, FC.

少数被隔离女性的权利。[1]

民族主义议程和妇女权利

民族主义领导人也质疑女权活动家。1920年，赫拉拜和米塔恩（后者就读于伦敦经济学院，并曾在律师学院注册）前往巴黎旅行，行程中遇见了卡玛夫人。皮卡杰·卡玛（Bhikaji Cama，1861—1936年）夫人在孟买出生并接受教育。1885年，她嫁给了一位相当保守的绅士，20世纪20年代，她居住在欧洲。1902年，卡玛夫人前往伦敦接受治疗，其间，她遇见了一群流亡革命人士，便加入了这个群体，然后搬到了巴黎，并在那居住了30年。[2]当卡玛夫人碰到赫拉拜和米塔恩时，她“很难过地摇着头，然后说：‘请为印度的自由和独立而效力。当印度独立时，妇女不仅会获得选举权，还会获得其他所有权利。’”[3]甘地的反应大致一样。他在《青年印度》上发表了第一篇关于女性的文章，在其中他陈述说自己希望女性在男性的旁边有着合适的位置，但他不支持“妇女选举权”运动。这个时机并不凑巧，因为，印度人需要与英国人做斗争，而选举权运动只会损耗他们的精力。妇女们应该把精 101
力用来“帮助她们的男人对付共同的敌人”。甘地建议妇女们把自己和男人们“从现有政府毁灭性的掌控中解放出来，这是被诅咒的社会的所有罪恶中最为严重的一个”[4]。

省级立法机关和妇女选举权

民族主义领导人的劝告没有妨碍支持选举权的女性继续她们的斗争。1921年，孟买和马德拉斯成为最先赋予妇女选举权的两个省；联合省（the United Provinces）随后在1923年赋予妇女选举权；旁遮普和孟加拉在1926年赋予妇女选举权；阿萨姆（Assam）、中央省（the Central Provinces）、比哈

① "Franchise for Indian Women," *MR*, 26(1919),p. 549.

② "Madam Bhikaji Cama," *DNB*, vol. I, pp. 240–227. Lam, "Autumn Leaves", p.12.

③ Lam, "Autumn Leaves", p. 12.

④ M. K. Gandhi, "Women and the Vote," *Young India* (November 24, 1920), p. 2. In 1921 Gandhi expressed support for the idea of female suffrage.

尔（Bihar）和奥里萨邦（Orissa）最后于1930年赋予妇女选举权。

每个省都未详细记述女性是如何赢得选举权的。在孟加拉，女性认为是女性对政治的“特殊”贡献为女性赢得了选举权。赞成妇女选举权的男性则把这称为是民主权利的自然延伸，而妇女选举权的反对者则谈论女性在公共事务中所表现出的劣势和能力不足。追求选举权必定会让女性忽视丈夫和孩子，其他人为此感到遗憾。一位先生甚至认为政治活动使得妇女不能母乳喂养子女。该议案在1926年获得通过，不是因为支持赋予妇女选举权人士的数量增加了，而是因为自治党（Swaraj Party）同意重返政坛并主宰立法机关，致使立法机构的组成发生了改变。该党派团结印度教徒和穆斯林教徒为立即独立而奋斗；因此，“妇女选举权决议得以在民族主义热情高涨时通过”①。

然而有选举资格的女性数量没有大到足以引起关注的程度。被赋予选举权的女性人数在印度各地都很少；在马德拉斯，妇女占到总选民人数的8.46%；在孟买，妇女占到总选民人数的5.03%；在联合省和孟加拉，妇女占到总选民人数的3%；而在旁遮普，妇女仅占到总选民人数的2.5%。在中
102 央立法议会中，妇女占选民总数的4.36%。②很显然，重要的是女性参与选举的原则，而非其主导议会的可能性。接下来，女性要求进入立法机构的权利。赞成和反对她们参选的争论同样此起彼伏，直到最后所有的省都赋予了女性选举权利。

反对女性参与政治的人士提出了很多异议。他们警告说传统社会性别角色正被摧毁，而且存在角色易位的可能性。与维多利亚时代的人一样，他们担心这种参与行动将给女性的身心健康带来负面影响。但他们主要担心的还是印度妇女模仿西方妇女那些为他们所谴责的伤风败俗的行为。③选举很可能破坏女性作为妻子和母亲的自然角色，这种自然角色是传统认可的、历来受到敬畏和尊重。

支持妇女选举权的男性通过强调女性对政治做出的特殊贡献来反驳这

---

① Barbara Southard, "Colonial Politics and Women's Rights: Woman Suffrage Campaigns in Bengal, British India in the 1920s," *Modern Asian Studies*, 27, no. 2 (1993), pp. 397–439.

② "Number of Women Voters in India," GOI, Public Home Dept., file no. 25/3/1929.

③ For further discussion of these attitudes see Dipesh Chakrabarty, "The Difference–Deferral of (A) Colonial Modernity: Public Debates on Domesticity in British Bengal," *History Workshop Journal, 36* (autumn, 1993), pp. 9–13.

些反对观点。赞成妇女选举权的加尔各答《现代评论》发问，“印度妇女用选举权来做什么？”问题的答案是，她们将用3个以“英文字母W开头”的词语——智慧、健康和财富来结束印度3个以“英文字母I开头”的词语——无知、疾病和穷困。① 其他人则宣称赋予女性选举权是印度证明自己与西方国家一样先进的机会。在立法议会的演讲中，来自孟买的议员N.M.杜马锡亚（N.M.Dumasia）先生夸耀说：

> 在这样一个控诉男人对待女性如同对待个人财产一样的国家，我们高兴地发现印度妇女的政治进程远快于英格兰妇女的政治进程，且摆脱了两性战争以及击破脑袋、砸碎窗户等暴力行为，而先于英格兰妇女被赋予选举权。②

许多妇女还记述和谈论女性做出的特殊贡献，而其他人则向统治集团发出挑战。V.卡玛拉拜·阿玛尔（V.Kamalabai Ammal）给总督写了一份请愿书，抗议延迟移除比哈尔和奥里萨省成文法中的性别取消资格。她提醒总督，女性“和男性一样是印度的孩子”。允许立法机关就性别取消资格的问题投票“意味着男性的垄断不仅享有特权，也把不再实行性别取消资格视为 103
对女性的一种施舍”③。姆里纳利妮·森（Mrinalini Sen）是孟加拉一位妇女参政论者，她抱怨政府以武断的方式对待女性。姆里纳利妮的一篇辩论性文章使人想起英国的妇女参政论者写的文章，在文中她写道，女性屈从于“英国政府实施的所有法律和土地法规”，如果女性拥有财产就必须纳税，但她们仍不能选举。就像是英国人在告诉女性不要去法院寻求正义，而应该在家中寻求正义。④ 不合作运动促使女性和男性不再“上法院”，而是加入了独立斗争的行列，在运动前夕，森的评论引起了特殊的共鸣。

首位女性立法委员

立法机构的首位女性成员穆图拉克希米·雷德（Muthulakshmi

① "What Will Women Do with the Vote?" *MR*, 30 (1921), p. 493.

② GOI, Public Home Dept., 1926, file no. 28.

③ GOI, Home Dept., file no. 212/1929.

④ Mrinalini Sen, "Indian Reform Bill and Women of India" (first published in *Africa and the Orient Reviews*, 1920), *Knocking at the Door* (Calcutta, Samir Dutt, 1954), pp. 68–9.

Reddy)[1]于1927年被委任为马德拉斯立法委员会委员。她回忆道，这次任命标志着她用毕生精力，通过消除社会陋习和促进道德标准的平等为女性争取社会中的平等而努力的开端。[2]

穆图拉克希米生于1886年，出生在普杜科泰土邦（princely state of Pudukottah）。她的父亲S.纳拉亚纳萨米（S. Narayanasami）属于婆罗门，是王公学院的院长；母亲钱德拉玛尔（Chandrammal）属于伊赛维拉拉（isai velala）种姓，这种种姓的女性通常是在寺庙中跳舞和唱歌的。[3] S.纳拉亚纳萨米打破传统，把穆图拉克希米送到学校读书。穆图拉克希米对学习的热情高涨，于是老师决定教授她一些她父亲批准之外的科目。进入青春期后，穆图拉克希米被迫离开了学校，但继续在家中接受教育。钱德拉玛尔希望为穆
104 图拉克希米寻找一位新郎，但穆图拉克希米本人却有着另外的渴望。穆图拉克希米在自己的回忆录中这样写道：“我立志于更高的目标，希望与普通人不同。”她同情女性屈从于男性，每当听到人们说只有男孩需要教育，她内心都非常反感。

通过入学考试后，穆图拉克希米便申请进入王公学院学习。但该校的时任院长及其他学生的家长都不欢迎她的申请。她的性别是一个原因，出生背景也是一个原因：院长认为她可能使男学生“堕落”。比较开明的普杜科泰土邦王公不顾这些异议，允许穆图拉克希米进入该学院读书，并给予她奖学金。[4]她的父亲建议她做一名学校教师，但她有着更高的志向。穆图拉克希米从来没有遇到一位受过教育的女性，但她在杂志中读到过获取了学士学位和硕士学位的女性的文章。

父亲以前的一位学生建议她学习医学，穆图拉克希米和父亲慎重考虑了他的提议。她一直是一个体弱的孩子，传统医学治疗和草药治疗对她鲜有帮

---

① 不同的时期，穆图拉克希米把她的名字写成“雷迪”或“雷德”。我在正文中使用“雷德”，但在脚注穆图拉克希米的信件和文章中保持原作品的拼写。

② Muthulakshmi Reddi, "Dear Friends" speech (n.d.), file no. II, DRP; information on Muthulakshmi Reddi comes primarily from *Autobiography of Dr. (Mrs.) Muthulakshmi Reddy* (Madras, M. Reddi, 1964)– for quote see p. 18; Dr. (Mrs.) S. Muthulakshmi Reddy, *My Experiences As a Legislator* (Madras, Current Thought Press, 1930); and interview, Dr. (Mrs.) Muthulakashami (sic) Reddi, Layman's Foreign Mission Inquiry, 1928–30, box 28, RWC.

③ C. S. Lakshmi, *The Face Behind the Mask: Women in Tamil Literature* (Delhi, Vikas Publishing House, 1984), pp. 16–17.

④ Ibid.

助，母亲与伤寒较量的情景成为她学医的个人动机。此外，她希望离开家，远离沉迷于为自己安排婚事的母亲。穆图拉克希米进入了马德拉斯医学院（Madras Medical College），并于1912年完成了学业，然后成为马德拉斯一所妇女儿童政府医院的住院处外科医生。①

在医学院读书期间，穆图拉克希米遇到了萨洛吉妮·奈都，并开始参与妇女集会。她找到了与自己有着共同关注点的女性，并从妇女权利的角度来解释这些关注点。

直到毕业前，穆图拉克希米拒绝听到关于婚姻的讨论。杂志和报纸载文报道她获得的奖项和学位，名声远扬让众多致力于改革的年轻男士向她求婚。一位求婚者吸引了穆图拉克希米父亲的注意，他是D.T.桑达拉·雷德（D.T.Sandara Reddy）博士。桑达拉·雷德曾在一本杂志中读过关于穆图拉克希米的文章。穆图拉克希米不情愿地答应考虑桑达拉·雷德的求婚，虽然她不想"背负婚姻，从属于任何一个男人"②。最后，经过对雷德博士"学识和品行"的考核，并听了父亲对雷德的积极评价后，穆图拉克希米同意结
婚，条件是这位被推荐的新郎许诺"视我为同等的人，永远尊重我，永远 105
不违背我的意愿"。1914年，穆图拉克希米28岁时，他们二人依据1872年的《特别婚姻法》③结婚了。

作为一名已婚妇女，穆图拉克希米在行医的同时，还要照顾家庭。她发现这样做很困难，便告诫其他有抱负的女医生说："如果女医生真的热爱这份职业，并且希望行医，那么就不应该考虑结婚，因为她们不能同时行使两种职责。"④但穆图拉克希米想方设法地兼顾自己的事业和婚姻，她前往英格兰深造，与妇女组织共事。当时她认为英国统治有益于受压迫者，特别是女性和贱民阶层，也认为有着特殊兴趣和能力的女性适合于政治舞台。

妇女印度协会提交给立法委员会一份著名社会工作者的名单，穆图拉克希米的名字列在其中。最初，她以行医需求和缺乏经验为由拖延。她写道：

---

① *Autobiography*, pp. 1–17.

② Ibid., p. 18.

③ 1872年的《特别婚姻法III》于1872年3月19日通过。该婚姻法早先被描述为《民事婚姻法》和《新印度教徒婚姻法》。该婚姻形式仅对非印度教徒或者其他宗教信徒有效。它规定女性的最低成婚年龄是14岁，男性是18岁，设定离婚条款并废弃印度教仪式。该婚姻法使来自不同集团的夫妇的结合合法化，如穆图拉克希米和雷德博士。

④ *Autobiography*, p. 22.

“除了恰好关心女性生活外，我既不是政治家也对政治不感兴趣。”1926年，在被任命担任马德拉斯立法委员会委员时，穆图拉克希米同意在委员会中代表“姐妹们的事业”[1]。与她在委员会共事的同事赞扬她的医学和教育工作，但却反对她为神妓[2]和贱民所做的努力，以及她为使女性获取合法权利而开展的运动。[3]穆图拉克希米关心民众——她撰写宣传册和致编者信并召集妇女集会，她不理会外界对自己个人的批评，她认为，作为一名受过教育的女性，自己有责任站在女性的立场说话。

106 第二次妇女选举权运动

1927年，西蒙调查团（Simon Commission）成立，这是迈向制定新印度法案的第一步。它引发了为女性争取选举权的第二轮斗争。1935年通过的《印度法案》提升了女性的代表性，但是没有达到妇女组织预期的程度。第二次选举权斗争的决定过程既暴露了与英国人合作的有限性，也暴露了把女性权利依附于民族主义运动的内在问题。

在西蒙调查团成立之初，妇女印度协会作为当时唯一致力于妇女选举权工作的全国性的妇女组织，愿意与之合作，并请求西蒙调查团吸纳一名女性作为调查团成员。然而，在由“7个白人男子”组成的西蒙调查团于1929年2月抵达印度时，妇女印度协会加入了民族主义者的行列来抵制调查团成员。随后全印妇女大会决定成立选举权小组委员会，到了20世纪30年代，全印妇女大会断定政治解放是把妇女从“桎梏”[4]中解脱出来的第一步，其成员也抵制西蒙调查团。但有一些受过教育的女性，在未经主要组织许可的情况下与调查团会面，并建议给予受教育女性选举权或者预留席位。[5]

1929年10月末，总督欧文勋爵（Lord Irwin）宣布英国政府将召集一次圆桌会议来讨论印度下一步迈向自治领地位的问题。妇女印度协会立即提交

---

① *My Experiences*, p. 4.

② 神妓是那些依附于寺庙的女性，她们在寺庙中为神歌舞，作为交换，她们被给予土地权。英国人和一些改革家不过把她们视为寺庙妓女而已。神妓的女儿们不论是否在寺庙表演，也被视为神妓。

③ *My Experiences*, p. 58.

④ *Annual Report*, AIWC, Seventh Session, 1933, p. 30.

⑤ "Indian Statutory Commission," *IAR*, I, nos. 1 and 2 (January–June, 1929), pp. 54–6.

了3位女性的名单，包括萨洛吉妮·奈都、穆图拉克希米·雷德、拉梅什瓦里·尼赫鲁（Rameshwari Nehru）。① 印度国民大会党决定抵制该次会议，因为欧文的通告是“讨论”自治领地位而不是“实现”自治领地位。妇女印度协会坚决支持民族主义议程，便取消了与英国政府的合作。这对于该协会的成员来说是一个艰难的决定。她们为选举权问题付出了长期艰苦的努力，现在却放弃了影响下一个宪法议案的机会。②

1930年11月，伦敦圆桌会议召开。印度妇女虽有代表出席，但出席的并不是主要妇女组织选派的代表。贾汗·阿拉·沙·纳瓦兹（Jahan Ara Shah 107
Nawaz）夫人是代表之一，她以其父亲（穆罕默德·沙菲爵士，Sir Muhammad Shafi）私人秘书的身份参加这次会议。另一名代表是拉达拜·苏巴拉衍（Radhabai Subbarayan）夫人，她曾在牛津大学萨默维尔学院读书，为英国妇女参政论者所熟知。沙·纳瓦兹夫人和苏巴拉衍夫人虽然都是妇女组织的资深成员，但英国人指定她们参会时却没有征询这些组织的意见。

在圆桌会议上，沙·纳瓦兹夫人和苏巴拉衍夫人谈到女性的“觉醒”及女性在推动社会变革中的领导地位。她们注意到英国人困扰于深闺制，于是她们声称如果女性获得选举权，这项风俗将随之消失。她们的奋斗目标是成人选举权，但愿意接受特别预留作为临时措施。③

在印度，组织成员并不赞同二人接受的临时措施。来自妇女印度协会的玛格丽特·卡曾斯和穆图拉克希米·雷德，来自全印妇女大会的哈米德·阿里（Hamid Ali）夫人和拉尼·拉杰瓦德（Rani Rajwade），来自印度全国妇女理事会的塔拉拜·普列姆昌德（Tarabai Premchand），与萨洛吉妮·奈都一道发布了一份联合备忘录支持成人普选权。早先支持提名和预留席位的女性依次加入了要求“平等和无特权”以及“一视同仁”的行列。④ 对妇女选举权的重要性，她们并未改变看法，只不过改变了其优先顺序而已。她们决定把民族主义立场（即不坚定承诺结束英国统治，就没有合作）置于她们希

① Reddi, *Mrs. Cousins and her Work in India*, p. 79.

② WIA Report, 1931–2, pp. 3–4.

③ Mrs. P. Subbarayan, *The Political Status of Women Under the New Constitution* (Madras, n.p., n.d.), pp. 2–3; Indian Round Table Conference, November 12, 1930–January 19, 1931, *Parliamentary Papers*, 1930–1, vol. XII (Cmd. 3772), pp. 113–16; IRTC (Sub–Committee Reports), *Parliamentary Papers*, 1930–1, vol. XII (Cmd. 3772), p. 47 .

④ “Reservations of Seats for Women,” *The Hindu* (November17, 1931),p. 5.

望女性被赋予更广泛选举权的愿望之上。[①]

1931年3月，《甘地-欧文协定》签订，国大党同意参加第二轮圆桌会议来起草一份保留某些权限的联邦责任政府计划书。妇女组织追随国大党行事，同意参加该会议，并派萨洛吉妮·奈都代表妇女组织参会。甘地是印度
108 国民大会党的唯一参会代表，沙·纳瓦兹夫人和苏巴拉衍夫人再一次获英国人提名参会。这时，沙·纳瓦兹夫人已经改变了看法，她坚定地支持国大党对成人普选权的要求。但拉达拜·苏巴拉衍顶住来自妇女印度协会朋友的压力，继续支持预留席位。[②]

第二轮圆桌会议结束时，一份白皮书被呈递给英议会两院，建议增加获得选举权女性的数量。洛锡安（Lothian）勋爵被提名担任选举权委员会的主席来制定实施细节。1932年，洛锡安委员会计划前往印度，收集证据和意见，为下一个印度法案提交具体建议。拉达拜·苏巴拉衍和尊贵的玛丽·阿达·皮克福德（Mary Ada Pickford）是被指派进入洛锡安委员会的两名女性，其中玛丽小姐是斯滕代尔勋爵（Lord Sterndale）的女儿，曾在牛津大学接受教育，也是兰开夏郡（Lancashire）的国会议员。埃莉诺·拉思伯恩（Eleanor Rathbone）自1929年以来一直担任英国联合大学选区下议院议员，她长久以来都对妇女事业感兴趣，在读了凯瑟琳·梅奥的《印度母亲》后，她认识了印度。她自己撰写的书《童婚：印度的弥诺陶洛斯》，揭露了《童婚限制法》是一种“装饰性的立法”，同时该书也赢得了一些印度女性的赞誉。拉思伯恩对没有被任命为洛锡安委员会的委员感到很恼火，但她没有为这种怠慢而气馁，而是决定前往印度，去接触印度女性。她的目标不是使印度女性吐露她们的心声，而是建议她们如何为争取选举权而战。[③]

洛锡安委员会在印度只会见了极少数的女性，但是接受了全印妇女组织提供的《1932年备忘录》。妇女们在其中批评了所有尚在考虑的规则，包括

① Letters from Mrs. P.N.Sirur to R.Subbarayan (April 22, 1931), R.Subbarayan to E.Rathbone (May1, 1931), folder no. 5, RP; letters from E.Rathbone to M.Reddi (March 12, 1931), M.Reddi to E.Rathbone (March 9, 1931), E.Rathbone to M.Reddi (May 1, 1931), M.Reddi to E. Rathbone (May 6,1931), folder no. 1, RP.

② Subbarayan, *Political Status*, p.16; letter from M.Reddi to "Dear Madam" (November 16, 1936), AIWC Files, no. 135.

③ Barbara N.Ramusack, "Cultural Missionaries, Maternal Imperialists, Feminist Allies: British Women Activists in India, 1865–1945," *Western Women and Imperialism: Complicity and Resistance*, ed. Nupur Chaudhuri and Margaret Strobel (Bloomington, Indiana University Press, 1992), pp. 126–8.

提名、赋予受教育女性选举权、赋予一定百分比的城市女性选举权等。[1]这是她们的官方立场，尽管实际上许多人都支持特殊选区和指定席位的想法。担任1932年全印妇女大会主席的阿姆利特·考尔（Amrit Kaur）斥责了来自比哈尔和奥里萨省的达斯（Dass）小姐委员，因为达斯组织女性支持独立选区。考尔告诫道："常务委员会委员必须忠诚。"[2]

皮克福德在印度时，写信给在英格兰的妹妹描述了委员会的工作。皮克 109
福德对印度妇女没有好感，她说拉达拜·苏巴拉衍"沉闷且缺乏想象力"，马德拉斯妇女的辩论就像"猫斗"。委员会偶尔会雇车去巡视乡村，访谈"普通人"。在游历印度时，皮克福德做出了草率的判断，且大部分是负面的，但她对自己和委员会其他成员乘坐的10辆汽车呼啸着进入村庄时所造成的景象却没有流露出一点自觉意识。在村里，委员会的口译人员命令人们现身接受讯问。妇女们经常跑开，但一次一位继承了财产的年长寡妇告诉他们，她总是询问自己的儿子如何选举。这进一步坚定了皮克福德认为村民落后，且"完全不适合任何形式的直接选举"的看法。[3]在最后的报告中，洛锡安委员会因为国家规模、庞大的人口和高比例的成人文盲率，而拒绝给予印度成人普选权。他们同意赋予更多的女性选举权，以促进社会改革。同时建议提高女性选民与男性选民的比例，由原来的1：20上升到1：5。[4]

在印度妇女能够对这些建议做出反应前，她们面临的是社群裁决，即为伊斯兰教信徒确定了预留席位，并把预留席位延伸至贱民阶层。甘地坚持低种姓"贱民"或"哈里真"都是印度教徒，不应该被当作独立的群体来对待。为此他开始以绝食来抵制这项裁决。1932年9月的《浦那协议》是一项妥协法案，给予整个印度教徒选区中的贱民阶层预留席位。当包括甘地在内的国大党领导人接受了这项协议时，显然表明他们已经放弃了普选权。而妇女组织则谴责《浦那协议》和其他社群裁决，认为它们造成了妇女的不和。[5]沙·纳瓦兹夫人和其他许多穆斯林妇女并不赞成妇女组织的做法，由

① "Memorandum of the All-India Women's Conference," 1932, AIWC Files, no. 95.

② Letter from Amrit Kaur to Miss Dass (January 23, 1932), AIWC Files, no. 95.

③ Letters to Dorothy (January 19–April 12, 1932), Pickford Papers, Eur. Mss., D. 1013, IOOLC.

④ Report of the Indian Franchise Committee, 1932, *Parliamentary Papers*, 1931–1932, vol. VIII (I) (Cmd. 4086), pp. 16, 82–7.

⑤ WIA, 1932; AIWC Files, no. 20.

于男人们支持预留席位，她们便建议妇女组织接受该决定，因为这样可以促进宗教和谐。①

110 1933年的白皮书建议女性选民与男性选民的比例上升至1∶10，这是对普选权要求的最后一击。一些捍卫普选权的妇女主张开展妇女不合作运动。实用主义者不同意此种做法，并敦促妇女把自己重新定义为弱势群体，以便参加政治代表的角逐。穆图拉克希米·雷德建议：

> 我们不得不接受男性决定的和认可的限定性条件。当甘地证明自己与政府的合作是为了消除贱民身份造成的苦痛时，女性社会工作者和教育家渴望为自己争取最大利益，她们切实感受到，在国家目前这种落后的情况下，她们必须考虑合作。②

1933年早期，女性领导人决定为使女性与男性的选举权比例达到1∶5而奋斗。英国妇女支持该项工作，并敦促她们收集受过教育、希望参与选举的女性数量作为证据。拉达拜·苏巴拉衍、多萝西·吉纳拉贾达沙、沙·纳瓦兹夫人和萨拉拉·拉伊（Sara Ray）请求个人和组织的支持，但仍然有女性要求成人选举权，③而且还存在支持社群裁决的穆斯林女性。总的来说，全印妇女大会的领导人删除了报告中的分歧意见。④经过诸多讨论后，这三个妇女组织提出了一个联合备忘录，重申对成人选举权的要求，并反对为独立选区和预留席位制定的各种方案。作为临时的和短期的措施，他们同意接受赋予受教育女性和城市女性选举权。⑤

埃莉诺·拉思伯恩告诫妇女组织，在要求成人选举权的同时又拒绝赋予已婚妇女选举资格，可能会扼杀所有为提高被赋予选举权女性的相对地位而设定的方案。拉思伯恩和她的英国朋友有两种未被印度同行认同的臆断。首先，她们认为任何增加妇女代表席位的方案都是合理的，因为立法机构中更
111 多女性的存在将引发社会改革。其次，她们想当然地认为几年后就可实现成

---

① "Women and the Communal Decision," ILM, 5 (September–October, 1932), p. 510.

② Letter from Dr. Reddi (February 13, 1933), AIWC Files, no. 95.

③ Rameshwari Nehru to M.Reddi(March 1933),AIWC Files, no. 95.

④ Letter from Mrs. Huidekoper to Rani Rajwade (May 20, 1933), AIWC Files, no. 37; letter from A. Kemchararto Hon'ble Organizing Secretary of the AIWC (May 31, 1933), AIWC Files, no. 34.

⑤ *Stri Dharma*, 16 (September 1933) p. 549; "Memorandum II on the Status of Women in the Proposed New Constitution of India," addressed to the members of the Joint Select Committee, June 1933, pamphlet, Suffrage, FC; Minutes of Evidence given before the Joint Select Committee on Indian Constitutional Reform, 1934, *Parliamentary Papers*, 1932–3, vol. VIII (IIC), pp. 1617–22.

人普选。[1]这些英国妇女建议她们的印度“姐妹”放弃对普选权的要求，同时接受预留和其他特殊方案。

穆图拉克希米·雷德及其同事非常仔细地考虑了她们的处境。穆图拉克希米知道成人选举权从一开始就注定遭受厄运，但她不再对英国人的仁慈存有幻想。她对成人选举权的需求不是基于政治私利，而是基于道德观；“我们的事业是正义的”，穆图拉克希米这样写道：“它最终将获得胜利。”[2]她告知拉思伯恩说已婚妇女参与选举不是解决办法，因为印度的已婚妇女不同于英国的已婚妇女。英国的已婚妇女受过更多的教育，而且“你们的婚姻法从不允许一夫多妻，也不给予丈夫们无限的权利来控制妻子的身体与灵魂”。穆图拉克希米认为，赋予已婚妇女选举权使得“普遍反对所有社会改革”的保守、正统男士的选举票数增加了一倍。她还发现，预留席位作为一个把女性引入政治的方案同样不具有吸引力。穆图拉克希米一度赞同预留席位——毕竟她是被任命，而不是通过选举进入马德拉斯委员会的女性，但她对任命一个不合适接受任职职位的女性感到震惊。她得出了这样一个令人不悦的结论，仅有一名有着显赫职位的“女性”不是解决办法，她宁可有“一两名优秀的女性……在各理事会或集会中代表女性的立场”。穆图拉克希米断定：“女性对公共工作来说仍是新手，除非选择具备刚毅和勇气等品质的女性就任显赫之位和承担职责，否则女性对许多事情的实现并不能有所助益。”[3]总之，比起多争取几个女性立法者，她更倾向于请愿政治以及公众舆论的表达。

在起草《印度法案》的最后阶段，林利思戈委员会（Linlithgow Committee）决定询问来自印度妇女组织的证人。阿姆利特·考尔夫人、穆图拉克希米·雷德和哈米德·阿里夫人分别代表全印妇女大会、妇女印度协会和印度全国妇女理事会。苏沙马·森（Sushama Sen）夫人和L.穆克吉（L.Mukherjee）夫人则代表加尔各答妇女委员会（Calcutta Mahila Samiti）。她们二人呈递了一份450名妇女委员认可的备忘录（由拉达拜·苏巴拉衍起

① Press Agency (April 22, 1933), RP, folder 8; British Committee for Indian Women's Franchise Press Correspondence, House of Commons (May 5, 1933), RP, file no. 311; Rathbone to Reddi (February 9, 1933), RP, file no. 11.

② "Women and Reform," *The Hindu* (February 23, 1932), p. 9 .

③ M. Reddi to E. Rathbone (March 31, 1933), RP, file no.1.

草），这些委员来自马德拉斯的省辖行政分区、区议会和税区议会，同时她们还呈递了另外一份100名杰出女性认可的备忘录［由N.L.苏巴·拉奥（N.L. Subba Rao）夫人，苏巴拉衍夫人的妹妹起草］，这些女性来自于曼加洛尔（Mangalore）。[1]莱顿（Layton）女士、菲利普·哈托格（Philip Hartog）爵士和O.斯特雷奇（O. Strachey）夫人表明了英国印度妇女选举权委员会所持有的立场。他们都强调增加女性选民数量的重要性。[2]

国务大臣承认证据具有说服力。林利思戈委员会评论道："除非印度的女性作为受过教育的公民发挥她们应有的作用，这个国家才能获得它所追求的国际地位。"但他们拒绝给予女性选举机会，表面上是因为管理原因。省级行政官员抱怨选民太多，特别是女性选民太多，会使程序出现不必要的复杂性。而且，他们认为增加女性选民数量的方案麻烦且难以实施。最后的解决方案安抚了官僚们，委员会通过批准若干不同的方案来增加女性选民的数量，在一些省，已婚妇女可以投票；在另一些省，受过教育的女性可以投票；还有一些省，则允许军官们的妻子投票。该法案亦推行女性特殊选区。[3]1935年的《印度法案》把女选民与男选民的比例设定为1∶5，然而几乎没有女性把这视为一项重大胜利。

对许多女性来说，所有的盟友似乎都背叛了她们。英国官员和管理层只在不挑战现状的情况下才乐于处理妇女问题。英国女性试图提供帮助，但她们有着优越感，且相信英国统治的效力。而领导国大党的印度男性没有征询妇女组织的意见就同意妥协。

妇女无独立法律人格

参与组织的女性在公共领域获取了经验，她们越来越意识到自己的从
113 属地位。当她们寻求立法变革时，她们开始意识到自己的主体地位。她们被排除于新的、代表性的结构之外，因为她们没有财产或者没有嫁给有资产的

① E.Rathbone to R.Subbarayan (May 27, 1933 and June 23, 1933), RP, file no. 5; Mrs. P.K. Sen, "Supplementary Memorandum on the Franchise of Women," pamphlet, Suffrage, FC.

② 证据记录。

③ Joint Committee on Indian Constitutional Reform (Session 1933–4), vol. I , Report 1934, *Parliamentary Papers*, 1933–4, vol VI.

男人。教育、社会工作经验、选举权的激烈争论，以及参与独立斗争，都赋予她们一种使命感，也让她们对自己的能力充满了自信。因为性别而被剥夺与男性同等的公民权利似乎不公平。更糟的是，她们意识到，如果没有这些权利，她们很难保证未来的改革措施。1934年，全印妇女大会对《童婚限制法》以及建议的《印度法案》感到失望，要求政府任命一个全印委员会来考虑妇女无独立法律人格的问题，指定针对继承、婚姻和子女的监护等问题进行研究，最终目的是推出新的法律。[①]这种呼吁源自一本宣传册《印度妇女无独立法律人格：对调查委员会的请求》中的观点，这本宣传册的作者是雷努卡·雷（Renuka Ray），她也是全印妇女大会的司法官。[②]雷努卡·雷主张为所有女性制定新的法律，而不考虑女性来自哪个群体。她写道，印度女性的法律地位是“当今世界上最不公正的问题之一”，法律变革既能减轻女性个体承受的苦难，又能让印度迈入世界现代化先进国家之列。雷希望新的《属人和家庭法》能使女性独立，且能让她们做好充分准备以参与公共生活。全印妇女大会大胆地宣称“我们不希望两性战争”，她们要求的平等是允许妇女在国家事务中发挥作用，但不是“西方样式”的平等。[③]

20世纪30年代，议会法案出台，建议逐渐提高妇女地位。1937年至1938年间出台的法案包括《印度教妇女财产权法》《童婚限制法修正案》《跨种姓婚姻法》《印度教妇女离婚权法》《穆斯林属人法》《防止一夫多妻法》《穆斯林妇女离婚权法》。省级立法机构还出台了《反嫁妆法》《婚姻法》《妇女继承法》等。

1937年选举后，新的立法机构成立，成员包括众多认可女性对民族主义运动做出的贡献并意识到妇女问题的进步人士。与此同时，印度在国际组织 114
中的知名度也有所提高。立法机构中的改革家希望国家进步，但同样关心印度在国际联盟和国际劳工组织中的形象。

显然，在讨论这些法案时，男性改革家和妇女组织对女性的法律需求有着不同的看法。G.V.德什穆克（G.V.Deshmukh）提出《印度教妇女财产权法》，以解决“印度教妇女无独立法律人格问题”。其实，他建议的是

① *Annual Report*, AIWC Ninth Session, 1934, Karachi, pp. 17–31, 70–1.

② Renuka Ray, "Legal Disabilities of Indian Women," reprint from *MR* (November 1934); "Women's Movement in India," *Manchester Guardian*, (August 15, 193 5), AIWC Files, no.84.

③ *Annual Report*, AIWC,TenthSession,1935.

如果家长死后未留下遗嘱，则妻子和女儿与男性继承人获得同等份额的遗产。[1]尽管妇女组织持有保留意见，但仍同意支持该法案。姊妹社（Bhagini Samaj）是孟买的一个妇女组织，其成员给政府提交了一份备忘录，就继承法提出了新的建议，即“根据现代观念，女性将作为继承人出现。”[2]穆图拉克希米·雷德发表意见说，比起继承问题更紧迫的是缺乏对独立女性的宽容。她提倡回归过去的道德观，彼时男人和女人实行自我控制。在她的乌托邦设想中，成熟女性独自生活，自己养活自己，自行决定婚姻。[3]耶奥特马尔（Yeotmal）的达姆尔（Damle）夫人评论《离婚法》说这对妇女并无助益，妇女需要的不是离婚，而是经济独立和更多的权利，那样她们可以制止丈夫迎娶第二个妻子。[4]这些具有改革思想的女性不满足于渐进改善妇女地位的法令，她们希望出现伴有社会和经济变革的综合性立法。

即使连温和改革也反对的男性对此毫不妥协。一些男性因为宗教信仰和习俗的神圣性而不赞成改革，他们认为印度教法律支持的风俗和行为是不可改变的。其他男性则担心立法变革可能引起混乱。他们质问：有哪个明智的管理机构希望“在家庭中造成破坏”？还有男性针对妇女本性，说印度妇女
115 不适合公共生活。更有一些男性决定代表妇女说话，宣称他们所认识的妇女非常满意现状。

我们不知道大部分的女性想要什么，改革家及其反对者也没有试图弄清楚。每一种改革理由的提出都被认为是“成千上万”人的观点、“大多数受教育者”的观点、“多数人”的观点、“99%的人”的观点。同样，政府档案也没有资料说明“女性想要什么”，因为征集的意见仅来自男性控制的、实行保守社会和政治议程的协会和机构。

主张平等权利的女性决定支持所有看起来具有进步性的法律。虽然希望改善妇女地位，但甘地却不赞成这些策略。甘地敦促女性活动家把时间用到农村去了解当地的习俗，而非支持每项改革法案。这样做可以让她们明白法

---

① "The Hindu Woman's Right to Property Act, 1937," GOI, Home Dept. Judicial 1938, file no. 28/25/38.

② Letter to Secretary/Govt. of Bombay/Home Dept. from Bhagini Samaj (July 3, 1936), Hansa Mehta Papers, folder no. 119, file no.2, NMML.

③ M. Reddi, "A Plea for Marriage Reform," *ISR*, 46 (August, 1936), p. 790.

④ GOI, Home Department, Judicial and K.W. 1938, file no. 28/9/38, p. 16.

律修改对大部分农村妇女来说毫无意义。

印度国民大会党同样不是一个好的盟友。仅有少数国大党成员赞成女性法定权利是优先级考虑的事项。女性提醒男同行们，她们曾为国家游行、示威和入狱。现在，她们宣称，“根据目前社会状况的需要，要求公平调整涉及妇女权利的印度法是我们与生俱来的权利”①。贾瓦哈拉尔·尼赫鲁（Jawaharlal Nehru）支持女性参与公共生活，但却赞成土地改革优先于家庭法改革，并彻底反对与英国人合作来获得妇女权利的立法。②他以及其他国大党人士的评论并没有威慑住女性，相反，女性认为这些评论表明，在她们所谓的“朋友”中有一些人顽固地反对妇女地位发生任何变化。

在这种背景下，中央议会议员吉纳拉贾·赫奇先生（Sri Jinaraja Hedge）提出就妇女无独立法律人格问题建立一个委员会的决议。穆斯林联盟回答说只要委员会把调查限制在印度教法律上，他们对此就没有异议。国大党成员赞成成立这样一个委员会，但提醒提防变革可能会“推翻印度教社会制度植根的体系”。法律议员N. N. 希尔察（N.N.Sircar）觉察到了立法机构的思想倾向，建议把委员会调查范围限制在住所和生活费用上。③赞成法律修改的
女性决定尽其所能地支持N. N. 希尔察，从而获取她们所应该得到的权利。④ 116

其间，早期出台的法案一个接一个地被否决了。女性领导人没有觉察到反对派的顽固性，议会讨论让她们震惊。哈米德·阿里夫人（Begum Hamid Ali）对议会男议员那“完全无动于衷的态度”表示遗憾，断定他们“害怕”自己有可能丧失一半的土地、一半的权力和金钱。法律改革不能解决妇女面对的所有问题，但对一些能够过自己的生活，照顾自己孩子的妇女来说，它却能够为其提供财政保障。⑤女性越来越多地从人权角度来表述自己的请求，却很少谈及她们对政治做出的特殊贡献。哈米德·阿里夫人说：

---

① AIWC Files, no. 64(215).

② Harold Levy, "Indian Modernization by Legislation: The Hindu Code Bill," Ph.D. thesis, University of Chicago (1973) p. 220.

③ *Annual Report*, AIWC, Fourteenth Session, 1940, pp. 106–7; WIA, Twenty–Third Annual Report, 1939–49, p.12, WIA Papers; half–yearly report of the member in charge of legislation (February 3, 1939), AIWC Files, no. 214.

④ Letter from Delhi Women's League to Mrs. Sukthankar (April 14, 1939), AIWC Files, no. 215.

⑤ Begum Hamid Ali, presidential speech, *Annual Report*, AIWC, Fourteenth Session, 1940, pp. 20–1.

“女性要求的只不过是公正和人道的待遇以及摆脱无独立法律人格。”①

政府同意任命一个由知名律师组成的委员会来研究印度教法，然后提出建议，但是战争和政治动荡将这延误至1941年1月，B. N. 劳爵士（Sir B. N. Rau）被任命为该委员会主席，并被要求仔细研究关于印度教妇女财产权的各类法案。因妇女组织的抗议，委员会接受指示细查涉及妇女财产权的所有问题。但抗议时提出的在该委员会中增加一位女性成员的要求却被忽略了。②

妇女组织先前从未如此努力地支持一项法案。其他问题，特别是妇女选举权问题，曾激起了各妇女组织内部的辩论。现在它们共同合作为劳委员会收集信息。由劳委员会发送给妇女组织的调查问卷被分发到这些组织的各个分支机构，同时要求地方领导人尽快反馈调查表的内容。③她们的努力获得
117 了回报，劳委员会成员谨慎地阅读了问卷信息，并于1941年6月提交了最终报告，给出了两个实质性的创新提议法律编纂和“综合性、根本性，以及实质性的法律修改”④。

1941年，印度国民大会党抵制立法机构。最初，只是国大党领导人被捕入狱，但到了春天，成千上万的人卷入了公民不服从运动（civil disobedience）。这让既是民族主义者又是女性主义者的女性左右为难：她们应该与劳委员会合作来确保妇女权利还是参与国大党的抵制？国大党在这时成立了一个由女性组成的国家计划委员会分委会，并要求女委员们就计划经济中的女性地位提交建议书。国大党已经朝建立女性部门迈出了第一步。⑤

拉达拜·苏巴拉衍感到左右为难。她既是国大党成员，又是中央立法议会议员，还是长期支持女性主义的人士。她被劳委员会邀请合作共事，但国大党要求她拒绝这个邀请。甘地拒绝接受劳委员会，认为其是政府为转移人们对实际问题的注意力所采取的计谋，但他没有要求女性抵制该委员会。他建议采取折中的解决方案：希望与劳委员会共事的女性可以以个人身份而

① *Annual Report*, AIWC, Fourteenth Session, 1940, p. 80.

② *Annual Report*, AIWC, Sixteenth Session, 1942, pp. 36–7.

③ Ibid. NCWI, *Eighth Biennial Report*, 1940–2, Bombay, p. 9.

④ Levy, "Indian Modernization," p. 20.

⑤ National Planning Sub–Committee of Women's Role in the Planned Economy, All–India Congress Committee Files, no. G–23/1640; "Scheme of the Work of the Women's Department," All–India Congress Committee Files, no. Wd–2, 1940–2; Sucheta Devi, secretary, Women's Department, All–India Congress Committee, "The Aims of the Women's Department of the AICC," All–India Congress Committee Files, no. Wd–9, NMML.

不代表任何团体与之共事。[1]姆里杜拉·萨拉拜（Mridula Sarabhai）对此并不赞成。她坚持女性应该把民族主义问题放在首位。她承认这项就妇女无独立法律人格问题所提议的法律改革的重要性“相当于寺庙进入法对哈里真的重要性”，但她仍敦促妇女们坚定地支持不合作运动。[2]其他国大党的中坚分子，尤其是萨洛吉妮·奈都、维贾雅拉克希米·潘迪特（Vijayalakshmi Pandit）、阿姆利特·考尔继续要求法律改革。在中央立法议会的国大党女性成员——雷努卡·雷夫人和拉达拜·苏巴拉衍夫人，发言对委员会的工作表示支持。

当劳委员会的报告于1941年发布时，全印妇女大会把报告副本发送给各分支机构，指示各机构召开会议并提出支持性建议。[3]1942年5月，印度政 118
府颁布了两个由劳委员会拟定的继承权法案，并传阅以征求意见。这两个法案被提交给立法机构，考虑、修改、再传阅。1943年，这两个法案推出：一个是关于婚姻的法案，一个是关于继承权的法案。在整个过程中，关心妇女权利问题的女性均保持支持态度。[4]

1944年1月，政府任命委员会制定印度教法典。委员会成员在2月开始工作，并于同年8月准备一份法典草案。劳委员会因新增3名新成员，又得以复兴，其中包括一位女性塔拉拜·普列姆昌德（Mrs Tarabai Premchand）。她是姊妹社的长期会员，也是印度全国妇女理事会的官员。1月至3月间，委员会视察了8个省，调查了121个人和102个协会的代表。[5]

起初，委员会打算主要同律师们进行交谈，但仍会积极争取多采访女性和正统印度教的代表。实际上，约25%的受访者是女性。但比女性受访人数更重要的是对女性证据的诠释。劳委员会现在倾向于不考虑正统印度教徒的观点，而其早先则以女性代表来自受教育精英阶层为由，对女性证词不予考

---

① AIWC, 1941, file no. 265.

② Mridula Sarabhai to S. Kripalani, honorary general secretary, AICC (March 14, 1941), AICC Files, no. P–9/1941, NMML.

③ *Annual Report*, AIWC, Sixteenth Session, 1942, pp. 37–9.

④ *Annual Report*, AIWC, Seventeenth Session, 1944; "A Note on the Hindu Law Code," AIWC Files, no. 369; "All–India Women's Conference Evidence Before the Hindu Law Committee," 1943, AIWC Files, no. 314; NCWI, "A Brief Report on the Law Committee" (November 15, 1943), T. Premchand Papers; Mr. D. G. Dalvi, "Note on the Bill for the Enactment of the Hindu Code," pamphlet (n.d.), Hansa Mehta Papers, file no. 32, NMML.

⑤ Dalvi, "Note."

虑。在孟加拉，劳委员会委员仅接触到了反对法律改革的女性。他们推断，赞成改革的女性受到了阻挠而不能与他们接触。反对改革的女性则受到劳委员会的漠视，因为她们鹦鹉学舌般地复述着她们丈夫的观点。[①] 为了强调女性支持改革的态度，委员会把女性的观点散置于整篇报告中。这给人一种印象，印度妇女不仅对法律修改了如指掌，且对此予以支持。

劳委员会的最终报告技巧性地融合了印度社会的两种观点，这使得妇女权利运动民族化，同时，报告声称，把印度教古文献中的精华与适合于现代
119 社会的法律原则相结合是有可能的。简而言之，委员会提出要合理化印度教法律，而没有意向实现印度社会的现代化。[②]

这份报告发表于1946年，但在立宪会议成为自治领议会之前，都没有被再提出进行研究。那些致力于表达女性意见的妇女们没有把这当作一次胜利。她们已经在诸多问题上进行了妥协，并意识到，在立法通过前，她们会被要求做出更多的让步。

结　论

有一些研究把为公民权利而战的女性刻画成民族主义事业的傀儡，还有一些研究则把她们描绘成一群亲英派，一群对自己社会毫无所知的团体。这些女性在选择她们的问题和策略时，是否发挥了能动性？如果是这样的话，她们的动机是什么？

这些女性都受过教育和男性的指导，但是在加尔各答的“伟大的母亲迦利女神学校”和“贝休恩学院”之间，在浦那的卡尔维的学校和潘迪塔·拉马拜的学校之间都存在着巨大差异。同样，受教育女性参与的社会组织在意识形态和活动方面也有不同。孟买的姊妹社与印度全国妇女理事会不同，赞助姐妹社的是聚会时讲古吉拉特语的古吉拉特妇女，而理事会的会员则非富即贵，她们用英语来开展工作。且这些经历的结果是使她们在性情和承诺上也会有差别。只需简单看看任意一个妇女组织的信函，就可感觉到女性领导人的强势个性。她们坚持自己的意见，改变这些意见，不是由于软弱，而是

① Report of the Hindu Law Committee, B. N. Rau Papers, file 11, pp. 7–9, NMML.

② Levy, "Indian Modernization," pp.272, 335.

因为战略需要。

在她们为女性争取公民权利做出的努力中（尤其是选举和法律修改），这些女性对英国统治者来说已成为请愿者。她们不能奢求男同胞，也不能奢求近来才被赋予选举权、在议会中未被充分代表的英国女性来授予其权利。

英国妇女虽然将印度妇女事业作为其女性主义议程的一部分，但她们坚 120
持英国统治的效力和价值。她们也是代表印度妇女的请愿者，真心地希望为印度妇女争取权利，但同时也希望因推广英国的文明使命而获得赞扬。归根结底，她们相信英国统治符合印度妇女的利益需要。

印度国民大会党在支持女性的政治权利和公民权利上前后矛盾。在讨论第一次选举权时，印度国民大会党支持女性的需求；第一次选举权决议提交到省立法机构决定时，女性继续享有国大党的支持。然而，在第二次选举权讨论时，印度国民大会党期望妇女组织跟随自己的领导。他们不让女性参与重要讨论，却还指望全面团结。在妇女组织成长为一股不可忽视的力量时，印度国民大会党采取措施牵制它们。女性虽然遵从了，却因不满公文内容而私下嘟囔地抱怨着。

这些针对选举权和合法权利开展的运动，展现了女性活动家的姿态。她们可能被误导过，可能会局限于自己狭隘的种姓观和世界阶级观，但她们不是民族主义事业的傀儡。总之，她们做出了支持民族主义事业的选择，并且知道自己在做什么。分清这些女性是活动家而非傀儡是重要的，因为历史记录诠释了支撑女性做决定的复杂动机。

经验让女性明白争取权利是场难打的硬仗。她们不得不一次次为争取到任何一点的公正而努力。选举权的妥协和劳委员会的报告没有充分反映出这些有组织的女性的观点。她们天真地想要靠努力实现她们认为公平的、适合于印度社会的目标，但在这个纷乱的政治环境中，女性的目标并不突出，妇女组织的成员获得的要少于她们所希望的。渐渐地，她们开始把自己定义为弱势群体，有着自己特有的、无法仅靠政治渠道解决的问题。

121 # 第五章　民族主义运动中的妇女

海伦娜·杜特（Helena Dutt）是一位孟加拉的革命者，在解释自己与其他同龄的女孩如何跻身教育和政治的行列时，她说“我们如同关在笼中的老虎”[①]。当那些比海伦娜和她的朋友更保守的女性被告知“房子着火”时，她们应该冲出烧着的房子，并帮助灭火。[②]无论来自自由的家庭还是保守的家庭、城市中心还是农村地区、单身女性还是已婚女性、年轻人还是老年人都挺身而出，加入了反对殖民统治的斗争。虽然参与的人数不多，但参与本身却极其重要。女性的参与既对英国的统治权力提出了质疑，又合法化了印度民族主义运动，至少在一段时间内，还为激进女性赢得了印度男性的认可。

政治彻底地改变了有组织女性的目标和活动。教育、社会改革和妇女权利吸引了一些进步女性，但使国家摆脱外来统治者的运动却吸引了来自各阶层、团体和思想派别的群体。民族主义领袖有意加强与农民、工人和妇女组织的联系以证明民众对其立场的支持。男人们曾希望自己的妻子在家中的行为举止如同宗教文献所刻画的完美妻子那样，而女性现在却惊奇地发现这些男人们同意她们参与政治。曾在1930年被关入拉合尔监狱的自由斗士曼莫喜尼·祖特希·萨加尔（Manmohini Zutshi Sahgal）记述了一位参加示威游行的妇女在其丈夫工作时被逮捕，她的丈夫带话到监狱里，告诉她被释放后不能回家。曼莫喜尼的母亲——拉多·拉尼·祖特希（Lado Ram Zutshi），代表

① Helena Dutt, interview (Calcutta, September 25, 1975).

② Latika Ghosh, interview (Calcutta, February 29, 1978).

这名妇女来进行调停。这位丈夫说，他妻子的被捕是莫大的荣誉，但她没有获得他的允许就离开了家。[①]最终，这位丈夫同意自己的妻子回家，但是对于国大党人员来说，这一教训值得引以为戒：妇女政治工作的开展不能有一 122
丝的社会反抗。

女性在民族主义斗争中扮演的故事角色不是一个单纯的提线木偶，需要被告知什么时候前进，在什么地方纠察。首先，在这场运动中，发挥了一定作用的女性数量虽然不大，但已远远超过预期。她们工作的性质对女性如何看待自己以及别人如何看待女性对国家发展的潜在贡献具有一定的影响。与此同时，参与民族主义斗争有助于女性形成对自身及其肩负使命的看法。

妇女对民族主义运动早期的贡献

班基姆·钱德拉·恰托帕迪亚雅（Bankim Chandra Chattopadhyaya，1838—1894年）写了小说《幸福修道院》（出版于1882年），描写了革命者为祖国牺牲生命的故事。班基姆的情感颂歌《向母亲致敬》在印度家喻户晓。文章所发出的拯救祖国的号召不是号召女性参加政治运动，而是把理想化的女性与民族主义联系起来。实际上，发行于1875年的一份新女性期刊这样陈述道："我们不讨论政治事件、也不进行政治论战，因为目前在国内，政治对女性来说既无趣，也不易理解。"[②]在众多孟加拉妇女写信给总督表示支持艾伯特法案（Ilbert bill，即允许印度法官审判牵涉欧洲人的案件）后，这种情况开始改变。1889年，即印度国民大会党成立四年后，10名女性出席了国大党的年会。1890年，女性小说家司沃纳库马里·高萨尔（Swarnakumari Ghosal）和卡达姆比尼·甘古利（Kadambini Ganguly）以会议代表的身份出席年会，其中，甘古利是首位在英帝国获得学士学位的女性，也是印度首批女医生之一。从此以后，女性参加了印度国民大会党召开的所有会议，有时她们以会议代表的身份参会，但更多的时候则是以观察者的身份参与。她们与自己的父亲和丈夫一同参会，她们的贡献是装饰性的、

① Manmohini Zutshi Sahgal, *An Indian Freedom Fighter Recalls her Life*, ed. Geraldine Forbes (New York, M. E. Sharpe, 1994), p. 78.

② From *Banga Mahila*, I (May, 1875), quoted in Meredith Borthwick, *The Changing Role of Women*, p. 337.

象征性的。1901年，来自印度各地，由56名女孩组成的合唱队表演歌曲“印度斯坦”。第二年，2名古吉拉特姐妹在开幕会议上演唱了这首歌的译文。
123 这些受过教育的、有政治见识的女孩和她们的母亲告知世界，印度女性的公共角色愿景像任何西方国家一样超前。①

1905年，英国人分割孟加拉省。女性与男性一道通过抵制洋货、只购买“自产”货物（swadeshi goods，即孟加拉省生产的货物）来抗议该分割计划。尼拉德·乔杜里（Nirad Chaudhuri）回忆起他的父母当时如何决定处理掉孩子们那些外国制造的衣物，并购置印度制造的服装的情景。后来，在 1909年，他的母亲突然对一个在抵制洋货运动（swadeshi movement）中幸存下来的玻璃水罐产生了强烈的厌恶，便命令她的一个儿子把它打碎。②其他的女性发誓献身于祖国，她们以每天为民主主义事业留出一把米的方式遵守着自己的誓言。③还有一些女性，她们对革命组织表示支持。纳尼巴拉·德维（Nanibala Devi，1888—1967年）11岁结婚，15岁守寡，在基督教传教会接受过一些教育，最后被迫投靠她的侄子阿马雷德拉纳什·恰托帕迪亚伊（Amarendranath Chattopadhyay）。他是新近出现的新时代党（Jugantar Party）的领导人，致力于采用暴力方式挫败外国统治者。纳尼巴拉加入了该党，担任他们的女管家，偶尔伪装成某位革命者的妻子。④在这种背景下，家庭外和家庭内的角色被意识形态和有形安排（physical arrangements）划分开，英国当局无从知晓妇女们的政治行为。妇女们藏匿武器、庇护逃亡者、支持男人们，她们扮演的家庭角色为这些颠覆和革命行动提供了掩护。这些同情抵制洋货运动的孟加拉妇女开展的活动与她们在印度国民大会党内发挥的代表性作用大不相同。国民大会党内的妇女代表在表面上与男性一样平等，但她们的真实意义只是象征性的。她们歌颂印度母亲，摆出新印度女性的架势。在反对分割孟加拉的抗议运动中，女性做的事与男性不同。她们利

① Aparna Basu, "The Role of Women in the Indian Struggle for Freedom," *Indian Women: From Purdah to Modernity*, ed. B. R. Nanda (New Delhi, Vikas, 1976), p. I7; Bimanbehari Majumdar and B. P. Majumdar, *Congress and Congressmen in the Pre-Gandhian Era*, 1885–1917 (Calcutta, Firma K.L. Mukhopadhyay, 1967), pp. 128–9.

② Nirad C. Chaudhuri, *The Autobiography of an Unknown Indian* (Berkeley, University of California Press, 1968), pp. 224–5.

③ J. C. Bagal, *Jattiya Bangla Nari* (Calcutta, Vishva-Bharati, Bhadra 1361 [1954]), p. 15.

④ "Nanibala Devi," *DNB*, vol. I, p. 446.

用自己的传统角色来掩饰一系列的政治活动。当公共领域和私人领域继续以
不同类别的形式存在时，每个领域中对适当行为的常规定义被重新明确，并 124
被赋予了政治含义。

莫汉达斯·卡拉姆昌德·甘地

莫汉达斯·卡拉姆昌德·甘地（Mohandas K. Gandhi，1869—1948年）于1915年以南非斗争英雄的身份回到印度。在进入孟买社交界后不久，他结识了一些社会改革组织的女性。他被邀请与其中一个由中产阶级女性组成的团体一起讨论民众的贫困问题。他告诉自己的听众，印度需要“纯洁、坚定、自制”的女性领导，她们如同古代的杰出女性悉多（Sita）、达曼扬提（Damayanti）和德劳巴底（Draupadi）一样。悉多是伟大史诗《罗摩衍那》（*Ramayana*）的女主角，跟随她的丈夫一起流放，遭到劫持后经受大火的严酷考验来证明自己的忠诚。达曼扬提是纳拉（Nala）忠诚的、坚忍的妻子，她能够认出任何伪装下的丈夫。《摩诃婆罗多》（*Mahabharata*）是印度另一部伟大的史诗，德劳巴底在其中是般度五子的妻子，她被用来做赌注，在掷骰子游戏中被输掉了。当她的新主人命令她脱去衣服时，克利须那神（god Krishna）赏识她的贞洁和清白，便出面干预。这些女主人公都曾在男性的手中蒙受痛苦，但都有尊严地生存了下来。在甘地告知女性要觉醒，并认识到自己与男性实质上的平等时，他回忆起的是这些女主角。甘地认为只有当女性欣赏自己女性祖先的力量时，她们才能理解自由的权利。[1]

随着第一次世界大战的结束和再一次提出自治的要求，英属印度政府于1919年初通过了《罗拉特法案》，禁止公众抗议并限制公民自由。这时甘地开始制定女性方案。1919年4月6日，印度全国总罢工开始。甘地在一个“各阶层和各团体的女士参与”的集会上致词，并请求她们加入非暴力不合作（satyagraha，和平抵抗）运动来推动男性彻底参与。[2]一星期内，数百名和平示威者在阿姆利则（Amritsar）城中一个带有围墙的花园内遭到屠杀。受

① M. K. Gandhi, *Women and Social Injustice*, 4th edn. (Ahmedabad, Navajivan Publishing House, 1954), pp. 4–5; Jaisree Raiji, interview (Bombay, May 2, 1976).

② M. K. Gandhi, " Speech at Ladies Protest Meeting, " *Collected Works of Mahatma Gandhi*, 90 vols. (Delhi, Publications Division, Ministry of Information and Broadcasting, 1958–84), vol. xv, p. 89.

125 害者包括男人、女人和孩子，这永远褪去了英国“文明使命”的假面具。尽管甘地取消了非暴力不合作运动，但妇女显然已加入了反对英国人的斗争。甘地敦促女性宣誓抵制洋货，放弃使用外国制造的货物，同时每天纺纱。他解释说，印度的贫穷是忽视本土手艺，购买外国制造的货物所导致的。[1]

当甘地要求印度教女性加入政治运动的时候，他再现了印度的宗教传说，特别是《罗摩衍那》。在一系列讲述英国人在旁遮普的暴行的文章和演讲中，甘地把英国统治者比作劫持正义国王罗摩（Ram）妻子悉多的魔王罗波那（demon Ravana）。他表示，在殖民主义统治下，被征服的人民正在丧失他们的正义感（dharna）。只有当女性仿效忠诚的、勇敢的悉多，联合男性反对邪恶的统治者，才能恢复罗摩的统治。[2]

甘地与穆斯林领导人毛拉纳·肖卡特·阿里（Maulana Shaukat Ali）一同出现在巴特那（Patna）的一个集会上，他调整了自己的演讲内容以吸引穆斯林妇女。甘地不再引用《罗摩衍那》和《摩诃婆罗多》，只要求妇女纺纱，并支持其丈夫加入这场运动。[3] 在其他场合，甘地告诉穆斯林妇女，英国的统治是撒旦的统治，劝诫她们放弃使用洋布来拯救伊斯兰教。[4]

来自马德拉斯的安布贾马尔夫人（Shrimati Ambujammal）是甘地忠诚的追随者之一，她概述了甘地是如何打动印度教和伊斯兰教妇女们的。首先，他向妇女们解释说在这场运动中，妇女们有自己的位置，然后他表达了对妇女们勇气的信任。他认为妇女们有可能在不离开家或者不疏忽家庭的情况下来支援这场运动。甘地对妇女们说“做你们能做的”，并让她们相信每一个行为都有价值。[5] 同时，他打消了来自家庭的疑虑，向妇女们的家人保证她们参与这场运动不会牺牲家庭的荣誉或者声望。苏切塔·科里帕拉尼（Sucheta Kripalani）因甘地对男性看法的特别关注而对其予以赞扬：“甘地的品格不仅能激发女性的信心，亦能激发女性的监护者，即她们的丈夫、父

---

① Gandhi, "Speech at Women's Meeting Bombay," *CWMG*, vol. xv, pp. 290–2; "Speech at Women's Meeting, Surat', *CWMG*, vol. xv, pp. 322–6; "Speech at Women's Meeting Dohad," *CWMG*, vol. XVI, pp. 79–80; "Speech at Women's Meeting, Godhra," *CWMG*, vol. XVI, p. 168.

② Gandhi, "Duty of Women," *CWMG*, vol. XVIII, pp. 57–8; "Speech at Women's Meeting at Dakor," *CWMG*, XVIII pp. 391–5.

③ Gandhi, "Speech at Women's Meeting Patna," *CWMG*, vol. XIX, pp. 67–8.

④ Gandhi, "Speech at Meeting of Muslim Women," *CWMG*, vol. xx, p. 397.

⑤ S Ambujammal, interview (Madras, January 19, 1976).

亲和兄弟的信心。”由于他的道德境界很高，“当女性走出家庭，进入政治 126
领域的时候，她们的家人知道她们非常安全，并受到了保护”[1]。

不合作运动

改革委员会的成员退出这些委员会后，不合作运动（The Non-Cooperation Movement）开始。接下来是抵制法院和学校。印度国民大会党在1920年8月20日召开的特别会议上接受了这个方案。这对于莫汉达斯·卡拉姆昌德·甘地来说是一个胜利，同时这也保证了妇女们发挥出比“抵制洋货”的宣誓中更积极的作用。国大党宣布1921年的4月6日至13日为“非暴力不合作周（Satyagraha Week）”，对政治感兴趣的妇女们举行集会以示支持。萨洛吉妮·奈都在其中的一个集会上发表了演说，也正是在这个集会上，妇女们决定成立自己的政治组织。国家妇女协会（Rashtriya Stree Sangha，RSS）是一个独立的妇女组织，它要求成员加入国大党县级委员会。8月，孟加拉国大党领导人C.R.达斯（C.R. Das）寡居的妹妹乌米拉·德维（Urmila Devi）在对该团体讲话时，敦促妇女们做好离家为国家服务的准备。11月，1 000名孟买妇女举行示威游行，反对威尔士亲王访问印度。[2]

在孟加拉，事件突然发生了转变。C.R.达斯是印度东部地区最重要的国大党领袖，他决定让国大党的志愿者们在加尔各答的街头销售手织布（khaddar），从而试探政府关于政治示威游行的禁令。第一批包括C.R.达斯儿子在内的志愿者被捕了，然后C.R.达斯的妻子巴桑蒂·德维（Basanti Devi）、妹妹乌米拉·德维以及他的侄女苏尼蒂·德维小姐（Miss Suniti Devi）走上街头也遭到了逮捕。当她们被捕的消息传开时，这种策略的影响力就显而易见了：由“马尔瓦尔人（Marwaris）、穆斯林、巴提人（Bhattias）、锡克人（Sikhs）、苦力、研磨工人以及男学生”组成的庞大人群聚集在一起，直到警察释放妇女们为止。一位男性说，感觉好像是自己家里的女人被拘捕了一样。第二天，即1921年12月8日，整座城市一片哗

① Smt. Sucheta Kripalani, Oral History Transcripts, NMML.

② GailO. Pearson, "Women in Public Life in Bombay City with Special Reference to the Civil Disobedience Movement, " Ph.D. thesis, Jawaharlal Nehru University (1979), pp. 175–84.

然。至于来自达斯家庭的女性：

> 她们重新开始纠察布店和销售手织布，同时许多女性志愿者，特
> 127 别是锡克女性也加入了她们的行列。数百名加尔各答学生走出来，加
> 入被禁止的志愿者队伍，拿着手织布列队前行，寻求被关押。①

单那一天，就有170名抗议者被捕。

甘地立即觉察到让妇女组成纠察队的价值所在。他在《青年印度》上撰文，敦促印度其他地区的女性以勇敢的孟加拉妇女为榜样，将体面妇女的被捕视为让男人们感到羞愧，从而加入抗议的一种恰当的战略。难以预料的是，当然也不是预期的结果，是这些体面的被捕者对其他妇女的影响。在艾哈迈达巴德的全印女性会议（All-Indian Ladies Conference）上，有6000名女性听了比·阿马（Bi Amma）的演说，她是全印基拉法特委员会（All-India Khilafat Committee）领导人肖卡特·阿里（Shaukat Ali）和穆罕默德·阿里（Muhammad Ali）的母亲。这些人都是甘地的盟友。比·阿马力劝妇女们担当国大党的志愿者，如果她们的男人被捕了，就加入纠察队，让“旗帜继续飘扬”②。

时代正在发生改变。来自英属印度各省的妇女们站出来响应甘地的号召。在马德拉斯的东戈达瓦里县（East Godavari District），一群妇女聚在一起，聆听甘地的演讲。参与这次集会的杜乌里·苏巴马姆夫人（Smt. Duvvuri Subbamam），在这一刻“投身于独立斗争”，并决心成立一个仅由妇女担任领导人的组织，取名为“神的仆人”（devasevikas）③。

对被中产阶级社会边缘化的妇女来说，甘地的吸引力超越了“体面”妇女的吸引力。甘地有着政治领导者的声誉，他认为女性举足轻重，且对女性帮助国家及她们自身的能力充满信心。获悉甘地要在1921年的4月访问东戈达瓦里县的卡基纳达（Kakinada）后，12岁的女孩杜尔加拜（Durgabai）（之后称作杜尔加拜·德什穆克，Durgabai Deshmukh）希望当地的神妓们与

---

① IAR, 2 (1922), p. 320.

② Gail Minault, "Purdah Politics: The Role of Muslim Women in Indian Nationalism, "1911–1924,*Separate Worlds*, ed. Hannah Papanek and G. Minault (Delhi, Chanakya Publications, 1982), pp. 245–61; *IAR*, I (1922), p. 454.

③ K. Sreeranhani Subba Rao, "Women and Indian Nationalism: A Case Study of Prominent Women Freedom Fighters of the East Godavari District of Andhra Pradesh, " paper given at the Third National Conference of Women's Studies, Chandigarh (1985), pp. 6–7.

甘地会面。杜尔加拜是一个有着罕见头脑的年轻女性。她在8岁时结婚，并在成年后拒绝与丈夫共同生活，其献身于社会改革的父母对这一决定予以支持。杜尔加拜同意丈夫迎娶另一个妻子。[①]

杜尔加拜为甘地的到访做准备。她拜访神妓们，给她们讲述甘地的事 128
迹，然后询问组织者是否能够安排与甘地单独会见的机会。国大党官员打趣地回复说如果杜尔加拜能够为圣雄筹集到5000卢比，就能够安排这样一个会见。神妓们筹集钱款，而杜尔加拜则获准在学校操场举办这次集会。当甘地抵达时，至少有1000名女性等着与他见面。甘地与这些女性的交谈持续了一个多小时，由杜尔加拜担任翻译。听甘地演讲的女性取下她们的首饰，筹款又增加了20 000卢比。

"道德上有伤风化的"孟加拉妇女亦为甘地的言辞所触动。马纳达·德维·穆克霍帕德亚伊（Manada Devi Mukhopadhyay）在《一个受过教育的堕落女子的自传》（*Sikshita Patitat Atmarcharit*，1929年）中讲述了她及其他妓女在1922年如何为国大党募集资金，以及1924年如何通过参与C.R.达斯的非暴力不合作运动来反对好色、腐败的塔拉克斯瓦尔（Tarakeswar）寺庙的大司祭。[②]

当甘地在游历和做演讲的时候，他敦促妇女们抵制洋布，要求妇女们纺纱并且参与到公然对抗英国法律的行动中。与此同时，妇女组织正在向英国政府请愿要求选举权。甘地回应道，他知道印度妇女面对的所有不利条件，但问题无关法律或者宗教，而与人的欲望有关。当男性和女性开始以不同的方式来看待他们之间的关系时，真正的改变就会到来。[③]他提倡禁欲而非法律变革。

萨拉拉德维·乔杜拉里、穆图拉克希米·雷德和阿姆利特·考尔以及其他许多追随甘地的妇女没有放弃选举权问题。甘地对妇女的同情给这些妇女留下了深刻的印象，她们投身于他提出的愿景，但也不愿放弃她们为争取公民权利而开展的工作。甘地能够容忍其中的暧昧。他写过很长的信给萨拉拉

---

① *We Greet You Brother*, Andhra Mahila Sabha souvenir commemorating the Shasthi Abdi Poorthi (Completion of the Sixtieth Year) of Sri V. V. D. Narayana Rao, July 2, 1972 (Hyderabad, Andhra Mahila Sabha, 1972), p. 3.

② Sandip Bandhyopadhyay, "The 'Fallen' and Non-Cooperation," *Manushi*, 53 (July–August, 1989), pp. 18–21. The author notes controversy surrounding the authorship of this book. Some argue Manada Devi was a real person, others believe this was the work of a male author.

③ Gandhi, "The Position of Women," *Young India* (July 21, 1921), pp. 228–9.

德维，力劝她学习印地语，以准备扮演领导角色。[①]萨拉拉德维忽视了甘地的很多建议，但这似乎没有惹恼甘地，因为他发现其他女性愿意倾听自己的演说。

从1922年暂停不合作运动到1928年复出发挥领导作用期间，甘地投身于
129 重建工作。在这6年期间，他和妇女团体谈论建设性工作，不断重申悉多是理想角色的典范，同时纺纱能够解决印度和妇女所面临的问题。[②]他的目标之一是劝说生活优渥的女性去了解农村女性和贫困女性的状况。但他也提醒她们在此过程中不要疏忽自己的家庭。

女性因为不同的原因追随甘地。阿姆利特·考尔公主（Rajkumari Amrit Kaur，1889—1964 年）是卡普塔拉邦阿卢瓦利亚（Ahluwalia of Kapurthala state）皇室家族的一员，她担任甘地的秘书长达16年之久。她崇敬甘地为正义而战的行为。[③]苏希拉·纳耶尔（Sushila Nayar，出生于1914年）是甘地晚年时期的医生，她说自己在1919年就已经是一个甘地主义者了。苏希拉的母亲把甘地称为“圣雄”，并向自己年幼的孩子们讲述他的事迹。苏希拉说：“我还是一个小孩子的时候就听说过甘地。我没有父亲，他对我来说就像父亲一样。”[④]这些女性在选择追随甘地的过程中做出了个人选择，她们审慎地接受了他的观点。

其他女性之所以追随甘地是因为她们的男人接受了甘地的领导。来自莫提拉尔·尼赫鲁（Motilal Nehru）家族的女性就属于这种类型；当贾瓦哈拉尔（Jawaharlal）和他的父亲莫提拉尔（Motilal）承认了甘地的领导地位后，尼赫鲁家族的女性即成为了甘地的支持者。我们不知道莫提拉尔的妻子斯瓦鲁普·拉尼（Swarup Rani）是否对政治感兴趣，但是她欢迎甘地进入他们的家庭，并且参与了公众示威游行。拉多·拉尼·祖特希（Lado Rani Zutshi）是莫提拉尔的侄儿媳妇，她抓住机会参与国大党的活动。[⑤]由于可获得的个人记述少之又少，因此很难猜测是什么驱使这些声称自己是甘地主义者的女性挺身而出扮演公众角色。

---

① Letters from Gandhi to Saraladevi, from Deepak Chaudhury, Saraladevi's son.

② Gandhi, "Untouchability, Women and Swaraj," *ISR*, 37 (March 26, 1927), p. 465;Gandhi, "Speech at Women's Meeting," Coimbatore, October 16, 1927, *CWMG*, vol. xxv, p. 148.

③ Amrit Kaur in foreword to Gandhi 's *Women and Social Injustice*, p. iii.

④ Dr. Sushila Nayar, interview (New Delhi, April 6, 1976).

⑤ Sahgal, *An Indian Freedom Fighter*, p. 15.

公民不服从运动

甘地于1928年重返政坛，发起了公民不服从运动（The Civil Disobedience Campaign），该运动把大量的妇女带入了公众生活。妇女于1930—1932年参与的公民不服从运动在性质上和数量上都有别于她们在20世纪20年代参与的活动，并为她们在历史上赢得了一席之地。

11. 在阿拉哈巴德受训参加甘地运动的童子军，1929年（承蒙克里希纳拜·宁布卡提供） 130

孟买

1930—1932年，相较其他地区的女性活动，孟买妇女的纠察和示威活动获得了更多的关注。参与示威游行的妇女数以千计，而且她们的纠察活动既有组织又富有实效。孟买妇女的带头作用似乎理所当然，孟买城市国际化的性质、孟买的交通体系，支持女性教育的帕西集团和基督徒团体的存在都表明了这点。众多古吉拉特人发现他们的古吉拉特同伴——甘地所传达的信

131 12. 萨洛吉妮·奈都的肖像，约1930年（摄影师未知）

息特别富有吸引力。

妇女政治组织——国家妇女协会，由萨洛吉妮·奈都担任协会会长，戈什本·瑙罗吉·卡普泰恩（Goshiben Naoroji Captain）和阿文提卡拜·郭克雷（Avantikabai Gokhale）担任副会长。该组织声明其组织目标是实现自治和妇女解放。到1930年，国家妇女协会的领导层和组织结构得到了充分发展，产生了一个新的、规模较小的组织——“妇女报效国家社”（Desh Sevika Sangha，DSS），其成员已经做好了行动准备。[1]

甘地于1930年3月发起了公民不服从运动，从艾哈迈达巴德向丹迪 132
（Dandi）行进240英里来制盐以抵制英国的食盐专卖权。妇女印度协会特别请求甘地把女性列入其中，但是他拒绝了，因为他担心英国人会把印度男性称作躲在女人身后的懦夫。[2]然而，女性仍十分积极地参与进来，她们聚集在每一个站点来聆听圣雄的演说。如果女性参加集会的人数成千上万，警察需对集会予以汇报。有一次，警察估算人群中有10 000名女性。甘地与这些乡村妇女谈到她们的爱国职责：纠察售卖烈酒和甜酒的商店、抵制征税的食盐、纺纱，并穿着手织布制的衣服。[3]甘地指出，妇女的忍耐力和对暴力的憎恶使她们格外适合建设性的工作。

甘地正在构建印度女性的新目标，即把被动性和自我煎熬改写为力量。住在孟买的古吉拉特妇女通过成立组织来响应新目标的构建，她们打算关闭销售洋布的商店，并致力于此。[4]

4月6日，即阿姆利则惨案的周年纪念日被选作正式打破食盐法的日子。包括两名女性——卡马拉德维·恰托帕迪亚（Kamaladevi Chattopadhyay）和阿文提卡拜·郭克雷在内的7人率先踏上海滩，点火、煮海水。卡马拉德维回忆起那天的情景：

> 这是妇女首次出现在具有斗争性的现代政治运动中，在如此重大的场合，我难以抑制自己的兴奋，我幸运地成为首批人员之

① *BC* (July 23, 1930), p. 4; booklet from Gandhi Seva Sena (Bombay, n.p., n.d.), pp. 1–3.

② *BC* (March 11, 1930), p. 1; *BC* (November 31, 1930), p. 1; *Vijay Agnew, Elite Women in Indian Politics* (New Delhi, Vikas, 1979), p. 39.

③ GOI, Home Dept., Political, file no. 247/11/1930.

④ "Speech at Gujarat Women's Conference, Dandi," *CWMG*, vol. XLIII, pp. 251–2; "Special Task Before Women," *CWMG*, vol. XLIII, pp. 271–5.

一……这似乎是我一生中了不起的时刻，也是印度妇女人生中了不起的时刻。[①]

参与类似活动的群众数量之多超过任何人的预期。《孟买纪事报》报道“成千上万的古吉拉特妇女”排列在焦伯蒂（Chowpatty）海滩，把海水收集到黄铜和红铜的水罐里。[②]在城市的中心，女性志愿者纠察销售酒水的商店，并要求顾客离开店铺，店主关闭店门。其他的妇女在街上售盐，还有一些妇女挨家挨户上门敦促家庭主妇只购买自产产品。[③]

133 13. 在公民不服从运动期间的孟买维勒・帕勒・坎普，妇女取盐水倒入盐田，1930年（摄影师未知）

133 “妇女报效国家社”筹划和监督了这场运动。在活动早期的兴奋情绪中，妇女们蜂拥加入该组织，很快组织成员就达到了560人。显然，其中的很多成员都是“点缀性的女性志愿者”，因为在需要她们投入时，这些妇女

① Kamaladevi Chattopadhay, *Inner Recesses/Outer Spaces: Memoirs* (New Delhi, Navrang, 1986), pp.152–3.

② *BC* (April 14, 1930), p.1.

③ *BC* (April 16, 1930), p. 1, (April 17, 1930), p. 1, (April 18, 1930), p. 1, (April 30, 1930), p.1.

便丧失了兴趣。“妇女报效国家社”的活跃成员人数降为300人左右。[1]

“点缀性的女性志愿者”虽然令人讨厌，但是“品性不好”的妇女却带来了更严重问题。虽然“妇女报效国家社”的领导人承认与“不良妇女”打过交道，但她们明白自己只希望招募来自“好阶层”的成员。戈什本·卡普泰恩（Goshiben Captain，1884—1970年）是国大党的创办成员和领导人达达拜依·瑙罗吉（Dadabhai Naoroji）的孙女，曾在牛津接受教育，她坚持组织成员应该有无瑕的声誉。她认为拥有高社会地位的女性能获得民众尊重。戈什本告诫女性示威者只开展那些维持其尊严和“端庄”的活动。这能阻止她们与那些有着“不良”品性的女性为伍。她还反对“左派”提出的让女性躺在洋布店门口来阻拦顾客的建议。[2] 134

戈什本的担心是有根据的。女性示威者被等同于妓女真的很危险，在纠察商店的时候她们会受到骚扰。科妮莉亚·索拉博吉在《全国评论》上撰文，指控印度国民大会党把妇女撵出收容所（为从妓院解救出来的妇女设置的避难所）去参加公民不服从运动。她声称在旁遮普邦被拘捕的女性政治示威者90%都是妓女。[3] 对那些最近在公共场所发挥政治作用的女性来说，这些指控具有威胁性。女性因获得家庭的同意而加入的政治运动，不是一种反抗主流社会性别意识形态的行为。归根到底，大部分在政治上活跃的女性选择了声誉，而没有选择与她们堕落的姐妹们团结一致。

1930年5月，随着女性志愿者开始纠察，萨洛吉妮·奈都被指定领导针对达拉萨那（Dhamsana）盐厂的突袭行动。5月15日，萨洛吉妮指挥的抗议活动开始，她于当天被捕，后被释放。萨洛吉妮参与此次突袭对印度民族主义者和英国当局都具有象征意义。她的许多印度支持者都担心她的安全，但她告诉他们说：“在这里，我不是一名女性，而是一位统帅。”[4] 与此同时，地方当局知道所有人都把她视为一名女性，就如何对待她和其他女性示

① *BC* (July 23, 1930), p. 5; Report of the Desh Sevika Sangha, Bombay, 1930–1, p. 5. This report was given to the author by Miss N. J. Dastur, Bombay.

② Appendix 6, The Constitution of the Desh Sevika Sangha as amended May, 1931, AICC Files, no. G–8/1929; Goshiben Captain, interview (May 16, 1970), s–22, South Asian Archive, Centre for South Asian Studies, Cambridge.

③ C.Sorabji, "Prison Detenus and Terrorists in India," *National Review*, 102, no 6 (January 11, 1934), CS Papers, Eur. Mss., FI65/11, IOOLC.

④ *BC* (May 19, 1920), p.3.

威者，地方当局左右为难。① 5月21日，萨洛吉妮领导了第二次突袭行动并再次被捕。这一次萨洛吉妮被判入狱一年。她的领导激励了成百上千的女性，她们走上街头游行，以效仿她的无畏精神。

在孟买，示威和纠察活动一直持续到1931年甘地从狱中被释放为止。在这期间，妇女证明了她们在煽动性政治中的作用。商人们面对纠察商店的女性，签署誓言书承诺不再出售洋布，直至国家获得可贵的和平。② 街道上，
135 女人们与男人们一道高举旗帜，示威游行。1930年6月23日，警察命令国大党的志愿者离开滨海区。志愿者们拒绝了。当警察前进时，女性提步向前来保护男性，在警察攻击人群的时候，她们都负了伤。在游行队伍中间的是一位紧握国旗的17岁女学生。当警察试图把她从旗杆边拉开时，她高声喊道"让我先死。" ③

"妇女报效国家社"组织了很多示威游行，它们不仅上了头条新闻，也激励了印度各地的妇女。一两千名妇女带着孩子一起游行，这种情况在当时并不罕见。更多的人前来倾听关于自给自足（swadeshi）和自由的演讲。规模空前的人群聚在一起，庆祝甘地的生日和最重要的三位女性领袖——丽罗瓦蒂·蒙希（Lilavati Munshi）、佩林·卡普泰恩（Perin Captain）和卢坎吉夫人（Mrs. Lukanji）被从狱中释放。"妇女报效国家社"的成员带领的女性队伍长达一英里，她们身着橙色纱丽、手举标语牌，游行人数超过5000人。在游行队伍的两端集聚的人数达10000。④ 这些数字在印度的其他地区是不可相比的，但是各处的爱国女性纷纷仿效孟买妇女的这种精神。

孟加拉

孟加拉妇女在这时挺身而出，虽然她们的示威游行规模要小得多，但开展的活动较孟买妇女更为激进。加尔各答妇女制盐和售盐、纠察布店和酒店、宣扬手织布的价值并上街游行。孟加拉的首府也是革命斗争的中心，妇女学院成为招募新成员的中心。在县镇和农村，女性加入游行，她们穿着手织布制成的衣物，藏匿逃离的革命者。在这种背景下，杰出的地方领导人的

① Dagmar Engels, "The Limits of Gender Ideology," *WSIQ*, 12, no. 4 (1989), pp. 425–37.
② Report of the Desh Sevika Sangh, 1930–1 (n.d.), p.7.
③ *BC* (June23, 1930),p. 1.
④ *BC* (October 4, 1930), p. 1.

影响力并不比甘地的小。孟加拉民族主义总是赞扬暴力，这种社会风气对孟加拉妇女参与独立斗争有着深远影响。

妇女国家协会（Mahila Rashtriya Sangha，MRS）创建于1928年，是首个正式组织女性参与政治工作的组织。拉蒂卡·戈什（Latika Ghosh）是一位老师，曾在牛津大学接受教育，应苏巴斯·钱德拉·鲍斯（Subhas Chandra Bose）的请求，她成立了这个组织。苏巴斯是一位极受欢迎的领导，他对拉蒂卡成功组织妇女示威游行反对西蒙调查团的能力印象深刻，并坚持让拉蒂 136
卡发展一个与国大党有联系的妇女组织。孟加拉的妇女国家协会与孟买的国家妇女协会（RSS）目标相似，它们都希望自治，并希望改善妇女的社会地位。妇女国家协会的领导人认为这些目标是不可分割的：除非妇女生活得到改善，否则国家永远不能独立自主；除非国家独立自主，否则妇女状况便得不到改善。迈向自治的第一步是针对妇女开展教育，使其认识到作为殖民对象和弱势群体所遭受的双重压迫。

妇女国家协会赞成激进思想，但是遵从一种把妇女塑造为“宗教天赋”群体的动员策略。拉蒂卡·戈什撰文号召女性醒一醒，好好看看自己的祖国。印度曾是富饶的国家，现在不仅受外国控制，因贫困而声名狼藉，且被懦弱者领导着。她教导读者“回忆一下我们祖母的故事”，再想想女神（devis）和恶魔（asuras）之间的交战。人们应该记得当女神处于败势的时候，令人生畏的难近母（Durga）女神出现，显露出非凡的力量（shakti），继而击败了恶魔。随后拉吉普特人（Rajput）的皇后也起到了表率作用，她们先把自己的丈夫和儿子送去参战，然后做好了死亡的准备。拉蒂卡告诉她的读者说她们是国家的力量，她发出了这样的指令：“你们人人都必须像火花一样，烧毁一切的自私自利、渺小的梦想——通过火的淬炼，只留下对祖国鲜明的、珍贵的爱。”①

1928年，苏巴斯·鲍斯决定让统一着装的女性志愿者与男性一道游行，并以此作为在加尔各答召开的国大党年会的序曲。他任命拉蒂卡·戈什为长官，指示她招募自己的队伍参加游行。拉蒂卡招募了300名女性：有来自两

① Latika Bose (following her divorce Latika resumed use of her maiden name Ghosh and she preferred to be known as Latika Ghosh), "Mahila Rashtriya Sangha," *Banglar Katha* (Ashwin, 1335 [1928]), p.5; *Banglar Katha* (Jaistha, 1335 [1929]), p. 7.

所最重要的女子高等教育机构——贝休恩学院（Bethune College）和维多利亚学院（Victoria Institution）的学生，以及加尔各答市政当局雇用的老师。她们统一穿着带红边的深绿色纱丽及白色上衣——这是国大党旗帜的颜色。在训练期间，众多敏感问题被提了出来：女性是否和男性一道示威游行？年轻女性是否应该穿着裤装。夜晚她们是否待在营地？长官拉蒂卡赞成端庄的服饰应该是纱丽而不是裤装。另外，女性夜晚不待在营地，但是她在女性参
137 与正式游行这件事上坚持自己的立场。她承认自己是一个蹩脚的长官，不能与他人保持步调一致，也不会正确地行礼，但她希望女性志愿者在争取自由的斗争中以同男性对等的姿态出现。[①]拉蒂卡实现了自己的目标，观察人士以一种全新观点报道女性：

> 穿着纱丽的女士们在喇叭声和击鼓声中行进，通常属于她们的脆弱无迹可寻。她们身上没有踌躇，没有犹豫，没有人们普遍联想到的孟加拉女性该有的柔弱，每张脸上都镌刻着骑士的品质、每个动作中都表现出骑士的风度。[②]

1929年，为响应国大党号召女性做好为国家服务的准备，加尔各答的妇女成立了真理力量组织（Nari Satyagraha Samiti, NSS）。乌米拉·德维（Urmila Devi）是首批因为政治活动被捕的女性之一，她被任命为该组织的主席；乔蒂莫伊·甘古利（Jyotimoyee Ganguli）担任副主席；桑蒂·达斯（Santi Das）和比马尔·普罗蒂巴·德维（Bimal Protiba Devi）担任联合秘书。该组织有15至20名核心成员，她们愿意担任纠察员，并面对被捕的风险。她们三位都是来自最高种姓的孟加拉妇女，即婆罗门、卡亚斯塔（kayasthas）和维迪亚（vaidyas）；她们都受过教育，都来自于职业家庭，都奉行某种形式的深闺制。她们选择白色的手织布纱丽作为她们的制服。[③]

桑蒂·达斯是一名教师，她建立了自己的学校，并招募自己的学生和加尔各答市政当局的老师进入真理力量组织。偶尔会有200—300名女性参加示威游行，但通常只有15—20名女性参与真理力量组织的活动。这些数字并不是女性政治活动影响力的良好指标。当很少在家庭之外见到的中产阶级

---

① L. Ghosh, interview (Calcutta, February 29, 1976).
② "Rally of Lady Volunteers," *Forward* (December 20, 1928), p. 7.
③ Santi Das Kabir, interview (New Delhi, March 25, 1976).

女性以不合作主义者的身份出现的时候，她们让公众既惊愕又振奋。1930年7月，当22名女性因为纠察被捕时，布拉集市的店主们害怕由此引发群众暴力，立刻关闭了商店的店门。几天后，4名女性坐在洋布的货物捆包上，阻止苦力搬运货物。要是警察胆敢碰触这些女性，围观人群可能引发暴力冲突。因此，警察采取了相对谦和的策略，比如切断纠察队的给水供应。①

在这些妇女进行纠察和加入示威游行的同时，革命组织征募了其他的妇 138
女。在某些情况下，起初受甘地吸引的妇女加入革命者队伍是因为她们渴望战斗或者受到警察暴力的惊吓。1929年，卡马拉・达斯・古普塔（Kamala Das Gupta，出生于1907年）希望加入甘地的修道院，但甘地告诉她，她必须先获得父母的同意，而这是不可能的。据她自己说，她因此变得很沮丧。在这种情绪下，她读到了萨拉特・钱德拉・查特吉（Sarat Chandra Chatterjee）的小说《路权》（*Pather Dabi*）。②卡马拉对教导自己要与警察（lathi）③开展斗争的导师——革命团体“新时代”的成员迪内希・马宗达（Dinesh Mazumdar）说，她被作者那传奇和英雄主义世界所吸引。卡马拉见到了马宗达的资深同事，并被赠予了一些书籍。最后，卡马拉发现自己一直渴望一种舍身报国的方式。她加入了“新时代”组织。④

这个时期，大部分与革命团体有关联的女性都是学生。革命理想对这些年轻人有着天然的吸引力，但是这些年轻女性几乎没有人身自由，她们被社会要求举止端庄。重要的是她们的首次政治经历简单，参加的革命活动极少。在与妇女组织和国大党合作后，她们中的大部分人加入了秘密社团。

向杰克逊总督（Governor Jackson）开枪的年轻大学生比娜・达斯（Bina Das）是最著名的革命女性。比娜和她的姐姐卡尔亚尼（Kalyani）、苏拉马・米特拉（Surama Mitra），以及卡马拉・达斯・古普塔决定先成立一个学生组织来讨论政治问题。⑤女学生协会（Chattri Sangha）组建了学习班、

① *ABP* (July 24, 1930), p. 3, (July 26, 1930), p. 5.

② *Pather Dabi*, published serially between 1923 and 1926, was the first popular novel in Bengali on revolutionary activities.

③ lathi的原意是印度警察用的粗杖，顶端经常覆以金属，一般被用作武器，此处借指警察。

④ Transcript of interview with Kamala Das Gupta, Oral History Project, NMML; Kamala Das Gupta, interview (Calcutta, July 12, 1973).

⑤ Kamala Das Gupta, *Swadinata Sangrame Banglar Nari* ["Bengali Women in the Freedom Movement"], (Calcutta, Basudhara Prakashani, 1970), pp. 36–44.

运动中心、游泳俱乐部、合作商店、图书馆和青年学生宿舍。因为这些女孩子已经习惯了公共生活，因此国大党指望女学生协会招募新成员。

1930年，在甘地号召开展公民不服从运动时，卡尔亚尼领导女学生协会的成员在贝休恩学院外举行示威游行。当尼赫鲁被捕时，这些年轻的女学生要求关闭学院。校长达斯夫人无视她们的要求，因此她们举行了罢课。[1]达
139 斯夫人召叫来警察，但警察仅是命令这些年轻女学生散去。之后在孟加拉管辖区学院，警察决定给这些年轻女生一个教训。在一次警察突击中，那些挡在男生前面的女生们被押上囚车，带往远郊，然后被丢弃在那。让这些女生走很长的路回家是有意要冷却她们对示威游行的热情，但是私家车和出租车尾随着警察的囚车，之后把那些被绑走的女孩带回了加尔各答。[2]最终，英国专员厌倦了警察的不称职，下令关押领导这些示威游行的女性。[3]

卡尔亚尼在记述革命思想对女性的吸引力时说“运动时机已经成熟”。这时，年长的革命领导人正在丧失对其组织的控制。原先由几个高层领导人做所有的决定，成员则宣誓服从和独身。现在，年轻的成员不愿意等待上层的命令，他们成立了新的组织，招募女性成员，并策划大胆的攻击。[4]

1930年4月18日，由苏里亚·森（Surya Sen）领导的革命组织印度共和军（Indian Republican Army）攻打了吉大港城（the city of Chittagong）。警察在几个小时内成功反击，但正如情报局指出的，这次大胆的进攻让年轻人极为振奋：

> 新成员源源不断地加入各种团体，突袭的浪漫感觉吸引妇女和年轻女孩进入恐怖党派的群体中，从这时起她们被发现以管家、信使、武器保管人，有时以同志的身份帮助恐怖分子。[5]

1930年10月，英国人决定实施特别法令允许警察搜查和拘留个人，而无

---

① Kalyani Das Bhattacharjee, "A Short Life Sketch of Kalyani Bhattacharjee," unpublished; *ABP* (April 17, 1930), p. 6.

② K. Bhattacharjee, "A Short Life Sketch,"; Kalyani Bhattacharjee, interview (Calcutta, March 14, 1976); Smt. Kalyani Bhattacharjee, transcript of taped interview, from K. Bhattacharjee; *ABP* (July 17, 1930), p. 3, (July 19, 1930), p. 3, (July 23, 1930), p. 3.

③ Engels, "The Limits of Gender Ideology," pp. 433–5.

④ Ishanee Mukherjee, "Women and Armed Revolution in Late Colonial Bengal," National Conference of Women's Studies, Chandigarh (1985), p. 8.

⑤ *Terrorism in India, 1917–1936*, compiled in the Intelligence Bureau (GOI, Home Dept., 1936, reprinted Delhi, 1974), p. 34.

需证明嫌疑的合理性。严格法令实施甚至使加入和平示威游行都变得危险起来。1931年9月，警察向米德纳普尔（Midnapur）希吉利（Hijli）拘留中心的手无寸铁的被拘押者射击。卡尔亚尼因为在哈兹拉公园（Hazra Park）的一个集会上演讲而遭到拘捕，亲身经历了警察的残酷对待。她被“锁在一间地 140
下室，不让穿纱丽，没有寝具或者蚊帐，每个星期只给三杯水”[1]。这些经历凸显了非暴力抗议的徒劳。

妇女先前曾通过料理家务、散发传单、募集资金、藏匿和输送武器，甚至制造炸药等方式来支持革命者，而现在，她们直接参与了革命运动。桑蒂（Santi）和苏尼蒂（Suniti）是两个来自库米拉（Comilla）的女学生，她们在1931年12月14日枪杀了地方官史蒂文斯（Magistrate Stevens）。她们向史蒂文斯呈递了一份请愿书，请求允许举行一次游泳比赛，当他前去签署这份请愿书的时候，桑蒂和苏尼蒂两人从她们披巾下抽出了左轮手枪，直接朝他的身体射击。[2]史蒂文斯当场死去，桑蒂和苏尼蒂被带到库米拉县的监狱，在那儿她们二人签署了一份认罪声明。桑蒂和苏尼蒂希望成为首批女烈士，因此，当她们听说自己不是被绞死而是被送往监狱时，感到极为生气。[3]

次年2月，比娜·达斯试图在加尔各答大学毕业典礼上射杀孟加拉总督。这位接受过良好教育的女孩来自一个体面的中产阶级家庭，是梵社教义及实践的追随者，她似乎不可能成为革命活动的新成员。[4]比娜也读过《路权》，她欣赏巴布医生这个角色。该角色从来没有丧失过革命信念，坚信旧秩序必须消失，即使它的消亡伴随着痛苦和折磨。1928年，在与拉蒂卡·戈什的志愿者一起示威游行时，一个秘密社团的成员接近了比娜。比娜决定加入他们，并立即开始征募学生参与革命行动。比娜的许多革命同事被捕之后，她决定射杀总督杰克逊。在审判中，比娜说，在吉大港、米德纳普尔、希吉利等拘留中心发生的那些谋杀和任意殴打让她感到压抑。她在法庭上说道:“我感觉，如果我不能在死亡中找到解脱，我会疯掉。我只有通过献身

① Bhattacharjee, "A Short Life Sketch."

② Akhil Chandra Nandy, "Girls in India's Freedom Struggle," *The Patrika Sunday Magazine* (Calcutta, September 2, 1973), pp. 1–2.

③ Santi Das Ghosh, interview (Calcutta, February 24, 1976); Tirtha Mandal, *Women Revolutionaries of Bengal, 1905–1939* (Calcutta, Minerva, 1991).

④ "The Case of Bina Das," *ISR*, 42 (February 20, 1932), p. 387.

国家来寻求死亡之路。”①

9月，吉大港一所学校的老师普里蒂拉塔·瓦德达（Pritilata Waddedar）
141 带领15名男性对吉大港俱乐部发动了突袭。革命者进入俱乐部，然后开始扫射，伤了10至12人，射杀了一名年老的欧洲女性。当灯熄灭后，这些突袭者逃离开去。在逃离的过程中，普里蒂拉塔吞咽了毒药，死在距离俱乐部约100码的地方。②她留下了一份遗嘱：

> 我想知道为什么在为国家的自由事业奋斗的过程中，男性和女性应该有所区别？如果我们的兄弟们能够为祖国的事业而战，为什么姐妹们不能？女性保卫家园的例子并不鲜见，神圣记忆中的拉吉普特女子在战场上骁勇作战，毫不犹豫地杀死自己国家的敌人。史册中满是对这些卓越女性历史功绩的赞美。在这一场把我们的祖国从外国权势中拯救出来的高尚战斗中，为什么我们现代印度女性就应该被剥夺战斗的权利？如果姐妹们与兄弟们在非暴力不合作运动中能够并肩站在一起，为什么在革命运动中她们不能被赋予此种权利？③

到1933年，大部分女革命者都被关押在狱中。有60到70名女性曾帮助过革命团体，其中约40位被关押。④她们是年轻的爱国女性，目的是激发民众采取行动。她们受过教育，了解政治问题，也希望证明女性可以如同男性一样勇敢。⑤在米德纳普尔、24-帕加纳斯（24-Parganas）、库尔纳（Khulna）、巴克贡格（Bakhergunge）、诺阿卡利（Noakhali）和吉大港的农村地区，女性响应打破食盐法的号召。有许多关于她们的勇敢行为的记录流传。乔蒂莫伊·甘古利是国大党的一名组织者，在靠近坦卢克的纳甘特村子，约300名女性和700名男性正在等着听她宣讲“由甘地发起的反对政府的伟大非暴力战争”。警察警告她不要演讲，但是乔蒂莫伊转向听众，询问他

---

① Bina Das, "Confession," in the possession of the author.

② *Terrorism in India, 1917–1936*, p. 50; Kali Charan Ghosh, *The Roll of Honour, Anecdotes of Indian Martyrs* (Calcutta, Vidya Bharati, 1965), pp. 483–4.

③ Quoted in Mandal, *Women Revolutionaries*, p. 4.

④ 因为她们行动的秘密性，所以数字不精确。就这一点来说，一些革命者的身份从未被确认。

⑤ Geraldine H. Forbes, "Goddesses or Rebels? The Women Revolutionaries of Bengal," *The Oracle*, 2, no. 2 (April 1980), pp. 1–15.

们自己应该怎么办。听众们让她留下来，于是警察转而攻击人群。那些坐在男性背后河岸上的妇女们冲上前去试图保护男性。男人们和女人们设法把警察从演讲的乔蒂莫伊身边拉开。[1]

如果说在贝休恩学院，警察在粗暴对待学生上心存疑虑，那么当他 142
们面对农村妇女时，他们对自己先前的克制行为进行了“弥补”。在康泰（Contai），警察对游行妇女的暴力行为十分严重，因此国大党要求调查。调查结果严重到足以让政府对孟加拉警察下达特别指示，让其温和对待女性抗议者。[2]但警察的“温和”通常只针对中产阶级妇女，而下层社会妇女被强奸和被虐待的故事却继续源源不断地上演着。在吉大港，兵工厂被袭，苏里亚·森的团体宣扬要在该地建立一个独立的印度。这些都构成了明显威胁，因而警察对吉大港的打压尤其残酷。因为村民帮忙逃亡的革命者，所有村民都被视为潜在的敌人。根据一份非官方报告，廓尔喀（Gurkha）的卫兵在午夜之后搜查了比彭·比哈里·森（Bipen Behari Sen）的家，逮捕了他的两个儿子，并把他们带走审问，之后又回来轮奸了他的女儿。[3]

在这种混乱的环境中，男性很难对妇女权利产生兴趣。正如国大党期望因第一次世界大战期间提供的忠诚服务能获得回报一样，女性活动家也期望她们的男同胞把注意力转向妇女问题。当孟加拉国大党明显对这些议题不感兴趣时，女性领导人呼吁召开会议成立独立的妇女国大党。在1931年5月的第1个星期，桑蒂·达斯写信给各县国大党的女性成员，要求每人推选10名代表。这些妇女组织集会，选举她们的代表，并讨论社会改革问题。[4]

当她们抵达加尔各答的会议总部时，这些代表受到穿着深红色手织布纱丽的年轻志愿者们的迎接，她们被引导入座，聆听政治和女性主义前辈萨拉拉德维·乔杜拉里（Saraladevi Chaudhurani）的演讲。县代表就印度女性及其在公民不服从运动中的觉醒所做的演讲充斥着陈词滥调，与之相比，萨拉拉德维的演讲则做出了猛烈抨击。

萨拉拉德维解释了为什么她们需要单独成立一个妇女国大党。女性从童年时候开始就被隔离，并被视为弱势群体。当人们拒绝女孩子们吃甜品的时

① Miss J. Ganguli, "The Day of Crucifixion," *MR*, 47 (May, 1930), pp. 621–2.
② Engels, "The Limits of Gender Ideology", p. 434.
③ *Legislative Assembly Debates*, vol. Ⅶ (GOI, 1932), p. 3107.
④ "Future of Indian Womanhood," *ABP* (April 29, 1931), p. 6.

候，她们的兄弟们却能吃个饱；成年后，女性因男人自己的打算而被利用。
143 女性的需求、感情和意见和男人的从不一样，但男性却对了解女性不感兴趣。现在是公开谈论女性地位及其加入世界范围内妇女运动的时候了。[①]

萨拉拉德维承认男性在带领女性进入独立运动中所发挥的作用，但她怀疑男性是否真的关心女性生活的改善。女性得到的是华丽的辞章，而不是被任命进入小组委员会和理事会。萨拉拉德维总结女性的政治经历时说，国大党“仅给予了女性违法者的身份，却没给予她们立法者的职位”。女性必须要求一视同仁和地位平等。女性的团结将让国大党领导人印象深刻，甚至可能触动贾瓦哈拉尔·尼赫鲁，从而给予“团结的女性”与“团结的民众”一样的关注。萨拉拉德维质问，既然卖淫对女性如同酗酒对男性一样有害，为什么国大党从来没有考虑过开展一场反妓院运动？她断定20世纪30年代最强有力的女性主义言论是要求法律、经济、社会和教育平等。她向那些比她更保守的听众们发表讲话，在最后的会议上，与会代表们重申了女性的常规诉求，抵制支持节育的决议及要求平等对待女性，并决定不成立一个独立的妇女国大党。[②]

马德拉斯

马德拉斯妇女开展的政治示威不如孟买或孟加拉的那样引人注目。尽管妇女参与纠察和列队游行，但总是很难调动大量妇女参与行动。可以召集她们来支持抵制洋货宣誓、纺纱、穿着和出售手织布，但是没有出现类似于加尔各答和孟买那样激动人心的示威游行。马德拉斯妇女从未参与过革命运动，也未成为警察极端暴力的对象。

原因在于马德拉斯的政治性质以及该省民族主义运动的策略。第一，在马德拉斯的国大党内部就是否接受甘地的领导出现过大量争论。有许多领导
144 人不支持甘地的计划。第二，国大党被视为婆罗门精英的党派。第三，在印度其他地区，女性在抵制洋布方面富有成效。在马德拉斯，国大党的领导成员C.拉贾戈帕拉查拉尔（C. Rajagopalachariar）关心禁酒胜于关心抵制洋布。

---

① "Srimati Saraladevi Chaudhurani's Speech at the Bengal Women's Congress," *Stri Dharma*,14, (August 1931), pp. 506–10; "Women's Congress," *ABP* (May 3, 1931), p. 7.

② "Bengal Women's Conference," *The Hindu* (May 3, 1931), p. 9.

他是印度禁酒联盟的秘书，也是印度国民大会党禁酒运动的负责人。他把禁酒视为一个超越种姓和集团的问题，认为禁酒在反政府斗争中具有团结民众的潜能。遗憾的是，纠察售酒店铺在马德拉斯是最危险的抗议形式之一，被认为不适合女性。

S.安布贾马尔夫人（Smt. S. Ambujammal，出生于1899年）是杰出的律师和国大党领导人S.斯里尼瓦萨·延加（S. Srinivasa Iyengar）唯一的女儿。她是听着甘地在南非的故事长大的。因为S.斯里尼瓦萨·延加有着传统性别隔离观，因此，当著名的甘地夫妇住在他们家时，安布贾马尔只接触了甘地的妻子卡斯杜拜（Kasturbai），而没有接触甘地本人。安布贾马尔于1920年加入不合作运动，她开始穿着手织布以及纺纱，但是很少离开住所。推动她献身于独立运动的更多是出于个人原因而非政治利益。还是一个孩子的时候，她就嫁给了一个按照她自己的说法是“不对劲”的男人。安布贾马尔从来没有去过她公公家，相反，她的丈夫住进她父亲家，并接受她父母的资助和照顾。从1928年她决定成立妇女抵制英货联盟（Women's Swadeshi League）起，她开始真正加入不合作运动。[1]

该联盟的成员都进行了抵制英货（swadeshi）的宣誓，她们每个月纺一定量的线，宣扬手织布的价值。安布贾马尔是该组织的主席，贾玛马尔夫人（Mrs. Jamammal，S.斯里尼瓦萨·延加守寡的妹妹）担任财务主管。克里希纳拜·劳（Krishnabai Rau）组织乐意担任纠察任务的女性成立了妇女报效国家社，英迪拉拜·劳（Indirabai Rau，克里希纳拜·劳的妹妹）负责宣传。开始的时候，该组织由官员和其他一些女性构成，她们每天聚在一起纺纱，讨论抗议活动的进展。当号召女性加入这场运动时，她们就挨家挨户宣传自给自足的价值，组织抵制英货的展览，在街上出售手织布，与男人一道进行纠察。[2]女性尤其喜欢吟唱着自由之歌，在黎明列队行进或在清晨漫步。在清晨 145
的几个小时里，有时数以百计的女性唱着自给自足和自治的歌曲穿过街道。

从孩童时代，克里希纳拜·劳（出生于1906年）就是忠诚的甘地主义者，她响应甘地公民不服从运动的号召，辞去了阿拉哈巴德克洛斯怀特女子

① Transcript of interview with Mrs. S. Ambujammal, Oral History Project, NMML; Smt. S. Ambujammal, interviews (Madras, January 19, 1976, January 25, 1976); S. Ambujammal, "Face to Face," lecture delivered at Max Mueller Bhavan, Madras (January 22, 1976).

② "Independence Day," *The Hindu* (January 27, 1931), p. 2.

学院（Crosthwaite Girls' College, Allahabad）讲师的职务，回到了马德拉斯。克里希纳拜因具备领导技能和公开演讲的能力而享有盛名（还是一名学生时，克里希纳拜就组织了马德拉斯青年联盟，并向约希委员会提供证据），她在抵制英货联盟的支持下组建了妇女报效国家社（Desh Sevika Sangha）。该社的妇女们穿着橙色的纱丽和短上衣，与男性志愿者一道纠察销售洋布的商店。他们站在商店的入口，拦下顾客，并恳求他们说："印度已经受到践踏，请不要购买洋货而让印度更加退化。"[1]

当警察首次对示威者采取行动时，他们攻击的是男性而非女性，但这只能坚定妇女们加入反对英国人运动的决心。一位女治安法官回忆道：

> 我自思自忖，我能够做出"什么样的法律制裁……如果案件由那些本身既残暴又腐败的警察交由我经办"？我的理智开始反抗，因此我辞去了光荣的职务……加入了妇女报效国家社以服务于我的祖国。[2]

不久之后，警察开始用对待男性抗议者一样的手段来对付女性抗议者。马德拉斯妇女是印度国内首批被捕对象。鲁克马尼·拉克希米帕蒂（Rukmani Lakshmipathy，1891—1951年）曾在1931年前往韦达兰亚姆（Vedaranyam）反抗食盐法的游行中与C.拉贾戈巴拉查理阿（C. Rajagopalachariar）结伴，她受到拘捕，成为维洛尔（Vellore）女子监狱的首位女政治犯。[3]马德拉斯起初没有计划参与食盐进军，但是杜尔加拜把这视为鼓励支持公民不服从运动的要素。她首先写信给甘地，然后劝说T.普拉卡
146 萨姆先生（Shri T. Prakasam）带领志愿者。T.普拉卡萨姆知道自己会被捕，便指定杜尔加拜为这场运动的"指挥者"，于是就轮到杜尔加拜被捕了。[4]

在一次抗议残酷对待不合作主义者的集会上，5000名工厂工人开始朝监视的警察扔石头。警察持着警棍回击工人们，造成3死5伤。[5]该事件震惊了

---

① Smrutika: *The Story of My Mother as Told By Herself*, the story of Shrimati Kamala Bai L. Rau, trans. from Tamil by Indirabai Rau (Pune, Dr. Krishnabai Nimbkar, 1988), p. 47.

② *Smrutika*, p. 48.

③ "Rukmini Ammal Lakshmipathi," *DNB*, vol. Ⅱ, p. 401.

④ Durgabai Deshmukh, *Chintaman and I* (New Delhi, Allied, 1980), p. 10; "Lady Satyagrahis Welcomed," *The Hindu* (March 11, 1931), p. 5; "Ladies Conference," *The Hindu* (June 9, 1931), p. 9; transcript of an interview with Smt. Durgabai Deshmukh, Oral History Project, NMML.

⑤ David Arnold, *The Congress in Tamilnadu* (New Delhi, Manohar, 1977), p. 125.

国大党领导人和女性不合作主义者，这两方都不希望激起民众骚乱，和/或激起警察的报复。这抑制了女性对大规模示威游行的热情。

北印度

在北印度，来自阿拉哈巴德、勒克瑙（Lucknow）、德里和拉合尔的妇女加入了公众示威游行，这让那些不常看见那些来自体面家庭的妇女不戴面纱而上街的公众震惊。发生在这些北部城市的示威游行，偶尔有多达1000名女性参与，但大部分示威游行的规模要小得多。这些示威游行之所以引人注目，是因为与众不同的特性，而不是因为其规模。领导成员来自几个家族，例如尼赫鲁家族和祖特希家族，大部分的示威者来自学校和学院。不像印度的其他地区，妇女组织在这儿既不是培训那些在政治上表现活跃的女性的场地，也不是她们的征募点。

在阿拉哈巴德，来自尼赫鲁家族的女性是重要的领导人。她们进行公开演讲，挨家挨户游说妇女参与运动。斯瓦鲁普·拉尼·尼赫鲁（Swarup Rani Nehru）是贾瓦哈拉尔·尼赫鲁年迈虚弱的母亲，她摆脱了终生困在闺房的命运，穿着手织布步行穿过街道。她传递给女性的信息简单而明了：如果你热爱祖国，你应参与运动；如果你热爱我的儿子贾瓦哈拉尔，你应参与运动。当时流行的女性歌曲是《贾瓦哈拉尔·尼赫鲁的母亲号召加入圣战之歌》。这时，尼赫鲁的妻子卡马拉（Kamala）不停地奔波着。她在阿拉哈巴德参与示威游行、在勒克瑙演讲，并前往孟买，发挥着比她的健康状态所允许的更加积极的作用。她传达的信息也很直接：所有人都必须参与运动、宣誓抵制 147
洋货、穿着手织布，只要妇女团结起来，反抗将永不会被扼杀。[1]

在拉合尔，反对西蒙调查团的示威游行以暴力为特点。警察持警棍冲击示威者，并攻击了旁遮普的伟大爱国者拉尔·拉志巴特·拉伊（Lal Lajpat Rai）。他在受伤后的几个月内离世。1929年，国大党在拉合尔集会时，萨达尔·巴加特·辛格（Sardar Bhagat Singh，之后因参加革命活动被绞死）组织了拉合尔学生会。

---

① Geeta Anand, "Appeal of the Indian Nationalist Movement to Women," senior thesis, Dartmouth College (1989); *ABP* (April 20, 1930), p. 6, (November 7, 1930), p. 4, (November 23, 1930), p.5; *BC* (July 14, 1930), p.4, (November 7, 1930), p.1, (December 1, 1930), p. 1, (January 3, 1931), p. 1; *The Tribune* (August 7, 1930), p. 9.

拉多·拉尼·祖特希（Lado Rani Zutshi）是莫提拉尔·尼赫鲁的侄媳，她和她的3个女儿——曼莫喜尼（Manmohini，出生于1909年）、斯亚玛（Shyama）、贾纳克（Janak），共同领导了在拉合尔的运动。曼莫喜尼从小就接受政治的熏陶。1929年，作为政府学院（为男性而设）的一名学生，她担任了学生接待委员会的主席欢迎苏巴斯·鲍斯主持第二次全旁遮普学生会议。同年，她成为拉合尔学生会的首位女性主席，并在拉合尔国大党中担任一名志愿者。①

当宣扬公民不服从运动使这些年轻人成为焦点时，空气中已经弥漫着爱国热情。贾瓦哈拉尔在演讲中，建议学生去拉维河（Ravi river）的河岸，象征性地“制盐”，并集中精力纠察售卖洋布和酒的店铺。比姆拉·卢特拉（Bimla Luthra）回忆起她和朋友们在听贾瓦哈拉尔演讲时的反应：

> 我们这些女孩子彻底被他征服了，不仅因为他是如此的英俊，也因为对于我们来说，他似乎象征着在政治层面反对外国统治的反抗精神以及……反对令人窒息的保守主义和正统观念的反抗精神，保守主义和正统观念总让我们觉得自己是人群中的劣等阶层，只对家庭和厨房有用。②

当巴加特·辛格和他的同志被判处死刑时，曼莫喜尼决定往拉合尔的三所学院：政府学院、法学院和福尔曼基督教学院指派女纠察员。男学生旷课来为年轻女性加油，示威游行获得了巨大的成功。当这里热情高涨时，警察
148 的怒气也在加剧。下午2点30分，16名女性和35名男性被捕了。曼莫喜尼记录下了自己的经历：

> 我们对被带往监狱感到兴奋和热切。我们觉得犹似被授予了巨大的荣誉。我们等待完成入监手续的同时，喊着口号、唱着国歌。实际上，我们三个，我的姐妹们和我，迫切希望被监禁三次，这样我们就会被称为“惯犯”。③

曼莫喜尼被判6个月监禁，开始了三次监禁中的第一次。

在德里，斯瓦米·施拉达南德（Swami Shraddhanand）的孙女萨提亚瓦

---

① Sahgal, *An Indian Freedom Fighter*, ch. 5.

② Bimla Luthra, "Nehru's Vision of Indian Society and the Place of Women in it," unpublished paper (n.d.), NMML.

③ Sahgal, *An Indian Freedom Fighter*, ch. 6, p. 73.

蒂·德维（Satyavati Devi）成为领导人之一。斯瓦米·施拉达南德早些年以蒙希·拉姆（Munshi Ram）这一名字为人们所熟知，他深受斯瓦米·达亚南达的影响，因而倾向于雅利安社的信仰，并与其连襟贾朗达尔的拉拉·德夫拉杰（Lala Devraj）一起共事来促进女性教育。1918年，斯瓦米·施拉达南德搬到德里后，加入了政治运动，并因在非暴力示威游行中展现的领导能力而一举成名。[1]在对女性演讲时，萨提亚瓦蒂·德维使她们联想起她的家世，她敦促她们与自己一起为国家做出自我牺牲。萨提亚瓦蒂·德维谈及自己的献身时说：

> 我是斯瓦米·萨达南德（原文如此，Swami Shardhanand's）的孙女，达尼·拉姆（Dhani Ram）律师的女儿，我有两个小孩。通常，我的职责是照顾家庭。但当我的祖国正在经历生死较量时，我是数百万印度女性中的一员，是成千上万德里女性中的一员。她们离开温暖舒适的家园，离开传统的蛰居之所，集合在圣雄甘地的准则下进行斗争。[2]

萨提亚瓦蒂·德维告诉女性要走向战场，因为外国的统治难以容忍。当局认为萨提亚瓦蒂·德维激昂的演讲具有煽动性，于是迅速采取行动：他们逮捕并监禁了萨提亚瓦蒂·德维，释放后再逮捕她，最终在1932年判处她2年监禁。监狱流传出的歌曲如《来自监狱的萨提亚瓦蒂的信息》鞭策着妇女们前进：

> 跳入燃烧之火，
> 在圣战中挺立，
> 不要从斗争中撤退，
> 萨提亚瓦蒂姊妹如是说。
> 在斗争中，你必须身先士卒，
> 不要害怕子弹或棍棒， 149
> 先往前伸出你的头，
> 萨提亚瓦蒂姊妹如是说。[3]

---

① "Munshi Ram Shraddhanand," *DNB*, vol.Ⅳ, pp. 185–7.
② *BC* (May 28, 1930), p. 7.
③ Anand, "Appeal of the Indian Nationalist Movement," p. 41.

在狱中，萨提亚瓦蒂感染了胸膜炎，然后是肺结核。但是，整个20世纪30年代，她一直与国大党合作共事。[①]

德里的女性参加示威游行，这对那些目睹了示威游行的男性们产生了巨大的影响。政府的机密档案详细记录了女性的活动是如何促使男性参与运动的。有一次，穿着红色纱丽的德里妇女封锁了通往法院的路径。男性支持者把她们团团围住，充当着她们的保护盾牌。另外有一次，一群锡克人聚集在德里的古鲁德瓦拉（Gurudwara）观看女性的抗议游行。当其中一名女性被警察杀害的消息传开的时候，人群发生了骚乱。[②]

妇女在面对警察攻击时表现得坚定，她们的勇敢震惊了所有人。虽然许多女性领导人致力于女性主义问题，但妇女权利的问题却很少受到重视。卡马拉·尼赫鲁曾写过，也谈到过“妇女境遇卑下”和妇女权利；维贾雅拉克希米·潘迪特多年来一直与妇女组织共事；女学生受到了男女平等理想的启发。但这些女性主义思想仅影响着精英阶层，当这些领导人开始组织妇女游行时，他们敏锐地意识到了保守派态度的力量。

在北部，女性精英和未受教育的女性都卷入了政治运动。她们分属两个不同的世界，却共享着社会规范的责任，这抑制了她们的自主性。女性领导人想要动员那些不谙世故的姐妹们开展政治活动，但她们知道，没有丈夫和父亲的同意，这种动员是不可能实现的。因此，权宜之计就是专注于民族主义问题，并在演讲中忽略女性主义问题。在狱中，习惯的做法是依据女性的阶级背景来分隔女性，把她们安置在监狱中的不同区域，提供不一样的食物和设施，阻止未受教育的中下层阶级的女性了解女性精英的思想。

150 警察暴力和如同魔王罗波那的英国人

女性在20世纪20年代不合作运动中和20世纪30年代公民不服从运动中所发挥的作用使英国在印度的文明使命受到质疑。19世纪初，英国统治者让人们注意到了印度妇女低下的地位，以此证明他们的统治是正当的。他们把自

---

① M. Kaur, *The Role of Women in the Freedom Movement (1857–1947)*, (New Delhi, Sterling, 1968), p. 196.

② "Civil Disobedience in Delhi," GOI, Home Dept. Political, file no. 256/1/1930.

己在提供教育、医疗护理和制定保护女性的法律等方面的努力看作是其道德目的的证据。妇女参与民族主义斗争严重地挑战了英国人是印度合法统治者的观念，同时，妇女作为政治力量的合理后继者为国大党提供了全面支持。

因为暴力袭击和平示威者被广泛宣传报道，故“英国人是道德统治者”的这种表达受到了质疑。英国人凌虐妇女与主流社会性别意识形态相冲突，同时严重地削弱了他们自称的保护者的角色。印度教和伊斯兰教的典籍都赞颂女性的谦恭和端庄。在法律、传奇和民间传说中，理想女性是对丈夫忠诚，没有被别的男人触碰过，甚至是没有被别的男人看见过的女性。保护女人的男人是可敬的。

当甘地要求妇女参与政治运动时，他教导她们要像悉多一样。英国人就像罗波那（劫走悉多的恶魔），在罗摩（悉多的丈夫）的道德规范获得重建之前世界不可能恢复正常。这些观点在甘地的女听众中获得了共鸣，对她们来说，悉多是一个传奇人物。虽然很多女孩子都没有上过学，但是她们在家中学习了这些传说故事，甚至低种姓的人们也通过民间剧场和故事获知了这些传说。[①]

在女性进行示威游行的初期，英国人就被指控凌虐女性示威者。1920年，萨洛吉妮·奈都指控旁遮普的军事管制机构公然虐待女性。英国人表示震惊；印度事务大臣埃德温·蒙塔古让他的秘书回复说：“蒙塔古先生认为发生这类事件令人难以置信。”奈都夫人在回复中引用了印度国民大会党调
查委员会的报告细节。她提醒蒙塔古的秘书，“面纱对印度妇女的神圣性如 151
同头巾对天主教修女一样，强制一名印度妇女摘除面纱本身就是一种蛮横的恶行”[②]。

在公民不服从运动期间，关于警察针对妇女的野蛮行径的报道迅速流传开来。在古吉拉特的巴多利县（Bardoli District, Gujarat），巴德马尼村（village of Badmani）的农民们停止纳税。警察极力恐吓并殴打了很多村民。他们把一名年迈的老妇锁在一间房子里，不给她食物和水。[③]在孟买，3名年轻的女性控诉警官麦肯兹（Mackenzie）中士逮捕了她们；另外一个警

① Ambujammal, interview (Madras, January 19, 1976).

② M. Kaur, *The Role of Women*, Appendix G, pp. 259–62.

③ *BC* (October 29, 1930), p.1.

员在午夜后来到她们的囚室，做出一些猥亵的手势。①妇女报效国家社的领导者丽罗瓦蒂·蒙希（Lilavati Munshi），在向祝贺贾瓦哈拉尔入狱的人群发表激情演讲时，把该事件作为演讲题材。丽罗瓦蒂对印度妇女曾是英国骑士风度的对象这一假设提出质疑。丽罗瓦蒂提醒自己的听众，他们保护的是自己的女性，她指的是最近的一个案例，即政府花费几千卢比解救一名被帕坦人（Pathans）劫持的妇女。但是印度妇女在自己的国家并不安全。丽罗瓦蒂继续说到，这不是印度男性的问题，而是女性的问题。当印度妇女加入争取自由的斗争时，她们必须始终记住自己正在与一个没有给予她们尊重的政府作斗争。②

在孟买举行了一个大型集会，对警察决定逮捕女性示威者，把她们运送出城，然后把她们抛弃在夜间丛林这一事件表示抗议。贾格莫汉达斯女士（Lady Jagmohandas）认为这种行为形同强奸："任何侮辱本国女性的政府体制都未曾兴盛过，尽管人们受到蹂躏且表现温顺，却没有人能够长期忍受这种政府体制。"安娜普尔纳拜G.V.德什穆克（Annapurnabai G. V Deshmukh）谈到悉多和德劳巴底以及"印度教徒的宗教信仰是无论何时只要一名印度教女性遭受骚扰或者侮辱，神就会来解救她、拯救她的名誉"。——甚至连神都能意识到政府的道德沦丧！③

农村地区感受到了警察的高压手段。新闻报道和国大党的报告很少提
152 到这些女性的名字，但报道称女性受到的凌虐是英国人不尊重印度和印度女性的象征。例如，据报道，1931年1月，当"博尔萨德（Borsad）的女性"参加示威游行时，警察把她们打得不省人事。嘉斯杜白·甘地（Kasturbai Gandhi）表示她曾看到警察揪住女性的头发，击打她们的胸部，并说一些下流的侮辱话。④英国当局否认这些指控，偶尔有受到人身侵犯的女性提出起诉，法院聆讯了她们的案件。因为纠察贝拿勒斯（Benares）的一家布店而遭到警察的逮捕和拘留后，一群女性控诉她们被脱去衣服抽打。警察否认这些指控，宣称这是国大党的阴谋。法官同意这是一项虚假的指控，在庭审期间，出示证据的每一位女性在道德地位上都名誉扫地。库尔达·德维

① *BC* (October 30, 1930), p. 7.
② *BC* (October 31, 1930), p. 1.
③ *BC* (November 4, 1930), p. 4.
④ *BC* (January 26, 1931), p. 7, (February 3,1931), p. 7.

（Kulda Devi）被揭示是一名职业为女仆的“单身”女性，且是一个孟加拉人的“情妇”。她也被称作国大党的专职志愿者。寡妇穆尼（Munni）被警察描述为一个以妓院收益糊口的女人。查鲁巴拉（Charubala）离开丈夫，与乌梅什·钱德拉（Umesh Chandra）同居，在警察的档案中，她是“一个放荡的女人”。卡恩托（Khanto）是一个居住在女人屋的寡妇，马诺拉马（Manorama）是位寡妇，夏博利尼（Shybolini）也是位寡妇，高里（Gauri）是个漂泊到贝拿勒斯的儿童寡妇，巴戈拉·德维（Bagola Devi）没有固定的住址。法官驳回了上诉，宣称这些女性是“被丢在街上的流浪贫民，不是体面的印度女性”[1]。按照英国人的定义，道德品质是用以判断指控真伪的试金石。英国人像许多印度民众一样认为，没有男性监护人保护的女性不值得保护，使其免受肢体侵犯和性骚扰。

一个更加耸人听闻的事件（虽然只涉及一名妇女）被称为“塔利（thali）抢夺案”。塔利是指戴在脖子上的金项链，在印度南部，这表明女性已婚。只有在丈夫去世后，才能将其摘下。L.S.普拉布夫人（Mrs. L. S. Prabhu）因在特里切里（Tellicherry）纠察而遭到拘捕，被判入狱6个月、罚款1000卢比。她拒绝支付罚金，因此分区地方法官多德韦尔先生（Mr. Dodwell）命令她交出她的首饰。普拉布夫人拒绝了，然而即使多德韦尔已 153
被提醒过塔利对于已婚妇女的神圣性，他仍然命令一个警察把它从普拉布夫人的脖子上摘除。普拉布夫人不可能允许一名陌生男性触碰她，因此她请求一起的女被告人为其摘除项链。“塔利抢夺”事件引发了一场暴乱，英国官员不得不承认他们的错误，并归还了普拉布夫人的塔利。[2]官方文件指导警察和地方法官如何与女性打交道，警告不要使用暴力和不当行为。德里行政专员约翰·汤普森（John Thompson）承认“印度政府比我们更适合处理女性示威游行，因为当使用所谓的镇压手段时，印度政府不会受到类似于‘外国政府’所遭受的那种憎恶”[3]。

1932年，印度国民大会党邀请伦敦的印度联盟调查关于对警察暴行的指

① "Allegations that the police at Andra, Madras stripped and flogged women arrestees. Enquires into ill–treatment of women volunteers by the police of Dasaswamedh [sic], Benares," GOI, Home Dept., Political, file no. IV/1932.

② "Thali Snatching in Court," *ISR, 42* (February 6, 1932), p. 363.

③ GOI, Home Dept., Political, file no. 14/4/1932.

控。联盟接受了邀请，其代表团来到印度察看第一手的情况。代表团成员由2位英国女性、1位英国男性和1位印度男性构成。在印度，代表团请求准许察看监狱，并与政治犯谈话。英国官员期望在代表团开始工作前就损坏其名誉，他们指责代表团受制于“妇女参政论者”，同时拒绝代表团采访政治犯的请求。代表团在调查法令实施过程和察看拘留所时都发现了使用暴力的确凿证据。在引用了女性受到性威胁、性虐待、被抽打和强奸等可靠的信息之后，代表团给出了这样的结论（保守陈述的精彩范例）：“女性理应受到所谓文明政府代表机构的尊重，但却没有。”① 代表团的报告让英国民众和印度民众明白，英国统治者不是女性的保护者，而是对她们施暴的行凶者。

结　论

到1934年，始于食盐进军的公民不服从运动结束。必须从民族主义运动的意义，以及这些行动如何促进女性运动这两方面来看待女性参与的煽动性政治。

154 女性的参与使印度国民大会党合法化。女性的活动验证了印度的团结和不合作主义。不合作主义者采取的方法旨在从英国政府手中夺取道德权威，并把其归还给手无寸铁的非暴力民众。甚至连英国人也明白这种方法对女性有特殊的吸引力。一名官员这样写道：

> 毫无疑问，如果没有她们，这场运动将永远不会获得它所拥有的力量。正是因为她们，这场运动博得了很多本不可能得到的同情。②

女性参与独立运动也发展了女性的权利运动。最重要的是，它将女性的要求，即在印度治理中占有一席之地合法化。萨拉拉德维·乔杜拉里提出问题：“我们如何获取权利？”并回答道：“通过运动的力量来获得。我们必须迫使男性对我们的要求让步，同时在我们中间进行宣传。”③

因为开展政治工作，女性获得了极大的尊重，社会收益也随之而来。在公民不服从运动之后的几年里，越来越多的女性开始了职业生涯，一些男性

① GOI, Home Dept., Political, file no. 40/XII, 1932.

② GOI, Home Dept., Political, file no. 253/30/1930.

③ Tamil Nad Women's Conference, Erode, Stri Dharma, 14, no. 12 (October 1931), p. 563.

学习与女同事并肩工作。家庭法的法律架构被审核，并被修改。

女性开展政治工作也有精神上的收益。个人故事能够充分说明参与政治意味着什么。卡纳塔卡的一名妇女阿姆巴拜（Ambabai）12岁结婚，16岁守寡。她在乌迪皮（Udipi）参与了纠察售卖洋布和酒的商店。被捕后，她被判处4个月监禁，后被释放，然后再被捕。在此期间，她演讲、教授纺纱，并组织黎明列队行进。阿姆巴拜把这些日子视为她一生中最快乐的时光。[①]虽然英国官员不理会寡妇的抗议，但是阿姆巴拜的故事指出国大党的计划如何将她那无目标和乏味的生活转变成具有参与性和忠诚度的生活。

同时，女性参与政治有一些明显的弊端。这些示威游行声称代表所有印度女性，但除了中上层印度教女性，参与游行的团体数量从来不多。一些穆斯林女性是甘地的坚定追随者；更多的穆斯林女性要么很难接受他那明显以 155
印度教思想为基础的观点，要么被国大党组织者忽略。

在女性参与数量、与国大党领导人的关系以及女性兴趣与民族主义问题的结合程度上，都具有明显的地域差别。孟买妇女最有组织、最独立，她们组织了最大规模的示威游行。大部分孟买女性的领导人也是妇女组织的成员，她们明确提出“女性主义式的民族主义”。在孟加拉，因为女性所表现出的战斗性，她们引起了广泛关注。孟加拉妇女在国大党的游行中与男性并肩前进，之后加入了革命党派，她们成为民歌和传奇的主题。尽管参与的和平示威游行较少，但是在深闺制被广泛奉行的社会中，她们还是吸引了广泛的关注。这些妇女信奉女性主义思想，但一而再再而三地把其搁置一边，去支持更广泛的斗争。在马德拉斯，领导人不愿利用妇女的天赋，很少有妇女参与运动。在北印度，尼赫鲁家族和祖特希家族推出了女性领导人，她们不仅能力强且把民族主义日程摆放在首位。人们相信她们把握住了女性主义问题的重要性，但当前她们关心的是动员女性参与政治示威游行。她们认为不可能同时提高女性的政治意识和权利意识。

大部分女性领导人在征募新成员时不能逾越其自身的体面感。但有一种例外，即加入革命运动的妇女是可以逾越体面感的。她们与男性密切合作、乔装自己、独自或者与陌生人结伴而行，学会如何射击、驾驶汽车、以

① Ambabai, interview (Udipi, May 24, 1976).

及制造炸弹。即使她们被重视，却不被大家认为是“体面”的女性。甘地称她们为“失去女性特征”的群体，罗宾德拉纳特·泰戈尔（Rabindranath Tagore）写了一部小说。在小说中，革命女主角以性为诱惑来征募年轻男性参与革命事业。[①] 革命女性描述自己为了国家牺牲了一个女人想要的所有东西——婚姻、孩子、家庭。没有人（包括革命妇女在内）认为革命者是印度女性的代表。

156 城市女性组织的示威游行没有促进女性主义意识的产生。她们把男女分开组成独立的团组，然后再去示威游行和纠察。她们通常穿着鲜明的橙色或白色纱丽来强调她们的纯洁和舍身。国大党委员会给予她们行动指令。在农村，除寡妇之外，妇女都与其家庭一起参加抗议。即使印度独立运动没有表现出“父权民族主义”的特征，但男性的监护职责仍普遍存在。女性能够“出来”是因为房子着火了。一旦火被扑灭，男性期望女性能重新回到房子里。

① Rabindranath Tagore, *Four Chapters, translation of Char Adhyaya (1934)* by Surendranath Tagore (Calcutta, Visva-Bharati, 1950), p. 13.

第六章　殖民时期印度妇女的工作 157

海马巴蒂·森是一位钦苏拉（Chinsurah）女子医院的医生。她这样描述自己在1985年的日常生活：

> 我每天凌晨4点起床，为丈夫和孩子们准备早餐，然后带着热水和食物下楼给病人。我先帮助病人梳洗……完成这项工作后，给她们一块帕塔萨（固体海绵状糖块）或者蜜饯当作点心……在有孩子和母亲的地方，我要做一些巴鲁（粗麦甜品）给孩子们。照顾病人和返回将花费我一个多小时的时间。我回到家，洗漱一下，然后叫醒我的孩子们，给他们穿衣服、吃早餐，安排我丈夫用餐，穿戴好，吃点东西，然后回到医院。这是我的日常生活。[①]

海马巴蒂·森既是一位专业医生，也是一位妻子、一位母亲，在很大程度上，像她一样的女性的劳动已被历史掩埋。回忆录极少对妇女的工作进行详述。不幸的是，关于19世纪，甚至20世纪的大部分时期妇女工作的原始资料来源含糊且缺乏分析。历史学家试图探索殖民统治对劳动妇女的影响，但对他们来说，缺乏可靠数据是一项严峻的挑战。

1921年，即不合作运动开始的那年，有超过3900万的女性或者说1/3的女性人口参加工作。在这些女性劳动力中，只有极少数是专业人士：有6.8万名专业医生、3万名女性受雇于教育和科学领域、6000名女性就职于法律和商业部门。迄今为止，雇用女性最多的是制造业部门，她们或受雇于老

---

① "The Memoirs of Dr. Haimavati Sen," trans. Tapan Raychaudhuri, ed. Geraldine Forbes and Tapan Raychaudhuri, unpublished ms., p. 220.

牌制造厂和老牌工厂，或受雇于小生产作坊，如植物油生产和成衣业。女佣人数达到73.7万名。[1] 1928年，约25万名女性在工厂工作，其中约5.8 万
158 名在棉纺厂工作、5.5万名在黄麻厂工作。另外的25万名女性在茶园工作，占茶园劳动力总人数的27%。7.8万名女性在矿区工作。[2] 如果我们接受1921年孟买城妓女的数量在3万名到4万名之间的估计，则从事性工作的女性人数就有了意义。[3] 从事农业和家庭生产的女性在数量上超过所有在上述工种中工作的女性数量，但是她们的工作在人口普查中却没有记录。

20世纪20年代，女性劳动力数量可观，但在20世纪30年代前，工作没有成为妇女问题。1929年，由伊弗林C.格德奇（Evelyn C. Gedge）和米塔恩·乔克希（Mithan Choksi）编辑的《现代印度妇女》问世。妇女组织和民族主义运动的资深人士萨洛吉妮·奈都为其撰写序言。

萨洛吉妮·奈都称这本书是“现代印度女性的真实声音”[4]。该书共纳入15篇文章，其中3篇的内容涉及医疗工作、1篇涉及社会工作、1篇涉及妇女和法律。没有文章关注在工厂、矿区或种植园工作的女性的状况或者需求。卡马拉德维·恰托帕迪亚（Kamaladevi Chattopadhyay）在关于“印度妇女地位”的序章中写道：

> 虽然男人没有质疑女性进入任何活动领域或从事任何职业的权利，但多年来他们在各处都占有完全的支配地位，阻止女性进入，并通过严格的条例和风俗限制女性的影响力和工作的范围。[5]

女性领导人屡次对男人和女人之间没有经济竞争予以很高的评价，萨洛吉妮·奈都在1930年担任全印妇女大会主席时所作的“我不是女性主义者”的演讲中表达了这一观点。她强调，女性主义者承认“女性的劣势，然而在印度没有必要这样，因为无论是在委员会还是在战场上，女性总与男人们在一起”。萨洛吉妮告诉听众，女性参加工作是世界的精神改革。[6] 她希望女

① Jaipal P. Ambannavar, "Changes in Economic Activity of Males and Females in India: 1911–1961 ",*Demography India*, 4, no. 2 (1975), pp. 362–4. 其他一些同样声称基于印度人口普查的资料来源上也有细微的差别，作者认为这些差异是由于其只给出了一个概数。

② A. R. Caton, ed., *The Key of Progress* (London, Humphrey Milford, 1930), pp. 155–7.

③ "Bombay Prostitution Committee's Report," ISR (August 27, 1922), p. 2.

④ Evelyn C. Gedge and Mithan Choksi, eds., *Women in Modern India* (Bombay, D. B. Taraporewala Sons and Co., 1929), foreword.

⑤ Gedge and Choksi, *Women In Modern India*, p. 4.

⑥ AIWC, Fourth Session, Bombay, 1930, p. 21.

性在政治上表现活跃，因为她们在心理上和精神上都不同于男性。虽然萨洛吉妮·奈都否认自己是一名女性主义者，但我更愿称她为社会女性主义者。通过把社会女性主义和民族主义结合在一起，萨洛吉妮·奈都和她的同事们 159
干扰了激进女性主义对女性工作的批判。

殖民经济和妇女工作

女性新的职业机会以及就业于城市妓院都是英国统治的结果。殖民统治改变了传统的经济体系，在此过程中，它从根本上扰乱了以乡村为基础的非农经济。地方经济的衰退，以及随之而来的地方小规模服务业和工业的消亡，导致很多妇女失业。从前，妇女们进入各种各样的小型企业；她们加工粮食并用种子榨油、制作面包、鞋、陶器、织网、制绳、畜牧、修补各种东西。所有的这些活动都衰落了。在孟加拉，女性掌控的家庭舂米业被磨坊中的机械化脱粒机所替代。当引入机器后，男人替代了女人，成为砻谷者。新的磨坊厂分配给妇女们一些粗活，但是女性隔离制妨碍了孟加拉的印度教妇女和穆斯林妇女接受这种工作。[①]

现代部门——伴随着殖民统治出现的经济部门——为女性提供了新的就业机会。例如，教育和医疗行业现在对少数妇女开放。工厂、矿场和种植园也雇用了大量的妇女，但是在如此恶劣的条件下，很难从正面角度来看待这种就业。

贫穷的妇女通常就业于剥削性行业。女性领导人却忽略了这种现实，反而关注教育、选举权和法定权利。她们把寻求就业的较高种姓的妇女视为不幸的受害者，低种姓妇女从事工作却被视为理所当然。女性领导人能够融入社会工作并从政，是因为她们有父亲和/或者丈夫的支持。但是，她们缺乏经济能力来做出独立的决定，同时，她们经常无意识地被限定在维护阶层地位的行为和态度中。

妇女组织的成员写到并谈到过女性和男性的角色互补。甘地提及悉多 160
和德劳巴底，把传奇人物与妇女组织的社会女性主义联系起来。安布贾马尔

① Mukul Mukherjee, "Impact of Modernization on Women's Occupations," *IESHR*, 20,1 (1983), pp. 27–45.

160 14. 阿萨姆的女织布工，约1900年（承蒙伯恩和谢泊德提供）

说，甘地既不希望妇女“违背自己的本性”，也不希望妇女盲目地追随自己的坏丈夫。甘地敦促妇女们在为争取国家独立效力的同时，效仿古代的女英雄。他认为非暴力不合作主义也能够被用来改造坏丈夫。① 甘地和女性领导人都没有把妇女想象为有生产力的薪资所得者。

另一方面是国际机构这时期对女性的就业条件特别感兴趣。国际联盟和国际劳工组织寻求设立所有现代和进步国家都接受的标准。长期与如国际妇女理事会和国际妇女选举权同盟等机构打交道的印度妇女渴望在这些特殊的国际组织中发挥作用。

161 妇女组织声称它们代表所有印度妇女，因此它们收到了来自这些国际组织的请求，要求收集女工的数据。对此，妇女组织成立了委员会，来研究在工厂、矿场、监狱中就职的女性的工作条件。同时，制定方案和发展机构来改善女工的生活。因无工作经验，妇女组织成员教授贫困妇女手艺，向劳动

① Ambujammal, interview (Madras, January 19, 1976).

妇女宣讲家务劳动和家庭关系的重要性。印度“新”女性正在了解劳动阶级妇女的困境，并试图改善她们的处境，争取国际组织的认可，并进入职场，同时把自己确立为爱国公民。事实证明，在社会女性主义的构架中，要平衡这样的议程是不可能的。

专业职位

在20世纪20年代和30年代，妇女组织要求为女性提供教育和医疗服务。要求有独立的机构提供这些服务，因为性别隔离规范禁止女性使用为男性设置的机构。女性领导人坚持新设机构的工作人员由女性专业人员担任。给予那些像她们一样，受过教育、能够自由活动、能够自在地与男性和女性互动的女性新创造的就业机会。

19世纪后期，医务工作是向印度女性开放的新职业之一。长时间以来印度男性可获得西方医疗培训，而女性则没有这种机会。直到1885年，总督的妻子、达夫林夫人（Lady Dufferin）为印度妇女设立了全国女性医疗救护协会或达夫林基金，情况才发生了改变。该协会向那些愿意接受医生、医院助理、护士、助产士培训的女性提供经济援助；帮助设置妇女医疗培训计划；并且鼓励建设医院和诊疗所。富有的印度人——王公、地主、实业家——为该基金捐款，从而获得头衔和殊荣。到1888年，印度政府对该协会的工作予以监督，并帮助女性毕业生就业。

卡达姆比尼·巴苏（Kadambini Basu）是首批印度女医生之一，也是该
培训计划的受益者。她在1883年毕业于贝休恩学院，同年进入医学院。进入 162
医学院后不久，卡达姆比尼就嫁给了她长期以来的良师益友达沃卡纳什·甘古利（Dwarkanath Ganguly）。达沃卡纳什是公共梵社（Sadharan Brahmo Samaj）的忠诚成员，主张男女平等。当政府宣布向医科女学生提供每月20卢比的奖学金时，卡达姆比尼申请，并被授予了该奖学金。1886年，因没有通过最后实践考试的一部分，她被授予孟加拉医学院毕业证，而非更有名的医学学士学位。卡达姆比尼开设了一家私人诊所，1888年，她被委派到达夫

林夫人女子医院任职，每月薪水300卢比。① 之后，她前往爱丁堡和格拉斯哥攻读医学学位。

卡达姆比尼是一名成功的医生，也是一位好妻子、好母亲。有报道证明她亲自管理家庭，并把精力放到自己的5个孩子身上。因对政事感兴趣，她成为印度国民大会党首批妇女代表之一。尽管有这些成就，正统杂志《孟加拉人》间接地称呼她为娼妓。② 卡达姆比尼对这种诽谤提出诉讼并获胜，但这种攻击说明对新职业女性的敌意普遍存在。

马拉地（Marathi）妇女阿南迪拜·乔希③（Anandibai Joshi，1865—1887年）也于1886年获得医学学位。她以医学院首位印度学生和首位到海外学医的印度教女性的身份，毕业于费城女子医学院。阿南迪拜9岁时嫁给哥帕尔拉奥·维恩亚克·乔希（Gopalrao Vinyak Joshi），一个决定让其妻子接受教育的男人。关于阿南迪拜求学动机的记述说法不一，我们所知道的是她在丈夫的指导下突飞猛进。13岁时，她生下了一个儿子随后又失去了他，同一年，她决定学医。④

1880年，哥帕尔拉奥写信给一位在印度的美国慈善家，请求他安排阿南迪拜接受教育。这封信被转发至美国，发表在《传教士评论》上。随即，
163 阿南迪拜被邀请前往美国学习，并给予全额经费支持。在做出是否前往美国学习的决定前，作为邮局员工的哥帕尔拉奥被调往加尔各答，阿南迪拜随之前往。在那她因为没有遵守深闺制而备受骚扰，阿南迪拜意识到自己没有选择：如果希望追求学业，则必须出国。阿南迪拜于1883年2月24日在塞兰普尔的浸信会学院礼堂（Baptist College Hall in Serampore）向男女听众解释自己的决定，这大概是印度妇女所做的最早的公众演讲之一。她解释道，如果她自己是基督徒或者梵社的一员，那么获取教育可能较容易，但因为她是一

① Malavika Karlekar, "Kadambini and the Bhadralok," *EPW*, 21, no. 19 (April 26, 1986), pp. ws25–ws31; Karlekar, *Voices from Within: Early Personal Narratives of Bengali Women* (Delhi, Oxford University Press, 1991) pp. 175–82.

② David Kopf, *The Brahmo Samaj and the Shaping of the Modern Indian Mind* (Princeton, N.J., Princeton University Press, 1979), pp. 124–6; Karlekar, "Kadambini," p. ws27.

③ 她的名字在不同的记述中被拼写为阿南达拜（Anandabai）和阿南迪拜（Anandibai），乔希（Joshi）和乔谢（Joshee）。

④ Mrs. Caroline Healey Doll, *The Life of Anandabai Joshee* [sic] (Boston, Roberts Brothers, 1888). There is a fictionalized account of Anandibai's life by S. J. Joshi, Anandi Gopal, translated by Asha Damle (Calcutta, Stree, 1992).

个印度教徒，当其冒险独自离开住所的时候，她在言语上和身体上都会受到威胁。阿南迪拜告诉听众，她认识到自己难以在印度实现抱负。[1]

1883年4月7日，阿南迪拜·乔希从加尔各答起航，抵达纽约后，随资助人前往并报名参加了宾夕法尼亚州的女子医学院课程。气候的变化、粗劣的食物和住宿以及医学院紧张的课程让她疾病缠身且疲惫不堪。在毕业时，阿南迪拜告诉其表姐潘迪塔·拉马拜，自己还要在波士顿待上1年以积累经验。之后的6个月，因为病重，阿南迪拜不得不取消她的计划，并起航前往印度。阿南迪拜被任命为科拉普尔的艾伯特·爱德华医院（Albert Edward Hospital at Kohlapur）女子病房的主治医师，但是她从来没有在这个岗位待过。在抵达印度后不久，阿南迪拜就去世了。[2]

从事医学职业的基督教女性数量总是多于来自其他宗教团体的女性数量。希尔达·拉扎勒斯（Hilda Lazarus）1890年出生于维扎加帕特南（Vizagapatnam，现位于安得拉邦，Andhra Pradesh），她是印度最成功的基督徒医生之一。她的祖父母双双来自显要的婆罗门家庭，在希尔达出生很早以前，就已经皈依基督教。

希尔达先在父亲的学校里学习，然后在一所地方学院学习艺术，又在马德拉斯管辖区学院攻读文学学士学位，最后在马德拉斯医学院攻读医学学士和外科学士学位。毕业之后，她被任命为德里哈丁格夫人医学院医院（Lady Hardinge Medical College Hospital）的产科医师和妇科医生助理。1917年，希尔达·拉扎勒斯获任命，成为首位进入女子医疗局（Women's Medical 164
Service，WMS）的印度女性。拉扎勒斯医生在女子医疗局度过了30年的时光，1947年退休时，她已是该医疗局的首席医务官。在她的职业生涯中，拉扎勒斯医生担任过许多医院的负责人，同时开展过一些培训女医生、护士和助产士的活动。[3]

谈及自己早期的生活和职业生涯时，拉扎勒斯医生回忆起自己全心全意

① *The Life of Anandabai Joshee*, pp. 85–6.

② *The Letters and Correspondence of Pandita Ramabai*, compiled by Sister Geraldine, ed. A. B. Shah (Bombay, Maharashtra State Board of Literature and Culture, 1977) pp. 171–5; "Dr. Anandibai Joshee," ILM, 7 (January 1934), pp. 315–16; Maud Diver, *The Englishwoman in India* (Edinburgh and London, William Blackwood and Sons, 1909), pp.220–8.

③ *Autobiography of Hilda Lazarus* (Vizagapatnam, SFS Printing, n.d.), pp. 1–5.

致力于女性教育的母亲和父亲。从孩童时代开始拉扎勒斯就希望成为一名医生。她的所有关于结婚的计划随着1913年其未婚夫之死而告终。作为女子医疗局的一员，拉扎勒斯医生曾在众多不同的医院服务过。拉扎勒斯医生能迅速学会新的语言，每次到任新的工作岗位时，她都特别注意学习地方语言。拉扎勒斯医生穿着手织布织成的纱丽来宣扬自己对甘地的钦佩以及对民族主义者壮志的同情，因充分了解欧洲和欧亚女性在获取奖学金和就业时存在优势，她的主要目标旨在增加印度女性在专业医学领域的人员数量。拉扎勒斯医生对英国医疗机构支持的那些不近人情且低效的方案极为不满。虽然她是一个基督徒，但她并不支持英国人。①

19世纪晚期和20世纪最初的几十年，对女性专业医务人员的需求增加了。需求来自：认为西药时髦且科学的印度中产阶级女性；规定向其雇员提供医疗服务的制造业；此外，政府通过设立诊所、医院和药房来展示自己的“文明使命”。除了最英式化的家庭，上层和中产阶级妇女都回避男医生，并寻求女医生的服务。对于非常贫困的穷人来说，任何类型的医疗护理都是奢侈，但是法律要求有组织的部门——工厂、矿场和种植园——向雇用的女性员工提供医疗服务。受过培训的女性医务人员一直供不应求。

女子教育受到尊重，但是希望自己的女儿读完小学后继续学习的父母数量不多，只有极少数的父母鼓励自己的女儿成为医生。此外，大部分的女子
165 学校省略了理科，认为其对女性心智来说过于缜密。贝休恩学院的校长嘉瑙小姐（Miss Janau）注意到，随着每年学习的深入，学院女生的体质越来越弱。另一位老师也同意嘉瑙小姐的看法，认为这些学生对自己的学科准备不充分。因此，为努力通过考试，她们常使自己疲惫不堪。

一旦通过了必需的科目，女学生们就不得不寻找愿意录取她们的医学院。哈丁格夫人女子医学院1916年建立于德里。②第一次世界大战以后，为迎合社会对女医生的需求，女子学院的课程加入了科学学科。同时，更多的医学院开始接收求学的女生。到1929年，19所男子医学院校录取了女生，同

① Hilda Lazarus, "Sphere of Indian Women in Medical Work," *Women in Modern India*; Hilda Lazarus, interview (Vizagapatnam, January 30, 1976).

② Calcutta University Commission, I9I7–1919, *Women´s Education* (Calcutta, Superintendent Government Printing, 1919), p. 28.

时，有1所医学院和4所医校仅招收女生。①

女子就读于男子医学院面临着一系列挑战。所有的寄宿女生都待在一起，这使得遵守种姓规则成为不可能，甚至连那些自认为是激进自由思想者的年轻女性也不得不考虑破坏这些规则所带来的严重后果。虽然她们可能因学历成为成功的职业人士，但是她们的兄弟、姐妹、亲戚则可能要为她们的行为承担后果。如果她们选择住在私人住所，当她们往返学校时，就不得不忍受公众的嘲弄。

这些年轻的女学生不得不捍卫她们的名誉。这意味着避免不必要的出行和不能享有男同学们可享有的戏剧、俱乐部以及其他的娱乐设施。上课也有其他的困难。穆图拉克希米·雷德像她同时代的其他女性一样，要么是班上唯一的女生，要么有一两个女生做伴。教授们通常把女学生安置在教室前面的一侧，或者用其他方法把女生与男生分开。还有一些教授不允许女学生进入他们的课堂，而是指定初级助理给她们上课。②

难怪有那么多女生未能完成医学院校的学习。穆图拉克希米·雷德在对
医学院时光的记述中，提及了未通过考试或退学的同学。少数留下来的女性 166
在毕业后备受尊重，并被提供高薪职位。虽然道路充满危险，但职业回报却不可忽略。

当这些女医生开始其职业生涯的时候，面临诸多挑战。第一，把家庭生活与职业需求结合起来很困难，然而社会很难容忍单身女性。第二，她们必须应付性骚扰。在20世纪30年代早期的艾哈迈达巴德，阿哈莉亚拜·萨曼特医生（小姐，Dr. Ahalyabai Samant）案件在报纸上报道过，她是纳迪亚德（Nadiad）市立药房的主管。市政务会委员巴拉巴伊·哈里萨恩卡·巴特医生（Dr. Balabahi Harishankar Bhatt）诱拐了萨曼特医生，并强奸了她。地区治安法庭法官判处巴特入狱一年，希望借此表明女医生应受到尊重。然而高等法院的首席法官推翻了这一判决，仅仅对其处以罚金。首席法官的说法是：

> 如果从事专业工作的女性来到这个开放的世界，她们必须接受

---

① Dr. Hilda Lazarus, "Sphere of Indian Women in Medical Work," *Women in Modern India*, p. 51.医学院可以授予大学学位。医学专科学校，常附属于医院，被视为培训学校，只能授予证书。

② *Autobiography of Dr. (Mrs.) S. Muthulakshmi Reddy* (Madras, M. Reddi, 1964), pp. 12–18.

这个世界普通男人和女人的标准。她们不能期望保留深闺中的先辈们可能持有的高度敏感的端庄观念。[1]

第三，这些妇女从事的职业为欧洲妇女和英裔印度妇女所控制。她们获得的报酬较少，且不得不与种族偏见抗争。薪水支付也存在明显的性别歧视。在达夫林基金工作的女医生，所获薪水不到在印度医疗局（Indian Medical Service）工作的英国男性或印度男性薪水的1/3。而英国女性和印度女性的薪水也不同。理论上，薪水取决于文凭，但是印度女性要获得与其英国同事一样的学位极度困难。在孟加拉，印度女性能够获得一个不需要具备英语知识就可获得的认证，即本国内外科行医执照（VLMS），但是这注定她们的薪水不到持有医学学士学位或医学博士学位的女性所挣薪水的1/10。

1907年，在印度执业的英国女医生成立了印度女医师协会，并计划仿照印度医疗局的模式成立印度女子医疗局。她们强调英国在印度的“文明使
167 命”，坚信印度妇女——这群被英帝国遗忘的公民，想要并需要西方的医疗护理。由于符合要求的印度女性远远不够，因此有必要改善就业条件以吸引训练有素的外国女性。1914年，女子医疗局（WMS）成立，其关注印度女性医学专业人士，提出通过上下两级制度对她们进行整合，但是英国女医生从该项措施中获益最多。[2] 直到1947年，一位印度女性，拉扎勒斯医生才担任了首席医务官。

从事教育和法律职业的女性面对的问题与女医师面对的问题相似。获取必要的培训常常很困难，获取证书也同样有问题。许多女性为考试而私下学习。她们不可能持有在正规机构就业所必需的学位和证书。像科妮莉亚·索拉博吉一样的女性，虽然曾在专门机构就读，并通过了必要的考试，但却因性别歧视而不能开业当律师。

职业女性面对着一系列问题。那些就职于妇女和儿童机构的女性受到工作场所的庇护，而就职于服务机构的女性则面临更多的问题。妇女通常认为

---

① "Professional Women and Professional Standards," *ISR*, 41 (August 1, 1931), p. 761.

② David Arnold, *Colonizing the Body* (Berkeley, University of California Press, 1993), pp. 265–6; Dagmar Engels, "The Politics of Child Birth: British and Bengali Women in Contest, 1890–1930," *Society and Ideology: Essays in South Asian History Presented to Professor Kenneth Ballhatchet*, ed. P. Robb (Delhi, Oxford University Press, 1993), pp. 222–46; "Rules for the Women's Medical Service for India," *Thirty-third Annual Report of the National Association for Supplying Medical Aid to the Women of India for the Year 1917*, appendix Ill, IOOLC.

婚姻可起到一定程度的保护作用，然而她们却不得不在家庭需求和职业需求之间做出平衡。包括寡妇在内的单身女性发现要找到一个生存的空间以及一种途径使自己不受性骚扰很难。她们的薪水越高，家庭越支持她们，这些问题也越容易解决。因此，有关职业女性的记述千差万别：一些女性被给予了极高的敬意，她们在职业生涯的追求中几乎没有碰到什么问题，其他女性则愤恨地抱怨着自己所经受的苦难。

工厂工作

首批雇用女性职员的棉纺厂和黄麻厂建立于19世纪50年代，但仅在1911年后才有了相关的精确记录。估计19世纪90年代孟买纺织厂雇用了约10万名工人。女性占20%—25%，其中3/4是全职，其余的则是季节性雇用或者每逢工厂产出增加时被雇用。女性的工作是清洁棉花、绕线和缫线，但她们从来不担任纺织工。①这一时期在孟加拉黄麻厂工作的女性约有14 000名。她们完成一些非技术性的工作，并面临着季节性的失业。

在19世纪最后的25年里，工厂法因旨在改善女性工作条件，而备受各方关注。几乎同一时间，当沙夫茨伯里勋爵（Lord Shaftesbury）关注英格兰的工厂条件时，摩尔少校（Major Moore）则撰写了一份关于孟买棉织品部门管理的报告，孟买造币厂厂长J.A.巴拉德先生（Mr. J. A. Ballard）也记录了印度工厂里妇女和儿童所经受的苦难。由政府任命的7名委员构成的委员会（所有成员都是男性，3名英国人、4名印度人）研究了形势后，大部分人投票宣称立法没有必要性。当其中2名英国委员投票赞成法规改革时，他们被称为“无知的英国慈善家，贪婪的英国制造商”，同时被指责试图提高人工成本，从而降低印度商品的竞争力。②尽管当地人对立法存有敌意，但印度仍在1881年有了第一部工厂法。1891年，工厂法修正案把女性日常工作时间限定在11个小时。1911年，工厂法禁止女性在晚上工作。这些变革的推动力来自英格兰。在印度，慈善家、改革人士、工厂主或工人都未要求改革。③

① *Report of the Textile Factories Labour Committee* (Bombay 1907), v/26/670/4, IOOLC.

② Janet Harvey Kelman, *Labour in India* (London, George Alien and Unwin, 1923), pp. 219–22.

③ J. C. Kydd, *A History of Factory Legislation in India* (Calcutta, University of Calcutta, 1920), pp. 35–64.

1890年在柏林、1900年在巴黎，以及1905年在伯尔尼召开的一系列国际会议都试图确定适用于所有国家的最低工作条件。1905年会议产生了第一个国际公约，1919年在华盛顿召开的国际劳工大会促成了更多公约的产生。由世界上最重要的8个工业国家构成的国际劳工组织（ILO）在此次会议上成
169 立。印度领导人即刻抱怨印度被新组建的国际联盟排除在外。1922年，重新审查会员资格标准后，印度获权在国际劳工组织派驻代表。① 接下来的10年里，国际劳工组织建议印度制定某种立法以符合列席理事会的资格。依照这些建议，印度对工厂立法进行了改革。

1920年，孟买棉纺厂的女性从业人数从1911年的25%下降到20%。女性就业人数的减少与保护女性的立法出台同时发生，这可被理解为雇主为避免昂贵的医疗福利和规避限制性法规而决定减少就业人数。也可能是生产革新使女性可做的特定工作变得多余。被裁掉的女性通过抗议和罢工与其雇主进行抗争，但无济于事。面临这样的绝境，一些女性提议减少工作时间，减少薪酬，这样将有更多的女性能够保有工作。工会否决了这个建议。女性劳动者发现她们被男性工人取代了。②

20世纪20年代，加尔各答的黄麻厂大约雇用了66 000名妇女，约占工人总数的20%。妇女们纺麻、梳麻、制成黄麻麻袋，但她们不从事黄麻打包的工作。因深闺制的限制，印度教女性和穆斯林女性仅占黄麻女工的10%。她们中约80%的人被归类为“受扶养者”，换言之就是兼职工人。女性劳动力的90%是外来劳工，来自比哈尔、中央省、马德拉斯和联合省。她们在工厂辛苦劳作，工资是在家中做计件工作的孟加拉妇女所得的3倍。③ 黄麻厂的女性从业人数从1930年开始减少，这与机械化的提升和劳工法的强制实施有关。④

170 在孟买、艾哈迈达巴德以及加尔各答等地工厂工作的女工收入最高。在

① Kelman, *Labour in India*, pp. 54, 222–3.

② Morris D. Morris, *The Emergence of An Industrial Labour Force in India* (Berkeley, University of California Press, 1965), pp. 53–68; Radha Kumar, "Family and Factory: Women in the Bombay Cotton Textile Industry, 1919–1939," *IESHR*, 20, no. 1 (983), pp. 81–110.

③ Dr. A. C. Roy Choudhury, *Report on an Enquiry into the Standard of Living of Jute Mill Workers in Bengal* (Calcutta, Bengal Secretariat Books Depot, 1930), pp. 6–7.

④ Dagmar Engels, "The Changing Role of Women in Bengal, c.1890–c.1930, with Special Reference to British and Bengali Discourse on Gender," Ph.D. dissertation, SOAS, University of London (1987), ch. 6; Kelman, *Labour in India*, pp. 80–9.

20世纪20年代，加尔各答的全职工人每月可挣9到30卢比，在艾哈迈达巴德和孟买的全职工人的工资稍高一点，每月可挣12到34卢比。这些工资是优厚的。在钦苏拉女子医院工作的女医生这时的薪水每月也仅有50卢比。但工资并不象征幸福度。城市地区的住房条件、供水以及卫生状况极度糟糕。女工们干活时，有女监工（naikins）监督着她们，并充当着老板的代理人。大部分的女工只身前往加尔各答，性骚扰和低工资迫使她们中的许多人与男性保持暧昧关系或者直接卖淫。①

在对工作条件进行调研和总结报告中，仅包括几次与女工的访谈。然而，印度皇家劳工委员会（the Royal Commission on Labour in India）或是惠特利委员会（the Whitley Commission）开展的调查（1931年6月）却是一例外。他们采访了一些在工厂、矿场和种植园工作的女性。837名受访者中，有52人是女性（约6%），仅以名字和地方对她们进行识别。例如，在贾尔冈（Jalgoan），他们采访了塞尼（Saini）、贾格莉（Jangli）、帕塔尼（Pathani）和伊塔拉拜（Italabai）；在那格普尔（Nagpur），采访了拉达拜·尼姆巴尔克（Radhabai Nimbalker）和布卡拜·卡普斯卡（Bhukabai Kapuskar）；在加尔各答，采访了哈卢布（Halub）和图尔斯（Tulsi）的妻子；在古哈蒂（Guhati），采访了萨普蒂（Sapti）和帕拉博蒂（Parabti）。这份报告没有给出这些女性的其他详细信息。几乎没有证据表明访谈时已在如工作时间或保护性立法等问题上达成一致。然而，报告的执笔人给出了女工需要女性监督员和医务人员的结论。②

对生活标准的详细研究，让人得以一窥在加尔各答黄麻厂工作的女性的私人生活。一份报告声称工人们在食物上的花费约占其收入的2/3，收入支出的第二大项是其他各种杂项，包括娱乐、酒、医疗护理、宗教支出和美容，约占收入的1/7。当工人挣得越多，往往在食物和各种杂项上花费的也就越多。主食约占食物开销的50%，但是新来的工人把农村人的粗粮或糙米 171
等简单饮食习惯改为“城市饮食”习惯，食物种类变多起来，包括精米或研磨过的谷物、扁豆、鱼和肉，牛奶、酥油和油、蔬菜、白糖、茶、零食和甜

① Kelman, *Labour in India*, p. 110; B. Joardar, *Prostitution in Nineteenth and Early Twentieth Century Calcutta* (New Delhi, Inter–India Publications, 1985), p.21.

② J. H. Whitley, chair, *Report of the Royal Commission on Labour in India* (Whitley Report), *Parliamentary Papers*, 1930–1, vol. Ⅺ (Cmd. 3883).

食。从未加工的食物到精制的食物以及零食消费，这种向多样化的转变解释了非主食食物上的较大开支。在这种环境下，妇女的服饰只有细微的变化。除了来自马德拉斯的妇女之外，所有妇女在工厂工作时都穿着短上衣或夹克和纱丽，但依旧光脚。与此相反，男人们穿着皮鞋、脱去自己“内地”的头饰，转而戴上帽子，手里拿着雨伞。只有男性经常光顾茶铺。工人们的杂项费用还包括支付给理发师和洗浆工的费用，肥皂、头油、烟、酒、槟榔叶和宗教活动等。总会有新娱乐和新时尚诱惑着他们。因此，几乎所有工人都背负着高利贷债务，金额约为其3个月的工资。[1]

妇女组织和劳工问题

妇女组织将注意力放在工厂女工身上，以响应皇家委员会的调查和国际劳工组织的倡议。直到受到外力的推动，这些妇女才关注起那些对于她们而言有意义的议题，即公民权利、教育和社会环境。她们认为这些是所有印度妇女的共同关注点，因为她们假设，除了那些最不幸的妇女外，女性都是经济上的依附者。属于妇女组织的大部分女性似乎都没意识到有相当比例的女性靠自己养活自己和其家庭。实际上，她们没有直接的带薪工作经验，属于工薪族的中产阶级妇女不到2%，而几乎没有贵族妇女靠工资为生。[2]

惠特利委员会于1929年前往印度，要求妇女组织准备备忘录，描述在工人中开展的活动。全印妇女大会是新成立的组织，没什么可汇报的。孟
172 买省妇女理事会一段时间以来一直对女工福利感兴趣，因此她们接受了委员会的要求，准备这些报告激发了她们探讨劳动妇女经济和社会状况的兴趣和热情。[3]

惠特利委员会报告发布之后，印度全国妇女理事会成立了劳工研究委员会，孟买理事会则以妇女和劳工为主题安排了一场长达三天的会议。与此同时，全印妇女大会决定拓展任务，把社会问题列入其中，同时任命了若干个小组委员会。1930年，全印妇女大会的任务列表中又加入了“本土产业”

① Kelman, *Labour in India*, p. 136; Roy Choudhury, *Report on an Enquiry*, pp. 7–22.

② Miss G. Pimpalkchare, research worker with industrial department, government of Bombay, interview (n.d.), RWC, box 28.

③ BPWC, Fifteenth Report, 1933, p. 26.

这一项。到1931年，全印妇女大会已经建立了劳工小组委员会，开始访问工厂，发放问卷调查以收集涉及工厂条件的数据。惠特利委员会的报告建议减少工作时间、配备女性监督员和女医师、发放产妇津贴并禁止妇女在矿场进行地下作业。孟买理事会和全印妇女大会双双对此表示赞成。

妇女组织在呼吁政府立法时，还努力“与女工和童工建立联系”。在孟买，理事会为期三天的会议旨在使其成员了解劳工问题，消除她们和女工之间的隔阂。会议第一天，仅有中产阶级妇女出席，会议演讲内容有尼尔坎特女士（Lady Nilkanth）的“雇主—雇员关系”、德什潘德先生（Mr. Deshpande）的“劳工法”以及N.H.瓦盖尔医生（Dr. N. H. Vakil）的“女工的卫生服务”。德什潘德特别谈到了皇家委员会，并敦促听众去游说立法者。第二天是星期天，女工们被邀请参加用本地语开展的讲座。第一场讲座题为“女工要学习的东西”，重点是营养、清洁和教育等内容。第二场讲座题为“美国女工”，向听众通报在美国工厂工作的女工的卫生保健状况。第三天的会议致力于意识提升和未来规划。中产阶级妇女参观了工人的生产线，了解了工人们的生活状况。会议结束时，与会者决定成立专题研究小组，并努力改善女工们的日常生活。①

全印妇女大会专注于立法。其成员请求政府选派一名女性代表前往国际
劳工组织。到1935年，政府选派的代表们正式向国际劳工组织报到。国际劳 173
工组织的兴趣成为全印妇女大会的兴趣，其措施亦引发了她们的关注，这使她们忽视了女工们面临的现实问题及其关注点。②国际联系的重要性在全印妇女大会要求社会保险、产妇津贴和其他改善工作条件的措施中显而易见。总的来说，她们忽略了阿姆利特·考尔夫人关于特别立法已经导致雇主解雇女性，转而雇用男性的警告。③

孟买理事会开展的项目真正触及到了职业妇女们的生活。理事会成员建立地区中心来提供医疗服务、开设缝纫课程以及识字班。她们也为工人们的妻子和孩子安排计件工作。工厂开展的讲座和文娱节目中，有时女性观众可达到800人。孟买工厂主们赞赏理事会成员开展的工作。1939年，他们的捐

① Ibid., pp. 26–9.
② AIWC, Ninth Session, Karachi, 1934, p. 31.
③ AIWC, Eleventh Session, Ahmedabad, 1936, pp. 74–8.

赠已占理事会年度预算的40%。① 有大量的工厂女工向医务人员咨询、聆听讲座、参加识字班——充分证明她们珍视这些服务。有一次，当理事会资金短缺时，女工们筹钱支付老师的费用。②

目前无法获知什么样的做法会让工厂女工获益。没有人询问女工们的需求，她们也没有给后世留下日记或回忆录。法律规定了最长工作时间、禁止女性夜间工作、不允许雇用童工并责令执行产妇津贴。这些法规很少被采用，但若要求强制执行时，女工便会被开除，她们的工作岗位转而由男工取代。许多工厂女工发现这些法规不合适，则制定对策，然而这破坏了法规的初衷。例如，限制工作时间是为了让工人得到充分的休息，然而对于挣扎求生的妇女来说，减少工作时间意味着更少的收入，这促使她们去其他工厂寻找兼职工作；产假旨在惠及母婴健康，但它对于需要工作的妇女来说却是负担。与此同时，当立法使雇用女性更麻烦时，工厂主们则可以选择机械化或
174 者雇用大量的男性劳动力。达格玛·恩格斯（Dagmar Engels）写道，黄麻厂的女工“受困于两个世界之间，吃两者之苦”③。

大部分关注印度劳工运动的历史学家忠实于文档和档案中的内容，忽视了女性在工会中发挥的作用。然而，自20世纪20年代以来，他们已注意到女性以罢工发起者和劳工领袖的身份参加罢工和工潮。杰出女性成为工会领导人，如孟买的马尼本·卡拉、乌沙拜·丹吉（Ushabai Dange）、帕尔瓦蒂·博雷（Parvati Bhore）以及加尔各答的桑托什·库马里·德维（Santosh Kumari Devi）和普拉巴巴蒂·德比（Prabhabati Debi），她们代表女性和男性来进行管理。其他报道则记录了在1928—1929年孟买纺织工人罢工中，妇女出现在示威游行队伍的最前面，报道还对她们的战斗性进行了评论。④这些议题在萨米塔森（Samita Sen）的学位论文《孟加拉黄麻业中的女工，1890—1940：移居、母性和战斗性》中被敏锐地觉察到并创造性地探究过。萨米塔承认女性领导人的奉献，她们被描述为“母亲”，偶尔也被描述为“姐妹”，但是萨米塔也注意到她们的存在对雇用女性进入黄麻厂工作的影

① BPWC, Twenty-second Report, 1940, p. 36.

② Ibid., p. 39.

③ Engels, "Changing Role," p. 241.

④ Radha Kumar, *The History of Doing: An Illustrated Account of Movements for Women´s Rights and Feminism in India, 1800–1990* (New Delhi, Kali for Women, 1993), p. 69.

响甚微。她解释了女工和女工面临的突出问题都被边缘化的原因：

> 男性和女性在家庭中发挥着不同的互补作用，这一设想也奠定了按性别进行体力分工的基础，从而约束了女性参与带薪劳动和参与工人阶级有组织的政治活动。①

妇女组织忽略了新法规没有改善女性工作条件的实证，并继续支持国际劳工组织将国际标准的适用范围覆盖到印度妇女的要求。之所以批判妇女组织，主要是因为印度妇女已经接纳了威妮弗雷德·莱斯弗厄尔夫人（Mrs. Winifred Le Sveur）领导的门户开放国际（Open Door International）理念，其坚持女性劳动者和男性劳动者之间的绝对平等，反对特殊条例。例如，限制搬运量，这作为一种不必要的限制导致了工作量的削减。阿穆·斯瓦米纳坦②（Ammu Swaminathan）为国际劳工组织和全印妇女大会的立场辩护，反对这种争论。她认为她们的思想体系来自欧洲，而印度不是欧洲，印度女性需要庇护人：

> 我们的劳动妇女既没有接受过教育，也没有充分组织起来为自 175
> 己说话。这种无助应归因于未受教育和有害社会风俗的存在，例如童婚等。仅此一点，使我们为她们寻求一定的保护。③

有一些中产阶级妇女试图了解工厂女工的状况。马尼本·卡拉努力在这些妇女中间开展社会工作，然而努力是徒劳的。马尼本加入了工会，但由于工会会员仅有1%是女性，因而她与男性一起共事。哥达瓦里·郭克雷（Godavari Gokhale，后来称帕鲁勒卡，Parulekar）发现当她与孟买工厂的职员共事时，自身的意识得到了提升。哥达瓦里和她的朋友巴勒拉奥小姐（Miss Bhalerao）组建了女子服务会（Women's Fellowship of Service），作为印度公仆社的一支女性力量。从1936年到1939年，她们致力于推进公仆社批准的各种方案。哥达瓦里关注劳工们：教授缝纫、发展工会、组织女佣并开发成人教育计划。按照哥达瓦里自己的记述，她因遭受的境遇而变得过激，更加趋向于共产党。她特别关注产业女工，相信她们的关切可以纳入有组织

---

① Samita Sen, "Women Workers in the Bengal Jute Industry, 1890–1940: Migration, Motherhood and Militancy," Ph.D. dissertation, Trinity College, Cambridge (1992), p.218.

② 有时候拼写为斯瓦米纳丹（Swaminadhan）。

③ Letter from A. Swaminathan to Mrs. Winifred Le Sveur (April I, 1936), AIWC Files, no.10.

劳工的正义诉求。[①]

在全球萧条期，国际劳工组织制定的法律在印度被采用。不能因工厂女工失业率的上升而指责保护性立法，因为其中大部分内容从未被实施过。1927年，妇女占所有工厂职员的比例（不只是纺织厂和黄麻厂）达到最高水平，为16.5%，1932年下滑到15%。[②] 雇主可能预计到，女工从长远来看成本更高且缺乏灵活性，便有意识地削减女工人数。但这只是一种假设，女性就业人数减少的充分解释是需求降低和技术革新。如果妇女组织和其他为争取立法而奋斗的人士有什么该被指责的，那就是他们对自己宣称代表的人员所面临的问题缺乏认识和了解。阿穆・斯瓦米纳坦指出印度的情况异于欧洲
176 是非常正确的。然而，她和她的同事们都没有在探知“印度女工需要什么”上迈出新的一步。中产阶级妇女表面上反而接受了西方国家制定的法律有益于印度妇女这一观点。

矿场的工作

到20世纪20年代中期，在地面和地下作业的女性占矿工总人数的1/3以上（约80 000人）。在中央省，女性占矿工总人数的56.6%，其中地下作业的女性达到47%。在孟加拉，女性占矿工总人数的35%，占地下作业矿工总人数的34%。在比哈尔和奥里萨，女性仅占矿工总人数的30.9%，但占地下作业矿工总人数的39%。虽然其他省份的妇女就业总数较低，但女性却是矿场劳动大军中的重要力量，她们中至少有1/3从事着地下作业。[③]

虽然有这些数字，但我们对在矿场工作的女工状况却知之甚少。妇女组织中的中产阶级妇女直到20世纪30年代中期才留意到这种工作，而这已是立法机关着手处理这些问题的10多年后了。其原因是双重的：不仅是矿区所在地远离这些组织所处的市区，而且这些矿区雇用的人群（经常被称作“部落民”）与农村传统印度教文化和穆斯林文化以及进步的城市社会格格不入。女矿工完全超出了现代女性的社会范围。

① Godavari Parulekar, interview (Bombay, February 24, 1980).

② Shyam Kumari Nehru, ed., *Our Cause: A Symposium of Indian Women* (Allahabad, Kitabistan, 1938), p. 138.

③ "Distribution of Labour in Mines 1922" (September 10, 1928), WBA, file no. 1-M-26.

就业于矿区的女性数量较多，这源于其所使用的招聘方法。因获取劳工存在困难，所以，矿场主便雇用承包商来签约雇用包括整个家庭在内的“劳工帮”。在印度东部地区，最有效的方法是通过购买柴明达尔的地产不动产来获取稳定的劳动力[1]，把土地分配给佃户，并要求这些佃户到矿场工作以替代地租。约50%的矿场劳动力是以这种方式征募的。[2]

在世纪之交时矿山条件开始规范，但是直到20世纪20年代，女性地下作 177
业的问题才被提出来。在编写1923年矿业法时，政府要求矿业委员会、矿业联合会以及地方政府就该问题给出意见。大部分的受访者反对限制条件，认为部落民偏爱以家庭为单位的工作。男人们挖煤，他们的妻子和孩子搬煤和装煤。受访者赞成“男人不可能搬煤”，家庭离不开男女双方的收入。在给出了“工作场所的家庭团结”这一有说服力的说法后，孟加拉矿业委员会主席斯万先生（Mr. Swan）承认如果只有男人（没有女人）地下作业，那么煤价将更高。[3]其他的备忘录有着类似的措辞，都赞成维持现状。矿业联合会秘书利用生育孩子作为证据，证明地下作业对女性无害。他指出问题是国际组织希望印度符合一个特定的标准。像斯万一样，他下结论告诫说，如果只有男人从事地下作业，煤块的价格将从每吨8安那上涨到每吨12安那，煤炭需求量将减少，受苦的将是劳动阶层。[4]

在矿业官员反对矿业法时，公众舆论却支持它。“几乎所有文明国家早已接受了不允许矿区工作的妇女进行地下作业的原则”，孟加拉政府商务部的备忘录草案写道，“在印度继续执行一个在别处被普遍废弃的惯例是没有充分理由的”[5]。国际标准似乎再一次为“现代国家的含义”定下了基调。

除了几个豁免地区，包括比哈尔、孟加拉、奥里萨、中央省以及旁遮普的盐矿之外，1929年起，条例不再容许妇女从事地下作业。在那些地区，地下作业的女性数量在10年内逐渐减少。到1939年，再没有女性从事地下作业。[6]

---

① 柴明达里指的是柴明达尔（地主）控制下的土地。地主实际上不拥有土地，但是所有权受到1793年永久居留法的保护。地主有权从居住在其地产上的居住者那里收租，反过来，地主向政府缴纳税金。

② Engels, "Changing Role," pp. 211–40.

③ Commerce, Government of Bengal, no. 15(July 30, 1927), WBA, file no. 1–R–5(3).

④ Commerce, Government of Bengal, no. 14 (July 28, 1927), WBA, file no. 1–R–5(3).

⑤ Commerce, Government of Bengal, no. 13 (May 20, 1927), WBA, file no. 1–R–5(1).

⑥ Whitley Report, p. 127.

178 1933年，全印妇女大会委派一个由3名女性组成的委员会前往孟加拉和比哈尔的矿区视察，并就如何落实惠特利报告中关于彻底取消矿区女性劳动力的提议进行建议。[1] 1934年，A.查特吉夫人（Mrs. A. Chatterjee）、雷努卡·雷夫人、艾丽斯·温盖特小姐（Miss Iris Wingate）前往兰甘杰（Ranganj）和贾里亚（Jharia）的7个矿区。她们在提交给全印妇女大会的报告中，强烈主张结束妇女地下作业。

这3位女性既不天真也不迟钝。查特吉夫人曾在牛津大学学习，雷努卡·雷毕业于伦敦经济学院、艾丽斯·温盖特在印度基督教女青年会工作。她们注意到健康状况不佳的妇女们，被双倍的工作弄得筋疲力尽，依赖鸦片使自己的孩子保持安静。妇女们在矿区工作是因为她们需要钱，所以她们宁可与其丈夫一同工作，也不愿被留在村子里。查特吉、雷努卡、艾丽斯3人明白这些妇女并不感激她们的介入。她们告诫全印妇女大会说，如果要实现禁止妇女地下作业的目标，就需要为她们找到替代工作。[2]

为女矿工寻找替代工作并不容易。在查特吉、雷努卡、艾丽斯3人研究农村经济时，她们赞赏农村重建委员会的阿姆利特·考尔和其他甘地主义者开展的工作。农村重建委员会关注健康、教育和产出之间的关联性。全印妇女大会模仿其开展工作，指示下属分支机构选定一个村，并专注于改善这个村的状况。[3]

1939年，妇女地下作业终止后，政府以战争为借口取消了她们的就业禁令。妇女们欣然恢复地下作业。妇女组织重新开始了它们的抗议，但是以想要工作的女矿工的名义进行抗议显得很愚蠢。雷努卡·雷清楚地意识到了这种讽刺。她写到，实际上这是个报酬问题。男人所得报酬过低，因此女人不得不工作。雷努卡·雷从社会女性主义角度进行辩解，用中产阶级读者所理
179 解的表达方式来解释女矿工的动机：

> 一旦受到经济需要的影响，就不存在选择的问题了。在刚过去

---

① Aparna Basu and Bharati Ray, *Women's Struggle: A History of the All-India Women's Conference 1927–1990* (New Delhi, Manohar, 1990), pp. 58–62.

② AIWC, Ninth Session, Karachi, 1934.

③ AIWC, Eleventh Session, pp. 50, 74–8; AIWC, Twelfth Session, Nagpur, 1937, p. 140; AIWC, Thirteenth Session, Delhi, 1938, p. 71; letter from legal convenor, Delhi (April 21, 1936), AIWC Files, no. 139.

> 的孟加拉饥荒中，为了喂养自己挨饿的孩子，在中产阶级家庭中长大的体面妇女有时被迫出卖她们的身体。这些女性告诉我们她们极其想死，但为了自己的孩子，却不得不选择羞耻地活着。这是否意味着她们喜欢这种比人间炼狱更糟的生活？当禁令被撤销的时候，妇女们乐意下到矿井，这足以为奇吗？①

她的同事赞成她的观点。遗憾的是没有找到女矿工们的访谈记录。雷努卡·雷关注报酬无可厚非，但她却把女矿工建构为受赡养者，假设如果她们的丈夫得到更高的工资，妻子们将获得她们应得的部分。一些迹象表明这些妇女希望与丈夫在一起工作，这样当她们的丈夫收到报酬的时候，她们可以在场。战争结束后，男人取代了矿区工作的女人，女人们既没有接受再教育，也没有再被雇用。

城市中的新工作：女佣和妓女

主流性别意识形态把妇女建构为依附性的家庭主妇。事实上，成千上万的妇女为了谋生而工作。城市地区如同吸铁石，不单吸引男人来这里寻找工作，也吸引着那些没有监护人的女性。贫穷又未接受过教育的女性只能找到女佣、苦力和妓女的工作，这些未受管理的行业在现代化的都市繁盛起来。没有法律限制她们的工作时间或者改善她们的工作条件。只有妓女受到议论时，社会工作志愿者才把她们称为社会问题，并试图把她们从其所从事的工作中解救出来。

哥达瓦里·郭克雷（Godavari Gokhale）尝试把女佣组织起来，结果证明这是单一事件。家庭仆人数量很多。1911年的人口普查报道，女佣占加尔各答职业女性总数的39%，这个数字与其他城市的数字一致，但女佣比例未必真实。②每个中产阶级家庭都雇有女佣，然而她们的雇主很少把她们看作
劳动者。这可能是因为依附性亲属和女佣之间的区别往往不大。对印度家 180
庭的一项指责是其让守寡的女亲戚做苦力。阿南迪拜·卡尔维（Anandibai

① Renuka Ray, *Women in Mines*, tract no. 2, AIWC (Arunch, India, AIWC, 1945), p. 17.

② The first systematic study of this topic is now being conducted by Swapna Banerjee, Temple University, Philadelphia: "Middle Class Bengal Women and Female Domestic Workers in Calcutta, 1900–1947."

180 15. 男洗衣工和女洗衣工，约1900年（承蒙伯恩和谢泊德提供）

Karve）12岁守寡，描述了自己在亡夫家的工作：照管牛群、挤牛奶、喂养公牛、为农场工人做早餐、割草喂牛、洗衣、清洗厨房用具。[①]

在雇主看来，这是一种仁慈的方式。舒达·马宗达（Shudha Mazumdar）热切地描述了女佣在让下一代适应社交生活时所发挥的作用。[②]对中产阶级家庭来说，把他们喜欢的佣人的相片放入家庭相册并不稀罕。用人是否如一些报道所说的那样感到融入了家庭尚无法确定。尽管多年来，许多妇女一直被雇来从事家务工作，但直到最近，她们的声音才载入了历史档案。[③]

181 相比之下，有大量的文献记载了通过性交易来养活自己及其家庭的妇女。19世纪中叶，加尔各答妓女人数超过1.2万名（人口总数40万），约90%

① D. D. Karve, ed. and trans. *The New Brahmins: Five Maharashtrian Families*, with editorial assistance from Ellen E. McDonald (Berkeley, University of California Press, 1963), p. 65.

② Shudha Mazumdar, *Memoirs of an Indian Woman*, ed. Geraldine Forbes (New York, M. E. Sharpe, 1989), pp. 32–6, 81.

③ See Malavika Karlekar, *Poverty and Women's Work: A Study of Sweeper Women in Delhi* (New Delhi, Vikas Publishing, 1982).

的妓女是寡妇。[1]在24-帕加纳斯（24-Parganas）的邻近县，可能额外还有1.5万名女性靠性交易来谋生。1911年，在加尔各答从事该职业的女性约达到25%。同时，在孟买的妓女人数渐增到3万人到4万人之间。[2]这些数据不一定精确，但是意义深远。与妇女就职的其他工作领域相比，通过性交易谋生的女性人数远远多于从事教师和医生等新职业的女性人数。

哪些女性被归于“妓女”一类？首先是那些出生于传统上以跳舞和唱歌为生的种姓的女性。反过来，她们也把艺术传递给了她们的女儿。那些没有生育女儿的女性经常购买或者收养女孩。维纳·奥尔登堡（Veena Oldenburg）认为这些妇女是技术艺人，能够在出售服务中发挥能动性，从而破坏父权规范。[3]

献身于毗湿奴神派（baishnava）的女性经常被称为妓女。她们离开家和家人“寻求内在之神”，她们群居生活，因为与男性存在不可接受的关系而被称为行为不轨者。最好的情况是，她们的性伴侣能使其摆脱尘世牵绊的束缚；最糟的情况是，皮条客伪装成神职人员，视这些女性如同普通的妓女。

神妓是舞蹈者，侍奉印度教庙宇供奉的神，她们自19世纪70年代开始就引起了改革家的注意。仪式（标志和确认她们加入庙宇服务）既使其投入古典舞训练，同时也宣扬她们可以成为合适主顾的性伴侣。神妓用政府拨给的土地应付开支，在其服务的寺院地区受到尊重。[4]到了20世纪20年代，许多 182
改革家称呼她们“寺庙妓女”，并坚持认为一般的皮条客和鸨母现在也称自己手下的女子为“神妓”。许多神妓，连同艺人、修道女子和交际花，都拒绝被称为妓女，并抵制改革家的提议。[5]

这些女性的能动性问题引人关注。女修道者也许以离家寻求神的方式向

---

① Dr. (Mrs.) Usha Chrakraborty, *Condition of Bengali Women around the Second Half of the Nineteenth Century* (Calcutta, Usha Chakraborty, 1963), pp. 25–7; Sumanta Banerjee, "Marginalization of Women's Popular Culture in Nineteenth Century Bengal," *Recasting Women*, p. 143.

② "Bombay Prostitutes Committee's Report," *ISR* (August 27, 1922), p. 2; B. Joardar, *Prostitution*, p.21.

③ Veena Talwar Oldenburg, "Lifestyle as Resistance: The Case of the Courtesans of Lucknow,"*Contesting Power*, ed. Douglas Haynes and Gyan Prakash (Delhi, Oxford University Press, 1991), pp. 23–61.

④ Amrit Srinivasan, "Reform and Revival: The Devadasi and Her Dance," *EPW*, 20, no. 44(November 2, 1985), p. 1869.

⑤ Ibid., pp. 1869–75; B. Kesavanarayana, *Political and Social Factors in Andhra, 1900–1952* (Vijayawada, Narodaya Publishers, 1976), p. 226.

独立迈出了一步，但是在新的宗教家庭中，她们从属于男性。奥尔登堡认为妓女接受了父权权威，但只是“作为一种必要的妥协来摆脱那令人窒息的力量”[1]。神妓可能抗议旨在禁止其生活方式的法律，但她们却不是自由的能动者。神妓献身于寺庙的典礼既宣扬她们可以与寺庙恩主发生性关系又否定了她们与同一集团男性的婚姻关系或性关系。寺庙当局为她们指定合意的伴侣——拥有丰裕地产的家族或商业家族的长子，但神妓的母亲和祖母有否定其伴侣的权力。阿姆利特·斯里尼瓦桑（Amrit Srinivasan）表明这不是凄凉的人生：“经济利益和职业利益是可观的，然而最重要的是不缺乏社会的敬意。”[2]因这些女性显而易见的独立和成功，改革家感觉受到了冒犯。这些想要成为救世主的人称神妓为“妓女”，并试图通过剥夺她们的土地以及使她们失去职业的方式促使其“正常化”。

有大量与宗教和艺术无关的女性是传统意义上的妓女，即为钱而出卖身体。多数报道承认妓女中包括大量寡妇，这表明妓院是那些无处容身的妇女的避难所。也有女孩被引诱或被从家中偷走，然后被迫从事这种交易。已婚
183 女子因生活所迫而加入妓女之列，她们逃脱了一种压迫而又要面对另一种压迫。一些职业女性靠卖淫来勉强维持生计；其他一些妓女是在经济困难时期辗转至城市的女性，她们找不到其他的就业形式。还有一些女性则靠提供性服务来换取保护。

这些女性中的几个人得以讲述自己的故事。加尔各答国家大剧院在1874年上演了一部受西方影响的戏剧——哈拉拉尔·罗易（Haralal Roy）的《杀害贝尼》（*Benisanhar*）。戏剧中的女性角色通常由男演员扮演，但在此次演出中，比诺德迪尼（Binodini）——一个妓女的女儿出演了女主角。该戏剧广受赞誉，比诺德迪尼成为了明星。在接下来的14年里，她出演了50多部戏剧。1913年，她写给导师吉里什·钱德拉·戈什（Girish Chandra Ghosh）的信件被整理出版，名为《我的故事》（*Amar Katha*）。在陈述中，比诺德迪尼表示自己对先前的职业并不热爱，而希望成为一名妻子：

> 我们（比诺德迪尼指的是“我们这一类型的人”）也希望得到丈夫的爱，但是何处寻找？……不乏那些带着情欲到我们这儿来的

① Oldenburg, "Lifestyle as Resistance," p. 48.
② Srinivasan, "Reform and Revival," pp. 1869–70.

男人，他们用浪漫的言谈使我们陶醉，但是何人能够用心了解我们内心充满的情感和渴望？①

治安协会的记录中也可找到关于妓女的报道。欧洲男性和女性创建了这些治安协会，印度人于20世纪20年代加入其中。正如杰巴努E.米斯特里博士（Dr. Jerbanoo E. Mistri）所说，那些一直保持沉默和冷眼旁观的印度女性最终开始意识到她们的“私利、自尊和荣誉”与性交易有关。②到了20世纪30年代，国民治安协会的主席和副主席都是印度人，同时印度人掌控着治安协会的省级分支机构。

在治安协会的记录中，有一些简短的随笔、信件，以及关于和来自妓女收容所的女性的翻译声明。必须谨慎使用这些记录，因为它们由那些公开抨击性交易的人士以及代表那些离开这种生活方式的女性所记载。妓女们都讲述着相似的故事。未婚女性描述说当她们离开传统监护人时，被引诱、拐骗或者绑架（这些行为可能同时发生且分类不明确）。年轻女子外出旅行或拜访远方的亲戚时，容易受到攻击和欺骗。她们要么天真地跟随着“叔叔”或者“家里的朋友”，要么爱上一个偶然相识的人。这些年轻女子被诱拐的男 184
子毁去了贞洁，然后被卖入妓院。迫于无奈，年轻女孩和女性只能找仅为女性提供服务的医务人员和医疗机构看病。她们被伪装成女医生的鸨母所骗或者在进入冒充成妇女医院的妓院时，陷入了圈套。许多女性，特别是寡妇和孤儿说，自己无处可去，只能在妓院寻求庇护。

除被拐骗和引诱的女性以及那些需要庇护的女性之外，第三个群体是被其母亲、兄弟、丈夫和其他的亲戚逼迫卖淫的女性。第四个群体的女性离开恶毒残暴的丈夫，寻求妓院的保护。③

1923年，通过了第一部影响妓女的改革立法《性交易法案》。该法案规定男性（不包括女性）经营妓院违法。国际社会对贩卖妇女和女童以及对公共健康和道德的关注促使该法案的修正案分别于1926年和1927年出台。

---

① "Binodini Dasi," *Women Writing in India, 600 BC to the Present, vol. I, 600 BC to the Early Twentieth Century*, ed. Susie Tharu and K. Lalita (New York, The Feminist Press, 1991), p.292.

② Dr. (Miss) Jerbanoo E. Mistri, "Economic and Basic Course of Prostitution," Bombay Social Service Conference (Second Session) Papers (Bombay, 1928), JBC, Box–Bombay, FL.

③ SPL, *First Annual Report* (Bombay, 1929), pp. 3–8; SPL, *Second Annual Report* (Bombay, 1930), pp. 9–12; BVA, *Annual Report*, 1930, pp. 11–13; "Cases of Prostitution in Bombay," BVA (August 9, 1926), JBC, Box–Bombay, FL.

安全协会想取缔妓院，但无论在何处，妓院被取缔后妓女们就开始上街揽客。妇女组织了解了妥善安置妓女的必要性后，设立了妓女收容所来训练她们以其他的方式谋生。妓女收容所也尝试让这些女性与她们的家人和同种姓的人员重新团聚。[①]

管理者或隔离主义者主要是政府官员和警察，他们担心关闭妓院后，这些“妇女的安置”问题。[②]他们认为不能宣布性交易不合法，因为即使这样做，也没有足够的妓女收容所来接纳这些女性。为促进“行政监督、秩序维护、卫生和医务监督”，管理者希望妓院和妓女被限制在指定区域内。[③]许多有影响力的教育家和医生都支持这种观点，他们往往使废除主义者的目标黯然失色。

妇女组织将这些问题转化为印度妇女的言论和民族主义的愿望。当讨论
185 1931年的《反不道德交易法》（the Suppression of Immoral Traffic Act）时，S.M.鲍斯先生（Mr. S. M. Bose）提醒孟加拉立法机关注意有16 000个签名的女性请愿书。他说，“孟加拉妇女不再麻木”，她们“敏锐地意识到威胁其女性身份的危险”[④]。穆图拉克希米·雷德把神妓问题与国家事业相结合，她警告道：

> 甚至我们女性也意识到，外国政府不赞成人们合理的愿望，永远不会积极地帮助我们改进有缺陷的社会体系。直至被授予省完全自治和自治领地位，否则不会有真正的社会和道德进步。[⑤]

国际联盟提出了贩卖妇女和女童的问题，这促使印度的改革家和政府官员再度审视神妓收养女童的做法。神妓对此做出的反应是通过成立组织从内部着手改革，以保护她们的生存方式。然而取胜无望，因为此时的风险很高：公共道德以及印度在国际社会中的声誉都岌岌可危，神妓已成为讨论的焦点。那些鼓动废除这种制度的人士称其掩饰了性交易，尽管他们已充分认识到依附于寺庙的职业舞者和普通妓女之间的差别。1947年的《神妓

① Letter from Miss Dickenson to Miss Neilans, BVA (August, 9, 1928), JBC, Box–Bombay, FL.

② Ibid.

③ Supplement, *ISR* (August 22, 1922), n.p.

④ GOI, Home Dept., file no. 24/XII/31.

⑤ M. Reddi to E. Rathbone (February 2, 1929), RP, folder no. 1.

法案》取消了女孩的寺庙服务，禁止寺庙舞蹈表演，宣布任何一位来自博伽姆（bogam）、卡拉万图卢（kalavanthulu）、萨尼（sani）、纳伽瓦苏卢（nagavasulu）、迪瓦达西（devadasi）或者库马普瓦卢（kurmapuvalu）种姓的跳舞女子[①]都是妓女。[②]

这些年，印度接受了国际联盟提议的各种措施来禁止不道德交易并阻止人们以卖淫为生。与参与废除性交易的活动相比，妇女组织更多的是参与取缔神妓的活动。人们普遍认为卖淫是“无可避免”之恶，许多为“取缔性交易”而战的女性把精力用于妓女收容所的建设上，如孟加拉的查鲁拉塔·穆克吉（Charulata Mukherjee）和萝莫拉·辛哈（Romola Sinha）。无论改革家想要做什么——废除性交易或容忍性交易或减轻陷于险境的女性的困苦——他们继续视男性为养家者，女性为依附者。鲜有对该主题感兴趣的女性能够 186
把卖淫当作性工作来处理，并尝试确定何为最佳行动方案。相反，她们“解救”这些女性，只是向她们提供替代性住所。

结　论

在印度，劳动妇女的生活在殖民统治下恶化了。无论对男性还是女性，现代部门中的工作未能弥补传统产业衰落所带来的后果，但女性蒙受的损失最大。因为劳动力充足，女性继续从事非技术、非机械化部门的工作。在这些部门中，她们收入不高，且不太可能晋升至较好的职位。[③]

新职业——教书、律师行业和医务工作——向女性开放，教育和家庭的支持是必须的。卡达姆比尼·甘古利甚至也被称为娼妓；没有完美学历和体面家庭的未婚女性更易受到言语骚扰和性骚扰。然而，也有职业女性获得了尊重、独立和个体满足。对印度妇女史来说，重要的是大部分新职业女性对女性产生了影响，推动了新教育机构和医疗机构的发展。反过来，这些机构使中产阶级女性进入学校，上大学以及从事各种职业在当代印度成为可能。

就职于受监管的现代经济部门——工厂、矿场和种植园——不会带来长

① 这些是不同种姓的名字，神妓来自于这些种姓。迪瓦达西既指角色(寺庙舞者)又指种姓。

② Kesavanarayana, *Political and Social Factors*, p. 229.

③ D. R. Gadgil, *Women in the Working Force in India* (Bombay, Asia Publishing House, 1965), p. 27.

期的实际收益。女性在工厂大多数从事非技术性工作，当政府强制要求给予女性工作者应享有的福利时，她们却被机器和/或男性工作者所取代。统计资料表明产业部门中的女性就业率呈下降趋势。这反映出雇用女性的小型企业已衰落，也反映出女性在大型工厂中的多余。遗憾的是，女性从未在有组织的工人运动中站稳脚跟。

无论是在农村地区的商业性农业生产中，或是性交易行业中，还是在城市地区的家庭帮佣中，妇女容易在不受监管的部门找到工作。这些是未被
187 承认的工作领域，没有正常工作时间，没有固定工资，也没有福利。大多数女性被迫进入这些就业领域，忍受着人身暴力和性暴力。激进人道主义者M.N.罗易说劳动妇女没有因为就业而获得解放，相反却变成了“驮兽”[①]。

鲜有中产阶级妇女寻找工作，但那些属于进步社会的中产阶级妇女在妇女组织中担任志愿者。她们希望女性在新的女性学校和医疗中心任职，当然还要济困扶危，但对家庭之外的就业仍抱着矛盾心理。在这些妇女组织的审议中，甚至对职业女性的问题也缺少关注。

妇女组织的领导人热切希望进入现代国际机构的行列。国际组织的普遍准则影响了她们对印度劳动妇女的看法。尽管这些精英阶层的妇女参加了民族主义运动，反对了英国的“文明使命”，她们还是接受了国际组织并遵守其指示。

她们鼓吹保护性立法，也清楚地知道在矿场和工厂就业的女性不能承受没有工作的后果。她们给予的其他就业机会是让其在衰退的手工业中从事工作。毫无疑问，她们对劳动妇女的生活知之甚多，却认为妇女就业是违反常情的。因此，她们关注妇女条件的标准化——教授她们卫生学和营养学，为她们设立托儿所，为限制工作时间的立法的出台而努力。哥达瓦里·郭克雷和马尼本·卡拉坚决要求通过工会来改善劳动妇女的状况。

热心公益的女性想要关闭妓院，禁止寺庙舞蹈。这两种努力迫使一些妇女脱离了被中产阶级视为道德堕落和道德败坏的职业。她们把解救这些妇女当作自己的使命，为其提供某种庇护和培训，并与允许男性性体验之时却要

① M. N. Roy, "The Ideal of Indian Womanhood," *Fragments of a Prisoner's Diary*, 2 vols. (Calcutta, Renaissance Publishers Private Ltd., 1957), vol. Ⅰ, pp. 168–71.

求女性保持纯洁的双重标准做斗争。[①]

有些女性意识到了社会问题和女性经济状况之间的关系，忽略其作品有失公允。许多女性为马克思主义和共产党所吸引，她们采取了不同的方式来开展妇女工作。拉克希米·梅农（Lakshmi Menon）是一位老师，为了改善妇女状况而勤勉工作，之后任印度驻联合国代表。在讨论贩卖妇女和儿童的问题时，她触及了问题的实质。她说，世界各地的很多性交易源于贫穷以及女性没有其他出路，但在印度，特定的风俗——童婚、孀居的不祥、包办婚姻以及“我们对女孩的普遍态度”——使情况变得更糟。劳动妇女转向性交易是为了对她们的低工资有所增补。由于这个原因，拉克希米·梅农对马德拉斯社会卫生地区大会1935年开展的救援工作、宣传和性病诊所项目进行了批评。她认为这些项目忽视了女性的就业和工资问题、女孩的教育设施问题以及“不公正的法律和骇人听闻的社会风俗”剥夺了女性选择权的问题。[②]拉克希米·梅农赞赏苏联的法律，认为其颠覆了女性不平等的基础。保证就业、培训项目、保护性政策以及废除双重标准的“新的性行为法律”似乎就是苏联解决女性不平等问题的方法。[③]拉克希米·梅农认为女性劳动难以脱离社会规范和制度，她提倡参考苏联模式，并进行彻底重建。但她的提议没有获得普遍认可。在印度，女性就业继续被视为不幸，这需要社会福利主义者的解决方案，而不需要旨在给予女性平等教育、机会和工资的那些措施。 188

---

① "Suppression of Traffic in Women and Children and Bengal Discussions," *Stri Dharma*, 15, no. 12 (October 1932), p. 662.

② Lakshmi N. Menon, "Traffic in Women and Children," *Our Cause*, p. 191.

③ Ibid., pp. 197–8.

189

第七章　过渡时期

20世纪40年代中期，印度全国的妇女组织已经丧失了领导权。它们在近20年来代表着所有的印度女性。它们要求“现代生活”的专属标志：社会女性主义思想框架内的教育、卫生保健、保护性立法、公民权利和政治权利，这种思想把女性构建为在社会上和心理上有别于男性的群体。妇女组织承认印度存在特殊问题，特别是存在童婚、深闺制和寡妇受压迫等问题，也承认这些习俗使改革倍加困难。但在他们看来，有两件事情给予了改革动力：第一，这些风俗在印度“黄金时期”并不存在；第二，作为印度妇女，她们有着神话中女神和女英雄流传下来的传统，愿意为丈夫和家庭牺牲自己。这种献身的习俗是公民社会和国家理想的延伸，被赋予价值。妇女组织受到民族主义志向和殖民统治两股反作用力的推动，它们对现代妇女的想象既没有威胁到英国统治者的父权制，也没有威胁到印度民族主义者的父权制。

妇女组织的思想过于印度教化、中产阶级化、城市化，以至于不能吸引，或者不能充分代表所有的印度妇女。一份完成于1932年的非正式调查估计，90%的印度女性都是工薪族，只有“富裕家庭的已婚妇女和那些享有较高社会地位的已婚妇女不用为工资而工作”①。穆斯林妇女也不能被充分代表，除非她们能够赞成世俗印度教的民族计划。城市和农村的劳动妇女参加爱国示威游行，但她们从来没有彻底地融入妇女组织。实际上，接受过良好教育的女性，像拉蒂卡·戈什（Latika Ghosh），更改了她们公民社会的愿景以吸引那些更加传统的姐妹。显然妇女组织并没有代表全体

① Survey of Women's Interests and Distinctive Activities, 1930–2, RWC, box 33.

女性，但20世纪30年代末前，它们的记录和请愿书却声称支持全体女性，而这几乎不受质疑。

在接下来的20年里，妇女积极参与各种社会和政治运动，削弱了主要 190
妇女组织霸权性的声明。新思想极大地改变了关于女性需求的讨论。因革命活动而被监禁的女性在狱中读到了社会主义文学。她们成为首批马克思主义者。她们对女性在社会中的地位有了新的认识。从狱中释放后，她们与男性并肩工作，传播社会主义革命的信息。她们也成立了自己的妇女组织，专门从事妇女问题的相关工作，同时向公众表达她们对女性需求的理解。

其他一些女性反感社会女性主义，她们遵循着一种不同于马克思主义的思想。暴力革命使一些女性着迷，而其他女性则受到激进女性主义的吸引，另有一些女性参与了反抗家族家长制的社会活动。她们加入政治党派，与小型革命基层组织共事，有时又独立行动。派成百上千穿着橙色纱丽的纪律严明的女性志愿者来证明印度女性反对外国统治已不再可能。印度正处于动乱时期，发生在国内和世界各地的事件要求政治上活跃的女性实践新的理想主义和实用主义。

政治环境

根据1935年《印度政府法》，1/6的印度成年人参与了1936年和1937年的选举投票。责任政府在各省组建，然而双头政治仍是中央政府的运行模式。1937年，国大党在省级选举中大获全胜，得以在11个省中的7个组建了政府。

1939年，在没有同这些新组建机构商议的情况下，英国宣布印度参战。作为回应，国大党各部长辞职，甘地号召个人的非暴力不合作主义。1941年，德国破坏互不侵犯条约，入侵苏维埃社会主义共和国联盟。因苏联是英国的盟友，监狱中的印度共产党成员被释放，并支持英国的军事行动。同年晚些时候，日本人突袭珍珠港，他们对东南亚地区造成的威胁使印度在军事行动中的地位更加重要。1942年，甘地要求国大党成员加入退出印度运动，
反抗英国统治呈现出新的变化。一些印度人支持甘地的非暴力抗议，其他人 191
加入反对英国的地下活动，然而还有人力图发动有效的军事行动。1943年，

近代以来最严重的一次饥荒席卷了孟加拉。

教派主义在这时期日益发展。1935年《印度政府法》颁布，宗教认同和政治权力不可避免地交织在一起。因此，导致1947年殖民统治结束的事件充满着宗教对抗。英属印度被分割成印度和巴基斯坦，土邦可加入这两个新国家中的任何一个。孟加拉和旁遮普两省对分裂的感受最为深切，难民及其再安置问题带来了巨大的挑战。印度历经战争、饥荒、分治，并在不到10年的时间里建立了两个新的国家。在这种混乱的情况下，共产主义思想挑起的激进运动开始向长期接受的剥削形式发起了挑战。

从20世纪30年代末到20世纪50年代早期，女性参与了广泛的社会和政治运动。女性在1937年选举中发挥的作用，教派主义和亲巴基斯坦运动的发展，1942年退出印度运动和战争时期的反英运动以及为争取社会经济公正所开展的激进运动等，可以勾画出妇女组织的霸权性话语被众多竞争性话语取代的过程。显著变化是女性参与这个时代的所有重大事件。她们的参与有助于粉碎对“印度妇女”的本质主义建构，在帮助一些女性的同时，也成为其他女性追求平等的阻碍。

1937年选举

1935年《印度政府法》赋予年满21岁的女性选举权，因为她们拥有财产或达到了一定的教育程度。现在，600万印度女性拥有投票权，她们要么参与普通席位的选举，要么参与女性预留席位的选举。早些时候，印度妇女协会要求“一视同仁”，但这是理想情况。面对筹集竞选资金及与权势集团建立联系的现实，众多女性现在只要“安全”席位。

国大党不愿意支持有抱负的女性政治家担任候选人。随着1935年政府法
192 的生效，国大党开始了自身转型，从反帝运动向政党转变。这时，它“明显偏向有资产的人士”。苏密特·萨卡尔（Sumit Sarkar）评论说：

> 尽管有着民族理想和多级理想，作为执政党的国大党发现要继续同时取悦印度教徒和穆斯林信徒、地主和农民、商人和工人，几乎是不可能的。1937至1939年间，国大党各部长及政党决策层逐步

转向右翼，偶尔用“左翼”的词令加以掩饰。[1]

随着国大党转向右翼，“妇女组织”被列入国大党不能继续取悦的团体名单之列。因为在1937年的选举中，国大党没有为征募及支持女性候选人做出特别努力。

甚至是极力支持女性参与政治活动的贾瓦哈拉尔·尼赫鲁和圣雄甘地也对支持妇女参与政治事务不够热心。在选举前，阿穆·斯瓦米纳坦就全印妇女大会成员提出的问题写信给尼赫鲁。在信中，她还附了一份全印妇女大会给“参与即将到来的选举的候选人”的宣言副本。该宣言于1936年7月26日在维扎加帕特南（Vizagapatnam）发布。该宣言宣称妇女为公共福利和国家进步做出了特殊贡献。它概述了必要的社会和教育改革：给予妇女和贱民平等的机会；免费义务教育；农村重建；结束深闺制、童婚和女性的不道德交易；社会和谐；社会保险和公共卫生诊所；帮助失业人士的措施；保护公民自由。[2]全印妇女大会索要一份印度国民大会党候选人名单，想要知道候选人中有谁接受了宣言的条款。她们对国大党工作委员会缺少女性委员感到失望，并请求尼赫鲁选派一名女性参与其中。阿穆·斯瓦米纳坦总结说：“我们希望印度首要的国家组织能够充分支持女性的观点，以及所有意指女性观点的内容。”[3]

尼赫鲁答复说国大党计划在省立法机构中为预留席位设置女性候选人。女性的普通席位问题由全印议会委员会和省委员会负责。至于宣言，
国大党完全赞成其提出的原则。他斥责阿穆·斯瓦米纳坦及全印妇女大会 193
的同事忽略了政治自由在实现社会改革中所发挥的作用。最后，他指责她们的思想说：

> 恕我冒昧，你们方案中的很多条目是粗略的。它们没有探究我们希望根除的罪恶之源。毫无疑问，这些罪恶部分是因我们自己的习俗而产生，但很大程度上，这是政治服从和糟糕经济体系的结果。[4]

① Sumit Sarkar, *Modern India*, 1885–1947 (New Delhi, Macmillan India, 1983), pp. 350–1.

② Manifesto issued on behalf of the AIWC to "Candidates for the Coming Election" (Waltair [Vizagapatnam], July 26, 1936), JN, file no. G48, 1936.

③ A. Swaminadhan to J. Nehru (August 22, 1936), AIWC Files, no. 130.

④ J. Nehru to A. Swaminadhan (September 2, 1936),JN, G 48, 1936.

工作委员会是另外一个争论点。在全印妇女大会正式控诉前，老朋友和支持者就如此重要的机构遗漏女性而找过尼赫鲁。他公开指责女性的抗议不够激烈，并借此对女性缺席工作委员会做出回应：“印度女性还没有学会大胆地要求自身的权利。”尼赫鲁敦促女性成立组织、喊出她们的需求，准备与反动势力作斗争。甘地和尼赫鲁就该话题交换的私人信件阐明了他们对女性在国大党中的作用所持有的态度。起初甘地没有认真对待女性的指责。当得知一些人谴责他时，甘地提醒尼赫鲁，正是尼赫鲁本人希望萨洛吉妮·奈都离开工作委员会，而其他人并不反对让一名女性进入委员会。甘地回忆道：“而你甚至说你不赞成总让个女性和几个穆斯林教徒进入议会的传统或惯例。”[1]尼赫鲁声称自己才是受害者，他希望更多的女性位居强权，但却不得不应付那些比他自己更加传统的男性。尼赫鲁给女性的建议显得盛气凌人，他告诉女性她们有责任帮助“争取政治自由的男性”，但争取女性解放却是她们自己的事。她们需要让男性同意她们的要求。[2]公民不服从运动的承诺已被搁置一旁，现实政治获得支持，这已非常明显。

正如尼赫鲁所承诺的那样，国大党支持女性参与预留席位的竞选。像穆图拉克希米·雷德医生一样经验丰富的女性权利倡导者对为女性设立的单独
194 席位表示质疑[3]，但鲜有女性喜欢这种竞选观点。多数对政治感兴趣的女性希望无竞争的席位。沙·纳瓦兹夫人写道，拉合尔的穆斯林妇女试图防范出现多个女性候选人参与每个席位的竞选。她们希望使女性免于烦人的竞选工作，同时“在男性面前树立团结一致的榜样”[4]。

拉达拜·苏巴拉衍是少数几个站出来参与马德拉斯普通席位竞选的妇女之一。她觉得被国大党背叛了。马德拉斯省国大党接待委员会主席开始时给予她支持，直至一名男性决定参与同一席位的竞选。国大党几乎立即背离了她，转而支持她的对手。苏巴拉衍夫人要求C.拉贾戈巴拉查理阿（C. Rajagopalachariar）做出解释。他告诉她说，这是因为她拒绝签署国大党的承诺书，而男性候选人是政党的忠实支持者，因此这不是性别歧视问题而是

① M. K. Gandhi to J. Nehru (May 29, 1936), JN, G 48, 1936.

② J. Nehru, "Women and the Freedom Movement," *The Hindu* (October 6, 1936), *Selected Works*, 15 vols. (New Delhi, Orient Longman, 1972–82), vol. VII, pp. 482–3.

③ "Against Separate Electorates," speech by M. Reddy, DRP, file no. 11.

④ "Moslem Women's League," clipping from Shah Nawaz (June 19, 1936), RP, file no. 10.

政党团结的问题。拉贾戈巴拉查理阿告诉苏巴拉衍说，国大党不可能“仅仅因为一名女性候选人寻求当选”而放弃一个席位。他总结说：“我不相信女性政治家的先进典型会因为自身是女性而希望政治施舍。”拉达拜·苏巴拉衍最终退出，但在临走时对国大党说了些尖刻话。回忆甘地在圆桌会议上的谈话，她指出马德拉斯和其他省都缺少女性候选人。《马德拉斯邮报》评论道：

> 该事件说明国大党对女性愿望的多数同情都是虚伪的，证明国大党对待女性候选人与其他党派别无二样。女性在领导不服从运动的游行时是有用的，但却不够格与国大党同坐在议会中。①

所有党派显然都以同样的方式行事，因为女性候选人的百分比从没有超过女性预留席位的百分比。在比哈尔和中央省，尽管女性预留席位的百分比占总席位的3%，但是女性候选人仅占候选人总数的1%。②

许多女性对选举政治感到不适，主张在立法机构外发挥政治作用。请愿政治是一个令人愉悦的领域，有许多工作需要开展。全印妇女大会让受过教育的女性向候选人介绍女性的需求、登记女性选民、宣传候选人信息，准备有潜力的女性候选人名单给各政治党派。③当她们意识到没有人倾听，也没有人关心时，这些女性得出这样的结论：她们是背弃诺言的受害者。④ 195

在竞选活动期间，恼怒于政治党派的同一批女性对最后的选举结果感到满意。所有省立法机构的席位总数约为1500个，其中的56个席位为女性所持有。所获的41个席位来自保留选区，10个席位来自普通选区。另外，5个席位的女性被任命为省立法委员会委员。大部分女性（有36名）是国大党候选人，11位是无党派人士，3名来自穆斯林联盟，1名是工会会员。⑤另外，

① "Congress and its Sense of Chivalry," *Justice* (October 19, 1934); "Mr. Rajagopalachariar Explains," *Justice* (October 19, 1934); "Mrs. Subbarayan's Reply to Mr. C. R. Chariar," *The Hindu* (n.d.); "Why She Withdrew," *Justice* (n.d.); "Mrs. Subbarayan Withdraws," *Madras Mail* (n.d.), RP, file no. 5.

② Jana M. Everett, *Women and Social Change in India* (New Delhi, Heritage, 1979), p. 136.

③ "Report of the Franchise Sub–Committee for the Period Ending July, I936," AIWC Files, no. 118; M. Kamalamma to secretary, Madras Parliamentary Committee (September 14, 1936), AIWC Files, no. 130; M. Reddi to Mrs. Y. Hasan, Mrs. P. Iyer, and Mrs. Chabra, AIWC Files. no. 135; "An Appeal to Women who are Qualified to Vote" (WIA flier), AIWC Files, no. 135.

④ M. Reddi to "Dear Friend" (n.d.) and M. Reddi, "Women and Congress" (n.d.), RP, file no.11; M. Kamadami to Mrs. S. C. Mukherjee (n.d.), AIWC, Files, no. 119; S. M. Reddi to Madam (November 16, 1936), AIWC Files, no. 135.

⑤ Everett, *Women and Social Change*, p. 138.

有30名被选举进入中央议会。拉达拜·苏巴拉衍被任命担任议会议员。尽管女性人数不多，但终于在权势职位上有一席之地了。维贾雅拉克希米·潘迪特（尼赫鲁的妹妹）被指派担任联合省内阁地方自治和公共卫生部部长；中央省的安纳苏亚拜·卡尔（Anasuyabai Kale）、信德的西皮·米拉尼（Sippi Milani）、联合省的库德西亚·艾扎兹·拉苏尔（Qudsia Aizaz Rasul）成为副议长；孟买的汗莎·梅塔（Hansa Mehta）、旁遮普的沙·纳瓦兹夫人（Begum Shah Nawaz）成为政务次官。妇女组织认为这是妇女事业的胜利，敦促提名女性进入委员会、董事会和理事会。她们认为女性是唯一具备资格解决诸多影响妇女和儿童问题的群体。①

民族主义政治被女性化了，但选举政治仍然由男性主导。在1920—1921
196 年不合作运动期间和1930—1932年公民不服从运动期间，女性希望对国大党的一贯支持能够为自身赢取政治奖励。尽管这没有实现，但有政治抱负的她们仍继续信任自己的男性同行们。她们接受了小小的胜利，听信她们最信任的男性——尼赫鲁和甘地，并决心更努力地工作来实现她们的目标。

穆斯林妇女和选举政治

这种环境对穆斯林女性尤其富有挑战性。尽管存在阶级、种姓和宗教差异，全印妇女大会和其他妇女组织的积极分子仍坚信女性是团结的。但在存在教派政治的新世界里，甚至团结的假象也难以维持。

尽管主要成员都属于国大党，它通过决议来支持甘地的建设性方案，且时常称赞甘地和尼赫鲁对妇女问题的支持，全印妇女大会仍把自己描述为与政治无关的组织。当穆斯林成员试图改变记录和请愿书的措辞及内容时，她们发现自己被忽视了。按照她们的说法，就如同小妹妹一样。然而，许多杰出能干的穆斯林女性，尤其是哈杰拉·艾哈迈德（Hajrah Ahmed）、谢里法·哈米德·阿里（Sharifah Hamid Ali）和库尔苏姆·萨亚尼（Kulsum Sayani），恪守着民族主义和女性主义的承诺，这使她们保持着与妇女组织

① WIA Report, 1936–8, p. 27; "Women's Franchise in the New Constitution," *ISR*, 47 (April 24, 1937), p. 529; Kaur, *The Role of Women in the Freedom Movement (1857–1947)*, (New Delhi, Sterling, 1968), pp. 204–5.

的联系及对世俗政策的支持。

贾汗·阿拉·沙·纳瓦兹（Jahan Ara Shah Nawaz）就这时期自己所面临的困难写信给埃莉诺·拉思伯恩（Eleanor Rathbone）。早在1934年，她因拉合尔–阿姆利则（Lahore–Amritsar）议会席位的事被找过。作为各方穆斯林大会（All–Parties Muslim Conference）和全印穆斯林联盟的成员，沙·纳瓦兹夫人知道自己是一个强有力的候选人，但她却拒绝参选。旁遮普的穆斯林领导人已经对穆斯林为数不多的席位感到愤怒了，而且还有一个席位是为女性所预留。她不想招惹他们。

当这些穆斯林领导人接受了女性预留席位这一无法更改的事实时，他们要求沙·纳瓦兹夫人成立一个教派妇女组织。她的一些朋友和同僚，如穆克吉夫人（Mrs. Mukherjee）、鲁斯塔姆吉夫人（Mrs. Rustamji）、拉尼·拉杰瓦德（Rani Rajwade）和哈米德·阿里夫人（Mrs. Hamid Ali），告诫她这样做会妨碍全印妇女大会的工作。她们对沙·纳瓦兹夫人说，她先前认为女性是团结的捍卫者，而组织穆斯林女性的这一行为，让她背离自己的主张。但 197
如果她支持全印妇女大会的立场而反对给予女性预留席位，就会在自己的团体中树敌。沙·纳瓦兹夫人相信在全印妇女大会中不但有对手，也有朋友在急切地等待时机来指责自己。在双方的压力下，她决定首要的是忠诚于自己的穆斯林同伴。沙·纳瓦兹夫人认为支持穆斯林男性的政治抱负是通向构建印度教徒和穆斯林教徒和谐关系的唯一途径。[①]

当身份认同成为权力政治中的要素时，动员女性对穆斯林联盟来说变得至关重要。多年来，沙·纳瓦兹夫人与全印妇女大会保持密切的工作联系，她和她的同事就关键问题达成了共识。现在教派政治迫使她们进入一种新的敌对关系。随着《印度教法案》的胜利，穆斯林女性与主要的妇女组织更疏远了。作者沙希达·拉迪夫这样写道：

> 印度妇女运动失去了动力和领导地位。这对穆斯林女性产生了不利影响，因为女性主义平台培养了她们的领导能力，并提供了一种能够团结所有女性的思想。然而，更糟糕的是，妇女运动锻造和

① Shah Nawaz to E. Rathbone (September 17, 1934), RP, folder no. 10.

培植的关于团结的记忆已被遗忘。[1]

沙·纳瓦兹夫人同意组建一个单独的穆斯林妇女政治联盟。1936年6月，报纸发布信息称旁遮普省穆斯林妇女联盟全体理事会会议在沙·纳瓦兹夫人的家中召开。[2]报刊文章请求穆斯林女性建立全印穆斯林妇女联盟（All-India Moslem Women's League）。该联盟组建起来后，即成为全印穆斯林联盟的分委会，穆德·阿里夫人（Begum Modh Ali）担任主席，哈菲兹·乌丁夫人（Begum Hafiz-ud-din）担任秘书。联盟宣布的目标是激发穆斯林女性的政治意识。[3]穆斯林联盟领导人穆罕默德·阿里·真纳（Muhammad Ali Jinnah）不希望组建一个独立的妇女组织，但是，联盟理事
198 会和沙·纳瓦兹夫人说服他说，深闺制的约束和性别隔离的习惯对成立独立的妇女组织来说很有必要。[4]在1937年的选举中，沙·纳瓦兹夫人以工会会员的身份在旁遮普获得一个席位。

贾汗·阿拉·沙·纳瓦兹朝着穆斯林联盟指示的方向行进。这使她与全印妇女大会旧同事之间的关系变得紧张起来。当她们反对单独的选区时，沙·纳瓦兹斥责了她们的政治幼稚。她忽视了自己的穆斯林同僚哈米德·阿里夫人，一位完全致力于联合选区的女性，同时沙·纳瓦兹认为穆斯林妇女想要单独的席位。当分治成为争论点时，她参与了示威游行，面对催泪瓦斯和警棍的袭击，最后被捕入狱。[5]分治后，在卡拉奇，她成为巴基斯坦制宪会议的成员，并被选举为副主席。[6]

库德西娅·艾扎兹·拉苏尔夫人（Begum Qudsia Aizaz Rasul）是佐勒菲卡尔·阿里·汗爵士（Sir Zulfiqar Ali Khan）的女儿，也是旁遮普马勒尔科特拉（Malerktola）小土邦的统治家族的后裔。她成为一位直言反对教派政

---

① Shahida Lateef, *Muslim Women in India: Political and Private Realities,1890–1980s* (London, Zed Books, 1990), p. 94.

② Begum Shah Nawaz, "Women's Movement in India," Indian paper no. 5 at the Eighth Conference of Pacific Relations (New York, International Secretariat, Institute of Pacific Relations, 1942), pp. 1–12; Jahan Ara Shahnawaz, *Father and Daughter: A Political Autobiography* (Lahore, Nigarishat, 1971), p. 94.

③ Shah Nawaz, "Women's Movement," p. 6; "Punjab Assembly Electoral Machinery" Qune 19, 1936), "Moslem Women's League" Qune 19, 1936), clippings sent to E. Rathbone, RP, folder no. 10.

④ Shahnawaz, *Father and Daughter*, p. 165.

⑤ Ibid., pp. 150–3, 165. 185–8.

⑥ "Notes on Jahanara Shah Nawaz," RWC, box 69.

治的人士。她父亲无视同辈人的建议，把她送到西姆拉（Simla）的耶稣和玛丽亚修道院（Jesus and Mary Convent）读书。甚至连父亲的家人也反对他的做法，乌里玛（ulama）颁布宗教法令（fatwah）①谴责修道院教育是反伊斯兰教的。佐勒菲卡尔·阿里·汗坚持己见，库德西娅离开耶稣和玛丽亚修道院后又到拉合尔的玛丽皇后学院就读。但是佐勒菲卡尔·阿里·汗也有着传统的性格特征，他坚持让女儿遵守深闺制，并继续身穿罩袍。②

1929年，库德西娅嫁给阿瓦德（Avadh）一位有地产的贵族赛义德·艾扎兹·拉苏尔（Syed Aizaz Rasul）。她的婆婆是一位非常传统的女人，但她的丈夫却反对深闺制。库德西娅夫人抓住这个机会，摘去了她的面纱（除了婆婆在场的时候），并开始公开演讲反对深闺制。1936年，她决定参与联合省立法委员会普通（穆斯林）席位的竞争，而非参与女性预留席位的竞争。乌里玛再一次发布宗教法令，他们向选区提出了对这名公开抨击深闺制、与男性竞争的可耻妇人的警告。这个宗教法令几乎没有产生什么影响。库德西娅夫人回忆道：“我以绝大多数的选票当选，这仅仅表示穆斯林不是真的像看上去那样正统。”在立法机构中，当她表示支持计划生育和需要女性警员 199
时，她又遭到了斥责。在担任穆斯林联盟秘书时，库德西娅夫人赢得了制宪会议的选举。在这个新角色中，她请求穆斯林自愿放弃预留席位。印巴分治后，库德西娅·拉苏尔和她的丈夫决定待在印度，以见证穆斯林将被授予完全公民权。③

谢里法·哈米德·阿里夫人为争取女性权利孜孜不倦地工作。她坚定地与妇女组织站在一起。她的父亲阿巴斯·提亚勃杰（Abbas Tyabji）是巨商帕依·米安·提亚勃杰（Bhai Mian Tyabji）的孙子。阿巴斯·提亚勃杰是博赫拉（Bohra）穆斯林，在英国接受教育，并在那生活了11年。返回印度后，他娶了叔叔巴德鲁丁·提亚勃杰（Badruddin Tyabji）的女儿阿米娜（Ameena）。谢里法的父母都支持女性教育和社会改革。他们不顾深闺制的限制，打破传统把女儿们送到学校读书。谢里法夫人和她的公务员丈夫生活在孟买管辖区内，在那她开始了自己的社会工作。④沙希达·拉迪夫

① 乌里玛是穆斯林宗教学者，其任务是保证社会朝正确的方向发展。法特瓦是指宗教法令。
② "Begum Aizaz Rasul," RWC, box 68, pp. 1–3.
③ Ibid., pp. 3–9.
④ "Mrs. Sharifah Hamid Ali (1884)," AIWC Files (unnumbered).

（Shahida Lateef）认为穆斯林女性参与妇女运动的光芒总是被“穆斯林分裂主义政治”所遮掩。[1]谢里法·哈米德·阿里夫人的情况却并非如此，她抵制所有可能造成印度人民分裂的政治。她与全印妇女大会间的合作困难不是由分裂主义政治造成的，而是由全印妇女大会对伊斯兰教和穆斯林的妄自尊大所造成。

谢里法·哈米德·阿里被任命担任国家计划委员会妇女小组委员会委员。该小组委员会建立于1939年，负责评估女性的社会、经济以及法律地位，并提出建议措施，促使印度计划经济下的地位及机会平等成为可能。[2]来自马德拉斯的阿米鲁丁夫人（Begum Amiruddin）和来自孟买的扎里娜E.库里姆博依夫人（Mrs. Zarina E. Currimbhoy）是另外两位被指派进入该委员会的穆斯林女性。她们二人后因会议日期随意变动以及没有人听取她们的意见，而停止与委员会的合作。哈米德·阿里夫人是唯一一位与该委员会合作的穆斯林女性，她写过备忘录，敦促委员会咨询穆斯林法律权威，并支持不
200 同观点。但哈米德·阿里夫人发现当她向同事解释穆斯林法律时，这些人要么不听，要么不能理解她的观点。阅读报告初稿时，她发现，“报告表现出对伊斯兰教的无知——对伊斯兰教的法律和习俗的无知（尽管我已经就这些内容发送了一份非常清楚、详尽的报告作为证据），我不得不强烈抗议，反对报告所包含的内容”[3]。在尼赫鲁介入，准许小组委员会延期，并且出面要求她签名之后，哈米德·阿里夫人才在最后的报告上签了字。[4]拉尼·拉杰瓦德是小组委员会的主席，她对此根本不谅解，因感到担心便写信给贾瓦哈拉尔·尼赫鲁说：“哈米德·阿里夫人正在考虑教派路线。”[5]

库尔苏姆·萨亚尼是拉贾巴利·帕特尔医生（Dr. Rajabally Patel，霍加穆斯林，甘地从南非返回印度后的首任医师）的女儿，她是唤着甘地“叔叔”（Kaka）长大的。她的母亲是孟买首位上学的穆斯林女孩，而阿姨则是首位被录取入学的穆斯林女孩。库尔苏姆在家中接受了女家庭教师

① Lateef, *Muslim Women in India*, p. 94.

② National Planning Committee, sub-committee on women's role in the planned economy, AICC, file no. G-23 (1940).

③ Begum Hamid Ali to Jawaharlal Nehru (April 1, 1940),JN, part 1, vol. XXXI, I937.

④ Series of letters between Begum Hamid Ali and Jawaharlal Nehru and from Nehru to Rani Rajwade, JN, part I, vol. cxxxvi, 1940.

⑤ Rani Rajwade to J. Nehru (March 31, 1940), JN, part 1, vol. cxxxvi, no. 5006.

的教育，18岁时嫁给了首位负责孟买新国大党医院的简莫哈麦德·萨亚尼医生（Dr. Janmohamed Sayani）。库尔苏姆夫妻二人都忠于圣雄甘地，萨亚尼医生希望通过医疗工作来报效国家，而库尔苏姆则希望通过社会公益服务来报效国家。[①]

在哥达瓦里·郭克雷小姐为孟买首次扫盲运动拟定指导方针时，库尔苏姆·萨亚尼为了寻找有意义的工作已加入过若干妇女组织。这次扫盲运动获得了成功。它由政府负责，发起于1938年。她们成立了孟买成人教育委员会来监督该项目，库尔苏姆·萨亚尼被任命为委员会委员。

库尔苏姆·萨亚尼在1938年前往英格兰，回印度后，她决定为受深闺制影响的女性授课。她考虑到开设家庭班的方案不会给下层中产阶级女性这一目标群体带来麻烦，便向委员会提交了一份计划。她们预支给她100卢比。库尔苏姆·萨亚尼借此在6幢楼里开设了日常班。库尔苏姆·萨亚尼发现教授这些女性就像打一场硬仗：低薪的教师们毫无热情，学生们很快就失去了兴趣。她决定亲自监督该项目，并开始花时间“从一个小巷到另一个小巷， 201
从一个住所到另一个住所，从一层楼到另一层楼与妇女们谈话。她热情洋溢，劝说妇女们学习读写”[②]。当委员会的钱用尽时，全印妇女大会的孟买分支机构提供给她足够支撑11个班420名女学生开支的经费。孟买委员会之后还决定向这些深闺中的女性资助50个教育中心。为提供阅读材料给新脱盲妇女，库尔苏姆·萨亚尼创办并资助了月报《导报》（*Rahber*）。她的“扫盲报”附有用乌尔都语、纳格里语（Nagri）和古吉拉特语撰写的、被翻译成简单印度斯坦语的故事和文章。这是她个人为实现民族融合所做的努力。[③]

在战争和煽动分治时期，库尔苏姆·萨亚尼仍然是一名忠诚的甘地主义者。萨洛吉妮·奈都和拉梅什瓦里·尼赫鲁（Rameshwari Nehru）是她的良师益友，“拉梅什瓦里是我理想的印度女性，”[④]她写道。库尔苏姆·萨亚尼谴责“真纳运动”对贫困穆斯林教徒的影响。她认为呐喊“伊斯兰教处于危险之中”只会激怒人们，使他们转而反对那些有助于他们的方案。库尔苏

① Interview with Kulsum Sayani (January 4, 1957), RWC, box 68, pp.1–2.

② Kulsum Sayani, "My Experiences and Experiments in Adult Education," unpublished paper, p. 2.

③ Sayani, "My Experiences," pp. 1–4.

④ Interview with Kulsum Sayani (July 30, 1970), p. 16, South Asian Archive, Centre for South Asian Studies, Cambridge.

姆·萨亚尼忠于甘地和国大党，这使她自己受到了穆斯林的嘲弄和威胁。他们称她的教育活动对宗教具有破坏性。[①]

哈杰拉·艾哈迈德（Hajrah Ahmed）与全印妇女大会共事多年后，于1937年加入了共产党。对劳动阶层妇女状况的新认知把哈杰拉夫人带向了共产党。她仍然与全印妇女大会合作，试图提高其同事对劳动妇女状况的认识，却未能成功。不管她如何竭尽所能，也未能更改她们的任务。

1940年，在哈杰拉夫人担任全印妇女大会阿哈拉巴德分支机构的组织秘书时，全印妇女大会开始用“政治”工作不断地烦扰哈杰拉夫人（她曾明确表示拒绝出席总督府的招待会）。哈杰拉夫人没有把这视为一般意义上的“政治工作”，但她做了让步，“过去我与国大党有联系，就信念而言，我是社会主义者，因此，我根本就不能成为一个不卷入政治的人”[②]。不到一
202 个月，当她的丈夫Z.A.艾哈迈德医生（Dr. Z. A. Ahmed）因为政治活动而入狱时，她“为了孩子”自愿辞去组织秘书的职务。[③]

之后，哈杰拉夫人继续努力尝试让国大党和全印妇女大会的女成员们看到共产党目标的价值所在。她再一次担任了组织秘书，并在独立后成为全印妇女大会的刊物《光明》的编辑。[④]虽然对全印妇女大会具有的资产阶级思想感到不满，但哈杰拉夫人仍把它视为一个致力于团结印度教女性和穆斯林女性的组织。正是穆斯林联盟通过坚决要求穆斯林女性离开全印妇女大会煽动了教派主义。教派选区的存在使穆斯林女性几乎不可能忽视穆斯林联盟提出的这种要求。[⑤]

贾汗·阿拉·沙·纳瓦兹、库德西娅·拉苏尔、谢里法·哈米德·阿里、库尔苏姆·萨亚尼和哈杰拉·艾哈迈德与妇女组织共事直至20世纪40年代。这5位是穆斯林女性精英的典型。她们都接受过正规教育，是父亲和丈夫进步看法的受益者。她们属于少数享有特权的穆斯林女性，可以旅行并拥有部分决策自主权。穆斯林女性独立选区和社群裁决（the Communal

① Interview with Sayani (RWC), pp. 2–3; interview with Sayani (Cambridge), pp. 17–18.

② Hajrah Begum to Lakshmi Menon (July 26, 1940), AIWC Files (unnumbered).

③ Hajrah Begum to Lakshmi Menon (August 15, 1940), AIWC Files (unnumbered).

④ Hajrah Begum, "Women in the Party in the Early Years," *New Age* (December 14, 1975), pp. 11–12.

⑤ Hajrah Begum, interview (New Delhi, April 2, 1976).

Award）的结果，向她们每个人提出了特殊的挑战。贾汗·阿拉·沙·纳瓦兹和库德西娅·拉苏尔就她们与穆斯林联盟之间的关系做出了决定，一个不怎么支持穆斯林联盟，另一个从内部公然违抗穆斯林联盟。谢里法·哈米德·阿里和库尔苏姆·萨亚尼是社会改革家，她们被迫与政治问题打交道。虽然她们二人都选择了国大党和妇女组织，但也都深思过谢里法的例子以及公众骚扰给库尔苏姆带来的苦痛。哈杰拉夫人几乎没什么迟疑。她选择了谴责所有宗教的共产党。她与国大党和全印妇女大会开展的工作受到共产党指令的影响。

全印妇女组织吸收了穆斯林妇女，并努力代表她们的利益。由于担心对深闺制的谴责可能被视为文化帝国主义，妇女组织进行调整以适应这无法改
变的现实，并且只在决议中对其进行含糊的谴责。[1]印度教徒和穆斯林都遵 203
守女性隔离和性别隔离，但这两个团体却在忆及“黄金时期”时意见相左。印度教女性回想着那一时期，女性积极参与社区生活；穆斯林女性则回想着那一时期，其先知的妻子们戴着面纱。妇女组织领导人在某种程度将深闺制视为问题，并称其为穆斯林问题。就政治而言，妇女组织说得好像所有的女性都是平等的，且她们还支持普选权。面对教派选举的现实，她们无言以对。国大党声称自己代表所有的印度人，妇女组织也重复着这种声明。穆斯林联盟对此表示反对，并要求穆斯林女性忠于穆斯林人民。

除沙·纳瓦兹夫人外，这些女性都谴责穆斯林联盟挑起了印度教女性和穆斯林女性之间的不和。对印度国民大会党和妇女组织也有着同样的指责。拉尼·拉杰瓦德的不敏感性就是一个典型的例子。谢里法·哈米德·阿里不是一个因循守旧者，她就广泛的问题与全印妇女大会开展了长期努力的合作。她希望其同事在给出建议前先了解伊斯兰教法律，但没有人准备听取她的这个建议。

退出印度运动

1939年9月，英国政府宣布印度参战。国大党表示愿意全面配合，以换

① Geraldine Forbes, "From Purdah to Politics," *Separate Worlds*, ed. Hannah Papanek and Gail Minault (Delhi, Chanakya Publications, 1982), pp. 236–8.

取建立真正责任政府和战争结束后获得独立的承诺。然而，国大党没有得到满意的答复。同年11月，国大党阁员辞职，并计划进行抗议。

此时，女性是学生协会、农民运动和工会的成员，有时甚至是领导者。她们参与那时的各种运动、竞选立法机构席位并担任位高权重的职务，对战争时期的反英运动来说十分重要。

1940年10月初，甘地支持非暴力抵抗。个人非暴力不合作主义者（开始是由甘地亲自挑选）无视紧急命令，公开发表反战演说。宣布反对政府的国
204 大党领导人接连被捕入狱。1940年，共有400名国大党男女成员被捕入狱。到1941年6月，差不多有2万人被捕入狱，但运动自那之后便衰退了。国大党领导人对该运动不大满意。苏密特·萨卡尔（Sumit Sarkar）称其“在所有甘地领导的民族运动中，无疑是最无力、最无效的运动”[1]。但甘地还是很满意，同时国大党领导人也不愿意失去甘地的领导。12月初，政府决定释放非暴力不合作运动的囚犯，这为双方关系的缓和带来了很大的希望。12月7日，日本人袭击珍珠港，12月8日，美国参战。

1942年8月8日，国大党全印委员会在孟买聚会，并通过决议要求英国退出印度。在这之前，国大党支持非暴力群众斗争，并告知人们，如果没有来自国大党的指令，“每个人……必须在常规指令的范围内行使自己的职责”[2]。英国退出印度决议对那些“被视为训练有素的印度自由斗士”的女性有着直接的吸引力，吸引着她们参与此次运动。[3]

甘地要求印度人民使用先前认可的方法开展非暴力运动：制盐、抵制法院和学校、纠察卖布和卖酒的商店以及拒绝缴税。英国方面的应对是逮捕国大党领导人。随之而来的是群众抗议，当当局对这些行为进行武力镇压时，引发了群众对国家权力象征的大规模暴力袭击。[4]运动始于城市，出现了罢工、示威游行以及同警察发生冲突等事件。运动后来转移至乡村，在那里农民反抗地主和英国当局的代理人。初期参与城市罢工和示威游行的女性是组织农民运动的激进学生，当抗议遭到压制时，她们转入地下活动。

---

① S. Sarkar, *Modern India*, pp. 381–3.

② Aruna Asaf Ali, *The Resurgence of Indian Women* (New Delhi, Radiant Publishers, 1991), pp. 136–7; S. Sarkar, *Modern India*, p. 388.

③ Aruna Asaf Ali, *The Resurgence*, p. 136.

④ S. Sarkar, *Modern India*, pp. 389–91.

乌莎·梅塔（Usha Mehta）在孟买负责一个秘密的无线电台。1930年至1932年公民不服从运动期间，还是孩子的她便加入了儿童“猴军”。这些孩子帮成人们跑腿及传递消息。当国大党领导人号召志愿者加入“退出印度”运动时，乌莎·梅塔想方设法提供帮助。由于政府封锁反抗消息，乌莎便决 205
定设立无线电台。“自由之声”开始广播抵抗和拘捕的消息、爱国青年简介，以及甘地发动退出印度运动时所做的“决一死战”的著名演讲。乌莎和她的兄弟一直坚持广播，直至1942年11月12日被捕时为止。大量的审讯之后，乌莎被判处4年监禁。在狱中，她发现很多像她一样怀着坚定的信念和爱国之心，出于对国大党领导人，特别是圣雄甘地的尊重而加入“退出印度”运动的人。[①]

当运动蔓延至乡村时，大量的农村女性与男性一起抗议赋税、抗议土地占有制以及地主的权利。1942年9月末，农民袭击了警察局，并破坏了米德纳普尔县4个行政区的电报线。英国方面对此进行了镇压，新一轮的暴力开始了。9月29日，塔卢克（Tamluk）行政区的人们在镇上游行，打算占领法院和警察局。但在面对守卫法院的士兵的时候，他们犹豫了。73岁的寡妇马坦吉尼·哈兹拉（Matangini Hazra）站了出来。她举起国大党的旗帜，发表了自己的首次公开演讲。

马坦吉尼·哈兹拉（出生于1870年）在孩童的时候就嫁给了62岁的鳏夫特里罗查恩·哈兹拉（Trilochan Hazra）。18岁时，她成了一名寡妇。62岁时，她宣誓效忠国大党。10年后，即1942年，她要求带领一支队伍。9月29日，她敦促人群以甘地的名义簇拥前行，当受到盘问时，他们拒绝停下来。她握旗的手首先被射中，然后是头部。当局显然已下定决心镇压此次反抗行动。米德纳普尔县的人们同样下定决心继续抵抗。他们遭到了残酷的镇压。[②]

1942年，阿鲁娜·阿萨夫·阿里（Aruna Asaf Ali，出生于1909年）成为地下运动的领导人。她被迫躲藏直至1946年。全印妇女大会刊物《光明》称她为虚构人物德维·乔杜拉里（Devi Chaudharani）和历史人物詹西女王的“嫡系继任者”。德维·乔杜拉里是劫富济贫的女匪王，詹西女王是在

① Kaur, *The Role of Women*, pp. 228–9; Dr. (Miss) Usha Mehta, Oral History Transcripts, NMML.

② Kaur, *The Role of Women*, p. 215; "Matangini Hazra," *DNB*, vol.II, pp. 159–61; Sarkar, *Modern India*, pp. 401–2.

1857年抗击英军的战士女王。[1]阿鲁娜·甘古利（Aruna Ganguli）出生在孟
206 加拉，她在避暑胜地奈尼塔尔（Nainital）长大，后前往拉合尔圣心女修院学习。她不愿接受包办婚姻，于是离开家，接受了一份在加尔各答郭克雷女子纪念学校教书的工作。她在阿拉哈巴德度假时，遇见了一位来自德里的穆斯林律师阿萨夫·阿里（Asaf Ali），没过多久，他向她求婚。阿鲁娜·甘古利不顾父亲的反对，于1927年嫁给了年长她20多岁的阿萨夫·阿里。他们搬到了德里，在那里拉梅什瓦里·尼赫鲁把阿鲁娜介绍进德里妇女联盟，萨提亚瓦蒂·德维（Satyavati Devi）带领她加入了公民不服从运动。阿鲁娜因触犯盐法被捕并判刑，监禁于勒克瑙。

1941年，因为奉行个人非暴力不合作主义，阿鲁娜·阿萨夫·阿里遭到逮捕，并被关进监狱，但是很快就被释放了。[2]在国大党全印委员会通过了“退出印度决议”的数小时内，包括阿鲁娜丈夫在内的国大党高层领导人都被捕了。在他们不在时，阿鲁娜主持了升旗仪式，并宣布了国大党高层领导人被捕的消息。当她展开旗帜时，警察朝人群投掷了催泪瓦斯。她后来回忆说，“那天早晨的经历使我决定不再遵守个人非暴力不合作主义，继而顺从地进入监狱”[3]。

阿鲁娜·阿萨夫·阿里遇见了去参加国大党会议的其他代表，之后他们决定返回德里。他们先乘火车前往阿格拉（Agra），再乘汽车前往首都。阿鲁娜·阿萨夫·阿里连同国大党的社会主义者J.P.纳拉扬（J. P Narayan）、拉曼诺哈尔·洛希亚（Rammanohar Lohia）、阿查犹特·帕特沃达恩（Achyut Patwardhan）和甘地主义者苏切塔·科里帕拉尼（Sucheta Kripalani）、R.R.迪瓦卡尔（R. R. Diwakar），决定转入地下，试图调和并疏导无纪律暴民的愤怒。他们的目的在于组织抵抗，干扰战争。在阿鲁娜躲藏的三年半时间里，她继续工作，敦促人们把土地从外国统治者手里“解放出来”[4]。

甘地对阿鲁娜感到不满。他说，“她宁可通过闹事，而不是根据宪法阵

① "Aruna Asaf Ali," *Roshni*, 1, no. 1 (February, 1946).

② Dhan, *Aruna Asaf Ali* (Lahore, New Indian Publications, 1947), pp.1–8; "Aruna Asaf Ali," *DNB*, vol. I pp. 70–1.

③ Aruna Asaf Ali, *The Resurgence*, p. 138.

④ Ibid., p. 140.

线来团结印度教徒和穆斯林”[①]。苏切塔·科里帕拉尼（Sucheta Kripalani）批评阿鲁娜和她的同伴蓄意破坏战争成果。阿鲁娜辩解称自己主张有计划地分散战线但绝不是恣意破坏。她引用了他们关于“分散战线基础知识”的宣传册：

> 分散战线是一种普遍有效的方法，为被奴役和被压迫的人们 207
> 用于反对统治者……因此，电报线被切断、铁路线上的鱼尾板被移除、桥梁被炸毁、工业厂房被弄坏、汽油罐被点上火、警察局被烧毁，官方记录被破坏——都是分散战线开战行为。但是，朝市场、学校或朝圣者庇护所投掷炸弹不是分散战线的做法。这要么是内奸要么是误导的力量所为。[②]

当一些历史学家把她描述为抵抗运动中最重要的领导者时，阿鲁娜却把自己比喻成“人们愤怒的火山喷发后产生的熔岩碎片”[③]。

1945年国大党领导人被释放后，工作委员会集合，声讨发生的暴行。阿鲁娜·阿萨夫·阿里和阿查犹特·帕特沃达恩先生（Mr. Achyut Patwardhan）致信国大党主席，表示不会因为自身的行为而公开认错，因为他们在行事时有着高尚的意图。而且，他们声称其权力来自国大党全印委员会。[④]甘地虽然不赞同阿鲁娜的手段，但却没有谴责她，反而赞扬她的勇敢，并同意在她躲避警察期间与她会面。当尼赫鲁从狱中被释放时，他特别提到阿鲁娜·阿萨夫·阿里是“一位勇敢的印度女性”[⑤]。

历史学家R.P.杜特（R. P. Dutt）认为群众抗议和不时地毁坏财产没有构成有组织的斗争。[⑥]其他历史学家不同意这种说法，并坚持有两个地下行动指挥中心，且都由女性领导。认可革命策略的阿鲁娜·阿萨夫·阿里是其中一个行动中心的领导人；而许诺非暴力的苏切塔·科里帕拉尼则是另一个行动中心的领导人。[⑦]

---

① "Aruna Asaf Ali," *DNB*, vol. Ⅰ, p. 70.
② Aruna Asaf Ali, *The Resurgence*, pp. 141–2.
③ Ibid., p. 140.
④ Dhan, *Aruna Asaf Ali*, p. 27.
⑤ Aruna Asaf Ali, *The Resurgence*, pp. 142–3.
⑥ R. Palme Dutt, *India Today*, 2nd edn. (Calcutta, Manisha, 1946), reprinted 1970, pp. 572–3.
⑦ G. Ramachandra, "Her Memory Will Live," an obituary, in *Sucheta: An Unfinished Autobiography*, ed. K. N. Vasvani (Ahmedabad, Navajivan Publishing House, 1978), pp.238–9.

苏切塔·马祖姆达尔·科里帕拉尼（Sucheta Mazumdar Kripalani，1908—1974年）出生于安巴拉（Ambala），她的父亲S.N.马宗达医生（Dr. S. N. Mazumdar）是旁遮普医疗局的一名卫生官员。她就读过多所学校，最后获得了德里圣史蒂芬学院（St. Stephen's College）历史政治学硕士学位。她曾在拉合尔的一所学校教书，之后成为贝拿勒斯印度教大学（Benares Hindu University）的一名讲师。苏切塔长时间追随甘地，并于1936年嫁给了另外一名甘地的追随者阿查亚·科里帕拉尼（Acharya Kripalani），这是一个广为人
208 知的无性婚姻。1939年，他们搬到阿拉哈巴德，苏切塔开始在国大党办公室工作。1940年，她被挑选来组建印度国民大会党的妇女部。[1]

妇女部承担着寻找最佳途径的责任，以利用“女性的才能和特殊天赋来实现独立的革命目标，并为国民生计的改善做出贡献”[2]。文献资料陈述了新部门的目标，指出女性的首要责任是对国家而言的：“只有这样，她们才能进步，才能摆脱长期受习惯和风俗奴役的状态。”[3]文献资料也十分清楚地表明，为国家效力是赢取权利的唯一途径。妇女部的任务是研究印度女性的无独立法律人格，征募女性进入国大党，协调和引导国大党女性成员的活动，并保持与其他妇女组织的联系。[4]妇女部希望提升女性的政治意识，并认为国大党与有利于女性的社会变革有关。[5]很明显，这个新部门意欲起到国家妇女组织的作用，并把女性置于印度国民大会党的管理之下。

当苏切塔因奉行个人非暴力不合作主义而被监禁2年时，妇女部的工作几乎完全瘫痪。1942年，国大党领导人被捕时，苏切塔出狱。听说了这个消息后，她决定躲藏起来。苏切塔的首要工作是与仍活跃于印度各处的团体建立联系，并鼓励他们继续开展非暴力活动。她写道，目标是“采取除针对个人暴力之外的任何方法使政府停滞不前”[6]。苏切塔进行各种各样的伪装，她从一个省到另一个省，以保持领导人之间的联系，并帮助他们部署行动。1944年，她被捕，作为“危险囚犯”被囚禁在勒克瑙的监狱中。[7]

---

① "Sucheta Kripalani," *DNB*, vol. Ⅱ, pp. 364–5.
② "The Aims of the Women's Department of the AICC," AICC, file no. WD–7, p. 1.
③ Ibid.
④ Ibid.
⑤ "Scheme of the Work of the Women's Department," AICC, file no. WD–2, p.1.
⑥ Ramachandra, *Sucheta*, p. 32.
⑦ Ibid., pp. 32–7.

1945年被释放后，苏切塔试图复兴妇女部。她希望女性加入成为国大党成员，并组织她们开展社会和政治方案。不到一年，她认识到省级国大党委员会对她提出的方案不感兴趣，于是把注意力转移至动员女性选举上。[1] 1946年，苏切塔成为制宪会议委员，被安排参与印度独立运动的早期 209
活动。1947年，苏切塔注意到了教派暴力，在孟加拉东部暴乱重创的地区加入了甘地的队伍。甘地希望这里能停止杀戮。总是忠于国大党的苏切塔坚持认为女性已行使了对国家的职责，并获得了“解放”的回报。[2]

1930年，女性被要求等到男人们完成向丹迪的进军后，才可被指派特殊任务。而到了1942年，女性则与男人们并肩作战，承担着同样的后果。激进主义女性被卷入斗争，她们忽视了性别问题或者像苏切塔·科里帕拉尼一样，把性别问题放置一边直至实现独立。只有不卷入冲突的女性才能把所有的精力用于呼吁女性主义议程之上。这意味着女性主义运动，如妇女组织定义的一样，继续支持着社会女性主义，为法律变革而效力，而她们行列中的许多女性已经离开，参与到更加危险和引人注目的活动中去。

孟加拉饥荒

历史学家认为1943—1944年的孟加拉饥荒是一场人为的灾难，其造成至少350万人死亡，数百万人贫困交加、流离失所。[3] 农业劳动者、渔夫和那些从事乡村运输的人首先受到旱灾和农作物歉收的影响。城市地区，特别是加尔各答，因饥民的涌入而经受了饥荒。在农村各地，男人们外出寻找工作，留下妇女和儿童自行谋生。先前以稻谷脱壳为生或在当地市场上买卖为生的妇女们失去了此项收入。[4] 除面临粮食短缺的问题之外，女性在寻求就业或救助中心的帮助时，还面临着性骚扰的问题。

饥荒之年，妇女既是受灾者也是行动者。挨饿的女性在公共场所以及在

① Circular no. 1 (November 17, 1945), AICC, file no. WD–9; Sucheta Devi to secretaries, Provincial Congress Committees (February 5, 1946), AICC, file no. 6–22.

② Sucheta Devi, "Women and Satyagraha," AICC, file no. 9.

③ See Paul R. Greenough, *Prosperity and Misery in Modern Bengal* (Oxford, Oxford University Press, 1982); Amartya Sen, *Poverty and Famines* (Delhi, Oxford University Press, 1981).

④ Sen, *Poverty and Famines*, p. 72; Renu Chakravartty, *Communists in the Indian Women´s Movement, 1940–1950* (New Delhi, People's Publishing House, 1980), p. 32.

210 郊区挨家挨户乞讨食物。她们成群地走向红灯区，使加尔各答妓院的女性数量增加了一倍。[1]中产阶级妇女自告奋勇提供救济，妇女自卫联盟（Mahila Atmaraksha Samiti）组织并领导了女性示威游行，她们请求政府采取行动。

1939年，在加尔各答，妇女组织联合起来要求释放政治犯。参与抗议的团体之一是国大党妇女协会（Congress Mahila Sangha）。最初它只是一个"带有政治主张的全印妇女大会"。其成员关心的是教授女性在日本人入侵时如何保护她们自己。1941年后，这个组织因新近从狱中释放的女共产党员的加入而成长了起来。雷努·查克拉瓦蒂（Renu Chakravartty）写到，公众对她及其同事的敢作敢为反应强烈：

> 他们认为我们是一群特殊的女性，挨家挨户去遍整个地区，厚着脸皮与每个人交谈……许多女性成为我们地区委员会的委员。其他人把我们赶走。男人们对我们冷嘲热讽，并要求他们的妻子避开我们。[2]

要吸引参会女性的注意并不容易。妇女们带着她们的孩子，彼此交谈，当感到无聊时就自行离开。会议组织者试图用游戏、歌曲、故事等方式来吸引观众。当会议变得更有趣易懂时，开展运动的团体便成长了起来。1942年，该协会更名为妇女自卫联盟。除要求释放甘地和其他民族主义领导人之外，妇女自卫联盟向女性讲授法西斯主义的恶行，并教导她们自我防卫。[3]

1943年3月17日，5000名女性从加尔各答及郊区列队行进前往立法院，抗议物价上涨并要求食物供应。妇女们举行的反饥饿示威游行随之在班库拉（Bankura）、巴布纳（Pabna）、马达里普尔（Madaripur）、拜达甘吉（Badarganj）、迪纳吉普尔（Dinajpur）和吉大港等地展开。[4]妇女自卫联盟成员在这些示威游行中表现突出。毫无疑问，她们给予了当地女性勇气。在米德纳普尔，200名女性去碾米厂，要求降低米价。当受到警察威胁要采取行动时，她们仍坚持自己的立场，最后她们被允许按其要求的价格购买大米。[5]

1943年4月，500名女性出席首届妇女自卫联盟大会。一位上了年纪的自

---

① Renu Chakravartty, *Communists in the Indian Women´s Movement*, p. 28.

② Ibid., p.18.

③ Ibid., pp.20–9.

④ Ibid., pp.34–5.

⑤ Ibid., p.39.

由斗士莫希尼·德维（Mohini Devi）担任会议主持，M.N.罗易的美国追随者 211
厄拉·里德（Ela Reid）担任组织秘书。在此次会议上[1]，雷努·查克拉瓦蒂、卡马拉·查特吉（Kamala Chatterjee）、马尼昆塔拉·森（Manikuntala Sen）、所有共产党成员，都谈到了女性的基本利益：食物和自卫。此时，妇女自卫联盟已在21个县建立了分支机构，女性成员超过22 000名。

饥荒时期的救灾工作吸引了大量曾参与20世纪30年代早期革命运动的女性。这些女性富于组织经验，因牢狱经历而变得坚韧，因目睹的苦难而深受触动，她们站出来领导了这场运动。女学生协会的组织者卡利亚尼·达斯·巴塔查尔吉（Kalyani Das Bhattacharjee）前往孟加拉省的饥荒重灾区，建立了200个由女性管理的医疗救助中心。[2]

全印妇女大会在班库拉县设立了烹制食物的厨房，日供养约50 000人，同时在博拉（Bhola）、拉杰巴里（Rajbari）、坦卢克（Tamluk）、科米拉（Comilla）和迈梅辛加（Mymemsingh）等县建立了救济中心。粮食被供应到加尔各答城。维贾雅拉克希米·潘迪特在游历了孟加拉省后，制定了儿童之家的方案。印度各地的全印妇女大会分支机构为灾荒救助筹集资金。[3]她们开展的工作令人难忘，挽救了诸多生命，但与妇女自卫联盟不同，她们并不鼓励政治激进主义。

左派女性像雷努·查克拉瓦蒂和马尼昆塔拉·森对全印妇女大会越来越不满。她们曾在该组织工作过，也承认该组织的工作开展良好，但她们失望地发现全印妇女大会抵制贫民的成员资格。当1942年提出招收贫困女性进入全印妇女大会时，一些老资格的会员把这称为共产党人的阴谋。[4]较年轻的女性坚持认为，全印妇女大会忽视了政治压迫，且没有为帮助女性对抗持续性的剥削做些什么。[5]

---

① Ibid., pp. 36–7.

② Kalyani Das Bhattacharjee, "A Short Life Sketch of Kalyani Bhattacharjee," unpublished, p. 5.

③ Aparna Basu and Bharati Ray, *Women´s Struggle: A History of the All India Women´s Conference I927–1990* (New Delhi, Manomar, 1990), pp. 74–5.

④ AIWC, minutes of the half–yearly meeting of the standing committee (June 1942), p. 6; Renu Chakraborty, "New Perspectives for Women's Movement after Twenty–Five Years of Drift," *Link* (August 15,1972), pp.177–81.

⑤ Renu Chakravartty, interviews (Calcutta, July 23, 1972, August 15, 1972).

212

印度国民军

在国外，印度妇女加入了苏巴斯·钱德拉·鲍斯（Subhas Chandra Bose）的印度国民军。[①]鲍斯[②]是一位叛离的国大党领导人，于1941年1月逃离加尔各答，前往柏林与希特勒达成了协议。将近一年半后，他乘坐潜艇前往东京，在那负责管理印度战俘。这些战俘被带往新加坡后，被改造成了一支解放军。

1943年7月9日，新加坡印度独立联盟（Indian Independence League of Singapore）让苏巴斯·鲍斯担任他们的主席，并承诺给予他实现梦想所需的资金和个人必需品。苏巴斯·鲍斯要求总动员：30万士兵、3000万卢比和“勇敢的印度女性组成的分队”[③]。

几天以后，鲍斯致辞联盟妇女分队，要求她们加入占西女王军团。鲍斯希望妇女们在独立斗争中能够全面合作；他建议立刻组建一个与印度男性并肩战斗的妇女军团。[④]鲍斯曾在前往日本的潜艇旅程中与其秘书讨论过妇女军团的问题，且早在抵达新加坡之前就整理好了此次的讲话稿。[⑤]

苏巴斯·鲍斯还在联盟中增设了妇女事务部，并任命拉克希米·斯瓦米纳坦（Lakshmi Swaminathan）医生担任领导[⑥]。拉克希米·斯瓦米纳坦（生于1914年）出生在马德拉斯，受过医师培训，并在新加坡行医。初次会面后，她回忆苏巴斯·鲍斯给她留下的印象：“他赤诚的谈吐震撼了我，我感觉这个男人永远不会走错一步，他能够让人完全信任，也能让人对他信心十足。”[⑦]妇女事务部的首要目标是征募女性加入印度国民军，长远目标是实现妇女平等。[⑧]

---

① On the Indian National Army see, Peter Ward Fay, *The Forgotten Army* (New Delhi, Rupa and Co., 1994).

② The most exhaustive work on Subhas Bose is Leonard A. Gordon's *Brothers Against the Raj* (New York, Columbia University Press, 1990).

③ M. Gopal, ed. *The Life and Times of Subhas Chandra Bose* (Delhi, Vikas, 1978), p. 280.

④ Gordon, *Brothers against the Raj*, p. 496.

⑤ Krishna Bose, "Women's Role in the Azad Hind Movement," unpublished paper, p. 4.

⑥ 并提及阿穆·斯瓦米纳坦的女儿斯瓦米纳丹。

⑦ Quoted in Gordon, *Brothers against the Raj*, p. 497.

⑧ Lakshmi Swaminathan Sahgal, interviews (Kanpur, March 19, 20, and 21, 1976).

苏巴斯·鲍斯告诉拉克希米医生和新加坡的女性说，他希望她们仿效印度勇敢的女自由斗士。他对她们说，妇女们通过甘地主义式的抗议和革命行 213
动证明了自己的无畏。为延续这种传统，并把它与印度历史上的自由之战联系起来，该军团以1857年的女英雄，占西女王的名字来命名。[1]

首个由苏巴斯·鲍斯主持的詹西女王训练营于1943年10月22日在新加坡附近开营。拉克希米·斯瓦米纳坦医生，现拉克希米队长，负责军团的作战单位和护理单位。嘉纳基·达瓦尔（Janaki Davar）是自愿成为女王军团成员的年轻女性之一，最初通过报纸知道了该军团。当苏巴斯·鲍斯来到吉隆坡时，她前去听他的演讲，并捐出耳饰作为他的战争基金。嘉纳基·达瓦尔的父母十分恼火，但她劝说他们邀请拉克希米队长来喝茶。嘉纳基回忆起那天下午的情景：

> 我拿了一份加入军团的申请表，并填好它，在父亲与拉克希米队长会面后，我请求父亲在申请表上签字——我需要父母亲一方的签名。父亲在申请表上签了字。在父亲改变心意前，我把申请表交给了独立联盟。几个星期后，我接到了前去新加坡的命令。[2]

嘉纳基在17岁时成为女王军团的成员。日本军事领导人对这种组建妇女军团的主意十分不屑，但是日本媒体和印度人却觉得这种想法鼓舞人心。它极大地强调了总动员的理念，并澄清印度国民军不只是一支战俘军队。

新加坡、仰光和曼谷的3个营地很快就征募了大约1 000名女性。只有少数女性接受了护理培训，余下的女性被训练成为战士。她们所作的准备与男性基本一样，甚至还穿着配备军帽、衬衫、短马裤、束脚裤和靴子的统一制服。一些领导人建议穿纱丽制服，但是苏巴斯·鲍斯和拉克希米队长认为若要受到重视，女王军团的成员必须像战士一样着装。鲍斯希望她们留短发，但是决定把这个问题留给这些年轻的女性来解决：约90%的女性剪了头发。[3]

随着训练结束，年轻的女王军团成员恳求参加前线战役。有迹象表明苏巴斯·鲍斯打算让她们投入战斗，但后来发生的事情改变了这种可能性。当日本人在英帕尔（Imphal）被击退时，一支女性分遣队被派遣到了缅甸。显

① Arun, ed., *Testament of Subhas Bose* (Delhi, Rajkamal Publications, 1946), pp. 193–4.
② Quoted in Peter Ward Fay, *The Forgotten Army*, p. 220.
③ Sahgal, interviews.

214 然当时女王军团成员的唯一作战形式只能是撤退。到1945年6月，她们已返回新加坡，然而拉克希米队长却留在了缅甸的丛林中，继续着营救工作。这些女王军团成员最后一次见到她们的指挥官苏巴斯·鲍斯是在8月14日，那时她们正在上演一出关于詹西女王生平的戏剧。①

当英国人回到缅甸和马来半岛时，首先审讯加入印度国民军的男性，然后是女性。英国人原以为这些害羞的、无助的女性是被迫加入这支军队的。因此，当这些穿着全套军礼服的女性现身、利索地敬礼，并宣称她们是詹西女王军团成员的时候，英国人震惊了。这些女性中只有少数人在战后返回了印度，但她们的“故事”表明，女性甘愿拿起武器，把印度从外国统治者手中解放出来。

苏巴斯·鲍斯的印度国民军的真正影响不是在军事上，而是它所产生的心理效应。流行刊物缅怀着勇敢的女王军团成员的故事，如冒充拉克希米队长的日记《印度万岁：为詹西女王军团效力的印度叛逆女儿的日记》。与勇敢女王军团成员的传奇同样重要的是，这种经历对女性自身的影响。这些女性当中的一些人，特别是拉克希米队长，继续着伦纳德·戈登（Leonard Gordon）称之为的“特殊服务生涯”。战后很久，她们仍会忆起苏巴斯·鲍斯对她们能力的信任，相信她们可以为了国家的利益而牺牲。②

社会与经济平等运动

战后时期，许多受过教育的年轻女性加入了农民运动。在退出印度运动中，她们因开展政治工作而入狱，这使她们变得激进，正如10年前这使另一代人变得激进一样。③在参加这些农民运动时，她们为实现印度的愿景而奋斗，承诺男人、女人、富人和穷人享有社会和经济公正。这是一种革命愿景，期望的变革远超过印度国民大会党或妇女组织预期的变革。

---

① K. Bose, *Women´s Role*, p.7; Geraldine Forbes, "Mothers and Sisters: Feminism and Nationalism in the Thought of Subhas Chandra Bose," *Asian Studies*, 2, no.1 (1984), pp. 23–30.

② Gordon, *Brothers against the Raj*, p. 497.

③ Geeta Anand, "The Feminist Movement in India: Legacy of the Quit India Movement of 1942," senior thesis, Dartmouth College (1989), pp. 8–15.

“三一”减租运动（The tebhaga movement） 215

1946年9月，孟加拉省农民协会（Bengal Provincial Kisan Sabha）呼吁佃农开展群众斗争，以留下2/3的收成。年轻的共产党员去往农村，组织农民把收割的庄稼运到他们自己的打谷场，从而使佃农享有2/3的收成。这场运动从孟加拉的北部开始，逐渐蔓延到孟加拉省的其余地区。[①]

拉尼·米特拉·达斯古普塔（Rani Mitra Dasgupta）、马尼昆塔拉·森、雷努·查克拉瓦蒂和其他在饥荒之年与妇女自卫联盟共事过的女性都希望农村妇女加入“三一”减租运动。虽然共产党并不热衷于支持这种想法，且男性农民对此也表示怀疑，但她们却发现农村妇女愿意与她们合作。起初，女性发挥着辅助性作用，帮助收割庄稼、帮领导人做饭、担任警戒员、敲响警钟通知同事警惕危险。当警察镇压更加暴虐时，没有武装斗争准备的共产党不再发挥积极的领导作用，妇女们成立了自卫队，即女子战斗队伍（naribahini）。[②]

马尼昆塔拉·森和雷努·查克拉瓦蒂告诉她们的领导人说，妇女问题必须同经济剥削和政治压迫等问题一起处理：第一，会议时间必须方便女性；第二，如果女性在运动中发挥了突出作用，必须做一些事使她们摆脱家务；[③]第三，针对妇女们关于其丈夫家暴、酗酒、拿走她们通过小生意赚来的钱的投诉，必须采取某些措施。但是印度共产党男性领导人却希望农民妇女成为“好同志”，并把斗争置于个人利益之上。印度共产党的女党员们未能成功争取到一种鼓励农民妇女对抗其丈夫的方案。[④]

米德纳普尔县的寡妇比马拉·马吉（Bimala Maji）把妇女们成功地组织起来。她曾在饥荒时期与马尼昆塔拉·森共同合作，鼓励贫困女性组建自助委员会。这些妇女委员会以赊欠的方式从地主那里获得了稻谷；把稻谷去壳 216
后卖掉，偿还地主后保留收益。“三一”减租运动期间，共产党把比马拉派往楠迪格拉姆（Nandigram），征募女性加入该运动。开始时，妇女们并不

① S. Sarkar, *Modern India*, pp. 439–41.

② Peter Custers, "Women's Role in the Tebhaga Movement," *EPW*, 21, no. 43 (October 25, 1986), pp. ws97–ws104.

③ Renu Chakravartty, interviews.

④ Manikuntala Sen, interview (Calcutta, February 21, 1976).

愿加入，但不久，情况发生了改变，比马拉动员妇女们加入“三一”减租运动并动员她们收割庄稼。在警察的追击下，比马拉转入地下。当警察逮捕了共产党和农民协会的领导人时，她不得不承担越来越多的责任。她做出决定，并领导农民破坏了富农的打谷场，出售了地主的收成份额。在全面搜索之后，警察俘获了比马拉，并把她关在笼子里长达一个月。比马拉后因140项罪行受审，被关押在监狱中达两年半。①

有许多像比马拉·马吉一样的女性，“三一”减租运动，对印度的妇女史尤为重要。共产党领导人和农民协会满足于让女性在运动中发挥次要作用，她们帮助收割稻谷、把稻谷运到打谷场，当敌人靠近时拉响警报。当这场运动变得更加激进，警察的镇压更加激烈时，运动的领导人落在了追随者的身后。就在此时，农民妇女挺身而出发挥重要作用，并成立了女子队伍。这些女性单位来源并不清楚，最可能的是在女性成功击退警察的经历中成长起来。彼得·卡斯特思（Peter Custers）认为她们的出现是因为缺乏集中控制。他断言：“自发性起义与女性发挥越来越重要的作用相关。”②卡斯特思认为，正是有着“父权偏见”观念的共产党的退缩，导致了女性领导人的出现。③

瓦里运动（Warli movement）

1945年至1947年，哥达瓦里·帕鲁勒卡（Godavari Parulekar）在西印度的部落民（adivasis，有时被称为部落民或土著民）、瓦里人中开展工作，帮助他们获取社会和经济公正。哥达瓦里·郭克雷（Godavari Gokhle，哥达瓦里·帕鲁勒卡嫁给谢莫拉奥·帕鲁勒卡前使用的名字）是浦那一位律师的女儿，接受了极好的正规教育，其父亲鼓励她独立思考和独立行事。学习法律
217 后，她通过了律师资格考试，后申请加入印度公仆社。④她在孟买住宅区的女性中开展工作，并成了年轻共产党员的朋友。在这时，她遇到了劳工领袖谢莫拉奥·帕鲁勒卡（Shamrao Parulekar），并嫁给了他。战争时期，她经常因为与工会合作而被捕、拘留和监禁。战争结束后，瓦里农民挣扎着摆脱

① Custers, "Women's Role," p. ws100.
② Ibid., p.ws101.
③ Ibid., p.ws102.
④ 参阅第六章。

债役劳工的身份，她加入他们并与之一起奋斗。

早期瓦里人曾在离孟买约60英里的塔纳（Thana）县拥有许多土地。殖民统治下，印度各地的投机者来到这个地区，侵吞了他们的土地。这些外来者成为有权势的地主，瓦里人则成为被奴役的劳动力。后来，瓦里人以佃农的身份被分配土地，并被要求支付收成的1/3到1/2给地主作为租金，并且被要求进行无报酬劳动。

1945年，瓦里领导人出席农民会议后，因受到鼓舞而举起了对抗地主的红旗。地主们进行了反扑，沉重地打击了瓦里人。当马哈拉施特拉农民协会听说了这场战斗后，他们派哥达瓦里·帕鲁勒卡以协会代表的身份去到那，并与瓦里人共同生活。①

哥达瓦里很快认识到瓦里妇女受到三重压迫。瓦里妇女是地主强奸的受害者，她们被认为不及瓦里男人“纯洁”，并且常常被指控施行巫术而被杀害。哥达瓦里明白女性受压迫的本质和严重性，但对此却无能为力。她首先关注的是对从事革命斗争的人开展基本的政治教育。

在哥达瓦里与瓦里人联合期间，他们遭到了警察和军队的凶猛攻击。1946年，哥达瓦里被禁止进入瓦里人所在的区域，但她继续在暗地里开展工作。她匿迹了差不多3年，但在1950年被抓获，接下来的3年在狱中度过。②瓦里人最终赢得了通过工作获取报酬的权利，一些最恶劣的剥削形式被废除。

哥达瓦里·帕鲁勒卡一直在为争取女性的权利和经济公正而奋斗。在孟 218
买，她为争取这两项权益做出了重要的努力。例如，开展扫盲运动、支持工会、支持国内工人联合会、教授缝纫课。但当她与瓦里人共事时，她却没能关注女性的特殊问题。瓦里妇女获得了与其男同胞一样的自由，但这场运动却没有努力将瓦里妇女从社会特有的性别压迫中解放出来。

特伦甘纳斗争（Telangana struggle）

1946年至1951年的“特伦甘纳斗争”是人们反对海得拉巴尼扎姆

---

① Sources for information on Godavari Parulekar's work with the Warlis include, Godavari Parulekar, *Adivasis Revolt* (Calcutta, National Book Agency Private Ltd., 1975); Godavari Parulekar, interview (Bombay, February 24, 1980); Renu Chakravartty, *Communists*, pp. 162–9.

② Godavari Parulekar, interview.

（Nizam of Hyderabad）的武装起义。海得拉巴是印度最大的土邦，人口超过1700万。其中约40%居住在封建领主的领地上，有权势的领主们在其领地上建有自己的法院和监狱。封建制度任由这些领主要求人们从事体力劳动。地主拥有新娘的“初夜权”。在陪嫁（adi bapa）的习俗下，主人的女儿出嫁时会有一名女奴陪同，服务新娘，并向新郎提供性服务；此外，地主并不会因强奸和纳妾而受到指责。[①]其余60%的人口定居在尼扎姆的土地上，受监工（deshmukhs）左右，被强迫干活和任意鞭打。[②]

印度教和伊斯兰教的上层和中产阶级的女性摆脱了农民妇女所经历的那种压迫，但却受到深闺制的约束。在尼扎姆的管辖下，海得拉巴是最落后的土邦之一。社会改革、女性教育体系以及在英属印度和其他土邦实行的改变女性生活的措施，对海得拉巴来说都是陌生的。[③]

到了20世纪30年代，妇女组织在强烈的反对声中坚持了下来，并在海得拉巴建立了分支机构。起初集会是上层和中产阶级妇女社交的场所，但很快成为讨论女性问题的论坛。为促进教育和社会改革，妇女组织开展的工作
219 培育了女性领导人，她们日渐意识到更广泛的政治和经济问题。在印度独立变得明了之后，尼扎姆开始就自己的未来与英国人谈判。共产党看到尼扎姆体制正在瓦解，便呼吁全印工会大会（All-India Trade Union Congress）、全海得拉巴学生会以及妇女组织加入共产党和安得拉大会党（Andhra Mahasabha）来共同反对尼扎姆。在特伦甘纳运动的顶峰时期，共有3000个村庄以及300多万人参加了运动。

女性在这次斗争中发挥了重要作用。她们被充分调动起来，这样一来，对其特别重要的问题都得到了讨论——工资、殴打妻子、儿童保育、卫生、工作时间哺乳的权利、食品，甚至是厕所问题等。这是一种组织上的策略，未对基本思想和战略造成威胁。总之，事实是这些问题的提出已足够获得“女性的忠诚和支持，却不会提升女性对附属本质及其根源的认识。”[④]为了土地、更高的工资、结束强迫劳动并反对过高的利率，女人们与男人并肩

① Vasantha Kannabiran and K. Lalita, "That Magic Time: Women in the Telangana People's Struggle," *Recasting Women*, p.182.

② Renu Chakravartty, *Communists*, pp. 121–2.

③ Kannabiran and Lalita, "That Magic Time," pp.182–3.

④ Ibid., p.187.

而战。但她们却是残酷暴行的受害者。

《我们创造历史：特伦甘纳人民斗争中的妇女生平故事》（*"We Were Making History":Life Stories of Women in the Telangana People's Struggle*）是一本关于参与特伦甘纳斗争的女性的人生故事选集，它让我们听到这些永远不会写下回忆录的女性所吐露的心声。在记载的众多回忆录中，有一段高拉·马拉姆（Golla Mallamma）关于拉扎卡（Razakars，议会的私有武装，伊斯兰原教旨主义教派）来到其所居住村庄的杂乱叙述：

> 当他们来到我们的井边的时候，他们点燃了火柴。他们纵火焚烧牛厩，杀害人们。当我们捶胸哭泣的时候，他们脱掉我们的衣服……我们开始奔跑。我们不断向他们致意着，奔跑着……拉贾卡（Rajakka）为什么你不告诉他们？那是在井的附近。拉贾卡将告诉你……他们焚烧了这些被他们杀害的人……他们杀害了这些被他们焚烧的人……他们还焚烧了我们的房子……他们焚烧和杀害了我们村庄的每个人。①

在解放区，农民夺取并重新分配土地，结束了债役劳动和强迫劳动。1948年，通过“军事干预”，海得拉巴邦并入了印度，印度军队开往海得拉巴镇压农民起义。到1950年，共产党员决定遵循中国模式，并把特伦甘纳称 220
作“印度的延安”。作为回应，军队加大了打击力度，这导致温和的支持者们抽身而退。1951年，明显已没有获胜的机会时，运动终止。

特伦甘纳运动给农民阶级带来了实质性的收益。许多农民能够保留他们获取的土地，并结束了强迫劳动。农民妇女因强迫劳动、陪嫁和纳妾制的废除而获益。但女性却无法获得土地，除非她们是寡妇。共产党没有为女性制定政策，其领导人也未能将斗争中的女性视为对等的人。②

结　论

从1937年立法机关选举到印度独立后的首次选举期间，我们看到女性

① Stree Shakti Sanghatana, *"We Were Making History": Life Stories of Women in the Telangana People´s Struggle* (New Delhi, Kali For Women, 1989), p. 63.

② *"We Were Making History"*, pp. 15–17.

在政治上活跃起来。20世纪早期，少数妇女开始参与政治集会，并表达她们的观点。鲜少出现在政治舞台上的她们似乎唤起了人们对印度母亲的强烈情感。20世纪20年代，女性参与公共示威游行，并把成百上千的新征募的成员领入了独立运动。到了20世纪30年代，她们游行、抗议、纠察、参与甘地领导阶层及其策略所支持的“填满监狱运动”。第二次世界大战时，情况发生了急剧变化。

在国大党高喊退出印度运动时，共产党员致力于在农村建立强大的根据地。一些国大党党员被捕入狱，另外一些则转入地下开展工作。苏巴斯·鲍斯逃至新加坡组建印度国民军，在日本人的帮助下解放印度。全国各地长期受到约束的群体——农民、佃农、劳动者、部落民——发泄了他们的怨愤。

新一代年轻女性加入了这些运动，她们受过教育、未婚、愿意从事危险和困难的任务。她们开展的活动不再局限于“只有女性”的群体。在行动中，这些女性经常招致其家庭、邻居的仇恨以及那些她们希望帮助的人的敌视。

221 她们最早在城市中产阶级妇女和农村群众间搭建了桥梁。她们中的大多数人都是女性主义者，这似乎可通过她们的作品证明，但不出意料，大多数人也发现她们的女性主义在很大程度上都与农村不相干。同“强迫劳动”和“认可强奸”的残酷性相比，社会改革家提出的深闺制、女性的法律地位以及女性教育等问题显得苍白无力。这些受过教育的女性带来意识形态工具，为其提供了一种对亲历的情势进行思考和陈述的方法。直接了解妇女问题，获取寻求帮助的女性的信任并为之所接纳，并致力于实现真正的变革，这些都是完全不同的提议。

马尼昆塔拉·森曾记述其试图在“三一”减租运动期间教授贫困的农民妇女马克思主义。这些妇女遭遇了酗酒的、虐待自己的丈夫。马尼昆塔拉·森未能解决这些问题，也没有试图教授生产方式及揭露资本主义的罪恶，她承认自己只能谈论在未来，孩子们既健壮又吃得好。当哥达瓦里·帕鲁勒卡初次前往瓦里村子时，她发现只有瓦里男人能够为客人烹煮食物，而“不洁”的妇女则被命令去舂米和研磨香料。对改变这种情况她一筹莫展。那些尝试与工厂女工共事的人了解到，这些女工轮班工作10小时，之后回家做饭和做家务。参与饥荒救助的女性悲哀地意识到遭受饥饿的妇女们为了喂养自己的孩子而沦为娼妓或者屈服于男性救灾工作人员的情欲。通过倾听在城市和农村遇见的女性的讲述，激进主义女性认识到了女性受贫穷、家务以及父权制（不珍视妇女）所压迫的程度。

在退出印度运动与1947年独立期间，印度人面临了一次毁灭性的饥荒和入侵威胁。英国官员被海军兵变、农民运动和工业罢工弄得手足无措。对女性来说，很难保持思想的纯粹性。一些女性坚持一种“普世的女性身份”（universal womanhood）的观点，不受种姓、阶层、党派和宗教划分的影响。但是大多数女性发现她们付之忠诚的团体，其持有的意识形态比妇女组织提倡的社会女性主义更具吸引力。

20世纪40年代的女活动家们挑战了早一代女性领导人所执着的体面规范。在20世纪30年代，女志愿者们穿着橙色或白色纱丽来表明她们的纯洁和对国家的忠诚。她们希望自己被认为有别于普通女性，并获得印度母亲的象 222
征性认同。对20世纪40年代的需求来说，这种表现形式令人厌恶。此时需要的是能够与愤怒的暴民、农民、“部落民”、工厂工人、饥荒受害者以及革命者共同合作的女性。工作危险且耗力，许多中产阶级妇女直接经历了她们贫困姐妹们所遭受的粗暴行为。似乎来自不同阶层的妇女第一次在共同斗争中联合在了一起。

当女性拓展其活动范围后，出现了两种情况：首先，她们丧失了女神的身份认同，成为可以不用迟疑便被抽打或杀害的“敌人”。另一个重要的变化是其影响力的下降。听众们曾全神贯注地聆听萨拉拉德维·乔杜拉里、萨洛吉妮·奈都、拉蒂卡·戈什、丽罗瓦蒂·蒙希、曼莫喜尼·祖特希、萨提亚瓦蒂·德维等人的演讲，她们对群众的演讲或在政治集会上的演讲曾被报纸报道，并受到领导人的赞誉。而当在政治党派和运动中的女性人数上升时，她们丧失了自己的优势地位。

探索为何女性的关注点和看法没有融入各种斗争中去，无论是反对英国统治的斗争还是争取社会和经济公正的斗争是一个有趣的议题。这当然不是因为女性没有参加战斗，也不是女性未能在其中发挥作用。例如，马尼昆塔拉·森对妇女的状况了解甚多，也希望使解放妇女成为经济公正运动的主要内容。她在党内的上级对把性别压迫与要求收成公平分配联系在一起并不感兴趣。大多数女性领导人反对分治，但是她们的意见没有在最后的决定中发挥作用。然而正是女性让家人团结在一起，并让家庭运转。当分治最终发生时，许多人发现他们的生活变得支离破碎。

随着女性变得更加积极，她们的贡献变得实在，而不再是象征性的。她们削弱了妇女组织的领导权并破坏了女性口径一致的神话。社会女性主义对特伦甘纳运动中的女性或者是分治后的难民无所作为。女性开始与广泛的党派和组织合作，但没有一个团体真的在意性别公正。遗憾的是，这些取代了社会女性主义的激进女性的意识形态并不主张把女性从父权制中解放出来。

第八章　印度独立后的妇女 223

1947年8月14日，印度和巴基斯坦脱离英国统治，赢得了独立。丹万蒂·拉马·劳（Dhanvanthi Rama Rau）在1946年担任全印妇女组织的主席，她回忆时说：

> 独立后，所有印度人都经历了恐怖、灰暗的日子。伴随着国家的分治以及强加于巴基斯坦和印度两国人民出人意料的、残酷的、悲惨的居民流动，灾难发生了，其规模程度和强度超过了任何一位领导人最残酷的想象……我们的国家从200年的殖民统治中解放出来，喜悦却变成对我们的人民被赶出巴基斯坦家园的痛苦的哀悼。①

1948年1月30日，圣雄甘地死于暗杀者的子弹。一年之内，活跃于主要妇女组织的女性失去了国家统一的梦想，也失去了她们爱戴的领袖。

印度和巴基斯坦各自进行了不同的构建。印度被构建为一个世俗民主国家，而巴基斯坦则被构建为一个宗教威权国家。这一章只关注印度，并尝试引出问题的历史根源以及独立后的印度妇女问题，尤其关注女性的政治角色、女性与现代经济的关系以及新的妇女运动。

---

① *An Inheritance: the Memairs of Dhanvanthi Rama Rau* (Bombay, Allied Publishers Private Limited, 1978), pp. 227–8.

印度独立后的妇女地位

印度宪法宣布平等是一项基本权利。该法案也保证要实现平等的法律保护和均等的公共就业机会，并禁止公共场合歧视。1955年至1956年间通过的独立法案《印度教法典》，修改了印度教徒的结婚和离婚法、收养法以及继承法。成人选举权增强了女性的选举作用，政治党派对妇女问题做出承诺。
224 新国家建立了旨在满足女性特殊需求的政府机构，包括设立国家社会福利委员会，分配区发展官员特别事务，要求卫生和福利部出于女性的考虑而制定明确的计划等。在印度这个新建立国家的文献资料中，过去已经发生了逆转，现代化取得了胜利，女性已不再从属于男性。

人们当前关注的不是宪法权利，而是政治现实。英属印度划分为印度和巴基斯坦，随着人们逃离这两个国家，数百万的女性和男性受到影响。当迁移结束时，从巴基斯坦迁移至印度或者从印度迁移至巴基斯坦的人口已经超过了800万。丽都·梅龙（Ritu Menon）和卡马拉·巴辛（Kamla Bhasin）认为1947年的故事是：

> 人们曾被迫适应这种急剧变化的现实，1947年发生的故事是流离失所和驱逐，是大规模和大面积的教派暴力，是家庭、社区和国民身份重新调整的性别叙事。[1]

许多女性——估计有8万到15万名——在此期间被诱拐。因为她们被视为父权制家庭的依附者，印度和巴基斯坦就营救和送回达成一致。[2]

1957年是修订《诱拐法》（Abducted Act）的最后一年，当年有3万多名女性被“营救”。她们的故事不全一样。一些女性面对了令人发指的暴行，对解救心存感激。另外一些女性被找到时已经认同了她们所处的新环境，她们视“营救”为再一次的诱拐。发挥“父亲—家长”作用的国家正强化着合法家庭的理念。[3] 直到现在，在学者运用女性主义的视角进行分析后，这种

---

[1] Ritu Menon and Kamla Bhasin, “Recovery, Rupture, Resistance: Indian State and Abduction of Women During Partition,” *EPW*, 28, no. 17 (April 24, 1993), p. ws2.

[2] Ibid., pp. WS3–WS4.

[3] Ibid., pp. WS2–WS11.

政策才遭到质疑。①

许多参与20世纪20年代、30年代、40年代社会改革和政治活动的女性对宪法条款和法律改革感到满意。属于上层和中产阶级社会的她们随时准备着 225
成为新机遇的受益者。政府要求杰出的妇女组织协助他们制订五年计划。这些女性与政府持一致意见，认为经济增长是最突出的问题，并设想女性将从预期的繁荣中获益。

一些广为人知的妇女组织逐渐制度化。它们有着可永久使用的建筑物、人员配备到位的办公室、图书馆及行政系统。它们提出并继续践行旨在服务于妇女的方案，特别是托儿所、劳动妇女宿舍、教育中心和医疗诊所等方案。如同与之紧密联系的政府一样，这些组织处理涉及妇女问题的方法也是“福利主义”式的方法。②杰出的妇女组织因此受到了指责，它们被批评没有使女性做好应对新责任的准备。③帕特·卡普兰（Pat Caplan）在关于马德拉斯妇女组织的研究中注意到，是女性阻止了改革，并长久保持妇女是依附者的传统社会理念。④

女共产党员直言不讳地表达了她们对宪法条款、五年计划以及政府和党派承诺的不满。1954年，维布拉·法鲁基（Vibhla Farooqui）与印度共产党内的女同事组织了一次国家会议来讨论妇女问题。在此次会议上，她们发现印度妇女国家联合会关注“（女性）为争取生活各领域的平等权利和义务，以及为争取改善生活条件而奋斗”⑤。她们认为主流政治力量试图“限制妇女组织，使其更多地在慈善工作领域发挥作用，并不时地通过些决议”⑥，她们请求新的定位。与此同时，她们也发现自己在印度共产党内共事的男同

① The Review of Women's Studies section in the April, 1993 issue of *EPW*, 28, no. 17 (April 24, 1993), was devoted to this topic. It included the following articles: Ritu Menon and Kamla Bhasin, "Recovery, Rupture, Resistance," pp. ws2–ws11; Urvashi Butalia, "Community, State and Gender," pp. ws12–ws24; Karuna Chanana, "Partition and Family Strategies," pp. ws25–ws34; Ratna Kapur and Brenda Crossman, "Communalising Gender/Engendering Community," pp. ws35–ws44.

② M. Mathew and M. S. Nair, *Women's Organizations and Women's Interests* (New Delhi, Ashish Publishing House, 1986), pp. 35–7.

③ From Sulabha Brahme, quoted by Neera Desai in “From Articulation to Accommodation: Women's Movement in India,” *Visibility and Power*, ed. Leela Dube, Eleanor Leacock and Shirley Ardener (Delhi, Oxford University Press, 1986), p. 294.

④ See Patricia Caplan, *Class and Gender in India* (London, Tavistock Publications, 1985).

⑤ *Tenth Congress of the National Federation of Indian Women*, Trivandrum, December, 1980 (Delhi, NFIW, 1980), p. 3.

⑥ Ibid., p. 3.

事对妇女问题漠不关心，且不愿吸纳女性进入工作委员会。1951年至1962年担任孟买共产党秘书，1962年至1972年担任工会工作人员的维马尔·拉那迪
226 韦（Vimal Ranadive）回想起了另一种困难——吸引劳动妇女参与工会会议的困难。①左派女性发现自己在两条战线上与“封建思想”斗争，分别是党内战线和社会内战线。②

其他紧密追随甘地的女性，把经济和社会变革看得比法律和宪法权利更加重要。她们也感到不满，但她们中的许多人也相信志愿服务，并注重基层项目。克里希纳拜·宁布卡（Krishnabai Nimbkar）先前被称为克里希纳拜·劳（Krishnabai Rau），她曾在公民不服从运动期间领导了马德拉斯的示威游行，并因此入狱。她从未丧失对甘地主义原则的忠诚。她反感官僚政治和中央集权的政府规划，她及像她一样的人对现行体制影响不大，也不能改变重大方案的发展方向。③

对紧接着独立后的这段时期，主要有三种言论。第一，因难民问题，庆祝胜利被搁置。第二，即使没有这场灾难（印巴分治），女性也对体制化和官僚化的问题感到不满。第三，独立斗争期间，一些女性接受了国大党的领导，但其他女性没有。这些女性中的许多人与革命极端分子共过事，独立后此类合作仍在继续。

尽管印度政府不时地受到批评，但其关于平等的承诺却未受到严重质疑，直至1974年一份关于妇女状况的报告《走向平等》发布时，这种情况才发生改变。1971年，教育和社会福利部委派一个委员会去“调查影响女性社会地位、教育和就业的宪法、法律和管理规定”，并评估这些规定的影响。④国内也曾对这样一份文献资料有过要求，但其实际发布时间却是为了响应联合国的号召，即所有国家为计划在1975年的国际妇女年准备关于妇女状况的报告。

227 联邦社会福利部部长普尔雷努·古哈博士（Dr. Phulrenu Guha）担任该

① Geeta Anand, “The Feminist Movement in India: Legacy of the Quit India Movement of 1942,” senior thesis, Dartmouth College (1989), p. 21.

② Neera Desai and Vibhuti Patel, *Change and Challenge in the International Decade, 1975–1985* (Bombay, Popular Prakashan, 1985), pp. 68–9.

③ Letter from Dr. (Mrs.) Krishnabai Nimbkar to G. Forbes (August 12, 1992).

④ *Toward Equality*, report of the Committee on the Status of Women in India (New Delhi, Government of India Ministry of Education and Social Welfare, 1974). p. xii.

委员会主席，维纳·马宗达博士于1972年被任命担任成员秘书。余下的9名委员会委员有着广泛的兴趣和阅历。委员中，只有马尼本·卡拉和普尔雷努·古哈博士两人曾直接经历过独立斗争。其他的委员曾与妇女组织紧密合作，他们都是一些著名的学者或从政人士。该委员会被要求建议一些方法使女性成为印度的正式成员。为了撰写该报告，委员会委托了大量研究，并对来自各邦的约500名女性进行了访谈。1973年，他们对活动进行了总结。这些研究以及发布于1974年的报告是国家首次做出的巨大努力，以此来了解女性未能享有宪法所保障的平等及公正的程度。这篇报告的作者指责自独立以来，女性地位非但没有提高，实际上还下降了：

> 回顾起源于社会文化制度的女性无独立法律人格和受约束条件，它指出大多数女性仍远不能享有宪法向她们保证的权利和机会……社会法律寻求在家庭生活中缓解妇女问题，但国家大部分女性对此却一无所知。对如今自身应享有的法律权利，她们的无知程度如同独立前。①

报告声明印度社会变化及发展给女性造成了负面影响。这震惊了许多印度人，因为英迪拉·甘地夫人是总理，且印度是世界上少数经常派遣女性出国担任大使、联合国代表和国际会议代表的国家之一。为庆祝国际妇女年，印度各地的组织都在计划特别会议来反映女性的成就。仅在发布《走向平等》一年前，“现代女性”阅读的通俗杂志《妇女》出版了独立日专刊，其封面把英迪拉·甘地描绘成难近母女神。简短的封面批注赞赏地写道：

> 作为一个女人——妻子、母亲、个体——在印度意味着许多，它意味着你是传统和文化的宝藏，另一方面，也是一座有着沸腾能量的火山，一座拥有力量和权力的火山，可以激起一代人去改变其价值观、抱负及文明生活的概念。②

杂志中的专题文章《现代印度的沙克蒂》认为圣雄甘地让女性卷入了政 228
治，从而：

> 开始了印度妇女的解放过程。一旦离开家……印度妇女很快抓

① *Toward Equality*, p. 359.

② *Femina*, 14, no. 17 (August 17, 1973), p. 5.

住了每一个机会使自己摆脱男性的控制。[①]

这些对比鲜明的形象无论是现在还是过去都令人吃惊。

《走向平等》对印度妇女的规划和政策的解读以及对自独立起至1970年印度妇女史的解读都具有重要影响。该报告出版后，印度社会科学研究理事会（ICSSR）就妇女研究建立了以维纳·马宗达博士为首的咨询委员会，以支持深入研究报告中提出的问题。几乎所有在咨询委员会指导下开展的研究都试图了解当代印度妇女生存和工作的状况。1980年，妇女发展研究中心成立，由维纳·马宗达担任主任，这是一个自发性研究机构，开展了关于妇女状况的研究工作，并就有关政策向政府提出建议。纳蒂拜·达莫达尔·撒克赛夫人女子大学下的妇女研究中心作为研究单位于1974年开始运转，并在尼拉·德塞（Neem Desai）的出色管理下，于1980年被大学资助委员会授予妇女问题高级研究中心的称号。

《走向平等》报告中的印度女性的整体情况以及研究机构的研究结果都令人失望。大部分文献资料聚焦于规划和政策的无效性。尽管如此，一些印度女性仍取得了让人惊叹的进步。此外，制度变迁与女性的成就也有关系，这可通过印度妇女继续在印度和世界舞台上发挥主导作用来证明。她们强大到足以向那些要她们回归“传统角色”的极端保守势力发起挑战，即使在19世纪，这些传统角色也是小说化了的典型。但报告所反映的重点在今天依然
229 正确，即无论“现代化”是经济的、科技的、政治的，还是社会的，数百万印度妇女并未从中获益。

妇女和政治

印度妇女的从政记录常常被引用来反驳那些强调女性附属性的报道和报告。印度女性可以投票和参与所有省及中央机构的选举。女性曾担任过部长、大使，甚至担任过总理。虽然女性的参与范围远未达到宪法所承诺的平等，但相较于世界上其他国家，却有着重要意义。

女性投票比例与男性差不多。分析家认为大多数女性都听从男性家庭成员

① Shanta Serbjeet Singh, “Shakti in Modern India,” *Femina*, 14, no. 17 (August 17, 1973), p. 47.

的领导，但一些调查和逸闻却表明女性日益对政治权力感兴趣，且独立投票。然而，这并不表示女性会因为妇女问题而投票或一定投票给女性候选人。

因知名人士参与其中，女性被选举进入议会的数量看上去好像多于实际数量。首届议会的女议员数量极少，约为2%，但其中的马苏玛夫人（Masuma Begum），后来成为社会福利部部长、国大党副主席；雷努卡·雷是一位富有经验的社会工作者；杜尔加拜（后来称为杜尔加拜·德什穆克）是一位知名的甘地主义者，独立后担任了中央社会福利委员会主席；拉达拜·苏巴拉衍被指派为参加第一次圆桌会议的代表。这一时期以来的报道表明，议会中的男性认真聆听了妇女们的演讲。

在接下来的选举中，妇女当选议员的情况有所好转，她们始终持有人民院（Lok Sabha，印度议会下议院）4%—5%的席位，直至20世纪80年代，其持有的人民院席位数量增至7%—8%。在不够强势的联邦院（Rajya Sabha，印度议会上议院），议员由邦议会选举产生及印度总统提名产生，其中女性所持有的席位在7%—10%之间。①

较其他国家而言，印度选任的妇女数量值得称道。历史上，仅在斯堪的 230
纳维亚国家、苏联以及那些直到最近才被称为"东方阵营"的国家，妇女代表数量达到过30%—40%。截至1991年6月，印度妇女在议会中的比例达到7.1%，相较于美国的6.4%、英国的6.3%和法国的5.7%来说，值得称许。②

对比其他国家，印度妇女的从政纪录令人印象深刻。然而从历史角度来看，这很平常。煽动性政治使女性卷入独立运动的各个方面，她们在其中证明了自己的英勇。独立后，这些女性发现很难实现从煽动性政治向选举政治的转变。

首先，是党派支持的问题。政治党派口头上支持女性从政的理想，但不愿意拿席位做赌注。

其次，女性候选人厌恶政治生活的杂乱。虽然许多女性表示愿意忍受竞选活动的艰辛，但她们却不能改变社会关于女性正确位置的态度。那些接受

① Wendy Singer, Department of Political Science, Kenyon College, Ohio, is now engaged in a study entitled " 'Women' and Elections in India: 1936–1996." This will be the first study of women as voters, candidates, and audience for campaign rhetoric.

② Marie–Jose Ragab, "Women in Parliaments," *National NOW* (National Organization of Women) *Times* (June, 1991), p. 8.

了挑战的女性不得不忍受性骚扰和污秽的流言。许多女性赞同普拉贾社会党执行委员会（Executive Board of the Prajya Socialist Party）前委员阿努塔依·利马依（Anutayi Limayi）的观点。她表示厌恶政治程序，偏爱社会福利工作这一优雅的领域。[1] 埃拉·巴特（Ela Bhatt）是一名工会会员及妇女个体经营协会（SEWA）的创建者，她回忆起自己早年在工会的工作：

> 没有其他女性……我非常腼腆。我们的人民也不太友善，他们编造着各种故事。我不得不游历……我需要和男性一道乘车出去。当你外出的时候，你还得在外过夜。这几乎得不到同意。我不得不经常抗争，我曾常常想我在做什么？我这样做对吗？[2]

这些表述促使一些社会科学家提出独立运动的后遗症是问题所在。温迪·辛格（Wendy Singer）注意到妇女为了幕后请愿的安全，而避开政治舞
231 台。在辛格看来，20世纪30年代给予妇女权力的方式，却在1989年边缘化了她们的影响力。[3]

从政女性面临的第三个问题与她们“女性化”和“非女性化”（或称为失去女性特征的）的表现有关。[4] 印度新闻媒体一定会注意到女性政治家，但关注点要么是在她们传统角色的表现、着装、外表和风格上，要么是在她们的阳刚特质上。在一些例子中——甘地夫人就是个恰当的例子——政界女性成为偶像——穿着强大女神或英勇的詹西女王的装束。但无论是对女神还是对女王战士，日常政治生活中都没有她们的空间，女政治家的表现必须如同男性同行一般。女性必须像男性一样为她们希望通过的法案和她们服务的选区而战。简而言之，她们必须学会权力游戏。

值得注意的是，有相当数量的女性担任要职。例如，1947年，阿姆利特·考尔夫人担任联邦卫生部部长；雷努卡·雷是西孟加拉的善后救济部部长；1959年，苏切塔·科里帕拉尼担任国大党总书记，1962年在北方邦内阁

---

① Anand, "The Feminist Movement," p. 31.

② Quoted in Elisabeth Bumiller, *May You Be the Mother of a Hundred Sons* (New York, Random House, 1990), p. 137.

③ Wendy Singer, "Women's Politics and Land Control in an Indian Election: Lasting Influences of the Freedom Movement in North Bihar," in Harold Gould and Sumit Ganguly, eds., *India Votes* (Boulder, Westview Press, 1993), p. 182.

④ *Rajeswari Sunder Rajan, Real and Imagined Women* (London and New York, Routledge, 1993),p. 115.

担任劳动部部长，1963年到1967年，担任联合省首席部长。1937年，维贾雅拉克希米·潘迪特被任命为北方邦卫生和地方自治部部长，独立后被选举为派驻联合国的代表。1947年，她被任命担任驻苏维埃社会主义共和国联盟大使，1949年被任命为驻美国大使，1953年被选举为联合国大会主席。这只是一份简短的名单，列出了独立后在印度行使权力且具有影响力的女性。

在印度，最重要的政界女性是英迪拉·甘地夫人（1917—1984年）。她是印度唯一的女总理，也是又一个在20世纪领导一个国家的女性。[①]甘地夫人长期执政，时间为1966年到1977年及1980年到1984年。其任期以1984年10月31日遭暗杀而结束。随着甘地夫人宣布印度进入“紧急状态”，并暂停宪 232
法保障的若干公民权利后，她在1977年遭遇了政治挫败。

英迪拉是印度国父贾瓦哈拉尔·尼赫鲁和卡玛拉唯一的孩子，其母亲卡玛拉是甘地主义者以及印度北部地区女性示威游行的领导者。英迪拉从小就受政治的熏陶。她的祖父莫蒂拉尔自世纪之交以来一直是印度国民大会党的领导成员，他为家族中的3代人曾同时待在监狱而感到自豪。英迪拉的母亲卡玛拉（1899—1936年）在传统家庭中长大，不适应尼赫鲁家庭的复杂氛围，但后来她参与了示威游行，并发表了强有力的女性主义演说。卡玛拉在英迪拉19岁时死于肺结核。6年后，英迪拉嫁给了母亲挚爱的友人和知己费罗兹·甘地（Feroz Gandhi）。他们有两个儿子，拉吉夫（Rajiv）和桑贾伊（Sanjay），但在费罗兹的政治生涯陷入窘境时，他俩开始分居，英迪拉日益忙于顾全其总理父亲的需求。

作为父亲的同伴，英迪拉安排父亲的国内事务，并陪伴父亲多次出访国外，扮演着官方女主人的角色。国大党老一辈领导人认为英迪拉具有可塑性。在认为没什么可担心的情况下，他们于1959年让英迪拉成为印度国民大会党的主席。尼赫鲁于1964年辞世。拉尔·巴哈杜尔·夏斯特里（Lal Bahadur Sastri）接替了尼赫鲁的位置，但于1966年意外死亡，留下一个没有领导者的国家。国大党领导人支持英迪拉的候选资格，他们想要“一个尼赫鲁”来执政，并认为她容易被驾驭。

任职期间，英迪拉表现出较预期更强大的力量。1972年，她在国内获得

① Mrs. Sirimavo Bandaranaike was Prime Minister of Sri Lanka (then called Ceylon) from 1960 to 1965.

胜利，国大党在中央和许多邦掌权；在国际上，她亦成功支持了孟加拉国反对巴基斯坦的独立战争。3年后，阿拉哈巴德的高等法院废除了她的选举。甘地夫人拒绝接受他们的裁定，并宣布国家进入紧急状态，此举暂时保全了她的权力。在此过程中，她批准的措施导致国大党在中央遭受了自独立以来的首次败北。甘地夫人在1977年到1980年间属于在野党，1980年她再度执政。那一年，她宠爱的小儿子桑贾伊，在飞行中因飞机坠落身亡。

重新执政后的英迪拉·甘地以模式化的方式来应对外界对其权力的威胁。她宣称持不同政见的邦难以管制，宣布总统管制令，并利用中央警察和
233 情报力量镇压地区的反对派。[①] 1984年，英迪拉被她的两个锡克教警卫刺杀身亡。他们二人因入侵锡克教最圣洁的圣地阿姆利则金庙的蓝星行动而震怒。攻击金庙的行动是为了抓捕暴力运动的领导人桑特·宾德拉瓦尔（Sant Bhindravale），他带领的运动意在创建独立的锡克教国家。拉吉夫·甘地是英迪拉的长子，他在接下来的选举中获得胜利，并担任总理直至1989年竞选失败。1991年，为重新执政而参选时，拉吉夫·甘地遇刺身亡。

英迪拉·甘地一贯否认自己是女性主义者。在新德里一所学院演讲时，她说“我不是女性主义者，我不认为任何人仅因为是女性就应该得到优惠待遇”[②]，但同时她提到女性是“世界上最大的受压迫的弱势群体”，并且印度女性自出生起就处于不利地位。[③]但在谈及自己时，英迪拉·甘地否认性别在其社会化或政治成功中发挥了作用。[④]当专为女性设计的美国刊物《麦考尔》在《纽约时报》上购买了整版广告来制作她就任印度国家首脑的专题报道时，英迪拉很不高兴。她告诉记者：“我没有把自己看作一个女人。我是一个有工作要做的人。”[⑤]

甘地夫人常谈到女性作为母亲和主妇的重要性，并赞颂女性的传统角

① Paul R. Brass, *The Politics of India Since Independence* (Cambridge, Cambridge University Press, 1990), p. 321.

② Indira Gandhi, "What Does 'Modern' Mean?" New Delhi, Miranda House (March, 1993), *Great Women of Modern India*, vol. VII, *Indira Gandhi*, ed. Verinder Graver and Ranjana Arora (New Delhi, Deep and Deep Publications, 1993), p. 169.

③ Indira Gandhi, "India's Programme for International Women's Year," Lok Sabha (April, 1975), *Indira Gandhi*, p. 137.

④ Indira Gandhi, "Equality– An Indian Tradition," interview (March 1968), *Indira Gandhi*, p. 142.

⑤ *The Asian Student* (November 23, 1974), p. 5.

色。[1] 在接受《夏娃周刊》的梅赫·派斯托姆吉（Meher Pestomji）的采访时，甘地夫人说她最大的满足来自母亲的身份。[2] 英迪拉说她希望印度普通妇女获得的解放是“在一生中有个荣誉地位，且能够为团体的幸福和利益发挥自己的影响力”[3]。

当被问及女性参政的作用时，甘地夫人回答说自圣雄甘地开始，印度 234
男性欢迎女性来分享权力。而且，男性在过去为争取女性权利而战，相信在未来他们也会这样做。英迪拉总理并不认为让更多的女性进入议会会影响政坛。[4] 她认为当女性以及像她父亲一样的男性致力于宪法的实现时，将迎来女性的解放。[5]

在被问及《走向平等》的结论“妇女地位自独立以来并没有改善”时，英迪拉回答说：“这些委员会的委员按西方标准来看我们。他们之中了解印度的人寥寥无几。”她声明印度人不是性别歧视者，委员们几乎没有认识到“印度正由一个女人带领”这一事实。[6]

遗憾的是，除了拉杰什瓦里·拉恩贾恩（Rajeswari Ranjan）曾考虑到问题与代表性相关[7]，其他女性主义学者尚未解决与总理性别有关的问题，如总理性别对国家意味着什么，英迪拉的政策与女性的相关程度等。近来，关于当代印度妇女的书籍要么忽视了印度曾有一位女性担任过最重要政治职务的事实[8]，要么宣称对这位女性的敬意，其曾在日常生活中帮助某些女性获取了政治权力。[9]

有意思的是在《走向平等》中唯一提及总理性别的地方是两个关于女性参政的总括性句子：

---

① Indira Gandhi, "Women's Power," speech, YWCA, Bombay (February 1975), *Indira Gandhi*, p. 153.

② Meher Pestonji, "All Eyes on Mrs. G!" *Eve's Weekly* (October 27–November 2, 1979), p. 12.

③ Indira Gandhi, "All Women are Teachers," speech, Lady lrwin College, New Delhi (November 1967), *Indira Gandhi*, p. 141.

④ "All Eyes on Mrs. G!" p. 15.

⑤ Indira Gandhi, "Tasks Before Indian Women," speech, SNDT Women's University, Bombay(June 1968), *Indira Gandhi*, pp. 162–83.

⑥ "All Eyes on Mrs.G!" p.15.

⑦ Rajeswari Ranjan, "Gender, Leadership and Representation," *Real and Imagined Women*, pp. 103–28.

⑧ Joanna Liddle and Rama Joshi, *Daughters of Independence* (London, Zed Books, 1986).

⑨ Sara S. Mitter, *Dharma's Daughters* (New Brunswick, N.J., Rutgers University Press, 1991), p. 80.

尽管只有极少数女性能够达到权力和权威的顶峰，但那些获得这种权力和权威的女子因其管理技能和处理事务的能力而获得认可。自1952年以来，在联邦政府共有13位女部长，其中6位是副部长，5位是邦部长，1位是内阁成员，另一位是总理——她自1966年起担任该职务。[①]

该如何理解若干印度女性升迁至重要职位及其对印度女性的意义？阿
235 希施·南迪（Ashis Nandy）把印度女性政要和印度女性大众现状之间的这种明显矛盾称为“关于印度妇女社会诠释的常见悖论”[②]，他从文化无性别化（具备积极进取和行动主义特性）的角度解释了女性在政界（和科学界）的成功。这种关注文化的假设与那些明确表达沙克蒂（力量）和女性之间具有文化/象征性联系的假设类似。[③]杰拉尔德·D.贝里曼（Gerald D. Berreman）在讨论文化价值和社会结构之间的关系时采取了稍微不同的策略，他意识到女性扮演着从属于男性的角色，但他认为女性作为人应受到重视。女性活动可能受到限制，但是女性自身从未受到轻视。[④]

其他学者关注担任重要职务的精英女性的状况。虽然大多数获取权力职务的女性的确属于“政治家庭”，但不是所有人都属于从财富和权势意义上来说的少数精英派。阿姆利特·考尔和杜尔加拜·德什穆克之间，维贾雅拉克希米·潘迪特和克里希纳拜·劳之间有着天渊之别。人们把她们称为精英，并暗示她们是动荡政治的获益者，却没有意识到这些女性的实际状况和所获得的监护价值的差异，也忽略了她们个人的政治悟性。[⑤]我认为，着眼于家庭文化、机遇和个人人格会更有助于理解某些女性的权力晋升。

政治学者玛丽·卡赞斯坦（Mary Katzenstein）曾把印度妇女参政的重要

---

① *Toward Equality*, p. 297.

② Ashis Nandy, "Woman Versus Womanliness: An Essay in Speculative Psychology," *Indian Women: From Purdah to Modernity*, ed. B. R. Nanda (New Delhi, Vikas Publishing, 1976), p.158.

③ See Susan S. Wadley, "Introduction," *The Powers of Tamil Women*, ed. Susan S. Wadley (Syracuse, N.Y., Maxwell School, 1980), pp. ix–xv.

④ Gerald D. Berreman, "Women's Roles and Politics: India and the United States," in Robert W. O'Brien, et. *al*., eds., *Readings in General Sociology*, 4th edn. (Boston, Houghton Mifflin Co., 1969), pp. 68–71; Gerald D. Berreman, "Race, Caste and Other Invidious Distinctions in Social Stratification," *Race*, 13 (July, 1971–April, 1972), pp. 386–414.

⑤ Imtiaz Ahmed, "Women in Politics," in Devika Jain, ed., *Indian Women* (New Delhi, Government of India, Ministry of Information and Broadcasting, 1975), pp. 301–12.

性总结为“甘地夫人的例外”。按照卡赞斯坦的说法，政治因素，特别是独立斗争时期的妇女动员和甘地主义思想，以及亲属关系的重要性，共同为女性走上领导岗位创造了机会。[①] 236

担任政治权力职务的女性是否发挥了作用？就解决印度妇女问题而言，答案是否定的。在印度，有大量女性参与投票，且有女性身居政坛高位，然而她们却极少利用自身的投票权或职务来持续地推进妇女事业的发展。许多当权的女性在竞选活动中提及她们的性别，表明她们是母亲、妻子或是孝顺的女儿，却没有性别化她们的政治角色。只有少数女性特别关注妇女问题。例如，20世纪70年代，姆里纳尔·戈尔（Mrinal Gore）担任马哈拉施特拉邦立法议会委员，1980年担任人民院议员。她因组织女性反对水价上涨和关注长期存在的水问题，被深情地称为“拥护水的女人”。姆里纳尔·戈尔谈及女性面临的基本问题：“如今，在众多的村子里，我认为女性一半的生命都花费在取水上。”[②]仅举几个杰出女性的例子，像姆里纳尔·戈尔、普尔雷努·古哈（Phulrenu Guha）以及雷努卡·雷，她们成名了，却不曾用政治影响力来改善全印妇女的状况。

政治生涯的压力使担任政治权力职务的女性不可能仅关注女性关心的问题或仅从女性主义视角来处理问题。然而，她们担任政治职务是高度直观的，可以作为女性赋权的典型。联邦院议员埃拉·巴特（Ela Bhatt）说，“让一位女性担任总理使所有女性对自身权利有了更深的认识”[③]。

如果询问女性是否能够成为行事有效的政治家，则答案是肯定的。可通过探查个人的职业生涯来确定其成功的程度。也许可以把英迪拉·甘地的平步青云归因于动荡政治，但她无疑是一个行事有效的政治家。但事实却是，政治参与惠及印度妇女的程度并没有达到20世纪20年代和20世纪30年代那些为女性解放而效力的人士的预期。

---

① Mary Fainsod Katzenstein, "Toward Equality? Cause and Consequence of the Political Prominence of Women in India," *Asian Survey*, 18, no. 5 (May, 1978), p. 483.

② Binoy Thomas, "Mrinal Gore: 'Paaniwalibai,' Watered Down," *Society* (March, 1980), pp. 20–7; Mrinal Gore, interview (Bombay, March 18, 1980).

③ Bumiller, *May You Be the Mother*, p. 151.

237

经济问题

许多人可能认为女性经济状况是决定其地位的关键。无论参考什么指标——财产所有权、资源控制、工资收入、食物消费、医疗护理获取，或性别比例——印度女性与印度男性并不对等。

很难回答“随时间的推移女性生活可能改善的程度”，因为历史学家极少关注这个话题。独立前，工作量、生活条件，甚至是劳动妇女的看法都很少得到关注。为研究关于劳工的具体问题而设立的委员会很少进行工人访谈，而当他们开展这些工作时，通常是针对男性。妇女组织成员偶尔为她们那些“较不幸的”姐妹们说话。就某种意义上而言，这种状况已经发生了变化，现在我们关于女工的研究涉及多个行业，从建筑[①]到牛奶生产[②]。

此外，最近的学术研究质疑现代化范式及其关于女性的假设。现代化的捍卫者宣称技术、工业化和资本主义改善了所有人的生活条件，女性与男性同样经历着经济变革。独立早期，印度领导人共同设想了技术和工业化的益处，他们希望通过长期规划和国家的持续参与来减少和纠正资本主义最恶劣的弊端。虽然有许多马克思主义学者随时准备质疑计划性变革带来的益处，但第二种假设，即视女性为自然受益者，在女性主义学术出现前从未受到质疑。

那些注意到印度性别比例差异的经济学家和人口学家对现代印度社
238 会的评论令人不安。[③]20世纪初，男女性别比例为1000：972，到了1941年，男女性别比例下降至1000：945，1981年，男女性别比例甚至降到了1000：933。[④]经济学家阿马蒂亚·森（Amartya Sen）写道：“我们面对的

---

① Leela Gulati, “Devaki, the Construction Worker,” chapter 5 of *Profiles in Female Poverty* (Delhi, Hindustan Publishing, 1981).

② Devaki Jain, “Milk Producers of Kaira,” *Women's Quest for Power* (Sahibabad, U.P., Vikas Publishing, 1980).

③ Barbara D. Miller, *The Endangered Sex* (Ithaca, N.Y., Cornell University Press, 1981); Amartya Sen, "More Than 1oo Million Women Are Missing," *The New York Review* (December 20, 1990), pp. 61–6.

④ Bina Agarwal, "Rural Women, Poverty and Natural Resources: Sustenance, Sustainability and Struggle for Change," *EPW*, 24, no. 43 (October 28, 1989), p. ws47.

问题明显是当今世界所面对的最重要的，也最容易被忽略的问题。”①

值得注意的是，印度不同地区的性别比例存在差异。1981年，喀拉拉邦（Kerala）报道，该邦男女性别比例为1000：1032；而印度两个更富裕的邦哈里亚纳邦（Haryana）和旁遮普邦则报道男女性别比例分别为1000：870和1000：879。由于存在喂养差异和卫生保健差异，大部分研究者都承认女性存活率低于男性。乔斯琳·凯奇（Jocelyn Kynch）和阿马蒂亚·森使我们注意到女性相对于男性而言人口比例低，且呈下降趋势。他们评论道：

> 实际上，随着经济和社会的进步，在男性和女性的绝对地位都提高时，女性的相对地位似乎降低了。如果我们通过长寿来判断像印度这样贫穷国家的幸福感时，那么女性的幸福感相对于男性有所下降，尽管男女双方的幸福感都出现了绝对的实质性增长。②

文化价值观或贫困及欠发达都不足以解释发生这种情况的原因，对其最令人信服的解释是，女性参与市场经济的比例低以及女性作为人类个体的赋值较低。

《走向平等》把妇女经济地位的低下归咎于公共政策。它们一般视妇女的工作为家庭收入和经济的补充。人口普查统计资料显示无论从占女性总数的百分比还是从占人口总数的百分比来看，女性参与正规经济部门的比例都在下降。委员会委员对此解释说：首先，这“是国民经济中，家庭和小型行业角色转换”过程的一部分，③当生产从家庭转移至有组织的经济部门时，
女性成为最大的输家。新兴产业极大地依赖技术，它需要女性所不具备的技 239
能和文化，因此她们不可能参与新兴产业中的职位竞争。其次，女性在现代化劳动力中的存在并不被认可。《走向平等》的作者评论说：“从保守观点来看，有人反对增加女性参与经济活动的机会……认为女性理应在社会中扮演‘合乎体统’的角色。”这导致女性在非组织部门中的经济边缘化，而女性在这些部门中更易受到歧视和剥削。④

不过，女性在其职业领域和某些服务业部门中获得了可观收益。通过女

① Amartya Sen, "More Than 100 Million Women Are Missing," p. 66.

② Jocelyn Kynch and Amartya Sen, "Indian Women: Well-being and Survival," *Cambridge journal of Economics*, 7, no. 3/4 (September/December, 1983), p. 371.

③ *Toward Equality*, p. 153.

④ Ibid., pp. 149–50.

240 16. 拉贾斯坦的卖艺者（帕布洛·巴塞洛缪拍摄）

17. 印度女警察，未注明日期（承蒙斯密斯学院，索菲亚·斯密斯收藏提供）　241

性未出现在其他经济领域而断定这些收益被抵消，只在统计意义上有效。然而，女性在服务业和职业领域重要性的增加引发了人们对新问题的关注，并将其与住房、交通、性骚扰和保守看法联系在一起。①

有关劳动妇女生活的现有数据对妇女地位将随着经济现代化而自动提升这一假设提出质疑。②相反，当工作从家庭转移至工厂或作坊，女性遭受了损失。例如，因剥削女性而声名狼藉的传统香烟产业的机械化，使就职于该产业的女性没有获得高收入或从改善的工作条件中获益，相反，她们微薄的收入在减少。③

最新的数据也对富裕家庭给女性带来益处这一假设提出了异议。大多数对印度经济发展感兴趣的社会科学家想当然地认为，更富有的家庭将给自

① Madhu Kishwar, "Sex Harassment and Slander as Weapons of Subjugation," *Manushi*, 68(January–February, 1992), pp. 2–15.

② For example, see the articles in a special issue of *EPW*, 24, no. 17 (April 29, 1989), pp. ws1–ws44: C. Sridevi, "The Fisherwoman Financier"; Nirmala Banerjee, "Trends in Women's Employment, 1971–1981"; Jeemoi Unni, "Changes in Women's Employment in Rural Areas, 1961–1983 ";Roger Jeffrey, Patricia Jeffrey and Andrew Lyon, "Taking DungWork Seriously"; and Miriam Sharma, "Women's Work is Never Done."

③ Prayag Mehta, "We Are Made to Mortgage Our Children – Interviews With Women Workers of Vellore," *Manushi*, 22 (1985), pp. 14–17.

己的女儿提供更好的食物、衣物和医疗护理，就和对儿子一样。事实并非
241 如此。从农村地区的儿童营养研究来看，富裕的农民家庭继续在儿子身上开销，而剥夺女儿的花费。换句话说，即使在富裕的家庭，重男轻女的思想依然存在。[1]

“堕女胎”，即性别鉴定后打掉女胎，是对繁荣将惠及女性这一观点的另一种质疑。中产阶级通常容忍这种行为，其让小家庭的出现和家庭中有儿子成为可能。[2]

第三种受到近期研究质疑的臆断是就业女性将要求体制变革。在印度，有组织为改善妇女工作条件而奋斗。它们支持工会重视女性需求，并在工作场所宣传性骚扰的危害。但这却不能改变公共政策。在女性被组织起来的地
242 区，她们对体制有一些影响，并能获取更多的可用资源。例如，艾哈迈达巴德妇女个体经营协会成功帮助女性获取小额贷款进行创业。但是经济地位的提高却不能保证这些女性成为反抗者，来反对这种压迫她们的体制。更常见的是，她们倾向于在现有体制下谋求地位的改善，而这可能意味着把血汗钱用于女儿的嫁妆上，而不是教育上。

当代妇女运动

第一次妇女运动也被称为“女性主义第一次浪潮”[3]，它因女性蒙受的苦难而谴责传统和宗教，并在教育和法律变革中寻求解决办法。第一次妇女运动从意义上讲是女性主义的运动，组织这次运动的领导人认识到女性因为性别而受到压迫。他们认为女性在生物学上、心理上、精神上均不同于男性，并以这种差异的互补性为基础，主张女性在公共生活中的代表性。社会女性主义者认为女性能够把家庭和家庭事务的专业知识带入论坛，并在那里

① Amartya Sen, *Commodities and Capabilities* (Amsterdam, North Holland, 1985), pp. 88- 95.

② Uma Arora and Amrapali Desai, "Sex Determination Tests in Surat," *Manushi*, 60 (September–October, 1990), pp. 37–8; Manju Parikh, "Sex–Selective Abortion in India: Parental Choice or Sexist Discrimination," *Feminist Issues* (fall, 1990), pp. 19–32; Vibhuti Patel, "Sex–Determination and Sex Preselection Tests in India: Recent Techniques in Femicide," *Reproductive and Genetic Engineering*, 2, no. 2 (1989), pp. 111–19.

③ Geraldine Forbes, "Caged Tigers: First Wave Feminists in India," *WSIQ*,5, no. 6 (1979), pp. 525–36.

讨论和制定公共政策。这种思想与甘地的妇女观以及把女性带入独立运动的民族主义者的期望相得益彰。随着英国人的离去，社会女性主义既无力对女性从属于男性做出解释，也无力提供一份变革的蓝图。

20世纪30年代开始，一些女性主义者批判父权国家和这种家庭制度，但却不能对社会女性主义发出强有力的挑战。20世纪60年代，女性不满现状，从而加入农村贫民和工人阶级的斗争。尼拉·德塞记载了这种行动，并在当代妇女运动的发展中予其一席之地：

> 女性参与纳萨尔巴里运动（Naxalbari movement），参与反对物价上涨的示威游行，参与古吉拉特邦和比哈尔邦的青年再造运动（Navnirman Youth Movement），参与马哈拉施特拉邦杜利亚县（Dhule District）的农村起义，参与抱树运动（Chipko Movement），这成为接踵而至的妇女问题的斗争背景。[①]

盖尔·奥姆维德特（Gail Omvedt）曾追溯当代妇女运动始于20世纪70年 243
代早期，那时农村妇女和劳动妇女首次接受领导力培训。[②]但那时，她们与城市女性和知识女性几乎没有联系，而这些女性却能够用女性主义措辞来明确表达农村妇女和劳动妇女受到的压迫。维纳·马宗达回想起那些岁月，谈到自己与其学术伙伴时说“我们毫无头绪”[③]，大多数受过良好教育的女性都赞成维纳·马宗达的这种观点。

联合国宣布国际妇女年和国际妇女十年，这导致古哈委员会的任命及后续报告的产生。这两件事与个体、团体、基层激进人士以及研究者中出现的新精神不谋而合。这种精神促使他们寻找方法来阻止女性正经受的“压迫和剥削、性骚扰和家庭暴力”，而这也同样是农村贫困人群、工匠和部落民所遭受的生活现实。[④]

维纳·马宗达回忆起自己首次读到古哈委员会收集的数据时，是如何的震惊。震惊之余是愤怒，然后觉得“必须做些事情”[⑤]。《走向平等》引发

① Neera Desai, ed., *A Decade of Women's Movement in India* (Bombay, Himalaya Publishing House, 1988), p. vii.

② Gail Omvedt, *Reinventing Revolution* (Armonk, N.Y., M. E. Sharpe, 1993), pp. 76–7.

③ Quoted in Bumiller, *May You Be the Mother*, p.124.

④ A. R. Desai, "Women's Movement in India: An Assessment," *EPW*, 20, no. 23 (June 8, 1985), p. 992.

⑤ Quoted in Bumiller, *May You Be the Mother*, p. 126.

的激愤和力量以及展现的研究数据为新的妇女运动提供了思想基础。

当代女性主义运动出现在20世纪70年代晚期和20世纪80年代早期。大量自发性团体取代了印度国内的妇女组织。它们不是通过正规协会的组织加入运动，而是通过团体领导人的关系、新兴女性主义杂志、大众媒体对妇女问题的报道以及大型定期集会或会议来加入运动。因为女性主义团体的分散性、没有集中的组织、带有“更倾向于左倾主义而非自由主义的政治承诺和语言”等特点，玛丽·卡赞斯坦确信印度当代妇女运动与欧洲妇女运动相似。[1]按照卡赞斯坦的话来说，该运动由“各种团体”组成，它们来自各种
244 姓和阶层，农村和城市地区，激进主义女性和女学者亦包括在内。[2]自发性组织在唤醒关于妇女问题的新意识上发挥了主要作用。1975年10月，激进主义女性联盟在浦那组织了妇女联合解放斗争会议。为期两天，700多名女性讨论了从嫁妆到清洁饮用水等一系列问题，与会女性包括农民工和教授、苦力和银行职员、教师和学生。[3]该次会议后，又在印度不同地区召开了其他会议。这些会议的重要性在于与会人员阶层的多样性以及讨论问题的广泛性。这种多样性只可能存在于奥姆维德特所说的“文化激进主义的新氛围”中，这种文化激进主义使批判罗摩–悉多范式成为可能。[4]

妇女运动持续关注传统习俗、信仰和体制，它们是压迫的根源。此外，妇女运动还注意到了针对女性的暴力，维护性别差异的体制以及经济形势对妇女日常生活的影响。

运动领导人采取的初步措施之一是打破沉默，暴露“她们（妇女）经受的羞辱、暴行、折磨以及遭受的个体和群体攻击”[5]。这意味着打破随和的、自我牺牲的、致力于服侍家庭的理想印度女性形象。这也不可避免地攻击了家庭。同时，一些坦率的激进主义学者近来加大了对中央政权权力增长的谴责力度。致力于煽动变革的女性现在都在批判家庭、政府以及社会。

20世纪70年代中期开始揭露性别暴力；至70年代末，揭露范围逐步扩

① Mary Fainsod Katzenstein, "Organizing Against Violence: Strategies of the Indian Women's Movement," *Pacific Affairs*, 62, no. 1 (spring, 1989), p. 54.

② Ibid., p. 54.

③ Omvedt, *Reinventing Revolution*, p. 82.

④ Ibid., p. 83.

⑤ A. R. Desai, "Women's Movement," p. 992.

大。1979年，新德里的一小群女性开始发行《女性》，这是一份用印地语和英语撰写的关于妇女和社会的期刊。该期刊现已成为印度一级女性主义期刊，具体探讨妇女问题，如性骚扰或新娘期望调整自己以适应夫家；对女性的暴力，包括家庭暴力以及把暴力当作政治和社会控制的武器；针对和关于女性的历史和文学以及女性创造的历史和文学；社会、政治、经济问题，如教派主义和公共卫生政策。

1980年，马图拉案件震惊了中产阶级妇女，从而举行示威游行反对警 245
察的兽性和政府的自满情绪。马图拉是一个年龄在14岁到16岁间的低种姓女孩，被警察拘留问话，然后在警局被强奸。被释放后，马图拉对强奸进行申诉，但警察却称马图拉同意发生性关系。治安法庭法官采信了警察的话，但是孟买高等法院的那格浦尔分庭认定警察犯了强奸罪，并判处其入狱服刑。该事件发生在1972年。6年后，因为缺乏证明——马图拉曾反抗过的证据，最高法院撤销了该判决。

德里大学法学院乌彭德拉·巴克西（Upendm Baxi）教授因一本法律期刊注意到了该案件，便连同德里大学的拉古纳·科尔卡（Raghunath Kelkar）和洛蒂卡·萨卡尔（Lotika Sarkar）以及浦那大学的瓦苏达·达加穆沃（Vasudha Dhagamwar）等三位同事共同写了一封致首席法官的公开信，敦促他复审该案件。[①] 妇女组织要求重新开庭审理该案件。当最高法院以技术限制为由驳回了这些请愿后，新德里和孟买的女性走上街头示威游行，高喊：“反对最高法院，反对最高法院。我们该向何处报案？”[②]

政府委派了一个法律委员会来调查该问题，并对现行法律提出修正案，1980年，刑法修正案出台。但这并不令人满意。当最高法院复审该案件时，它给出了这样的结论：“通常不应该怀疑强奸受害者未经证实的证词。”[③] 女性活动家希望将强奸认定为暴力犯罪，但是她们也知道这种法律不能保护女性免受强奸的伤害。[④]

---

① Subhadra Butalia, "The Rape of Mathura," *Eve's Weekly* (March 8–14, 1980), pp. 10–13.

② "The Rape Rap," *India Today* (June 30, 1983), p. 44.

③ Ibid., p. 44.

④ "The Raped Still Tremble," *Probe India* (March 1983), p. 53; Vibhuti Patel, "Recent Communal Carnage and Violence Against Women in Connivance with the State Machinery," presented to the House of Commons, UK (February 2, 1993).

强奸只是推动当代妇女运动的一个问题。“索奁谋杀”（指年轻的已婚妇女被姻亲焚烧致死）作为一种新现象出现在20世纪70年代晚期。反对这些事件的首次抗议发生在1979年7月，当时200名愤怒的示威者在新德里繁华市郊的一所房子前高喊口号。一位年仅24岁的年轻妻子在其公公家中被烧死，
246 群众要求警察调查该“意外事件”。那晚的早些时候，该女子曾前往她自己父母家，告诉他们自己的丈夫想要一辆轻便摩托车。她还告诉父母其姻亲虐待她。当该女子的丈夫来带她回家的时候，她进行了反抗，她的丈夫在其兄弟面前殴打了她。她的兄弟叫来了警察，但警察们却没有介入。数小时后，她因厨房火灾被烧死。很多邻居不愿相信这是一个意外事故，那些抗议的人群指控死去妇女的姻亲犯了“索奁谋杀”罪。①

接下来的几个月，女性活动家开始特别关注新近结婚的年轻女性的死亡案例。因意外火灾死亡的人数令人惊奇。1979年，德里此类死亡事件达到358例，其中自杀事件不到50例，23例被称为“索奁焚死”，其余的被归为“意外”事件。每一个调查这些死亡事件的人都收到来自伤心的家庭和震惊的邻居们的信。他们希望揭发这些意外事件其实是可怕谋杀事件的事实。各家庭以其女儿的书信作为证据，信中谈及连续不断的骚扰以及对额外嫁妆的索取。邻居们描述他们知道的情况：妻子受到虐待；见到纱丽着火的年轻女子跑入庭院，尖叫求救；以及葬礼仪式的草率。警察介入的情况极少，在大多数时候，他们似乎同意死亡方式是自杀或意外。②

在德里，属于此类意外死亡案件的数量从1981年的466例上升至1982年的537例。③ 1982年，新德里的一群女性活动家在德里南部的一个住宅区的车库里创建了一个小型妇女中心，名为女友（Saheli）。任职该组织的志愿者们都不相信她们能够停止索奁谋杀，但是她们希望为面临危险的女性提供

① Suaina Low, "The Gentle Stirrings of their Discontent," *Imprint* (May 1983), p. 38.

② The literature on "dowry deaths" is extensive. For example, see Chairanya Kalbag, "Until Death Do Us Part," *India Today* (July 15, 1982), pp. 52–3; *Saheli Newsletter*, 1, no. 2 (June, 1984); Lotika Sarkar, "Feeble Laws Against Dowry," *Facets*, 3, no. 3 (May–June, 1984), pp. 2–5; Sevanti Ninan, "At the Crossroads of the Courts," *Express Magazine* (November 27, 1983); Vimla Farooqui, "Dowry as a Means of Acquiring Wealth and Status," *HOW* (May, 1983), pp. 11–12, 16; “Daughters, Dowry and Deaths,” *Newsletter, Research Unit on Women's Studies*, SNDT Women's University, 4, no. 4 (November, 1983), pp. 1–2; Law Commission of India, *Ninety–first Report on Dowry Deaths and Law Reform* (August 10, 1983). There have also been numerous articles in *Manushi*.

③ 这些数据来自新德里一个名为“女友”的组织，引用的资料来自警方的记录。

咨询和庇护。参加女友组织的志愿者们开始记录女性的死亡原因，同时尽可能与警察交涉，并要求进行更加彻底的调查。[1] 247

在众多小型援助中心中，女友是首个为处理家庭暴力和骚扰问题而设立的中心。首都报纸每天都在报道“索奁谋杀”，现有的妇女组织都在讨论“索奁谋杀”，重要的女性主义出版物的编辑也在论述“索奁谋杀”。

德里之外，印度各地的城市和城镇开始显著报道大批年轻的新婚妇女在家庭发生火灾后死亡。这些数字远未接近德里女性的死亡数字，但它们却表明了针对女性的普遍暴力模式。对那些研究“索奁谋杀”的人员来说，有两个结论显而易见：这些死亡事例与更大的问题，即低估女性价值有关，同时消费主义带来了利用女性从属性的新方式。换句话说，索奁焚妻是传统性和现代性作用的结果。

反对这些惨案的运动在逐步升级，政治家急忙谴责这种习俗，并把其归咎于未能遵守1961年的《禁止嫁妆法案》。普拉米拉·丹达瓦特（Pramila Dandavate）在1980年提出议员个人议案以修正反嫁妆法。活动家们认为新增的法律是恰当的。

到1982年8月，被委派调查《禁止嫁妆法案》实施问题的上下两院组成的联合委员会（由克里希那·萨伊夫人担任委员会主席，Shrimati Krishna Sahi）向人民院提交了报告。在随后的听证会期间，印度法律委员会提交了一份名为“索奁焚妻和法律改革”的报告。[2] 听证会在1984年制定了一个议案，随后进行修订，并于1986年通过。该法案增加了对收受嫁妆的惩罚条款，并裁定如果女子非自然死亡，则其财产将被移交给她的孩子或者归还亲生父母。这场运动结束了，新的立法亦通过了，但索奁焚妻事件仍继续存在。[3]

1987年9月，18岁女子鲁普·坎沃（Roop Kanwar）的死亡方式吸引了女性主义者的注意。她在拉贾斯坦邦的德奥拉拉（Deorala）村中随同丈夫 248

---

① *Saheli Newsletter*, 1, no. 2 (June, 1984); *Saheli Report* (November 25, 198 3). Both were privately circulated.

② Report of the Joint Committee of the Houses to Examine the Question of the Working of the Dowry Prohibition Act, 1961, C.B. (Ⅱ), no. 333 (New Delhi, Lok Sabha Secretariat, 1982).

③ Flavia Agnes, "Protecting Women Against Violence? Review of a Decade of Legislation, 1980–1989," *EPW*, 27, no. 17 (April 5, 1992), pp. ws19–ws33.

的尸体被焚烧而死。鲁普·坎沃因萨蒂而受到称赞，萨蒂即一名贞洁的女性选择殉夫而不是寡居。这种习俗已于1829年被废止，正如维纳·奥尔登堡写的那样：

> 随着法律的出台及生效，撇开神秘性、荣耀、魅力和仪式意义，将实行萨蒂的行为——不论寡妇是自愿还是被迫参与——裁定为单纯的犯罪。①

然而，有成百上千的人参加了这场萨蒂方式的死亡仪式，在鲁普·坎沃被焚死时，他们欢呼喝彩。9月16日，举行了披肩节（chunari mahotsava），即一种纪念近期进行的萨蒂，并圣化其发生场所的仪式，估计有50万人参与了该庆典。拉贾斯坦的男性保护火葬用的柴堆堆放的场所，富于想象力的商人出售照片和纪念品，聪明的政治家虔诚地拜访该场所。②

鲁普·坎沃的死亡事件使女性主义者和自由主义者被动员起来，对这种所谓的萨蒂提出抗议，认为它是一种暴力犯罪，一些人称其为“冷血谋杀”。他们谴责社会忽视和虐待寡妇，从而迫使一些妇女宁愿选择死亡，也不愿过着如同地狱般的寡居生活。③历史上，印度女性主义者首次把焚烧女性当作她们自己的问题，并宣布在她们的姐妹被以某种冷漠的，所谓的神圣传统的名义谋杀时，她们不会袖手旁观。政府通过立法做出回应。议会通过了《萨蒂防范法案》（Sati Prevention Bill）。它是1829年法律的重现，宣布美化萨蒂为非法。根据维纳·奥尔登堡的说法，该法律模糊了自愿殉夫和被迫殉夫的区别，把萨蒂定义为女性犯罪，其他参与萨蒂的人仅构成行为教唆罪。④

马图拉案件、“索奁焚妻”以及发生在德奥拉拉村的萨蒂事件耸人听闻，引发了印度媒体和国外的关注。在学院和大学就读的女学生以及在城市工作的年轻单身女性读到了这些事件，她们聚集在一起谈论，并决定采取行
249 动。在印度的各大城市，出现了街头戏剧演出、示威游行、文献中心以及新

① Veena Tal war Oldenburg, "The Roop Kanwar Case: Feminist Responses," *Sati, the Blessing and the Curse*, ed. John S. Hawley (New York, Oxford University Press, 1994), p. 102.

② "A Pagan Sacrifice," *India Today* (October 15, 1987), pp. 58–63.

③ "Sati– Cold Blooded Murder," *Research Center Women's Studies Newsletter*, 8, nos. 3 and 4 (December 1987), pp. 1–14.

④ Oldenburg, "The Roop Kanwar Case," p. 126.

组织。[1]在农村地区，组建了新团体和临时联盟，抗议劳动剥削和暴力行为。

政府通过立法来应对城市中针对强奸、索奁焚妻、萨蒂谋杀而开展的运动。弗拉维亚·艾格尼丝（Flavia Agnes）对惊人的立法数量及其规模做出了这样的评论：

> 如果压迫能够通过立法的方式得以解决，那么这十年可被认为是印度女性的黄金时期……几乎每一次反对女性遭受暴力的运动都促使了新法律的出台。[2]

遗憾的是，引发暴力的更深层次的原因以及法律挽救局势的能力等难题却鲜少被问及。结果是在这十年里，立法数量惊人，但因为这些法律事实上的无足轻重，失望也随之而来。一旦法律通过，其执行取决于男性，而男性对女性及其自身在世界中所处位置的看法没有改变。在"打破沉默"的过程中，女性主义者转而向政府寻求帮助。政府做了答复，它使女性确信政府能够并将成为女性的保护者。现在看来，"保护者"为了自己的目的，利用了妇女问题。真正的问题不曾被处理，却暴露出中央政权已进一步控制了人们的私生活。[3]

正当针对女性的暴力问题引起人们对妇女运动的重大关注时，其他问题却打破了这种初现的团结。复兴的及性别化的教派主义是最致命的挑战，以沙阿·巴诺（Shah Bano）案和阿逾陀清真寺（mosque at Ayodhya）争夺案为典型。

1985年4月，最高法院给予离异的穆斯林妇女沙阿·巴诺从前夫那获取财务支持的权利。穆斯林团体对此进行了抗议。这是经过一系列冗长的诉讼和上诉后的最终裁决，但沙阿·巴诺的前夫认为根据穆斯林法律，他已经履行了职责。在做出最终判决的过程中，最高法院援引刑事诉讼法第125款，要求有财力的丈夫支援贫困的前妻。[4]

---

① Saumitra Banerjee, "Women against Rape," *Sunday* (March 30, 1980), pp. 40–3; Subhadra Butalia, "Taking it to the Streets," *The Times of India* (March 2, 1980), p. 111.

② Agnes, *Protecting Women*, p. ws19.

③ Ibid.

④ Zoya Hasan, " Communalism, State Policy, and the Question of Women's Rights in Contemporary India," *Bulletin of Concerned Scholars*, 25, no. 4 (October–December, 1993), pp. 9–10; Zoya Hasan, "Minority Identity, State Policy and the Political Process," *Forging Identities*, ed. Zoya Hasan (New Delhi, Kali for Women, 1993), pp. 59–73.

250 当穆斯林教徒对法院干预穆斯林法律的权利提出质疑时，曾被视为妇女问题的问题很快就变成了教派问题。沙阿·巴诺的前夫声明他已经做了穆斯林法律所要求的事。印度各地的保守穆斯林教徒认为此项裁决是对他们宗教少数派身份的攻击。[1]女性主义者、自由主义者以及保守的印度教徒谴责穆斯林法律的落后。正如英国人曾评判他们对待女性的态度好于印度教徒一样。到了20世纪80年代中期，印度教徒也认为印度教妇女得到了比穆斯林妇女更好的待遇。

1986年，拉吉夫·甘地领导的国大党政府出台了《穆斯林妇女（离婚权利保护）法案》。该法案否认了刑事诉讼法第125款规定的穆斯林妇女应获得的赔偿，并指定在贫困时，其出生家庭负有支持之责。[2]议会之外，穆斯林妇女团体和印度妇女组织，尤其是印度妇女国家联合会、全印民主妇女协会（All-India-Democratic Women's Association）、妇女技能委员会（Mahila Dakshata Samiti），示威反对该法案。但在议会内，国大党内的穆斯林妇女阿比达·艾哈迈德夫人（Begum Abida Ahmed），对一个有自尊心的女性想要从与之离婚的丈夫那乞要生活费用表示震惊。阿比达·艾哈迈德夫人在接受政党路线方面与其女同事和男同事并无差别。[3]

佐亚·哈桑（Zoya Hasan）认为拉吉夫·甘地政府有意支持该法案，以试图平息因重新开放有争议的阿逾陀遗址所引发的穆斯林教徒的愤怒。对女性来说，这种结果否认了少数派身份和性别身份之间的差别。[4]

上述提及的阿逾陀清真寺是一座16世纪的清真寺，据称其建造于罗摩神的诞生地遗址之上。印度教好战者认为，最初的庙宇在莫卧儿王朝巴布尔帝王（Mughal emperor Babar）统治时期遭到毁坏。罗摩诞生地运动（Ram Janambhoomi movement）是一场毁坏清真寺，重建印度教庙宇的运动。该运动由印度教准军事组织民族志工组织（Rashtriya Swayamseval Sangh）领导。1986年，他们被允许在该遗址举行祈祷会。印度教民族主义党派——印度人民党（The Bharatiya Janata Party，BJP）利用这种形势获得了支持。紧张局势

---

① Hasan, "Communalism," p. 11.

② Ibid.; Madhu Kishwar, "Pro Women or Anti Muslim? The Shahbano Controversy," *Manushi*, 32 (January–February, 1986), pp. 4–13.

③ Rita Manchanda, "Women in Parliament," *Manushi*, no. 47 (July–August 1988), p. 29.

④ Hasan, "Communalism," p.14.

日益加剧，教派冲突增多，1992年12月6日，好战的印度教徒摧毁了阿逾陀 251
清真寺。1992年12月和1993年1月，人们见证了一系列骚乱和爆炸事件。

国家妇女义工委员会（Rashtra Sevika Samiti）是印度教妇女右翼组织，其女性成员曾活跃在攻击穆斯林教徒的最前线。[1]阿穆丽塔·巴苏（Amrita Basu）关注两位重要的印度教民族主义领导人：乌马·巴拉蒂（Uma Bharati）和萨德维·丽塔姆巴拉（Sadhvi Rithambara），她们二人都是“单身，且好战的年轻女性，背景并不起眼”，善于煽动群众暴力。[2]人民党挪用了20世纪80年代女性主义运动的措辞，使针对女性的暴力成为召集人群的口号。可惜，即使对这种口号也进行了教派式的歪曲，穆斯林男性被指控强奸印度教女性。[3]塔丽卡·萨卡尔（Tanika Sarkar）提醒印度局势的观察家们，萨德维·丽塔姆巴拉、乌马·巴拉蒂和维贾伊拉杰·辛地亚（Vijayraje Scindia）“引起公众注意的程度令人难忘”。塔丽卡·萨卡尔注意到只有在男性确定女性的存在有用时，这些女性才能到街上来并参与暴力活动。[4]这些女性所发挥的激进作用没有挑战或者违反传统规范对孝顺女儿和忠诚妻子的定义。[5]对于这些女性的公共角色通常对印度女性和参与运动的女性有什么影响，塔丽卡·萨卡尔对第一个问题的回答是负面的：“女性主义者不认为运动有助于女性获取广泛的权利。”[6]然而，她承认个体参与抗议可能使其获得在家庭中讨价还价的权力。在确定右翼女性能动主义的价值时，萨卡尔以告诫之词来结束谈话：“这种有限的，然而却是真正的赋权，引导她们与法西斯主义的褊狭和暴力合谋，去创建一种独裁的、反民主的社会和政治秩序。”[7]

女性初次出现在右翼运动中，令人感到不安。她们在反对穆斯林的示

---

① One of the first serious articles to appear on this topic was Tanika Sarkar's "The Woman as Communal Subject: Rashtrasevika Samiti and Ram Janambhoomi Movement," *EPW*, 26, no. 35 (August 31, 1991), pp. 2057–62. In 1993 Amrita Basu was guest editor for a special issue ofthe *Bulletin of Concerned Scholars* (October–December, 1993) on women and religious nationalism in India, which included articles by Zoya Hasan, Tanika Sarkar, Amrita Basu, and Paola Bacchetta.

② Amrita Basu, "Feminism Inverted: The Real Women and Gendered Imagery of Hindu Nationalism," *Bulletin of Concerned Scholars*, p. 26.

③ Basu, "Feminism Inverted," p. 29.

④ Tanika Sarkar, "The Women of the Hindutva Brigade," *Bulletin of Concerned Scholars*, p.20.

⑤ Basu, "Feminism Inverted," p. 36.

⑥ Sarkar, "The Women," p. 23.

⑦ Ibid.

威游行中，挪用了当代女性主义运动提出的问题。这对20世纪80年代表现活跃和乐观的妇女运动有抑制作用。这说明因各种原因而造成当今女性的可利用性也是历史遗产的一部分。扮演着公共角色的女性是一个复杂的混合群体——有左派女性、温和派、保守派、右翼女性——她们所有人都挪用了女性主义的东西，但却没有致力于实现《走向平等》的作者所表达的性别公正和人权的愿景。结果令人拭目以待。

结　论

如果19世纪的印度男性不曾关心女性角色的现代化，那么在印度就不会有妇女运动。他们关注某些问题：萨蒂、童婚、寡妇再婚，最为重要的是女性教育。他们透过特殊的种姓/阶级视角来看世界，努力的最终结果是把女性，特别是他们家里的女性，带入了殖民统治创建的新世界中。这些男性做出的决定意味着女性将成为新社会的一分子，无论她们愿意与否。

那些喜欢这个新世界的女性在其中茁壮成长，她们开始开发她们自己的领域。性别隔离和女性隔离规范为她们组建自己的组织提供了机会，这些组织相对摆脱了男性的指导，却没有摆脱父权制。她们用一种我称之为社会女性主义的思想来解释她们的组织、她们的工作以及在决策中享有更多话语权的要求。

女性主义运动的第一次浪潮对妇女权利提出了要求。它受到了社会女性主义思想的激发，并通过妇女组织来开展工作。她们中的许多人都参与了民族主义斗争，这通过独特的印度女性主义式的民族主义把妇女权利与独立运动绑缚在了一起。这种思想为甘地和尼赫鲁所支持，并正式成为国大党的方针。

印度摆脱英国殖民统治独立后，印度宪法和基本原则都承诺平等、承诺女性参与国家建设以及对女性做出新评价。但这并不意味着女性已获得平
253 等。贾瓦哈拉尔·尼赫鲁提醒女性，权利鲜少被赠送，必须经赢取获得。

独立后，许多女性对她们所获得的战果感到满意。执政的国大党对女性的事口惠而实不至。它建立国家社会福利委员会把钱分配给众多的社会福利项目，仰仗全印度的妇女组织助其完成任务。当被要求派遣代表进入计划委员会时，来自主流组织的女性想当然地认为自己阶层的问题已经解决，只有

贫困女性需要帮助。极端简单的方案被提了出来，其过度地依赖志愿服务，且未充分了解被服务团体。共产党和社会党中的女性成员对政党路线中的力量组合和革命需要随声附和，但是她们过于屈从于男性领导人。尽管参与了这些组织和党派，但仍有许多女性在面对女性的实际状况以及需要做什么等问题上，保持着清醒的头脑。

《走向平等》不啻为一记警钟。撰写该报告的女性问道，一个宣称自己民主的国家如何能够继续忍受其国家半数子民的状况日益恶化。该报告及随后的研究提醒受过教育的中产阶级妇女注意社会中最严重的不平等现象。然而，当这些刚刚觉醒的女性开展研究项目，记述和谈论这些问题并试图着手新的计划时，她们也面临了新的挑战：来自她们自己的机构和家庭的支持力度较预期小，且受关注者并不总是表示感谢。

当代女性主义运动开始于20世纪70年代晚期，至今依然富有活力，它引起了全体印度人对妇女问题的关注。女性主义者震惊于女性所受暴力的泛滥，并在20世纪80年代发展了新组织和新机构。

针对女性的暴力并不是一个新话题，但在过去不论何时提到这个问题时，它都被重铸以服务于男性的政治议程。萨蒂在19世纪成了一个宗教问题。丈夫是否有权对青春期前的女孩行使夫妻同居权？这成了印度人是否适合管理自己之争。据称凯瑟琳·梅奥关心印度女性的健康和幸福，但她对印度人的抨击却支持了英国官员反对组建印度责任政府的想法。当印度女自由斗士遭受性骚扰时，这些事件被描绘成是对印度男子的攻击。当男性在政治 254
舞台上对决时，针对女性的暴力事实和影响一贯地被忽略掉了。但是家庭暴力不是因殖民论争的介入而出现，史实表明，索奁谋杀早先已有说法：女性在厨房火灾中被“意外”烧死，女性跳入井中“自杀”……在摆脱英国统治，争取独立期间，不论印度女性何时提出家庭暴力的问题，男性领导人总敦促她们优先考虑民族主义斗争。独立后，他们又要求女性领导人优先考虑国家建设。这些针对女性的暴力问题最后才被听取。

好似一切事物都与印度妇女运动“相处甚好”，而这样写是幼稚的。旁遮普邦的分离主义运动，旁遮普邦及印度其他地区反复出现的恐怖行为及镇压，复活的教派主义和针对穆斯林教徒的大屠杀，印度教徒权利的提升，这些都扰乱了妇女运动。一些女性主义者认为有必要把这些问题放在首位，而这些运动已在女性之间造成了思想分歧。度过了20世纪80年代的情绪高涨期，进入20世纪90年代后，与新组织合作的印度女性不仅对新立法感到失望，也为民族和教派冲突所困扰。

20世纪末，印度妇女可能认为获取性别公正仍然有漫长的路要走。我绝不允许用时下的问题和未解决的问题来否定过去的战果。重要的是对现在的诠释要更易于令人接受，此外，还应欣赏印度妇女为引起变革所做出的巨大牺牲。这不是第一次发现立法措施不得力，也不是第一次发现妇女关切的问题被搁置一旁，转而处理其他问题。正如我在前几章竭力指出的那样，女性教育和政治行动已经改变了印度的社会和政治局面。女性已从立法的客体转变为发起者。对许多女性来说，家庭不再完全控制她们的命运。普遍的觉醒已经开始，其不会被永久地抑制。

文献述评

该书的写作资料包括官方正式记录、报纸、收集到的演讲稿和文学作品、报告和会议记录、回忆录和自传、口述历史、私人信件、日记、歌曲，以及以印度妇女为主题的专著和文章。尤其重要的是，妇女史正被编写，社会性别与阶级、种姓和种族一样，正快速成为一种分析工具。每天都有文章和书籍出版，就妇女的生活、社会性别如何塑造以及如何为更广阔的社会和政治背景所塑造提出了让人耳目一新的深刻见解。

对于印度妇女史来说，1975年至关重要。1975年到1979年期间共出版了30部关于妇女的书籍，与前几十年出版的书籍总数一样多。1976年以英语出版的印度女性作品的参考文献收入了800条参考书目；4年后，卡罗尔·萨卡拉的《南亚妇女：资料指南》（米尔伍德，N.Y.克劳斯国际出版社，1980）[①]记录了4627条词条，且文献资料继续激增。遗憾的是，关于印度妇女和涉及印度社会性别问题的新的文献资料不容易获得。其大部分出版于较新的、有时不易见到的期刊中，或提交于会上或出版于文集中。

有一些特别关注印度妇女的参考文献：卡尔帕纳·达斯古普塔的《印度舞台上的妇女》[②]（德里，阿比纳夫出版社，1976）；卡罗尔·萨卡拉的《南亚妇女》[③]；哈里什达·潘迪特的《印度妇女：参考书目注释》[④]（纽

① Carol Sakala, *Women of South Asia: A Guide to Resources* (Millwood, N.Y., Kraus International Publications，1980).

② Kalpana Dasgupta, *Women on the Indian Scene* (Delhi, Abhinav Publications, 1976).

③ Carol Sakala, *Women of South Asia*.

④ Harishida Pandit, *Women of India:An Annotated Bibliography* (New York, Garland, 1985).

约，加兰，1985）。但遗憾的是这些作品都已经过时了。芭芭拉·拉姆萨克的《南亚和东南亚妇女》[①]，载于《让女性重回历史舞台》（布卢明顿，印度，美国历史学家组织，1988）上，它收录了主要时期和问题的有用摘要，并列入了参考文献。该文章已被修订过，并将以《南亚和东南亚的妇女》的名字出版，载于芭芭拉·拉姆萨克和莎伦·斯文的书籍《亚洲妇女》（印第安纳大学出版社）上。《从象征到多样性：印度妇女的历史文献》载于《南亚研究》10期，2号（1990年11月）上，[②]在其中，拉姆萨克讨论了妇女史的发展和南亚女性主义史的发展以及主要的作品。阿帕纳·巴苏的《印度妇女史：史学调查》，出版在卡伦·奥芬等人编辑的《书写妇女史：国际视角》[③]（伦敦，麦克米伦出版社，1991）上。至今仍迫切需要开展综合性的文献工作来引导读者阅读现有的诸多文章和论文。

印度妇女的历史记录寥寥无几。多年来，A.S.阿尔特卡尔的《妇女在印度教文明中的地位》[④]（德里，莫提拉尔·班那西达斯，1959，1938年第一
256 次出版），是唯一可获得的历史记录类书籍。在极度男权的背景下，该书讨论了男性撰写的关于女性的文稿以及男性对女性的态度。尼拉·德塞的《近代印度妇女》[⑤]（孟买，沃拉公司，1957），是首部以印度妇女为主题的社会史书籍。帕德米尼·森古普塔的《印度妇女的故事》[⑥]（新德里，印度图书公司，1974），从新闻工作者的角度概述了从古代至20世纪70年代的印度史。虽然不是记叙体，但S.P.森编辑的《国家人物传记辞典》[⑦]，4卷（加尔各答，1972）因含有杰出女性的简短传记而极为珍贵。

1975年被定为国际妇女年，这促进和加强了人们对妇女史的关注。因此出版了许多关注女性的书籍，其对妇女史也有一些论述。塔拉·阿里·贝格

---

① Barbara Ramusack, Women in South and Southeast Asia, in Restoring Women to History (Bloomington, Ind., Organization of American Historians, 1988).

② Barbara Ramusack, From Symbol to Diversity: The Historical Literature on Indian Women, in South Asia Research, 10, no. 2 (November, 1990).

③ Aparna Basu, Women's History in India: An Historiographical Survey, in Writing Women's History: International Perspectives, ed. Karen Offen et al. (London, Macmillan, 1991).

④ A. S. Altekar's The Position of Women in Hindu Civilization (Delhi, Motilal Banarsidass, 1959, first published in 1938).

⑤ Neera Desai, Woman in Modern India (Bombay, Vora and Co., 1957).

⑥ Padmini Sengupta, the Story of Women in India (New Delhi, Indian Book Company, 1974).

⑦ Dictionary of National Biography, 4 vols., ed. S. P.Sen (Calcutta, 1972).

的《印度妇女力量》[①]（新德里，昌德，1976）、B.R.南达编辑的《印度妇女：从深闺制到现代性》[②]（新德里，发展出版社，1976）、德维卡·贾伊恩的《印度妇女》[③]（新德里，印度政府信息广播部出版局，1975）、阿尔佛雷德·德苏扎的《当代印度妇女：传统形象和角色转变》[④]（新德里，马诺哈尔图书社，1975），都属于这种类型的书籍。后三本书是由研究印度的女性和男性所撰写的论文合集，包含有使用价值的历史文章。

委员会（印度政府教育和社会福利部委派）关于印度妇女状况的报告《走向平等》[⑤]（新德里，印度政府教育和社会福利部，1974）不是历史书籍，但是其采用了历史视角来分析妇女状况。该报告对印度妇女研究具有重要影响。首先，该报告使学者意识到他们对普通妇女生活的忽视程度，因此，在该报告之后的许多学术研究寻求通过关注社会经济底层的妇女的生活和劳动来进行弥补。1975年至20世纪80年代晚期，在经济和社会学研究蓬勃发展的时期，很少有人进行历史写作。

许多关于女性的历史作品在20世纪80年代晚期和20世纪90年代期间出版。《经济与政治周刊》[⑥]于1986年4月开始发行半年刊《妇女研究评论》[⑦]。从那时起，每年的4月和10月，《经济与政治周刊》都会收入5至6篇关于女性的文章，其中许多都是表现历史主题的。过去的12年中，《经济与政治周刊》为探讨最新的女性研究提供了重要的论坛。由库姆库姆·桑格里和苏德什·维迪编辑的《重铸妇女：殖民史文集》[⑧]和斯特里·夏克提·桑伽塔纳撰写的《我们创造历史：特伦甘纳人民斗争中的妇女生平故

① Tara Ali Baig, India's Woman Power (New Delhi, Chand, 1976).

② B. R. Nanda, ed., Indian Women: From Purdah to Modernity (New Delhi, Vikas Publishing, 1976).

③ Devika Jain, Indian Women (New Delhi, Publications Division, Ministry of Information and Broadcasting, GOI, 1975).

④ Alfred deSouza, Women in Contemporary India: Traditional Images and Changing Roles (New Delhi, Manohar Book Service, 1975).

⑤ Toward Equality (New Delhi, Government of India Ministry of Education and Social Welfare, 1974).

⑥ Economic and Political Weekly

⑦ Review of Women's Studies.

⑧ Recasting Women: Essays in Colonial History, ed. Kumkum Sangari and Sudesh Vaid, in New Delhi by Kali for Women, 1989.

事》① 于1989年在新德里由卡莉妇女出版社出版发行，它们标志着妇女史的取向。《重铸妇女》是文章合集，历史学家们把新的理论视角转向了传统问题，而《我们创造历史》则吐露了参与特伦甘纳斗争的女性的心声。由库姆库姆·桑伽里和苏德什·瓦伊德编辑的《妇女和文化》② 是一本由17篇短
257 文构成的珍贵合集，首次出版于1985年，在其中历史学家讨论了女性在印度史中的角色问题。这本书极度难找，直至1994年孟买纳蒂拜·达莫达尔·萨克莱夫人女子大学的妇女研究中心对此书进行了再版才寻获。1995年，新出版了两本关于印度妇女的珍贵文章合集：巴拉蒂·罗易编辑的《历史的缝隙：印度妇女论文集》③（德里，牛津大学出版社，1995）以及由贾索德哈拉·巴格奇编辑的《印度妇女：神话和现实》④（海得拉巴，桑伽姆图书出版社，1995）。

在该书的写作过程中，我主要引用了两部近代印度通史，苏密特·萨卡尔的《近代印度，1885—1947》⑤（新德里，印度麦克米伦出版社，1983）和朱迪思M.布朗的《近代印度》⑥（德里，牛津大学出版社，1985）。

第一章的写作，我利用了各种资料来源。英国人认为印度的落后是因其性别意识形态造成，这一观点在詹姆斯·穆勒的两卷《英属印度史》⑦（纽约，切尔西出版社，1968）中得到了充分的展示。众多传教士对印度妇女受贬低的状况进行了记述，例如E.斯托罗牧师的《我们的印度姐妹》⑧（伦敦，宗教传单社，未注明出版日期）和马库斯B.福勒夫人的《印度女性的冤屈》⑨（爱丁堡，奥列芬特，安德森和费里尔图书出版社，1902）。同样具有启发性的书籍有新闻工作者玛丽·弗朗西斯·比林顿的《印度妇女》⑩

---

① Stree Shakti Sanghatana, We were Making History: Life Stories of Women in the Telangana People's Struggle, in New Delhi by Kali for Women, 1989.

② Women and Culture, ed. Kumkum Sangari and Sudesh Vaid, 1985.

③ From the Seams of History: Essays on Indian Women, ed. Bharati Ray (Delhi, Oxford University Press, 1995).

④ Indian Women: Myth and Reality, ed. Jasodhara Bagchi (Hyderabad, Sangam Books, 1995).

⑤ umit Sarkar, Modern India, 1885–1947 (Delhi, Macmillan India, 1983).

⑥ udith M. Brown, Modern India (Delhi, Oxford University Press, 1985).

⑦ James Mill, The History of British India, 2 vols. (New York, Chelsea House, 1968).

⑧ Revd. E. Storrow, Our Indian Sisters (London, The Religious Tract Society, n.d.).

⑨ Mrs. Marcus B. Fuller, The Wrongs of Indian Womanhood (Edinburgh, Oliphant, Anderson and Ferrier, 1902).

⑩ Mary Francis Billington's Woman in India (London, Amarko Book Agency, 1895).

（伦敦，艾玛柯书局，1895），以及由赫伯特·霍普·莱斯利爵士撰写，W.克鲁克编辑的第二版民族志卷《印度人民》① （德里，东方图书再版公司，1969）。

研究19世纪的印度改革时，查尔斯H.海姆萨特的《印度民族主义和印度教社会改革》②（新泽西普林斯顿，普林斯顿大学出版社，1964）对影响女性的改革的关注是有价值的。肯尼思W.琼斯的《英属印度的社会宗教改革运动》③（剑桥，剑桥大学出版社，1989）是一部印度宗教改革运动的区域史。戴维·科普夫的《梵社和现代印度思想的形成》④（新泽西普林斯顿，普林斯顿大学出版社，1979）对梵社进行了最透彻的分析。梅雷迪思·博思威克的《孟加拉妇女的角色变化，1849—1905》⑤（新泽西普林斯顿，普林斯顿大学出版社，1985）着眼于女性主题，评价女性在梵社所经历的变化。古拉姆·穆尔希德的《不情愿的初次社交》⑥（拉杰沙希，孟加拉国拉杰沙希大学出版社，1983）也表现了同一主题。在《男性给予女性建议时，女性学到什么：重写孟加拉19世纪晚期的父权制》⑦中，朱迪斯E.沃尔什密切关注19世纪晚期对孟加拉妇女进行“建议”的文献资料，该文章载于《亚洲研究杂志》上，56期，3号（1997年8月），第641—677页。刊载于R.南达编辑的《印度妇女：从深闺制到现代性》的维纳·马宗达的文章《印度社会改革运动——从罗纳德到尼赫鲁》⑧，认为男性社会改革家关注19世纪和20世纪的女性问题。

有大量关于印度改革家的研究。S.N.穆克吉的《拉贾·罗姆莫罕·罗易

① Sir Herbert Hope Risley, The People of India, 2nd edn. edited by W Crooke (Delhi, Oriental Books Reprint Corp., 1969).

② Charles H. Heimsath's Indian Nationalism and Hindu Social Reform (Princeton, N.J., Princeton University Press, 1964).

③ Kenneth W Jones' Socio-Religious Reform Movements in British India (Cambridge, Cambridge University Press, 1989).

④ David Kopf 's The Brahmo Samaj and the Shaping of the Modern Indian Mind (Princeton, N. J., Princeton University Press, 1979).

⑤ Meredith Borthwick's The Changing Role of Women in Bengal, 1849-1905 (Princeton, N.J., Princeton University Press, 1985).

⑥ Ghulam Murshid, Reluctant Debutante (Rajshahi, Rajshahi University, Bangladesh, 1983).

⑦ Judith E. Walsh, What Women Learned When Men Gave Them Advice: Rewriting Patriarchy in Late-Nineteenth Century Bengal, in Journal of Asian Studies, v.56, no. 3 (August 1997) pp. 641- 677.

⑧ Vina Mazumdar, The Social Reform Movement in India—From Ranade to Nehru, in Indian Women: From Purdah to Modernity, ed. B. R. Nanda.

和19世纪孟加拉妇女状况》[①]，该文刊载于米伽勒·艾伦和S.N.穆克吉编辑的《印度和尼泊尔妇女》上（堪培拉，澳大利亚国立大学出版社，1982），这是一篇极好的关于“现代印度之父”的文章。对于罗姆莫罕·罗易，我们
258 幸运地拥有其作品的翻译，拉马·普拉萨德·钱达和贾廷德拉·古马尔·马宗达编辑的《拉贾·罗姆莫罕·罗易的信函与文件》[②]（德里，安莫尔出版有限公司，1987）。伊斯沃钱德拉·维迪亚萨迦的《印度教寡妇的婚姻》（1855）[③]，由K.P.巴格奇翻译（加尔各答，K.P.巴格奇公司，1976）。两部研究这位改革家——伊斯沃钱德拉·维迪亚萨迦的书籍分别是阿索克·森撰写的《伊斯沃·钱德拉·维迪亚萨迦和他那渺茫的里程碑》[④]（加尔各答，里德卢–印度出版社，1977）以及S.K.鲍斯撰写的《伊斯沃·钱德拉·维迪亚萨迦》[⑤]（新德里，国家图书信托出版社，1969）。载于盖尔·迈诺特编辑的《大家庭》[⑥]（密苏里州哥伦比亚，南亚书籍社，1981）的卡伦I.伦纳德和约翰·伦纳德的《社会改革和妇女参与政治文化：安得拉和马德拉斯》[⑦]，以及载于《印度妇女杂志》（1902年9月）的《尊贵的K.维拉萨林甘姆·潘图鲁公爵先生和他的妻子》[⑧]，对V.拉马克里希那·拉奥博士和T.拉马·拉奥博士翻译的《坎杜库里·维拉萨林甘姆·潘图鲁的自传》，共两卷（拉贾芒德里，阿德帕里公司，未注明出版日期）[⑨]做了补充说明。尼拉·德赛的《古吉拉特的社会变革》（孟买，沃拉公司，1978）[⑩]

---

① S. N. Mukherjee, Raja Rammohun Roy and the Status of Women in Bengal in the Nineteenth Century, in Women in India and Nepal, ed. Michael Allen and S. N Mukherjee (Canberra, Australian National University, 1982).

② Raja Rammohun Roy Letters and Documents, ed. Rama Prasad Chanda and Jatindra Kumar Majumdar (Delhi, Anmol Publications, 1987).

③ Isvarachandra Vidyasagar, Marriage of Hindu Widows (1855), translated by K. P Bagchi (Calcutta, K. P. Bagchi and Co., 1976).

④ Asok Sen's, Iswar Chandra Vidyasagar and his Elusive Milestones (Calcutta, Riddlu–India, 1977).

⑤ S. K. Bose, Iswar Chandra Vidyasagar (New Delhi, National Book Trust, 1969).

⑥ The Extended Familyed Gail Minault, (Columbus, South Asia Books, 1981).

⑦ Karen I. Leonard and John Leonard, Social Reform and Women's Participation in Political Culture: Andhra and Madras, in The Extended Family, ed. Gail Minault (Columbus, Mo., South Asia Books, 1981).

⑧ Rao Bahadur Mr. K. Virasalingam Pantulu and His Wife, ILM, 2 (September, 1902).

⑨ The Autobiography of Kandukuri Veeresalingam Pantulu, trans. Dr. V Ramakrishna Rao and Dr. T. Rama Rao, 2 parts (Rajamundry, Addepally and Co., n.d.).

⑩ Neera Desai, Social Change in Gujarat (Bombay, Vora and Co., 1978).

特别关注19世纪和20世纪古吉拉特的改革家。帕蒂马·阿斯塔纳的《印度妇女运动》①（德里，发展出版社，1974）把最重要的男性改革家和一些女性先驱作为其文章论述的对象。

评价殖民历程的文献资料尤其丰富。我一直很喜欢弗朗西斯G.哈钦斯在其《持久的幻觉：英帝国主义在印度》②（新泽西普林斯顿，普林斯顿大学出版社，1967）中对英国人动机的讨论。穆里纳里尼·辛哈的博士学位论文《男子气概：维多利亚时代的理想和19世纪晚期孟加拉的殖民政策》③，纽约州立大学石溪分校（1988），该论文以《殖民地的男性气质：19世纪晚期男子气的英国人和女子气的孟加拉人》④为题，于1995年由曼彻斯特大学出版社出版，其对社会性别在制定和实施殖民政策中的作用提出了女性主义的观点。塔潘·雷乔杜里的《欧洲的再考虑》⑤（德里，牛津大学出版社，1988）通过19世纪孟加拉知识分子的视角向我们展示了欧洲。帕塔·查特吉的《民族主义思想和殖民世界》⑥（德里，牛津大学出版社，1986）讨论了在印度民族主义发展中，西方思想和印度思想间的互动。苏迪普塔·卡维拉杰的文章《关于殖民力量的构建：结构、话语、霸权》⑦刊载于达格玛·恩格斯和舒拉·马克斯编辑的《争夺殖民霸权》（伦敦，德国历史研究所，1994）上，该文对“同意”和“强制”在英属印度的相互作用有着精彩的讨论。虽然这些书没有一本是关于女性的，但它们所定义的改革背景却是专门针对女性的。帕塔·查特吉那有影响力的文章《妇女问题的民族主义决议》⑧刊载于《重铸妇女：殖民史文集》上，它关注妇女问题在民族主义政

① Pratima Asthana's Women's Movement in India (Delhi, Vikas Publishing House, 1974).

② Francis G. Hutchins, The Illusion of Permanence: British Imperialism in India (Princeton, NJ., Princeton University Press, 1967).

③ Mrinalini Sinha's "'Manliness': A Victorian Ideal and Colonial Policy in Late Nineteenth Century Bengal," Ph.D. dissertation, SUNY Stonybrook (1988).

④ Colonial Masculinity: The "manly Englishman" and the "effeminate Bengali" in the late nineteenth century, Manchester University Press, 1995.

⑤ Tapan Raychaudhuri's Europe Reconsidered (Delhi, Oxford University Press, 1988).

⑥ Partha Chatterjee's Nationalist Thought and the Colonial World (Delhi, Oxford University Press, 1986).

⑦ Sudipta Kaviraj, On the Construction of Colonial Power: Structure, Discourse, Hegemony, in Contesting Colonial Hegemony, ed. Dagmar Engels and Shula Marks (London, German Historical Institute, 1994).

⑧ Partha Chatterjee, The Nationalist Resolution of the Women's Question, in Recasting Women: Essays on Colonial History.

治中的衰落。他的书《国家及其碎片：殖民史和后殖民史》[1]（新泽西普林斯顿，普林斯顿大学出版社，1993）囊括了两章精彩内容，分别是“国家及其妇女”以及“妇女与民族”。

我们所知的19世纪前的女性生活主要据文字资料而来。就女性传统角色的文献资料来说，I.茱莉亚·莱斯莉的《完美妻子》[2]（德里，牛津大学出
259 版社，1989）是一重大贡献。挑战此类文献中的阶级定位的女权主义文章是刊载于《重铸妇女》的乌玛·查克拉瓦蒂的《吠陀达希发生了什么？》[3]。

由苏西·塔鲁和K.拉利塔编辑的《印度妇女作品，第一卷，公元前600年至20世纪早期》[4]（纽约，女性主义出版社，1991），是一部翻译女性作品的书籍，对我们的历史研究做出了重要贡献。马拉维卡·卡勒卡的《内心的声音》[5]（德里，牛津大学出版社，1991）挑选了一些19世纪孟加拉妇女的作品。塔尼卡·萨卡尔曾在文章《她自己的书。她自己的人生：一位19世纪女性的自传》[6]中，描写了拉希孙达里·德维，该文刊载于《历史研讨期刊》，36（秋季，1993）。也有一些女改革家和社会工作者的回忆录和自传，例如拉马拜·罗纳德的《他本人，一位印度教女士的自传》[7]（纽约，朗文格林公司，1938）以及杰拉尔丁·福布斯编辑，舒达·马宗达撰写的《一位印度女性的回忆录》[8]（纽约，M.E.夏普出版有限公司，1989）。

自1987年鲁普·坎沃死亡事件以来，涉及萨蒂的文献资料日益丰富。其中最直接和脍炙人口的一篇文章是I.茱莉亚·莱斯莉的《殉夫或殉死：受害者还是胜利者》[9]，此文刊载于哈佛大学世界宗教研究中心的学报上

① Partha Chatterjee, The Nation and Its Fragments: Colonial and Postcolonial Histories (Princeton, NJ, Princeton University Press, 1993).

② I. Julia Leslie, The Perfect Wife (Delhi, Oxford University Press, 1989).

③ Uma Chakravarti, Whatever Happened to the Vedic Dasi?, Recasting Women.

④ Women Writing in India, vol. I: 600 BC to the Early Twentieth Century, ed. Susie Tharu and K. Lalita (New York, The Feminist Press, 1991).

⑤ Malavika Karlekar, Voices From Within (Delhi, Oxford University Press, 1991).

⑥ Tanika Sarkar, A Book of Her Own. A Life of Her Own: Autobiography of a Nineteenth-Century Woman, in History Workshop journal, 36 (autumn, 1993).

⑦ Ramabai Ranade, Himself, The Autobiography of a Hindu Lady (New York, Longman, Green and Co., 1938).

⑧ Shudha Mazumdar, Memoirs of an Indian Woman, ed. Geraldine Forbes (New York, M. E. Sharpe, 1989).

⑨ I. Julia Leslie, Suttee or Sati: Victim or Victor?, in Bulletin, Center for the Study of World Religions, Harvard University, 14, no. 2 (1987/1988).

（14，2号）（1987/1988）。V.达塔曾撰写《萨蒂，印度教寡妇自焚仪式的历史、社会和哲学探索》[①]（德里，马诺哈尔图书社，1988）。A.扬写的《谁的萨蒂？19世纪印度早期的寡妇自焚》[②]刊载于《妇女史杂志》I，2号（1989），该文章对可用的萨蒂文献开展了引人注目的研究。最新出版的关于萨蒂主题的一本书是约翰·斯特拉顿·霍利的《萨蒂，祝福和诅咒》[③]（纽约，牛津大学出版社，1994）。拉塔·玛尼关于萨蒂主题的作品关注的是围绕这一风俗所展开的讨论，参阅刊载于《重铸妇女》的《引争议的传统：印度殖民时期关于萨蒂的辩论》。[④]

其他社会改革的话题并未引起关注，萨蒂则被给予了过多的关注。然而，罗莎琳德·奥汉隆关于塔拉拜·欣德的作品《女性和男性的比较：塔拉拜·欣德和印度殖民时期性别关系的批判》[⑤]（马德拉斯，牛津大学出版社，1994）对妇女问题和女性对自身受压迫的觉悟都提出了新的见解。奥汉隆还在《孀居问题：殖民时期西印度的性别和抵抗》[⑥]中讨论了塔拉拜·欣德的作品，该文刊载于道格拉斯·海恩斯和吉安·普拉卡什编辑的《争夺权力》（德里，牛津大学出版社，1991）上。露西·卡罗尔关于法律的作品受到了欢迎，它们对社会史是一重要贡献。就这一时期请参阅卡罗尔的《法律，风俗和法定社会改革：1856年印度教寡妇再婚法案》[⑦]，此文刊载于J.克里希纳穆尔蒂编辑的《印度殖民时期的妇女》（德里，牛津大学出版社，1989）上。苏蒂尔·钱德拉的《被奴役的女儿们：殖民主义、法律和妇女权利》[⑧]（德里，牛津大学出版社，1998）对鲁赫马拜案件进行了全面的

---

① V N. Datta, A Historical, Social and Philosophical Enquiry into the Hindu Rite of Widow Burning (Delhi, Manohar, 1988).

② A. Yang, Whose Sati? Widow Burning in Early Nineteenth-Century India, Journal of Women's History, 1, no. 2 (1989).

③ John Stratton Hawley, Sati, the Blessing and the Curse (New York, Oxford University Press, 1994).

④ Lata Mani, Contentious Traditions: The Debate on Sati in Colonial India, in Recasting Women.

⑤ Rosalind O'Hanlon, A Comparison Between Women and Men: Tarabai Shinde and the Critique of Gender Relations in Colonial India (Madras, Oxford University Press, 1994),

⑥ Rosalind O'Hanlon, Issues of Widowhood: Gender and Resistance in Colonial Western India, in Contesting Power, ed. Douglas Haynes and Gyan Prakash (Delhi, Oxford University Press, 1991).

⑦ Lucy Carroll, Law, Custom, and Statutory Social Reform: The Hindu Widow's Remarriage Act of 1856, in Women in Colonial India, ed. J. Krishnamurty (Delhi, Oxford University Press, 1989).

⑧ Sudhir Chandra, Enslaved Daughters: Colonialism, Law and Women's Rights (Delhi, Oxford University Press, 1998).

研究。

第二章的研究很困难，原因是鲜少有记录女子教育史的文章。威廉·亚
260 当关于孟加拉和比哈尔本土教育的报告分别于1835年、1836年和1838年提交给政府，它们有益于建立19世纪早期妇女教育状况的基线视图。约瑟夫·戴姆恩德的《一位老师，一所学校》[1]（新德里，太阳出版有限公司，1983）收录了亚当第二份关于拉杰沙希的报告和第三份关于孟加拉和比哈尔的报告。为数不多的关于女性教育的书籍之一是卡鲁纳·查那纳编辑的《社会化、教育和妇女：性别认同的探索》[2]（新德里，东方朗文出版社，1988）。这本文集收入了许多历史作品：阿帕纳·巴苏的《一个世纪的旅程：西印度的妇女教育，1820—1920》[3]；卡鲁纳·查那纳的《社会变迁或社会改革：印度独立前的教育》[4]；穆里纳·潘德的《印度戏剧中的妇女》[5]；米纳克什·穆克吉的《未被察觉的自我：19世纪传记研究》。[6]有两本教育书籍通常很实用：赛义德·努鲁拉和J.P.奈克的《印度教育史》[7]（孟买，麦克米伦出版社，1943）和阿帕纳·巴苏的《印度教育史文集》[8]（新德里，概念出版公司，1982）。格伦多拉B.保罗在匹兹堡大学（1970）的博士学位论文《自1829年来印度妇女的解放和教育》[9]中谈到了女性教育。J.C.巴伽尔的《东印度的妇女教育：第一阶段》[10]（加尔各答，世界新闻有限公司，1956）仅限于谈论孟加拉地区的女性教育。梅雷迪思·博思威克的《角色变化》是教育主题的另一重要来源，但也只限于孟加拉地区。

① Joseph Diamond's One Teacher, One School (New Delhi, Biblia Imper Private Ltd., 1983).

② Karuna Chanana, ed., Socialisation, Education and Women: Explorations in Gender Identity (New Delhi, Orient Longman, 1988).

③ Aparna Basu, A Century's Journey: Women's Education in Western India, 1820–1920.

④ Karuna Chanana, Social Change or Social Reform: The Education in Pre-Independence India.

⑤ Mrinal Pande, Women in Indian Theatre.

⑥ Meenakshi Mukherjee, The Unperceived Self: A Study of Nineteenth Century Biographies.

⑦ Syed Nurullah and J. P.Naik, History of Education in India (Bombay, Macmillan, 1943).

⑧ Aparna Basu, Essays in the History of Indian Education (New Delhi, Concept Publishing Co., 1982).

⑨ Glendora B. Paul, Emancipation and Education of Indian Women Since 1829, Ph.D. dissertation, University of Pittsburgh (1970).

⑩ J. C. Bagal's Women's Education in Eastern India: The First Phase (Calcutta, The World's Press Private Ltd., 1956).

米歇尔·麦斯基尔曾在《文化间的妇女》[①]（锡拉丘兹，南亚丛书，锡拉丘兹大学，1984）中写到过肯纳德学院的学生。另外两本概括性的书籍是米娜S.考恩的《印度妇女教育》[②]（爱丁堡，奥列芬特、安德森和费里尔图书出版社，1912）和普诺米拉·萨克里的《妇女教育：发展的关键》[③]（新德里，教育和青年服务部，1970）。关于女性教育的文章收录在两本非常具有实用价值的文集中：伊弗林C.格德奇和米塔恩·乔克希的《近代印度妇女》[④]（孟买，D.B.塔拉浦尔瓦拉有限公司，1929）——该书被称作“近代印度女性的真实声音”，以及希亚姆·库马里·尼赫鲁编辑的《我们的事业：印度妇女专题论丛》[⑤]（阿拉哈巴德，基塔比斯坦书社，1938）。《印度社会改革家》，约写于1894年，收录了许多关于女性教育的文章。

传教士积极参与了印度的女性教育工作，在位于英格兰和美国的传教士档案馆中，留下了这些传教士创办学校的珍贵记录。我使用了位于伦敦的福音传播联合会（从前称为海外福音传播协会）收藏的信件、杂志和官方报告来撰写关于闺房教育的文章：《寻找“纯洁的异教徒”：十九世纪印度的女传教士》[⑥]，该文刊载于《经济与政治周刊》，21，17号（1986年4月26日）。阿帕纳·巴苏曾写过一篇很好的文章《从玛丽·安·库克到特蕾莎嬷嬷：基督教女传教士和印度的反应》[⑦]，其覆盖了几近两个世纪的传教工作，它刊载于菲奥娜·鲍依、德博拉·柯克伍德和雪莉·阿登纳编辑的《妇女和传教：过去和现在》（罗得岛普罗维登斯/牛津，伯格出版社1993）上。致力于印度女基督徒研究的学者仅有几位，其中一位人士是帕德玛·阿

---

① Michelle Maskiell, Women Between Cultures (Syracuse, South Asia Series, Syracuse University, 1984).

② Minna S. Cowan, The Education of the Women of India (Edinburgh, Oliphant, Anderson and Ferrier, 1912).

③ Premila Thackersey, Education of Women: A Key to Progress (New Delhi, Ministry of Education and Youth Services, 1970).

④ Evelyn C. Gedge and Mithan Choksi, Women in Modern India (Bombay, D. B. Taraporewala, 1929).

⑤ Syam Kumari Nehru, ed., Our Cause: A Symposium by Indian Women (Allahabad, Kitabistan, 1938).

⑥ In Search of the Pure Heathen: Missionary Women in Nineteenth Century India, EPW 21, no. 17 (April 26, 1986).

⑦ Aparna Basu, Mary Ann Cooke to Mother Teresa: Christian Missionary Women and the Indian Response, in Women and Missions: Past and Present, ed. Fiona Bowie, Deborah Kirkwood and Shirley Ardener (Providence, R.I./Oxford, BERG, 1993).

纳高博士。她的文章《帝国主义和底层妇女能动性的问题：印度女基督徒和本土女性主义，约1850—1920》[①]，被收录于克莱尔·米德格雷编辑的《性
261 别和帝国主义》（帝国主义系列研究，曼彻斯特，曼彻斯特大学出版社，1998）中，第79—103页。

还有大量关于参与推动女性教育的英国妇女（除传教士外）的书籍。一本是玛丽·卡彭特的《印度的6个月》[②]（伦敦，朗文格林公司，1868）；另一本是尼维迪塔修女（玛格丽特·伊丽莎白·诺博尔）的《尼维迪塔修女全集》[③]（加尔各答，罗摩克里希纳·萨拉达教会，尼维迪塔修女女子学校，1967–8）。在贝弗里奇勋爵的《印度呼唤她们》[④]（伦敦，乔治·艾伦和昂温出版社，1947）一书中，安妮特·贝弗里奇的丈夫叙述了她在印度的教师生涯。安妮特·贝弗里奇也写了日记和书信，这些资料可在印度事务局和东方图书馆馆藏中获得。

19世纪晚期和20世纪早期，马德拉斯的神智学会吸引了那些对女性教育感兴趣的英国妇女和爱尔兰妇女。其中最著名的是安妮·贝赞特，她是阿瑟H.内瑟科特所撰写的两卷传记的对象。在第二卷《安妮·贝赞特的最后四种生活》[⑤]（芝加哥，芝加哥大学出版社，1963）中，内瑟科特论及了贝赞特在印度的生活。贝赞特许多涉及教育的作品和讲稿已经出版，其中两部作品是《现代生活中的古老理想》[⑥]（贝拿勒斯，神智学出版社，1900）和《醒来，印度》[⑦]（马德拉斯，神智学出版社，1913）。关于贝赞特对女性和政治的看法，参阅安妮·贝赞特的《妇女的政治状况》[⑧]，第二版（伦敦，C.沃兹，1885，宣传小册）。

---

① Dr. Padma Anagol, Imperialism and the Question of Subaltern Women's Agency: Indian Christian Women and Indigenous Feminism, c.1850–1920, Claire Midgley (ed.), Gender and Imperialism (Studies in Imperialism Series) (Manchester, Manchester University Press, 1998), pp. 79–103.

② Mary Carpenter, Six Months in India (London, Longman, Green and Co., 1868).

③ Sister Nivadita, [Margaret Elizabeth Noble] The Complete Works of Sister Nivedita (Calcutta, Ramakrishna Sarada Mission, Sister Nivedita Girls' School, 1967–8).

④ Lord Beveridge, India Called Them (London, George Allen and Unwin, 1947).

⑤ Arthur H. Nethercot, The Last Four Lives of Annie Besant (Chicago, University of Chicago Press, 1963).

⑥ Ancient Ideals in Modern Life (Benares, Theosophical Publishing House, 1900).

⑦ Wake Up, India (Madras, Theosophical Publishing House, 1913).

⑧ Annie Besant, The Political Status of Women, 2nd edn. (London, C. Watts, 1885), (pamphlet).

对于雅利安社为女性教育所做的努力，我参考肯尼思W.琼斯的《雅利安职责》①（德里，马诺哈尔图书社，1976）；刊载于《经济与政治周刊》，21，17号（1986年4月16日）上的马杜·基什沃撰写的《雅利安社和妇女教育：女子学院》②；以及刊载于《印度社会改革家》，45（1945年6月1日）上的库马里·拉贾瓦蒂撰写的《妇女教育的先驱》。③

潘迪塔·拉马拜在旺蒂奇写给其精神导师的信件以《潘迪塔·拉马拜的信函往来》④（孟买，马哈拉施特拉邦文学和文化委员会，1977）的书名出版，由杰拉尔丁修女收集，A.B.沙阿编辑。我们也有潘迪塔·拉马拜自己那引起论战的作品（用于美国和加拿大地区销售）：《高种姓的印度教妇女》⑤（纽约，F.H.瑞威尔出版社，1887）。有许多对拉马拜富于同情心的传记，它们由基督教徒撰写，例如，拉贾斯·克里希纳饶·东格里和约瑟芬F.帕特森的《潘迪塔·拉马拜》⑥（马德拉斯，基督教文学协会，1969），尼科尔·麦克尼科尔的《潘迪塔·拉马拜》⑦（加尔各答，协会出版社，1926），以及缪里尔·克拉克的《潘迪塔·拉马拜》⑧（伦敦，佩特诺斯特大厦，1920）。米拉·高善必关于拉马拜的文章《妇女、解放和平等：潘迪塔·拉马拜对妇女事业的贡献》⑨刊载于《经济与政治周刊》，23，44号（1988年10月），该文极富洞察力。该文以及高善必的《印度对基督教、教堂和殖民主义的反应：以潘迪塔·拉马拜为例》⑩，连同其关于同意年龄法案的文章一起刊发于《性别改革和宗教信仰的交汇点》（孟买，纳蒂拜·达

① Kenneth W Jones, Arya Dharma (Delhi, Manohar, 1976).

② Madhu Kishwar, Arya Samaj and Women's Education: Kanya Mahavidyalaya, EPW, 21, no.17 (April 16, 1986).

③ Kumari Lajjavati, A Pioneer in Women's Education, ISR, 45 (June I, 1945).

④ The Letters and Correspondence of Pandita Ramabai, compiledby Sister Geraldine, ed. A. B. Shah (Bombay, Maharashtra State Board of Literature and Culture, 1977).

⑤ Pandita Ramabai, The High–Caste Hindu Woman (New York, F. H. Revell, 1887).

⑥ Rajas Krishnarao Dongre and Josephine F. Patterson, Pandita Ramabai (Madras, Christian Literature Society, 1969).

⑦ Nicol Macnicol, Pandita Ramabai (Calcutta, Association Press, 1926).

⑧ Muriel Clark, Pandita Ramabai (London, Paternoster Bldg., 1920).

⑨ Meera Kosambi, Women, Emancipation and Equality: Pandita Ramabai's Contribution to Women's Cause, EPW 23 no. 44 (October, 1988).

⑩ Meera Kosambi, An Indian Response to Christianity, Church and Colonialism: The Case of Pandita Ramabai, in At the Intersection of Gender Reform and Religious Belief (Bombay, Research Center for Women's Studies, SNDT University, 1993).

262 莫达尔·萨克莱夫人大学妇女研究中心，1993）上。潘迪塔·拉马拜是帕德玛·阿纳高的论文写作对象之一，其文章题目是《妇女在殖民地印度的觉悟和主张：马哈拉施特拉的性别、社会改革和政治，约1870—1920》[①]（伦敦大学，1994），该文追溯了19世纪晚期和20世纪早期西印度女性间出现的女性主义。安东尼特·伯登在《帝国的中心：英国维多利亚时代晚期的印度人和殖民地遭遇》[②]（伯克利，加利福尼亚大学出版社，1998）中，讲述了拉马拜在英格兰的岁月。乔兹纳·卡普尔在德里大学（1989）的硕士研究论文《马哈拉施特拉邦的妇女和社会改革运动》[③]是一篇有价值的作品，其全面公正地看待了这些问题。在“解放”学校中有着年度报告、宣传册和通信等被忽略的重要收藏，“解放”学校是拉马拜最后一所建在马哈拉施特拉邦克德冈的学校。

虽然我曾在加尔各答采访过一些女性，她们曾在20世纪早些年进入伟大的母亲迦利女神学校就读，但是该校的资料仍很难找。在《独立运动中的妇女角色（1857—1947）》[④]（新德里，斯特林出版社，1968）一文中，M.M.考尔论及了该校的创始人（1857年女英雄詹西女王的侄女）。我的资料大部分取自报刊及杂志，例如刊载于《政治家报》上的《伟大的母亲迦利女神学校》[⑤]（1985年2月3日），以及1903年的《印度妇女杂志》[⑥]等。

（导师）唐多·凯沙夫·卡尔维在浦那发展的教育机构在其回忆录《回顾往事》[⑦]（浦那，女子教育中枢社，1936）和马拉提语写就的传记中有所论及。该传记已被翻译，并连同卡尔维妻子的回忆录一并收录于D.D.卡尔维编辑和翻译，艾伦E.麦克唐纳协助编辑的《新婆罗门》[⑧]（伯克利，加利

---

① Padma Anagol, Women's Consciousness and Assertion in Colonial India: Gender, Social Reform and Politics in Maharashtra, c. 1870–1920, (University of London, 1994).

② Antoinette Burton, At the Heart of the Empire: Indians and the Colonial Encounter in Late-Victorian Britain (Berkeley, University of California Press, 1998).

③ Jyotsna Kapur, "Women and the Social Reform Movement in Maharashtra," MPhil. thesis, Delhi University (1989).

④ M. M. Kaur, The Role of Women in the Freedom Movement (1857–1947) (New Delhi, Sterling, 1968).

⑤ The Mahakali Pathshala, The Statesman (February 3, 1985).

⑥ The Indian Ladies Magazine in 1903.

⑦ Dhondo Keshav Karve, Looking Back (Poona, Hinge Stree–Shikshan Samastha, 1936)。

⑧ The New Brahmins, ed. and trans. D. D. Karve, with editorial assistance from Ellen E McDonald (Berkeley, University of California Press, 1963).

福尼亚大学出版社，1963）中。有一本唐多·凯沙夫·卡尔维的传记《唐多·凯沙夫·卡尔维》[1]（新德里，印度政府出版局，1970）由G.L.查克拉瓦卡撰写。卡尔维的姨妹帕尔瓦蒂拜·阿萨瓦利在卡尔维的学校担任教师，在她的自传《我的故事，一个印度教寡妇的自传》[2]（纽约，G.P.普特南，1930）中，对卡尔维为寡妇所开展的工作进行了珍贵的记录，由贾斯汀E.艾伯特牧师译。卡尔维的女子大学被重新改名为纳蒂拜·达莫达尔·萨克莱夫人印度女子大学（或SNDT），并迁至孟买的新址。纳蒂拜·达莫达尔·萨克莱夫人女子大学是印度女子高等教育的首要机构。在刊载于《印度年度纪事》第1册（1940年1—6月）（加尔各答，年度纪事，1940）上的文章《萨克塞女子大学集会》[3]是维斯韦思瓦拉亚爵士的集会致辞（1940年6月29日），该文论述了纳蒂拜·达莫达尔·萨克莱夫人女子大学的变迁。

盖尔·迈诺特曾站在揭示穆斯林女子教育史的最前线，她的书《幽士：印度殖民时期的妇女教育和穆斯林社会改革》[4]（德里，牛津大学出版社，1998）对此做了大量的细节描写。她的文章《另外的声音，另外的房间：来自闺房的看法》[5]，刊载于尼特·库马尔编辑的《妇女为主体》（夏洛茨维尔，弗吉尼亚大学出版社，1994）上，这是一篇关于从男性改革家的文字来解读闺房生活的有趣读物。盖尔·迈诺特在《寂静之声》[6]（德里，查 263
那可亚出版社，1986）中翻译了赫瓦贾·尔塔夫·侯赛因·哈里关于女性教育的作品（1874）。她还写了以下关于穆斯林女性教育者的文章：《谢赫·阿卜杜拉、阿卜杜拉夫人和阿里格尔的沙里夫女子教育》[7]，其刊载于

① G. L. Chakravarkar, Dhondo Keshav Karve (New Delhi, Publications Division, Government of India, 1970).

② Parvati Athavale, My Story, the Autobiography of a Hindu Widow, trans. Revd. Justin E. Abbott (New York, G. P. Putnam, 1930).

③ Thackesay [sic] Women's University Convocation, Sir Visvesvaraya's Convocation Address (June 29, 1940), The Indian Annual Register, vol. 1 (January–June, 1940) (Calcutta, Annual Register, 1940).

④ Gail Minault, Secluded Scholars: Women's Education and Muslim Social Reform in Colonial India (Delhi, Oxford University Press, 1998).

⑤ Gail Minault, Other Voices, Other Rooms: The View from the Zenana, in Women as Subjects, ed. Nita Kumar (Charlottesville, University Press of Virginia, 1994).

⑥ Gail Minault, Voices of Silence (Delhi, Chanakya Publications, 1986).

⑦ Gail Minault, Shaikh Abdullah, Begam Abdullah, and Sharif Education for Girls at Aligarh, in Modernization and Social Change among Muslims in India, ed. Imtiaz Ahmad (New Delhi, Manohar Book Service, 1983).

伊姆蒂阿兹·艾哈迈德编辑的《印度穆斯林中的现代化和社会变革》（新德里，马诺哈尔图书社，1983）上；《赛义德·穆塔兹·阿里和妇女权利：一位19世纪晚期的伊斯兰女权倡导者》①，刊载于《现代亚洲研究》，24，1号（1990）；《深闺制的进步：印度穆斯林妇女学校教育的开始》②，刊载于J.P.沙马编辑的《近代印度的个体和理想》（加尔各答，菲马K.P.穆克霍帕迪亚依公司，1982）上。索尼亚·尼沙特·阿明曾在达卡大学的博士学位论文（1993）《在殖民地孟加拉，穆斯林妇女的世界：1876—1939》③中广泛地谈及穆斯林妇女及其教育、家庭生活和文学活动。该论文后以书名《孟加拉殖民时期穆斯林妇女的世界：1876—1939》（莱顿，E.J.布里尔出版社，1996）出版。就该主题，索尼亚·尼沙特·阿明撰写的其他具有使用价值的文章还有：刊载于《历史的缝隙》的《早期穆斯林名门世家的女性》④，以及刊载于《社会研究杂志》，62 （1993年10月）的《填补空白：妇女史——以孟加拉名门世家女性为例》⑤。关于罗科亚夫人的资料来源，我依靠的是：罗山·贾汉编辑和翻译的《与世隔绝》⑥（达卡，孟加拉国康复援助委员会印刷厂，1981）；穆尔希德的《不情愿的初次社交》⑦；索尼亚·尼沙特·阿明的两篇文章分别是《罗科亚·萨卡沃特·侯赛因和孟加拉复兴的遗产》⑧，载于《亚细亚社会杂志》，孟加拉国，34，2号（1989年12月），以及《文学中的新女性和诺吉布尔·拉赫曼的小说以及罗科亚·萨

---

① Gail Minault, Sayyid Mumtaz Ali and 'Huquq un–Niswan': An Advocate of Women's Rights in Islam in the Late Nineteenth Century, in Modern Asian Studies, 24, no. 1 (1990).

② Gail Minault, Purdah's Progress: The Beginnings of School Education for Indian Muslim Women, in Individuals and Ideals in Modern India, ed. J. P. Sharma (Calcutta, Firma K. P. Mukhopadhyaya, 1982).

③ Sonia Nishat Amin, The World of Muslim Women in Colonial Bengal: 1876–1939, Ph.D. dissertation, University of Dhaka (1993) published as The World of Muslim Women in Colonial Bengal 1876–1939 (Leiden, E. J. Brill, 1996).

④ Sonia Nishat Amin, The Early Muslim Bhadramahila, in From the Seams of History.

⑤ Sonia Nishat Amin, Filling the Gap: Women's History—The Case of Muslim Bhadromohilas in Bengal, in Journal of Social Studies, 62 (October, 1993).

⑥ Roushan Jahan, ed. and trans., Inside Seclusion (Dhaka, BRAC Printers, 1981).

⑦ Murshid, Reluctant Debutante.

⑧ Sonia Nishat Amin, Rokeya Sakhawat Hossain and the Legacy of the 'Bengal' Renaissance, in Journal of Asiatic Society, Bangladesh, 34, no. 2 (December, 1989).

卡沃特·侯赛因》[①]，载于菲尔杜斯·阿齐姆和尼亚兹·扎曼编辑的《多种多样：社会和文学中的女性》（达卡，大学出版有限公司，1994）中；收录于《印度妇女杂志》等各种杂志上的文章。

关于苏巴拉克希米修女的资料来源包括：莫妮卡·费尔顿的《一个儿童寡妇的故事》[②]（伦敦，维克多·戈兰兹有限公司，1966）；《女性教育先驱》[③]（泰米尔纳德）（马德拉斯，印度教育促进会，1975）；采访孙达拉因夫人（马德拉斯，1976年1月22日）；苏巴拉克希米修女的随笔[④]（未注明日期），附在罗宾德拉纳特·泰戈尔给M.F.普拉格小姐的信中，欧洲手稿，B183，印度事务局和东方图书馆馆藏；马拉蒂·拉马纳坦的传记《R.苏巴拉克希米修女：社会改革家和教育家》[⑤]（孟买，1989年）以及采访苏巴拉克萨米修女（原文如此）（1930年12月10日），鲁斯·伍德斯莫尔馆藏，第28栏。鲁斯·伍德斯莫尔馆藏位于马萨诸塞州北安普敦的斯密斯学院。

在表达教育对女性具有的某种意义上，我大量使用《印度妇女的作品》；塔潘·雷乔杜里译，杰拉尔丁·福布斯和塔潘·雷乔杜里编辑的《从儿童寡妇到女医生：海马巴蒂·森医生的个人回忆录》[⑥]（新德里，罗里图书社，在印刷中）；以及其他第一人称的叙事。苏曼塔·班纳吉撰写的《在19世纪孟加拉，妇女流行文化的边缘化》[⑦]一文刊载于《重铸妇女》上，该文因提出新的教育议程如何使女性远离流行文化的观点而引人关注。尼塔·库马尔的《给女孩的柑橘，或者，20世纪贝拿勒斯让人一知半解的女子教育故事》[⑧]刊载于《妇女为主体》上，其着眼于贝拿勒斯3所学校的女子 264

① Sonia Nishat Amin, The New Woman in Literature and the Novels of Nojibur Rahman and Rokeya Sakhawat Hossain, in Infinite Variety: Women in Society and Literature, ed. Firdous Azim and Niaz Zaman (Dhaka, University Press Ltd., 1994).

② Monica Felton, A Child Widow's Story (London, Victor Gollancz, 1966).

③ Women Pioneers in Education (Tamilnadu) (Madras, Society for the Promotion of Education in India, 1975).

④ Ote by Sister Subbalakshmi (n.d.) enclosed in a letter from Rabindranath Tagore to Miss M. F. Prager, Eur. Mss. B 183 (IOOLC).

⑤ Malathi Ramanathan, Sister R. Subbalakshmi: Social Reformer and Educationalist (Bombay, 1989).

⑥ From Child Widow to Lady Doctor: The Intimate Memoir of Dr. Haimabati Sen, translated Tapan Raychaudhuri, ed. Geraldine Forbes and Tapan Raychaudhuri (New Delhi, Roli, in press).

⑦ Sumantha Banerjee, Marginalization of Women's Popular Culture in Nineteenth Century Bengal, in Recasting Women.

⑧ Ita Kumar, Oranges for the Girls, or, the Half-Known Story of the Education of Girls in Twentieth-Century Banares, in Women as Subjects.

课程。

撰写第三章妇女组织的内容时，我使用了三个印度主要妇女协会的档案：妇女印度协会、印度全国妇女理事会和全印妇女大会。妇女印度协会的档案较为分散，有的档案在新德里全印妇女大会图书馆内，有的档案在妇女印度协会在马德拉斯的旧总部中，还有一些则收藏在尼赫鲁博物馆和纪念图书馆雷德馆中。印度全国妇女理事会的档案则在新德里的一间车库中找到，之后被存储于尼赫鲁博物馆和纪念图书馆中。其他一些印度全国妇女理事会的档案收藏于孟买塔拉拜·普列姆昌德夫人的私人图书馆中。我初次阅读全印妇女大会的档案是在他们老楼的图书馆里。当时现有的建筑正在建设，我继续着我的研究工作。在搬进新楼的过程中，早先的一些文档可能已经丢失。

阿帕纳·巴苏和巴拉蒂·雷曾撰写过全印妇女大会1927年至1990年间的历史，即《妇女的斗争》①（新德里，马诺哈尔图书社，1990）。对其他重要组织来说，不存在有类似的历史记录。论述妇女组织的文章和书籍的数量日益增多，例如，达格玛·恩格斯的《性别意识形态的局限》②，刊载于《妇女研究国际论坛》，12，4号（1989）。我曾写过以下关于印度妇女运动的文章：《印度妇女运动：传统象征和新角色》③，该文收录于M.S.A.拉奥编辑的两卷《印度社会运动》（新德里，马诺哈尔图书社，1978）中的第一卷；《笼中虎：印度女性主义第一次浪潮》④，载于《妇女研究国际论坛》，5，6号（1982）；《印度妇女运动：争取妇女权利的斗争或民族解放？》⑤，载于《大家庭》；《从深闺制到政治：全印妇女组织的社会女性主义》⑥，载于汉娜·帕帕尼克和盖尔·迈诺特编辑的《分离的世界》（德里，查纳科亚出版社，1982）上。探索妇女组织和社会政治变革之间联系

① Aparna Basu and Bharati Ray, Women's Struggle (New Delhi, Manohar, 1990).

② Dagmar Engels, The Limits of Gender Ideology, in WSIQ,12, no. 4 (1989).

③ Geraldine Forbes, Women's Movements in India: Traditional Symbols and New Roles, in Social Movements in India, 2 vols., ed. M. S. A. Rao (New Delhi, Manohar Publications, 1978).

④ Geraldine Forbes, Caged Tigers: First Wave Feminists in India, in WSIQ, 5, no. 6 (1982).

⑤ Geraldine Forbes, the Indian Women's Movement: A Struggle for Women's Rights or National Liberation?, in The Extended Family.

⑥ Geraldine Forbes, From Purdah to Politics: The Social Feminism of the All-India Women's Organizations, in Separate Worlds, ed Hanna Papanek and Gail Minault (Delhi, Chanakya Publications,1982).

的专著包括：贾纳·马特森·埃弗里特的《印度妇女和社会变革》[1]（新德里，文化遗产出版社，1981）；拉达·克里希纳·沙马的《民族主义、社会改革和印度妇女》[2]（新德里，贾纳基出版社，1981）；维贾伊·阿格纽的《印度政治中的精英女性》[3]（新德里，发展出版社，1979）；拉蒂卡·戈什的《针对妇女的和由妇女领导的社会和教育运动，1820—1950》[4]，刊载于卡利达斯·纳格博士编辑的《贝休恩学校和学院百年纪念册，1849—1949》（加尔各答，S.N.古哈·雷出版有限公司，1950）中。芭芭拉·素塔德的《孟加拉的妇女运动和殖民地政治：追求政治权利、教育和社会改革立法，1921—1936》[5]（新德里，马诺哈尔图书社，1995）已交付印刷，因此无法获取。

对于研究稍早时候的妇女组织，可获得的记录极少。研究男性在梵社中发起的妇女组织时，我借用了梅雷迪思·博思威克的《角色变化》和希瓦纳什·萨什特里的《梵社史》[6]第二版（加尔各答，公共梵社，1974年）。关于帕西组织，我主要的资料来源是《帕西妇女团体50周年纪念，1903—1953，及拉坦·塔塔先生工业所25周年纪念，1928—1953》[7]（孟买，没有出版商，1953）。关于雅利安妇女协会的资料来源，我利用了K.J.奇塔利亚编辑的《妇女机构名录，孟买管辖区》[8]，第一卷（孟买，印度公仆社， 265
1936）；里拉·约西的随笔《雅利安妇女协会》[9]（未注明日期，从作者那

① Jana Matson Everett, Women and Social Change in India (New Delhi, Heritage Publishers, 1981).

② Radha Krishna Sharma, Nationalism, Social Reform and Indian Women (New Delhi, Janaki Prakashan, 1981).

③ Vijay Agnew, Elite Women in Indian Politics (New Delhi, Vikas, 1979).

④ Latika Ghose, Social and Educational Movements for Women and by Women, 1820–1950, in Bethune School and College Centenary Volume, 1849–1949 ed. Dr. Kalidas Nag (Calcutta, S. N. Guha Ray, 1950).

⑤ Brbara Southard's The Women's Movement and Colonial Politics in Bengal: The Quest for Political Rights, Education and Social Reform Legislation, 1921–1936 (New Delhi, Manohar, 1995).

⑥ Sivanath Sastri, History of the Brahmo Samaj, 2nd edn. (Calcutta, Sadharan Brahmo Samaj, 1974).

⑦ Golden Jubilee Stri Zartbosti Mandal, 1903–1953, and Silver Jubilee Sir Ratan Tata Industrial Institute, 1928–1953 Volume (Bombay, n.p., 1953).

⑧ K. J. Chitalia, ed., Directory of Women's Institutions, Bombay Presidency, vol. 1 (Bombay, Servants of India Society, 1936).

⑨ Arya Mahila Samaj, (n.d.), notes by Mrs. Leela Joshi (received from the author).

获得）；从萨洛吉妮·普拉达那获得的复印件《雅利安妇女协会：呼吁》①（未注明日期）。《印度妇女杂志》由卡马拉·萨蒂安纳达恩夫人（出生于1879年）创办于1901年，是一份旨在告知女性妇女问题的英文出版物。这份杂志是揭示女性在印度社会会议和早期妇女组织中的作用的极好的资料来源。该杂志的一些卷册在加尔各答国家图书馆中找到，但我能查找到的唯一完整的收藏则属于萨蒂安纳达恩夫人的女儿帕德米尼·森·古普塔（已故）。

在刊载于《大家庭》上的盖尔·迈诺特撰写的《姐妹情谊还是分离？全印穆斯林女性会议和民族主义运动》②和索尼亚·尼沙特·阿明的博士学位论文《穆斯林妇女的世界》中，以及在贾汗·阿拉·沙·纳瓦兹的《父亲和女儿：政治自传》③（拉合尔，尼伽里萨特出版社，1971）中，都对早期穆斯林妇女组织有所论及。

首个由女性创立的全印妇女组织是印度妇女大团体。创始人萨拉拉德维·乔杜拉里在其文章《妇女运动》④中对该组织的起源进行了记述，该文刊载于《现代评论》（1911年10月）。J.C.巴伽尔的《萨拉拉·德维·乔杜拉里》⑤，刊载于《文学名流的传记》99（加尔各答，孟加拉文学社，1964）上，收录了印度妇女大团体的资料。刊载于《印度妇女杂志》和《现代评论》上的文章也详细阐述了印度妇女大团体开展的工作。萨拉拉德维用孟加拉语写的回忆录《生活中散布的落叶》⑥，于1958年在加尔各答出版。加尔各答加达维普大学的塔帕蒂·森古普塔目前正在撰写她的博士论文，其内容也关乎萨拉拉德维·乔杜拉里。

要了解这些组织实际上如何运作以及它们对所属女性成员意味着什么，着眼于回忆录是很具有启发性的。对于这一话题，有三本回忆录尤其珍贵：由英迪拉拜M.劳翻译，卡马拉·拜L.劳撰写的《斯穆鲁迪卡：母亲讲述自个

① Arya Mahila Samaj: An Appeal, (n.d.), a cyclostyled sheet received from Sarojini Pradhar.

② ail Minault, Sisterhood or Separation? The All–India Muslim Ladies' Conference and the Nationalist Movement, in The Extended Family.

③ Jahan Ara Shahnawaz, Father and Daughter: A Political Autobiography (Lahore, Nigarishat, 1971).

④ Saraladevi Chaudhurani, "A Women's Movement," MR (October, 1911).

⑤ J. C. Bagal, Sarala Devi Chaudhurani, in Sahitya Sadhak Charitmala, 99 (Calcutta, Bangiya Sahitya Parishad, 1964).

⑥ Saraladevi Chaudhurani, Jibaner Jharapata, in Bengali, published in Calcutta in 1958.

儿的故事》[1]（普纳，克里希纳拜·尼布卡博士，1988）；曼莫喜尼·祖特希·萨加尔的《一位印度自由斗士回忆其一生》[2]，杰拉尔丁·福布斯编辑（纽约，M.E.夏普出版有限公司，1994）；以及舒达·马宗达的《一位印度妇女的回忆录》[3]。一本相关书籍《印度生活中的妇女地位》[4]（纽约，朗文格林公司，1911）由巴罗达王后殿下撰写，论述了在追求现代身份时，印度需要向西方借鉴和吸收什么。在鲁斯·伍德斯莫尔1916—1917年的笔记和1913—1917年的日记中有一些关于第一次世界大战时期女性的有意思的记述，收录于鲁斯·伍德斯莫尔馆藏。鲁斯·伍德斯莫尔随同基督教女青年会前往印度，努力认识那些加入组织，并试图实现社会变革的“新女性”。

与妇女印度协会发展亲密相关的两名爱尔兰女性是神智学者玛格丽特·卡曾斯和居住在马德拉斯的多萝西·吉纳拉贾达沙（嫁给一位辛加人神智学者）。玛格丽特·卡曾斯和丈夫詹姆斯联合撰写了一本自传，即《我们俩在一起》[5]（马德拉斯，甘内什公司，1950）。玛格丽特·卡曾斯曾写过《今天的印度女性》[6]（阿拉哈巴德，基塔比斯坦书社，1947），S.穆图拉
克希米·雷迪医生（夫人）撰写的《玛格丽特·卡曾斯夫人及她在印度的工 266
作》[7]（马德拉斯，妇女印度协会，1956）对卡曾斯的工作进行了记述。芝加哥洛约拉大学的凯瑟琳·坎迪目前正在撰写玛格丽特·卡曾斯的传记。

尽管多萝西·吉纳拉贾达沙在妇女印度协会的发展中发挥了重要作用，但可获得的关于她的资料却很少。在《雷德医生书信集》中收录了很多她的信件，但是我仅能找到一篇她写的文章：D.吉纳拉贾达沙夫人，《印度妇

---

① Kamala Bai L. Rau, Smrutika: The Story of My Mother as Told by Herself, trans. Indirabai M. Rau (Pune, Dr. Krishnabai Nimbkar, 1988).

② Manmohini Zutshi Sahgal, An Indian Freedom Fighter Recalls Her Life, ed. Geraldine Forbes (New York, M. E. Sharpe, 1994).

③ Shudha Mazumdar, Memoirs of an Indian Woman.

④ H. H. the Maharani of Baroda, The Position of Women in Indian Life (New York, Longman, Green and Co., 1911).

⑤ J. H. Cousins and M. E. Cousins, We Two Together (Madras, Ganesh and Co.,1950).

⑥ Margaret E. Cousins wrote Indian Womanhood Today (Allahabad, Kitabistan, 1947).

⑦ Dr. (Mrs.) S. Muthulakshmi Reddi, Mrs. Margaret Cousins and her Work in India (Madras, Women's Indian Association, 1956).

女的解放》[①]，载于C.W.戴克格拉特编辑的《第八届神智学会欧洲国家社团联合大会会报》（阿姆斯特丹，神智学会欧洲国家社团联合理事会，1923）上。该会议于1923年7月21—26日在维也纳召开。神智学的吸引力有限是因为其认同婆罗门教，这在C.S.拉克希米的《面罩后的脸：泰米尔文学中的妇女》[②]（德里，发展出版社，1984）中，以及普拉巴・拉尼在昌迪加尔（1985年10月）妇女研究会议上提交的文章《妇女印度协会和马德拉斯的自尊运动，1925—1936：对妇女的看法》[③]中都有所探究。C.S.拉克希米也在其文《泰米尔纳德的母亲、母亲—团体和母亲—政治》[④]，刊载于《经济与政治周刊》，25，42号和43号（1990年10月20—27日），讨论过自尊运动对性别问题的操纵。

芭芭拉・拉姆萨克曾写过大量关于英国妇女在印度的作用的文章：参阅刊载于努普尔・乔杜里和玛格丽特・斯特罗贝尔编辑的《西方妇女和帝国主义》（布卢明顿和印第安纳波利斯，印第安纳大学出版社，1992）的文章《文化传教士、母性帝国主义者、女性主义盟友：印度的英国妇女活动家，1865—1945》[⑤]；刊载于《大家庭》上的文章《催化剂还是帮手？英国女性主义者，印度妇女权利和印度独立》[⑥]；刊载于《妇女史期刊》，1，2号（1989年秋季）上的文章《四面楚歌的倡导者：对印度计划生育的辩论，1920—1940》[⑦]。安东尼特M.伯登在刊载于《西方妇女和帝国主义》上的文

① Mrs. D. Jinarajadasa, The Emancipation of Indian Women, in Transactions of the Eighth Congress of the Federation of European National Societies of the Theosophical Society, ed. C. W. Dijkgraat (Amsterdam, Council of the Federation of European National Societies of the Theosophical Society, 1923).

② C. S. Lakshmi in The Face Behind the Mask: Women in Tamil Literature (Delhi, Vikas, 1984).

③ Prabha Rani, Women's Indian Association and the Self-Respect Movement in Madras, 1925-1936: Perceptions on Women, a paper delivered at the Women's Studies Conference, Chandigarh (October, 1985).

④ C. S. Lakshmi, Mother, Mother-Community and Mother-Politics in Tamil Nadu, EPW 25, nos. 42 and 43 (October 20-27, 190).

⑤ Barbara Ramusack, Cultural Missionaries, Maternal Imperialists, Feminist Allies: British Women Activists in India, 1865-1945, in Western Women and Imperialism, ed. Nupur Chaudhuri and Margaret Strobel (Bloomington and Indianapolis, Indiana University Press, 1992).

⑥ Barbara Ramusack, Catalysts or Helpers? British Feminists, Indian Women's Rights, and Indian Independence, in The Extended Family.

⑦ Barbara Ramusack, Embattled Advocates: The Debate over Birth Control in India, 1920-1940, in JWH, 1, no.2 (fall, 1989).

章《白人女性的责任：英国女性主义者和“印度妇女”，1865—1915》[1]，以及在她的新书《历史的责任》[2]（教堂山，北卡罗来纳州大学出版社，1994）中，都探索了妇女问题在英国女性主义者的作品及活动中的表现方式。贾纳基·奈尔在她的文章《展露闺房：英国妇女作品中的印度女性愿景：1831—1940》[3]中分析了一些英国妇女的作品，该文章刊载于《妇女史期刊》，2，1号（1990年春季）上。芭芭拉N.拉姆萨克和安东尼特·伯登编辑的《妇女史述评》特刊，3，4号（1994），致力于讨论女性主义、帝国主义和种族——印度和英国之间的对话。

韦罗妮卡·斯特朗博格曾在《妇女议会》[4]（渥太华，加拿大国家博物馆，1976）中写到国际妇女理事会。有一本关于印度全国妇女理事会创始人之一的塔塔女士的好书，《纪念之书》[5]（孟买，J.B.杜巴什，1933）。该书收录了塔塔女士的一些信件和演讲，因而非常具有价值。我发现道格拉斯E.海恩斯的文章《从礼物到慈善：西印度城市中礼物给予的政治》[6]尤其引人关注，其有助于解释一些精英女性的兴趣，她们处于英国人主导的妇女组织中，该文刊载于《亚洲研究杂志》，46，2号（1987年5月）。孟买管辖区 267
妇女理事会的总部与孟买亚洲学会位于同一栋楼中，在那保留着印度全国妇女理事会的年度报告及一些文集，这是我能够找到的唯一的印度全国妇女理事会的地区性文集。

为了了解参与改革运动的印度妇女，我参考了各种文献，它们包括来自家庭和受访者给予的文献，以及其他历史学家出版和未出版的文章。科妮莉亚·索拉博吉的个人文集收录于印度事务局和东方图书馆馆藏。科妮莉亚·索拉博吉就自己的人生和工作撰写了以下书籍：《晨曦间》[7]（伦

① Antoinette M. Burton, The White Woman's Burden: British Feminists and The Indian Woman, 1865–1915, in Western Women and Imperialism.

② Antoinette M. Burton, Burdens of History (Chapel Hill, University of North Carolina Press, 1994).

③ Janaki Nair, Uncovering the Zenana: "Visions of Indian Womanhood in Englishwomen's Writings: 1831–1940," in JWH, 2, no. 1 (spring, 1990).

④ Veronica Strong–Boag, The Parliament of Women (Ottawa, National Museum of Canada, 1976).

⑤ A Book of Remembrance (Bombay, J. B. Dubash, 1933).

⑥ Douglas E. Haynes, From Tribute to Philanthropy: "The Politics of Gift Giving in a Western Indian City," in Journal of Asian Studies, 46, no. 2 (May 1987).

⑦ Cornelia Sorabji, Between the Twilights (London, Harper, 1908).

敦，哈珀，1908）；《印度回忆》[①]（伦敦，尼斯贝特，1936）以及《深闺制下的女性》[②]（加尔各答，萨克尔和斯宾克公司，1917），同时她还撰写了许多关于印度妇女和社会改革问题的文章。安东尼特·伯登曾在《科妮莉亚·索拉博吉在维多利亚时代的牛津》[③]中描述过科妮莉亚·索拉博吉在英格兰的岁月，该文刊载于《帝国的中心：英国维多利亚时代晚期的印度人和殖民地遭遇》（伯克利，加利福尼亚大学出版社，1998）上。关于马尼本·卡拉的资料来源是《马尼本·卡拉的生平速写》[④]（未出版），自西方铁路雇员联盟那儿获得（孟买，1979）；采访马尼本·卡拉（孟买，1976年4月24日）；《马尼本·卡拉》[⑤]，s–14（1969年9月17日），收录于剑桥南亚研究中心南亚档案馆。

关于全印妇女大会的报道收录于该大会自己的档案中（如上所述）以及玛格丽特·卡曾斯撰写的文章《会议如何开始》[⑥]，该文刊载于《光明》特刊上（1946年）。

关于童婚的讨论，我利用了大量关于1891年同意年龄问题的文章，包括：塔尼卡·萨卡尔的《反对同意年龄的措辞，抵制殖民的理由和童妻的死亡》[⑦]，该文刊载于《经济与政治周刊》，28，36号（1993年9月4日）；达格玛·恩格斯的《1891同意年龄法案：在孟加拉的殖民思想》[⑧]，载于《南亚研究》，3，2号（1983年11月）；穆里纳里尼·辛哈的《同意年龄法案：19世纪晚期孟加拉的男性理想和殖民思想》[⑨]，刊载于第8届亚洲研

---

① Cornelia Sorabji, India Recalled (London, Nisbet, 1936).

② Cornelia Sorabji, The Purdahnashin (Calcutta, Thacker and Spink, 1917).

③ Antoinette Burton, Cornelia Sorabji in Victorian Oxford, in At the Heart of the Empire: Indians and the Colonial Encounter in Late–Victorian Britain (Berkeley, University of California Press, 1998).

④ Life Sketch of Maniben Kara, (unpublished) received from the Western Railway Employees Union (Bombay, 1979).

⑤ Maniben Kara, (September 17, 1969), s–14, South Asian Archive, Centre for South Asian Studies, Cambridge.

⑥ M. Cousins, How the Conference Began, in Roshi, special number (1946).

⑦ Anika Sarkar, Rhetoric against Age of Consent, Resisting Colonial Reason and Death of a Child–Wife, in EPW 28, no. 36 (September 4, 1993).

⑧ Dagmar Engels, The Age of Consent Act of 1891: Colonial Ideology in Bengal, in South Asia Research, 3, no. 2 (November, 1983).

⑨ Mrinalim Sinha, The Age of Consent Act: The Ideal of Masculinity and Colonial Ideology in Late Nineteenth Century Bengal, in Proceedings of the Eighth International Symposium on Asian Studies (1986).

究国际研讨会论文集（1986）；帕德玛·阿纳格尔麦姬恩的《同意年龄法案（1981）复议：妇女视觉和参与印度童婚辩论》①，载于《南亚研究》，12：2（1992）上，第100—118页。

我本人也写过关于童婚的文章：《妇女和现代性：印度的童婚问题》②，刊载于《妇女研究国际论坛》，2，4号（1979）上。对于此篇文章和童婚部分的内容我使用了立法议会的讨论；印度政府内政部司法和政治档案。《同意年龄委员会报告，1928—1929》③（加尔各答，1929）；妇女组织档案；以及众多文章。芭芭拉·拉姆萨克出版了《妇女组织和社会变革：印度的婚姻年龄问题》④，刊载于纳奥米·布莱克和安妮·巴克·科特雷尔编辑的《妇女和世界变化》（贝弗利山，塞奇出版公司，1981）上。凯瑟琳·梅奥的书《印度母亲》⑤（纽约，哈考特·布雷斯出版社，1927）把童婚问题转化成为印度人是否适合自治的讨论。对于梅奥来印度前的日 268
子，可参阅格尔达·W.雷未公开发表的文章《殖民主义、种族和男性气质：凯瑟琳·梅奥和国家警察运动》⑥（1992）。对于凯瑟琳·梅奥，穆里纳里尼·辛哈曾撰写过两篇极好的文章：《读印度母亲：帝国、民族和女性发言权》⑦，该文刊载于《妇女史期刊》，6，2号（1994）上；以及《殖民主义和民族主义批判中的性别：定位“印度妇女”》⑧，该文刊载于安-路易斯·夏皮罗编辑的《女性主义者修订历史》（新不伦瑞克，新泽西州罗格斯大学出版社，1994）上。穆里纳里尼·辛哈目前正在撰写关于印度对凯瑟

---

① Padma Anagol-McGinn, The Age of Consent Act (1891) Reconsidered: Women's perspectives and participation in the child-marriage controversy in India, in South Asia Research, 12: 2 (1992), pp. 100-118.

② Geraldine Forbes, Women and Modernity: The Issue of Child Marriage in India, in WSIQ, 2, no. 4 (1979).

③ The Report of the Age of Consent Committee, 1928-1929 (Calcutta, 1929).

④ Barbara Ramusack, Women's Organizations and Social Change: the Age-of-Marriage Issue in India, in Women and World Change, ed. Naomi Black and Ann Baker Cottrell (Beverly Hills, Sage Publications, 1981).

⑤ Katherine Mayo, Mother India (New York, Harcourt Brace, 1927).

⑥ Gerda W Ray, Colonialism, Race, and Masculinity: Katherine Mayo and the Campaign for State Police (1992) unpublished paper.

⑦ Mrinalini Sinha, Reading Mother India: Empire, Nation, and the Female Voice, in JWH, 6, no. 2 (1994).

⑧ Mrinalini Sinha, Gender in the Critiques of Colonialism and Nationalism: Locating the "Indian Woman, in Feminists" Revision History, ed. Ann-Louise Shapiro (New Brunswick, NJ., Rutgers University Press, 1994).

琳·梅奥反应的专著。

英国妇女也参与了这场论战，一些往来的信件可以在伦敦弗西特图书馆的《拉思伯恩书信集》中找到。埃莉诺F.拉思伯恩著有《童婚：印度的弥诺陶洛斯》①（伦敦，艾伦和昂温出版社，1934）一书，该书总结了执行最低成婚年龄时遭遇的失败。

撰写第四章所用资料主要来自妇女组织的档案；印度政府内政部档案；英国议会报告；印度国民大会党档案；私人信件，尤其是弗西特图书馆的《拉思伯恩书信集》和马德拉斯阿迪亚神智学会图书馆的神智学会档案；以及刊载于《印度妇女杂志》《新印度》②和《现代评论》③的文章。我使用了下列议会文集：《印度宪法改革报告》④（1918）；联合特别委员会印度政府法案，第2卷，《证据》⑤（1919）；联合特别委员会印度政府法案，第1卷，《委员会报告和会议记录》⑥（1919）；《印度选举权委员会报告》⑦（1932）；《印度圆桌会议（小组委员会报告）》⑧（1931）；《呈递给印度宪法改革联合特别委员会的证据纪要》⑨（1934）；以及印度宪法改革联合特别委员会，第1卷，《报告》⑩（1934）。

在撰写首次选举权辩论时，我采用了来自参与者、宣传册、信件和剪报等方面的记录。《由全印妇女代表团呈递给勋爵切姆斯福德（总督）和E.S.蒙塔古阁下（国务大臣）的呈文副本》⑪以宣传册的形式保存在弗西特图书馆的选举权—印度馆藏中。选举权—印度馆藏是这些宣传册、剪报和信件等资料最好的获取来源，它们主要涉及印度妇女开展的第一次选举权运

---

① Eleanor F. Rathbone, The Indian Minotaur (London, Allen and Unwin, 1934).

② New India.

③ Modern Review.

④ Report on Indian Constitutional Reform (1918).

⑤ Joint Select Committee on Government of India Bill, vol. 11, Minutes of Evidence (1919).

⑥ Joint Select Committee on Government of India Bill, vol. 1, Report and Proceedings of the Committee (1919).

⑦ Report of the Indian Franchise Committee (1932).

⑧ India Round Table Conference (Sub–committee Reports) (1931).

⑨ Minutes of Evidence given before the Joint Select Committee in the Indian Constitutional Reform (1934).

⑩ Joint Committee on Indian Constitutional Reform, vol. 1, Report (1934).

⑪ A Copy of the Address Presented by the All–India Women's Deputation to Lord Chelmsford (Viceroy) and Rt. Hon'ble E. S. Montagu (Secretary of State), in pamphlet form in the Suffrage–India collection in the Fawcett Collection.

动。在这些材料中有赫拉拜·塔塔夫人的《印度妇女选举权工作概要》[1]，赫拉拜的女儿米塔恩·拉姆撰写的《秋天的落叶：往昔的一些回忆》[2]（未出版的手稿）。全印妇女大会也保存了这些女性为选举权问题所开展的工作档案。对于科妮莉亚·索拉博吉参与选举权问题，参阅科妮莉亚·索拉博吉文集，欧洲手稿，F/165/5，印度事务局和东方图书馆馆藏，尤其是参阅她的剪报、信件、备忘录和“社会公益服务”卷宗。姆里纳利妮·森，一位借鉴了妇女参政论者策略的印度女性，撰写了文章《印度改革法案和印度妇女》[3]（首次刊载在《非洲和东方评论》上，1920），之后转载于《敲门》（加尔各答，萨米尔·杜特，1954）上。

穆图拉克希米·雷德（有时写作“雷迪”）写过一本自传：《穆图拉克 269
希米·雷德医生（夫人）自传》[4]（马德拉斯，M.雷迪，1964），以及S.穆图拉克希米·雷德医生（夫人）撰写的《我作为一名立法委员的经历》[5]（马德拉斯，时代思潮出版社，1930）。她的文集包括她对选举权的看法和她的讲话，收录在尼赫鲁博物馆和纪念图书馆中。阿帕纳·巴苏编辑的《探路者穆图拉克希米·雷德医生》[6]（新德里，全印妇女大会，1987）也收录了许多穆图拉克希米的讲话。我还利用了一些已经提到过的补充性的记述，尤其是穆图拉克希米·雷迪医生（夫人）撰写的《玛格丽特·卡曾斯夫人和她在印度的工作》。

极少有学术性文章涉及选举权问题。芭芭拉·索瑟德的《殖民政治和妇女权利：20世纪20年代英属印度孟加拉的妇女选举权运动》[7]，该文刊载于《现代亚洲研究》，27，2号（1993），以及盖尔·皮尔逊的《预留席

① Mrs. Herabai Tata, A Short Sketch of Indian Women's Franchise Work.

② Mithan Lam, Autumn Leaves: Some Memoirs of Yesteryear (unpublished manuscript).

③ Mrinalini Sen, Indian Reform Bill and Women of India (first published in Africa and the Orient Reviews, 1920), reprinted in Knocking at the Door (Calcutta, Samir Dutt, 1954).

④ Muthulakshmi Reddy, Autobiography of Dr. (Mrs) Muthulakshmi Reddy (Madras, M. Reddi, 1964).

⑤ Dr. (Mrs.) S. Muthulakshmi Reddy, My Experiences As Legislator (Madras, Current Thought Press, 1930).

⑥ Dr. Muthulakshmi Reddy, the Pathfinder, ed. Aparna Basu (New Delhi, AIWC, 1987).

⑦ Barbara Southard, Colonial Politics and Women's Rights: Woman Suffrage Campaigns in Bengal, British India in the 1920s, in Modern Asian Studies, 27, no. 2 (1993).

位——孟买的妇女和选举》[①]，该文刊载于《印度经济和社会史评论》，10，1号（1979年3月）。这些都是为数不多的地区性研究文章。我曾在《妇女选举权》[②]中较广泛地谈及了选举权问题，该文刊载于维纳·马宗达编辑的《权力象征》（孟买，联合出版社，1979）上。

在P.苏巴拉衍夫人的《新宪法下的妇女政治地位》[③]（马德拉斯，未注明出版商，未注明日期）中、弗西特馆藏收藏的信件中、全印妇女大会的档案中都论述了第二次选举权辩论，在这些档案中被发现的《全印妇女大会备忘录》[④]（1932）等文献尤其重要。

报纸和杂志，特别是《印度教徒报》[⑤]《印度妇女杂志》和《妇女法》[⑥]（妇女印度协会期刊），载有众多关于该主题的文章。弗西特图书馆中的选举权—印度馆藏为这一时期以及早期的运动提供了丰富的信息源。它收藏有一些罕见的文献资料，如P.K.森夫人的《妇女选举权补充备忘录》[⑦]。玛丽·皮克福德随同洛锡安委员会前往印度。皮克福德小姐对那段经历的描述见于其书信集，欧洲手稿，D，1013，印度事务局和东方图书馆馆藏。

雷努卡·雷撰写的《印度妇女无独立法律人格》[⑧]是一份有影响力的宣传册，首次刊载于《现代评论》（1934年11月），其引发了为女性争取普通法的需求。政府的应对记录可在印度政府内政部（司法）档案中找到。印度法律委员会的报告为了解印度教法典的发展提供了最好的资料来源，其收录于《B.N.劳文集》中，卷宗Ⅱ，收藏于尼赫鲁博物馆和纪念图书馆。哈罗德·利维的博士论文《通过立法实现印度现代化：印度教法典》[⑨]，芝加哥

① Gail Pearson, Reserved Seats — Women and the Vote in Bombay, in Indian Economic and Social History Review, 10, no. 1 (1983).

② Geraldine Forbes, Votes for Women, in Symbols of Power, ed. Vina Mazumdar (Bombay, Allied Publishers, 1979).

③ Mrs. P Subbarayan, The Political Status of Women Under the New Constitution (Madras, n.p., n.d.).

④ Memorandum of the All–India Women's Conference (1932).

⑤ The Hindu.

⑥ Stri Dharma.

⑦ Mrs. P K. Sen, Supplementary Memorandum on the Franchise of Women, Fawcett Library.

⑧ Renuka Ray, Legal Disabilities of Indian Women, first published in Modern Review (November 1934).

⑨ Harold Levy, Indian Modernization by Legislation: The Hindu Code Bill, Ph.D. dissertation, University of Chicago (1973).

大学（1973），是关于该主题的一项重要著作。洛蒂卡·萨卡尔曾在《贾瓦哈拉尔·尼赫鲁和印度教法典》[①]中谈及尼赫鲁的作用，该文刊载于B.R.南达编辑的《印度妇女》上。贾纳基·奈尔的《殖民地印度的妇女和法律：社会史》[②]（新德里，卡莉女性出版社，1996），对法律的转型做了梳理。

印度国民大会党促使妇女参与计划性的工作：参阅《国家计划分委会：妇女在计划经济中的作用》[③]，收录于印度国大党全印委员会档案（档案号G-23/1640号）中。关于在国大党内组建妇女部的资料见于《妇女部工作方案》[④]，收录于印度国大党全印委员会档案（1940—1942）；苏彻塔·德维——印度国大党全印委员会妇女部秘书，撰写的《印度国大党全印委员会妇女部目标》[⑤]，收录在印度国大党全印委员会档案中，收藏于尼赫鲁博物馆和纪念图书馆。

第五章的写作主要取材于个人记述、口头访谈、报刊文章、印度政府 270
内政部档案以及国大党的文献资料。虽然众多独立运动的报道都提及女性的作用，但鲜有报道专一性地描述女性作用。曼莫汉·考尔的《独立运动中的妇女角色，1857—1947》[⑥]（新德里，斯特林出版社，1968）是首部关于关注女性参与独立斗争的书籍。遗憾的是，该书并不完全可靠。在卡马拉德维·恰托帕迪亚的《印度妇女为独立而战》[⑦]（新德里，阿比纳夫发行，1983）一书中，收录有独立运动参与者的叙述。维贾伊·阿格纽曾在《印度政治中的精英女性》中刻画了独立运动中的女性。这段时期最好的文章是盖尔·O.皮尔逊的地区性研究作品——博士论文《妇女在孟买城中的公共生活，着重参照公民不服从运动》[⑧]（贾瓦哈拉尔尼赫鲁大学，1979）。盖

---

① Lotika Sarkar, Jawaharlal Nehru and the Hindu Code Bill, in Indian Women, edited by B. R. Nanda.

② Janaki Nair, Women and Law in Colonial India: A Social History (New Delhi: Kali for Women, 1996).

③ National Planning Sub–Committee of Women's Role in the Planned Economy, AICC, file no. G–23/1640.

④ Scheme of the Work of the Women's Department, AICC files (1940–2).

⑤ Sucheta Devi, The Aims of the Women's Department of the AICC, AICC files. NMML

⑥ Manmohan Kaur, Role of Women in the Freedom Movement, 1857–1947 (New Delhi, Sterling, 1968).

⑦ Kamaladevi Chattopadhyay, Indian Women's Battle for Freedom (New Delhi, Abhinav Publications, 1983).

⑧ Gail O. Pearson, Women in Public Life in Bombay City with Special Reference to the Civil Disobedience Movement, Ph.D. thesis, Jawaharlal Nehru University (1979).

尔·皮尔逊还写过《孟买城的民族主义、普遍化以及延伸的女性空间》①一文，刊载于《大家庭》。如同尼兰贾·戈什博士的文章《孟加拉独立运动中的妇女作用》②（加尔各答，菲马K.L.穆克霍帕迪亚依，1988）一样，J.C.巴伽尔也在《现代孟加拉妇女》（加尔各答，1361，孟加拉历法，1954）中刻画了独立斗争中的孟加拉妇女。另外一份地区性研究作品是K.斯里拉纳尼·苏巴·拉奥的《妇女和印度民族主义：安得拉邦东戈达瓦里县杰出女自由斗士的案例研究》③，该文是提交给第三届全国妇女研究会议的论文（昌迪加尔，1985）。《人类》期刊上载有众多珍贵的女性短篇文章，这些女性在独立运动中发挥了作用。我曾在《体面的政治：印度妇女和印度国民大会党》④中描写了妇女和印度国民大会党，该文刊载于D.A.娄编辑的《印度国民大会党》（德里，牛津大学出版社，1988）上。库玛里·贾亚瓦迪那的书《第三世界的女性主义和民族主义》⑤（新德里，卡莉女性出版社，1986），其中有一章是《印度的妇女、社会改革和民族主义》。阿帕纳·巴苏曾撰写的《女性在印度独立斗争中的角色》⑥一文，刊载于B.R.南达编辑的《印度妇女》上。巴拉蒂·罗易撰写的《孟加拉的独立运动和女性主义意识，1905—1929》⑦主要针对的是孟加拉，该文载于《历史的缝隙》中。吉塔·安纳德的毕业论文《印度民主主义运动对妇女的吸引力》⑧（达特默思学院，1989），收录了访谈和歌曲。盖尔·迈诺特在《面纱政治：穆斯林妇

① Gail O. Pearson, Nationalism, Universalization, and the Extended Female Space in Bombay City, in The Extended Family.

② J. C. Bagal, JattiyaBanglaNari (Calcutta, 1361 B.S. [1954]).

③ K. Sreeranham Subba Rao, Women and Indian Nationalism: A Case Study of Prominent Women Freedom Fighters of the East Godavari District of Andhra Pradesh, a paper given at the Third National Conference of Women's Studies (Chandigarh, 1985).

④ Geraldine Forbes, The Politics of Respectability: Indian Women and the Indian National Congress, in The Indian National Congress, ed. D. A. Low (Delhi, Oxford University Press, 1988).

⑤ Kumari Jayawardena, Feminism and Nationalism in the Third World (New Delhi, Kali for Women, 1986).

⑥ Aparna Basu, The Role of Women in the Indian Struggle for Freedom, in Indian Women, ed. B. R. Nanda.

⑦ Bharati Roy, The Freedom Movement and Feminist Consciousness in Bengal, 1905–1929, in From the Seams of History.

⑧ Geeta Anand, Appeal of the Indian Nationalist Movement to Women, senior thesis, Dartmouth College (1989).

女在印度民族主义中的作用，1911—1924》[1]中描述了穆斯林妇女，该文刊载于《分离的世界》上。

此外，我还做了一些访谈，并大量使用了尼赫鲁博物馆和纪念图书馆收藏的口头访谈记录、个人文集，以及剑桥南亚研究中心南亚档案馆的口述史馆藏记录。我采访的对象有海伦娜·杜特（加尔各答，1975年9月25日）；拉蒂卡·戈什（加尔各答，1978年2月29日）；贾伊斯里·拉伊吉（孟买，1976年5月2日）；苏希拉·纳耶尔医生（新德里，1976年4月6日）；桑蒂·达斯·卡比尔（新德里，1976年3月25日）；卡马拉·达斯·古普塔（加尔各答，1973年7月12日）；卡尔亚尼·巴塔查吉（加尔各答，1976年3月14日）；桑蒂·达斯·戈什（加尔各答，1976年2月24日）；S.安布贾马尔夫人（马德拉斯，1976年1月19日和25日）；阿姆巴拜（乌迪皮，1976年5月24日）；桑蒂·甘古利（加尔各答，1976年2月8日）；乌贾因·马宗 271
达·拉克什特罗伊（加尔各答，1976年2月8日）；苏尼蒂·乔杜里·戈什（加尔各答，1976年2月15日）。我还采访了其他许多女性，我的作品中有着她们的观点，但是在写这一章的时候，我没有直接采用她们的访谈。在收藏于尼赫鲁博物馆和纪念图书馆的口述史记录中，我主要采用的是苏切塔·科里帕拉尼夫人、卡马拉·达斯·古普塔、S.安布贾马尔夫人和杜尔加拜·德什穆克夫人的口述史记录。尼赫鲁博物馆和纪念图书馆也有以下女性的文集藏品（往往非常有限）：安布贾马尔夫人、阿姆利特·考尔夫人、杜尔加拜·德什穆克夫人、汉莎·梅塔、拉米什瓦里·尼赫鲁、维贾雅拉克希米·潘迪特、S.穆图拉克希米·雷德、鲁库米尼·拉克希米帕蒂、穆里杜拉·萨拉拜以及必卡吉·卡玛夫人。剑桥南亚档案馆的戈什本·卡普泰恩的访谈（1970年5月16日）也是我的撰写依据。

这段时期出现了众多的回忆录和自传。其中有曼莫喜尼·祖特希·萨加尔的《一位印度自由斗士》、卡马拉德维·恰托帕迪亚的《内心深处/外部空间：回忆录》[2]（新德里，纳夫兰，1986）、《斯穆鲁迪卡：母亲的故事》。很有用的短小文章包括：S.安布贾马尔在马德拉斯马克思·穆勒

① Gail Minault, Purdah Politics: The Role of Muslim Women in Indian Nationalism, 1911–1924, in Separate Worlds.

② Kamaladevi Chattopadhyay, Inner Recesses/Outer Spaces: Memoirs (New Delhi, Navrang, 1986).

大厦的演讲《面对面》①（1976年1月22日）。比姆拉·卢特拉未出版的文章《尼赫鲁的印度社会愿景及女性在其中的位置》②（未注明日期），收藏于尼赫鲁博物馆和纪念图书馆。遗憾的是，阿帕纳·巴苏的《姆里杜拉·萨拉拜：反叛有因》③（新德里，牛津大学出版社）已交付印刷，因此无法获取。

研究甘地最重要的作品是《圣雄甘地文选》④90卷（德里，信息广播部出版局，1958—1984）。朱迪思·布朗曾写过3本关于甘地的书：《甘地掌权，1915—1922》⑤（剑桥，剑桥大学出版社，1972），《甘地和公民不服从，1928—1934》⑥（剑桥，剑桥大学出版社，1977）以及《甘地，希望之囚》⑦（纽黑文，耶鲁大学出版社，1989）。甘地许多关于女性的演讲和著作被收录在莫汉达斯·卡拉姆昌德·甘地的《妇女和社会公正》⑧第四版（艾哈迈达巴德，新生活出版社，1954）中。甘地在其修行处所写给女性的信件以《致妇女》⑨（卡拉奇，阿南德T.赫因格拉尼发行，1941）的书名出版。苏贾塔·帕特尔在其文章《甘地之妇女建设和重建》⑩中梳理了甘地与女性有关的陈述，刊载于《经济与政治周刊》，23（1988年2月20日）。马杜·基什沃曾写过一篇极好的文章《妇女和甘地》⑪，载于《经济与政治周刊》，20（1985年10月5日和12日）。我还使用了甘地办的报刊《青年印

① S. Ambujammal, Face to Face, a lecture delivered at Max Mueller Bhavan, Madras (January 22, 1976).

② Bimla Luthra, "Nehru's Vision of Indian Society and the Place of Women in it," unpublished paper (n.d.), NMML.

③ Aparna Basu, Mridula Sarabhai: Rebel with a Cause (New Dehh, Oxford University Press), went to Press.

④ Collected Works of Mahatma Gandhi 90 vols. (Delhi, Publications Division, Ministry of Information and Broadcasting, 1958–84).

⑤ Judith Brown, Gandhi's Rise to Power, 1915–1922 (Cambridge, Cambridge University Press, 1972).

⑥ Udith Brown, Gandhi and Civil Disobedience, 1928–1934 (Cambridge, Cambridge University Press, 1977).

⑦ Judith Brown, Gandhi, Prisoner of Hope (New Haven, Yale University Press, 1989).

⑧ M. K. Gandhi, Women and Social Justice, 4th edn. (Ahmedabad, Navajivan Publishing House, 1954).

⑨ M. K. Gandhi, To the Women (Karachi, Anand T. Hingoram, 1941).

⑩ Sujata Patel, Construction and Reconstruction of Woman in Gandhi, in *EPW*, 23 (February 20, 1988).

⑪ Madhu Kishwar, Women and Gandhi, in EPW 20 (October 5 and 12, 1985).

度》[1]以及甘地写给萨拉拉德维·乔杜拉里的私人信件，这些信件是萨拉拉德维的儿子迪帕克·乔杜里给我的。

撰写本章用到的最重要的报纸是《孟买纪事报》[2]，其刊载的女性文章多于印度其他任何报纸。我还使用了《前进报》[3]《甘露市场报》[4]《现代评论》《印度社会改革家》[5]《妇女法》《印度教徒报》以及《论坛报》。[6]

我可以使用一些妇女政治组织的档案，特别是甘地服务军（Gandhi Seva Sena）和妇女报效国家社（Desh Sevika Sangha）的记录。这些文集收藏于私人手中或收藏于尼赫鲁博物馆和纪念图书馆的国大党全印委员会的档案 272
中。拉蒂卡·鲍斯（离婚后，拉蒂卡重新使用自己的婚前姓戈什，她喜欢被称作拉蒂卡·戈什）在其《孟加拉故事》II[7]（阿什温和贾伊斯塔，1335【1928】）中对妇女国家协会进行了描述。

关于革命者的综合类作品包括戴维M.劳西伊的《孟加拉恐怖主义和马克思主义左派》[8]（加尔各答，菲马K.L.穆克霍帕迪亚依，1975）；《印度的恐怖主义，1917—1936》[9]，印度政府内政部情报局收集（西姆拉，印度政府出版社，1937，德里再版，深度出版有限公司，1974）；以及卡利·查安·戈什的《阵亡将士花名册，印度烈士轶事》[10]（加尔各答，印度知识社，1965）。

就革命运动中的女性，相关作品参阅卡马拉·达斯·古普塔的《独立运动中的孟加拉妇女》[11]（加尔各答，巴苏达拉出版社，1970）。我曾写过有

---

① Young India.

② Bombay Chronicle.

③ Forward.

④ Amrita Bazar Patrika.

⑤ Indian Social Reformer.

⑥ The Tribune.

⑦ Latika Bose, Banglar Katha, II (Ashwin and Jaitha, 133 [1928]).

⑧ David M. Laushey, Bengal Terrorism and the Marxist Left (Calcutta, Firma K. L. Mukhopadhyay, 1975).

⑨ Terrorism in India, 1917–1936, compiled in the Intelligence Bureau, Home Department, GOI (Simla, GOI Press, 1937, reprinted Delhi, Deep Publications, 1974).

⑩ Kali Charan Ghosh, The Roll of Honour, Anecdotes of Indian Martyrs (Calcutta, Vidya Bharat, 1965).

⑪ Kamala Das Gupta, Swadmata Sangrame Banglar Nari ["Bengali Women in the Freedom Movement"], (Calcutta, Basudhara Prakashani, 1970).

关女革命者的文章：《女神还是反叛者？孟加拉的女革命者》[①]，载于《神谕》，2，2号（1980年4月）。自那以后，有关女革命者的文章还有伊萨尼·穆克吉在国家妇女研究会议上提交的论文《殖民地孟加拉晚期的妇女和武装革命》[②]（昌迪加尔，1985），以及提尔塔·曼达尔撰写的《孟加拉的女革命者，1905—1939》[③]（加尔各答，密涅瓦出版有限公司，1991）。在撰写该书时，我使用了伊萨尼和曼达尔的著作以及访谈、私人文献资料、官方档案和小说作品。《路权》在1923年到1926年之间连载出版，是首部以革命活动为题材的孟加拉语通俗小说，该小说至少激励了两位女革命者。罗宾德拉纳特·泰戈尔的小说《Char Adhyaya》[④]（1934）被译为《四章》（加尔各答，印度国际大学发行，1950），该书因评论上流社会如何看待革命女性而引人关注。

卡利亚尼·达斯·巴塔查尔吉与我分享了她的《卡利亚尼·巴塔查尔吉的人生传略》[⑤]（未出版），并分享了她保存的与她一起的女狱友名单以及录音采访记录。阿基尔·钱德拉·南迪帮助设计了桑蒂和苏尼蒂在库米拉的射杀行动，他撰写了《印度独立运动中的女孩》[⑥]，该文刊载于《星期日杂志》（加尔各答，1973年9月2日）上，并在众多场合中与我谈及他的革命行动。此外，我从比娜·达斯那获得了她撰写的《自白书》[⑦]副本。

与女性在独立运动中的角色相关的主题继续吸引着学者们。就“女性活动”以及“女性在这一时期的文章和演讲中是如何被描述的”，学者们做了大量的研究工作。杰出女性的作品和演讲系列，包括G.博卡尔编辑的《阿姆利特·考尔夫人演说和文章精选》[⑧]（新德里，阿切尔发行有限公司，

---

① Geraldine Forbes, Goddesses or Rebels? The Women Revolutionaries of Bengal, in The Oracle, 2, no. 2 (April 1980).

② Ishanee Mukherjee, Women and Armed Revolution in Late Colonial Bengal, presented at the National Conference of Women's Studies (Chandigarh, 1985).

③ Tirtha Mandal, Women Revolutionaries of Bengal, 1905–1939 (Calcutta, Minerva, 1991).

④ Rabindranath Tagore, Char Adbyaya (1934), translated as Four Chapters (Calcutta, Visva–Bharati, 1950).

⑤ Kalyani Das Bhattacharjee, A Short Life Sketch of Kalyani Bhattacharjee, (unpublished).

⑥ Akhil Chandra Nandy, Girls in India's Freedom Struggle, in The Patrika Sunday Magazine (September 2, 1973).

⑦ Bina Das, Confession.

⑧ Selected Speeches and Writings of Rajkumari Amrit. Kaur, ed. G. Borkar (New Delhi, Archer Publications, 1961).

1961）等书籍。一些参与独立运动的人士正在撰写她们的回忆录，并收集其文章交与图书馆收藏。

撰写第六章时出现了大量的问题。在印度鲜有涉及妇女工作的文章或书籍，且许多官方的劳动力报告都忽略了女性。人口普查数据对于妇女工作的描述也有限。我在这一章中采用了广泛的资料来源：官方报告、回忆录和自传，政府档案，妇女组织档案以及一些文章和专著。

我从妇女从事的职业着手，它是女性受教育最直观的结果。我选择关注 273
医学领域是因为我们有一些由女医生撰写的极好的自传以及关于女医生的文章，例如：《从儿童寡妇到女医生》；《希尔达·拉扎勒斯自传》[1]（维扎加帕特南，SFS印刷，未注明日期）；《穆图拉克希米·雷德医生（夫人）自传》；卡罗琳·希利·多尔夫人的《阿南迪拜·乔谢的一生》[2]（她的名字在不同的记述中被写为阿南达拜和阿南迪拜，乔希和乔谢，波士顿，罗伯茨兄弟，1888）。S.J.乔希曾撰写过一个关于阿南迪拜人生的虚构故事《阿南迪·哥帕尔》[3]，由阿沙·达穆尔翻译（加尔各答，妇女出版社，1992）。马拉维卡·卡勒卡在《卡达姆比尼和上流人士》[4]中描写了首位在印度获取医学学位的印度女性——卡达姆比尼·巴苏医生，该文载于《经济与政治周刊》，21，19号（1986年4月26日）。

目前，印度开展了众多针对医学问题的研究工作。罗杰·杰弗里的《印度健康政治》[5]（伯克利，加利福尼亚大学出版社，1987）、戴维·阿诺德的《殖民身体》[6]（伯克利，加利福尼亚大学出版社，1993）以及马克·哈里森的《英属印度的公共卫生》[7]（剑桥，剑桥大学出版社，1994）都是关于医学问题的重要著作，但它们却甚少涉及女性。四篇近期发表的文章：达格玛·恩格斯的《分娩政治：英国和孟加拉妇女的角逐，1890—

① Autobiography of Hilda Lazarus (Vizagapatnam, SFS Printing, n.d.).

② Mrs.Caroline Healey Doll, The Life of Anandabai joshee (her name is spelled Anandabai and Anandibai and Joshi and joshee in different accounts) (Boston, Roberts Brothers, 1888).

③ S. J. Joshi, Anandi Gopal, translated by Asha Damle (Calcutta, Stree, 1992).

④ Malavika Karlekar, Kadambini and the Bhadralok, *EPW* 21, no. 19 (April 26, 1986).

⑤ Roger Jeffrey, The Politics of Health in India (Berkeley, University of California Press, 1987).

⑥ David Arnold, Colonizing the Body (Berkeley, University of California Press, 1993).

⑦ Mark Harrison, Public Health in British India (Cambridge, Cambridge University Press, 1994).

1930》[①]，该文刊载于P.罗伯编辑的《社会和意识形态：赠予肯尼思·巴尔赫特切特教授的南亚史文章》（德里，牛津大学出版社，1993）上；马尼莎·拉尔的《性别政治和殖民地印度的医学：达夫林伯爵夫人基金，1885—1888》[②]，该文刊载于《医学史通报》，68（1994）上；杰拉尔丁·福布斯的《印度妇女的医疗职业和卫生保健：管理模式》[③]，该文刊载于《妇女史评论》（1994）上；以及钱德里卡·保罗在亚洲事务中西部会议上（克利夫兰，1993）提交的论文《放出笼中的鸟儿：孟加拉妇女进入医学院1870—1890》[④]。这些文章都是关于殖民地印度的女性和医学的最新研究。钱德里卡·保罗现在已完成她在辛辛那提大学的论文，该文关注孟加拉的女医师；苏普利亚·古哈也已完成她在加尔各答大学的论文《19世纪晚期和20世纪早期孟加拉分娩医疗史》[⑤]。希尔达·拉扎勒斯医生的《印度妇女的医疗工作范围》[⑥]向我们展现了一个业内人士的观点，该文刊载于《现代印度妇女》上。可获取的用于深入研究此类问题的资料来源极其丰富。

不同于医学领域，其他行业女性的文献资料严重不足。科妮莉亚·索拉博吉在《晨曦间》《印度回忆》以及《深闺制下的女性》中描述了自己的法律工作。米塔恩·拉姆在《秋天的落叶》中写过她的教育。出自加尔各答大学委员会，1917—1919，的《妇女教育》[⑦]（加尔各答，政府印刷总监局，1919），妇女学院的百年纪念册以及其他特别纪念册，例如，贝休恩学院和纳蒂拜·达莫达尔·萨克莱夫人女子大学向我们提供了从事教育职业的女性的一些信息。

---

① Dagmar Engels, The Politics of Child Birth: British and Bengali Women in Contest, 1890–1930, in Society and Ideology: Essays in South Asian History Presented to Professor Kenneth Ballhatchet, ed. P Robb (Delhi, Oxford University Press, 1993).

② Maneesha Lal, The Politics of Gender and Medicine in Colonial India: the Countess of Dufferin's Fund, 1885–1888, in Bulletin of the History of Medicine, 68 (1994).

③ Geraldine Forbes, Medical Careers and Health Care for Indian Women: Patterns of Control, in Women's History Review (1994).

④ Chandrika Paul, Uncaging the Birds: The Entrance of Bengali Women into Medical Colleges 1870–1890, a paper presented at the Mid–West Conference on Asian Affairs (Cleveland, 1993).

⑤ Supriya Guha, A History of the Medicalisation of Childbirth in Bengal in the Late Nineteenth and Early Twentieth Centuries, dissertation, University of Calcutta.

⑥ Dr. Hilda Lazarus, Sphere of Indian Women in Medical Work, in Women in Modern India.

⑦ Calcutta University Commission, 1917–1919, Women's Education (Calcutta, Superintendent Government Printing, 1919).

对于描述女性劳动力的综合类作品，我求教于J.C.基德的《印度工厂立法史》[1]（加尔各答，加尔各答大学，1920）；莫里斯D.莫里斯的《印度产业工人的出现》[2]（伯克利，加利福尼亚大学出版社，1965）；珍妮特·哈维·凯尔曼的《印度劳工》[3]（伦敦，乔治·艾伦和昂温出版社，1923）；D.R.伽德吉尔的《印度劳动大军中的妇女》[4]（孟买，亚洲出版 274
社，1965）；贾伊帕尔P.阿姆巴纳瓦尔的《印度男性及女性的经济活动变化：1911—1961》[5]，载于《印度人口统计学》，4，2号（1975）；A.R.卡通编辑的《进步之匙》[6]（伦敦，汉弗莱·米尔福德出版社，1930）；希亚姆·库马里·尼赫鲁编辑的《我们的事业：印度妇女专题论丛》[7]（阿拉哈巴德，基塔比斯坦书社，1938）；伊弗林C.格德奇和米塔恩·乔克希编辑的《现代印度妇女》[8]（孟买，D.B.塔拉浦尔瓦拉之子有限公司，1929）。最好的资料来源之一是达格玛·恩格斯在伦敦大学东方和非洲研究学院（1987）的博士论文《孟加拉妇女的角色变化，约1890—1930》[9]，该文后以《超越深闺制：孟加拉妇女，1890—1939》（新德里，牛津大学出版社，1996）的书名出版。萨米塔·森的博士论文《孟加拉黄麻业中的女工，1890—1940：移居、母性和战斗性》[10]，剑桥大学（1992），该文对劳动妇女史做出了重要贡献。

仅有少量的文章试图探究女性在殖民统治下发挥的经济作用。包括穆

① J. C. Kydd, A History of Factory Legislation in India (Calcutta, University of Calcutta, 1920).

② Morris D. Morris, The Emergence of an Industrial Labour Force in India (Berkeley, University of California Press, 1965).

③ Janet Harvey Kelman, Labour in India (London, George Allen and Unwin, 1923).

④ D. R. Gadgil, Women in the Working Force in India (Bombay, Asia Publishing House, 1965).

⑤ Jaipal P. Ambannavar, Changes in Economic Activity of Males and Females in India: 1911–1961 , in Demography India, 4, no. 2 (1975).

⑥ A. R. Caton, ed., The Key of Progress (London, Humphrey Milford, 1930).

⑦ Shyam Kumari Nehru, ed., Our Cause: A Symposium of Indian Women (Allahabad, Kitabistan, 1938).

⑧ Evelyn C. Gedge and Mithan Choksi, eds., Women in Modern India (Bombay, D. B. Taraporewala Sons and Co., 1929).

⑨ Dagmar Engels, The Changing Role of Women in Bengal, c. 1890–c. 1930, Ph.D. dissertation, School of Oriental and African Studies, University of London (1987) published as Beyond Purdah: Women in Bengal, 1890–1939 (New Delhi, Oxford University Press, 1996).

⑩ Samita Sen, Women Workers in the Bengal Jute Industry, 1890–1940: Migration, Motherhood and Militancy, doctoral dissertation, University of Cambridge (1992).

库尔·穆克吉的《现代化对妇女职业的影响》①，以及拉达·库马尔的《家庭和工厂：孟买棉纺织业中的妇女，1919—1939》②，这两篇文章对现有的档案进行了梳理，且都刊载于《印度经济和社会历史评述》，20，1号（1983），并再版于J.克里希纳穆尔蒂编辑的《殖民地印度的妇女：关于生存、工作和状况的文章》（德里，牛津大学出版社，1989）中。更近一些的文章是穆克吉撰写的《孟加拉女性的工作，1880—1930：历史分析》③，该文刊载于《历史的缝隙》上。

在撰写该章时，我使用了一些官方报告。其中，包括：《纺织厂劳工委员会报告》④（孟买1907）；A.C.罗易·乔杜里医生的《孟加拉黄麻厂工人生活标准调查报告》⑤（加尔各答，孟加拉秘书处书籍库，1930）；《皇家劳工委员会在印度的报告》⑥（惠特利报告，1930—1931），这些都收藏在印度事务局和东方图书馆馆藏中。而关于矿区妇女的资料，我仅在加尔各答西孟加拉档案馆中的档案里找到。

我还采用了自己的采访资料、其他人的采访资料以及涉及印度妇女工作问题的女性作品。鲁斯·伍德斯莫尔曾为完成基督教女青年会的报告采访了孟买政府工业部研究人员G.平珀尔克查尔。该谈话记录收藏在鲁斯·伍德斯莫尔馆藏中。在1973年至1989年间，我在众多场合采访了哥达瓦里·帕鲁勒卡（孟买，1980年2月24日）和雷努卡·雷。我使用了雷努卡·雷在《妇女在矿区》⑦（阿鲁恩奇，全印妇女大会，1945）中针对煤矿女工问题所表达的观点，该文载于全印妇女大会2号宣传手册上。在撰写该章时，我还广泛运用了年度报告、档案以及妇女组织的信件。

① Mukul Mukherjee, Impact of Modernization on Women's Occupations, in IESHR, 20, no. 1 (1983) , reprinted in Women in Colonial India: Essays on Survival, Work and the State, ed. J. Krishnamurty (Delhi, Oxford University Press, 1989).

② Radha Kumar, Family and Factory: Women in the Bombay Cotton Textile Industry, 1919–1939, IESHR, 20, no. 1 (1983) , reprinted in Women in Colonial India: Essays on Survival, Work and the State, ed. J. Krishnamurty (Delhi, Oxford University Press, 1989).

③ Mukul Mukherjee, Women's Work in Bengal, 1880–1930: A Historical Analysis, in From the Seams of History.

④ The Report of the Textile Factories Labour Committee (Bombay, 1907).

⑤ Dr. A. C. Roy Choudhury, Report on an Enquiry into the Standard of Living of Jute Mill Workers in Bengal (Calcutta, Bengal Secretariat Books Depot, 1930) , IOOLC.

⑥ Report of the Royal Commission on Labour in India (Whitley Report, 1930–1) , IOOLC.

⑦ Renuka Ray, Women in Mines, tract no. 2, AIWC (Arunch, AIWC, 1945).

关于妓女的记录很难令人相信，因为其来源于那些把女性从卖淫职业中解救出来的人们。在弗西特图书馆约瑟芬·巴特勒馆藏中有一个孟买匣，其 275
中收录了孟买社会服务联合会、社会纯净同盟和孟买治安协会的文集。B.乔达尔的《19世纪和20世纪初加尔各答的性交易》[1]（新德里，印度出版印刷社，1985）是地区性研究，主要着力于官方档案和文献资料。在过去几年，女性主义学者提出了全新诠释的可能性。在《印度妇女作品》中选录了妓女演员比诺德迪尼·达西的话，这使我们听到了她的声音。维纳·塔尔沃·奥尔登堡曾写过一篇引发好奇心的文章《作为抵抗的生活方式：以印度勒克瑙的妓女为例》[2]，该文刊载于《争夺权力》上，其让我们看到了这些妓女可能为职业所赋权的程度。阿姆利特·斯里尼瓦桑的《改革和复兴：神妓和她的舞蹈》[3]，刊载于《经济与政治周刊》，20，44号（1985年11月2日），这是一篇关于神妓的好文章。菲利帕·莱文的《性病、性交易和帝国政治：以英属印度为例》[4]，该文刊载于《性史杂志》，4，4号（1994），关注妓女（性病来源）的建设以及19世纪晚期印度士兵和女性的待遇。

遗憾的是，我们甚至没有带有偏见观点的文献资料以使我们知道从事种植业（通常指农业）、从事小商业及仆役性工作的女性的情况。斯瓦普纳·班纳吉于1997年在费城天普大学完成了她的博士论文《孟加拉中产阶级妇女和加尔各答女佣，1900—1947》[5]。她的文章《探索佣工的世界：孟加拉中产阶级妇女和殖民时期加尔各答的仆人》[6]，刊载于《南亚研究生研究期刊》，3，1号（1996年春季），第1—26页。

相较该书的其他部分，第七章更多地使用了参与活动的女性的记述。遗

① B. Joardar, Prostitution in Nineteenth and Early Twentieth Century Calcutta (New Delhi, Inter–India Publications, 1985).

② Veena Talwar Oldenburg, Lifestyle as Resistance: The Case of the Courtesans of Lucknow, in Contesting Power.

③ Amrit Srinivasan, Reform and Revival: The Devadasi and Her Dance, *EPW* 20, no. 44 (November 2, 1985).

④ Philippa Levine, Venereal Disease, Prostitution and the Politics of Empire: The Case of British India, in Journal of the History of Sexuality, 4, no. 4 (1994).

⑤ Swapna Banerjee, Middle–Class Bengali Women and Female Domestic Workers in Calcutta, 1900–1947, Ph.D. dissertation, Temple University, Philadelphia in 1997.

⑥ Swapna Banerjee, Exploring the World of Domestic Manuals: Bengali Middle–Class Women and Servants in Colonial Calcutta, in South Asia Graduate Research journal, 3, no. 1 (Spring 1996), pp. 1–26.

憾的是，撰写妇女史的人们忽略了独立后的这段时期。讨论1937年以来女性在政治中所发挥的作用，我使用了全印妇女大会和妇女印度协会的信件、备忘录和会议记录；《贾瓦哈拉尔·尼赫鲁文集》中，尼赫鲁就妇女问题与女性和其他人的通信；《穆图拉克希米·雷德书信集》；就女性的政治作用，发送给埃莉诺·拉思伯恩的各类报纸的剪报；我自己开展的访谈；尼赫鲁图书馆珍藏的口述史记录。

评估穆斯林妇女在这一时期的作用是最困难的。有一部关于穆斯林妇女史的概述性著作：沙希达·拉蒂夫的《印度的穆斯林妇女》[1]（伦敦，泽德书籍社，1990），但该书并不全面。沙·纳瓦兹夫人是这一时期活动的重要参与者，她曾撰写《印度的妇女运动》[2]（印度论文5号，纽约，太平洋关系协会国际秘书处，1942）。与杰出女性的访谈，特别是与穆斯林杰出女性的访谈，收录于鲁斯·伍德斯莫尔的《妇女兴趣和特色活动调研，1930—1932》中。我在孟买见到了库尔苏姆·萨亚尼，并与她谈及了她的工作。库尔苏姆·萨亚尼给了我一份她撰写的《我的成人教育经历和实验》[3]（未出版论文）的复印本，还向我展示了几份她创办的妇女报纸。她接受过剑桥大
276 学南亚研究中心（1970年7月30日）和鲁斯·伍德斯莫尔项目的采访。关于哈杰拉夫人的资料主要取自全印妇女大会的档案、访谈（新德里，1976年4月2日）以及哈杰拉夫人撰写的文章《早期党派中的妇女》[4]，刊载于《新时代》（1975年12月14日）。

阿鲁娜·阿萨夫·阿里曾在《印度妇女的苏醒》[5]（新德里，光辉出版社，1991）中描述过自己的人生和政治活动。达恩撰写的传记《阿鲁娜·阿萨夫·阿里》[6]（拉合尔，新印度出版社，1947）对阿鲁娜·阿萨夫·阿里给予了慷慨的赞扬。阿鲁娜·阿萨夫·阿里的一些作品和演讲被收录于韦林

---

① Shahida Lateef, Muslim Women in India (London, Zed Books, 1990).

② Begum Shah Nawaz, Women's Movement in India, Indian Paper no.5 (New York, International Secretariat Institute of Pacific Relations, 1942).

③ Kulsum Sayani, My Experiences and Experiments in Adult Education, (unpublished).

④ Hajrah Begum's article, Women in the Party in the Early Years, in New Age (December 14, 1975).

⑤ Aruna Asaf Ali, The Resurgence of Indian Women (New Delhi, Radiant Publishers, 1991).

⑥ Dhan, Aruna Asaf Ali (Lahore, New Indian Publications, 1947).

德·格鲁佛编辑的《阿鲁娜·阿萨夫·阿里，近代印度的伟大女性》[①]（新德里，深度出版有限公司，1993）中。关于苏切塔·克利帕拉尼的资料，我们有作者死后才出版的K.N.瓦斯瓦尼编辑的《苏切塔：未完成的自传》[②]（艾哈迈达巴德，新生活出版社，1978），我们还有苏切塔·克利帕拉尼在担任印度国民大会党新组建的妇女部的领导时的信件和备忘录。这些档案都收藏于尼赫鲁博物馆和纪念图书馆国大党全印委员会档案中。

两篇反映孟加拉饥荒时期的研究作品是：保罗R.格里诺的《现代孟加拉的繁荣与苦难》[③]（牛津，牛津大学出版社，1982）和阿马蒂亚·森的《贫困与饥荒》[④]（德里，牛津大学出版社，1981）。卡尔亚尼·巴塔查吉向我大量谈及她开展的饥荒救助工作，并给了我几本她们在那一时期创办的杂志《孟加拉谈》[⑤]。雷努·查克拉瓦蒂的《印度妇女运动中的共产党员，1940—1950》[⑥]（新德里，人民出版社，1980）是不可或缺的资料来源。我还很幸运地采访到了雷努·查克拉瓦蒂（加尔各答，1972年7月23日和8月15日）。吉塔·阿南德曾写过一篇有趣的但未出版的论文《印度的女性主义运动：1942年退出印度运动的遗产》[⑦]（达特默思学院，1989，毕业论文）。

在论及占西女王军团时，我主要依赖彼得·沃德·菲的《被遗忘的兵团》[⑧]（新德里，鲁帕出版公司，1994）和伦纳德A.戈登的《反对统治的兄弟》[⑨]（纽约，哥伦比亚大学出版社，1990）。关于苏巴斯·钱德拉·鲍斯的资料，我还采用了M.戈帕尔编辑的《苏巴斯·钱德拉·鲍斯的人生和境遇》[⑩]（德里，发展出版社，1978）和阿伦编辑的《苏巴斯·鲍斯的遗

---

① Aruna Asaf Ali, Great Women of Modern India, ed. Verinder Grover (New Delhi, Deep and Deep, 1993).

② Sucheta: An Unfinished Autobiography, ed. K. N. Vasvani (Ahmedabad, Navajivan Publishing House, 1978).

③ Paul R. Greenough, Prosperity and Misery in Modern Bengal (Oxford, Oxford University Press, 1982).

④ Amartya Sen, Poverty and Famines (Delhi, Oxford University Press, 1981).

⑤ Bengal Speaks.

⑥ Renu Chakravartty, Communists in Indian Women's Movement, 1940–1950 (New Delhi, People's Publishing House, 1980).

⑦ Geeta Anand, The Feminist Movement in India: Legacy of the Quit India Movement of 1942, senior thesis, Dartmouth College (1989).

⑧ Peter Ward Fay, The Forgotten Army (New Delhi, Rupa and Co., 1994).

⑨ Leonard A Gordon, Brothers Against the Raj (New York, Columbia University Press, 1990).

⑩ M. Gopal, ed., The Life and Times of Subhas Chandra Bose (Delhi, Vikas, 1978).

书》[1]（德里，拉杰卡马尔出版社，1946）。最早谈及女性在印度国民军中的角色的文章是克里希纳·鲍斯撰写的《妇女在自由印度运动中的角色》[2]（未出版，1976）。拉克希米·萨加尔撰写的《占西女王军团》[3]，刊载于《神谕》，1，2号（1979 年4月）。拉克希米·萨加尔撰写的《革命生涯：政治活动家的回忆录》[4]（新德里，卡莉女性出版社，1997），内含自传、一篇占西女王军团的文章以及与丽都·梅龙和卡马拉·巴辛的访谈。我的文章《母亲和姐妹：苏巴斯·钱德拉·鲍斯思想中的女性主义和民族主义》[5]，刊载于《亚洲研究》，2，1号（1984）。我曾在坎普尔采访了拉克希米·斯瓦米纳坦·萨加尔（1976年3月19日、20日、21日）。

关于女性在激进社会运动和政治运动中的作用，所使用的研究资料选用了彼得·卡斯特的《“三一”减租运动中的妇女作用》[6]，该文刊载于《经济与政治周刊》，21，43号（1986年10月25日），还选用了《“三一”减租起义中的妇女》[7]（加尔各答，新光出版社，1987）；以及采访雷努·查克拉瓦蒂（见上）和马尼昆塔拉·森（加尔各答，1976年2月21日）。关于哥
277 达瓦里·帕鲁勒卡与瓦里人共事的资料来源包括哥达瓦里·帕鲁勒卡的《部落民的反抗》[8]（加尔各答，国家书局有限公司，1975）；哥达瓦里·帕鲁勒卡的采访（孟买，1980年2月24日）；以及雷努·查克拉瓦蒂的《共产党员》。瓦桑塔·坎纳比拉恩和K.拉里塔曾在《魔力时刻：特伦甘纳人民斗争中的妇女》[9]中描述过特伦甘纳斗争，该文刊载于《重铸妇女》上。出现的最振奋人心的一本书籍是斯特里·夏克提·桑伽塔纳编撰的《我们创造历史》[10]。

---

① Arun, ed., Testament of Subhas Bose (Delhi, Rajkamal, 1946).

② Rishna Bose, Women's Role in the Azad Hind Movement, (unpublished, 1976).

③ Lakshmi Sahgal, The Ram of Jhansi Regiment, in The Oracle, 1, no.2(April, 1979).

④ Lakshmi Sahgal, A Revolutionary Life: memoirs of a political activist (New Delhi, Kali for Women, 1997).

⑤ Geraldine Forbes, Mothers and Sisters:Feminism and Nationalism in the Thought of Subhas Chandra Bose, in Asian Studies, 2, no. 1 (1984).

⑥ Peter Custers, Women's Role in the Tebhaga Movement, in EPW 21, no. 43 (October25, 1986).

⑦ Women in the Tebhaga Uprising (Calcutta, Naya Prokash, 1987).

⑧ Odavari Parulekar, Adivasis Revolt (Calcutta, National Book Agency Private Ltd., 1975).

⑨ Vasantha Kannabiran and K. Lalita, That Magic Time: Women in the Telangana People's Struggle, in Recasting Women.

⑩ We Were Making History, compiled by Stree Shakti Sanghatana.

用于撰写第八章“印度独立后的妇女”的资料十分丰富，且资料数量每天都在增加。关于印度女性话题最好的资料来源之一是《经济与政治周刊》。除半年刊会涉及女性研究外，《经济与政治周刊》有时会发表关于女性和社会性别的专题文章。我发现这是了解最新研究的最佳来源。印度新杂志《性别》才刚开始出版。《人类》是一份关于女性和社会的杂志，其议题涉猎广泛，具有很好的现时性和关联性。马杜·基什沃和鲁斯·瓦尼塔编辑的《寻找答案》①（伦敦，泽德书籍社，1984）是选自《人类》的文章汇编。还有大量编辑类书籍、杂志上的文章以及收录于综合性选集的文章都是关于印度妇女的。在此我不试图概述当代的学术研究，而是论及我在撰写第八章时所使用的资料来源。

涉及女性在分治期及随后恢复时期的命运的学术研究几乎没有，直到《经济与政治周刊》1993年4月24日的刊物（28，17号）探讨了该问题，情况才发生了改变。这期特刊刊载了下列文章：丽都·梅龙和卡马拉·巴辛的《恢复、破裂、反抗》②；乌瓦什·布塔利亚的《社团、国家和性别》③；卡鲁纳·查纳纳的《分治和家庭战略》④；拉特纳·卡普尔和布伦达·格罗斯曼的《性别团体化/团体产生》。乌瓦什·布塔利亚还就该议题撰写过《缄默的另一面：来自印度分治的声音》⑤（新德里，印度企鹅出版社，1998）。

不论是独立前成立的妇女组织还是1947年后成立的妇女组织，相关描述作品很多。重要的资料来源有：M.马修和M.S.奈尔的《妇女组织和女性利益》⑥（新德里，阿希什出版社，1986）；尼拉·德塞的《从表达到适应：印度的妇女运动》⑦，该文刊载于里拉·杜贝，埃莉诺·利科克和雪

---

① In Search of Answers, ed. Madhu Kishwar and Ruth Vanita (London, Zed Books, 1984).

② Ritu Menon and Kamla Bhasin, Recovery, Rupture, Resistance, EPW (28, no. 17).

③ Urvashi Butalia, Community, State and Gender, EPW (28, no. 17).

④ Ratna Kapur and Brenda Crossman, Communalising Gender/Engendering Community, EPW (28, no. 17).

⑤ Rvashi Butalia, The Other Side of Silence: Voices from the Partition of India (New Delhi, Penguin India, 1998).

⑥ Mathew and M. S. Nair, Women's Organizations and Women's Interests (New Delhi, Ashish Publishing House, 1986).

⑦ Neera Desai, From Articulation to Accommodation: Women's Movement in India, in Visibility and Power, ed. Leela Dube, Eleanor Leacock, and Shirley Ardener (Delhi, Oxford University Press, 1986).

莉·阿登编辑的《可见性和力量》（德里，牛津大学出版社，1986）上；帕特丽夏·卡普兰的《印度的阶级和性别》①（伦敦，塔维斯托克出版社，1985）。关于印度妇女国家联合会的组建细节收录于《印度妇女国家联合会第十次大会》②中，特里凡得琅，1980年12月（德里，印度妇女国家联合会，1980）。

有三本综述性的书籍，以所有现代印度妇女作为描述对象，进行了粗略的描写——乔安娜·里德尔和罗摩·乔希的《独立之女》③（伦敦，泽德书籍社，1986）、萨拉S.米特尔的《法的女儿》④（新不伦瑞克，罗格斯大学出版社，1991）以及伊丽莎白·布米勒的《愿你成为成百上千孩子的母亲》⑤（纽约，兰登书屋，1990）。

278 《走向平等》是这一时期里程碑式的文献资料。它不仅给出了大量数据，且激发了一系列新的研究，还向数据收集的绝对性范畴提出了质疑。该报告除对妇女地位提出批判外，主要关注的是经济和政治问题，然而它却极大地忽略了女性遭受的暴力。

遗憾的是，描写印度妇女和政治的作品极少。虽然有许多回忆录、自传和重要女性的传记，但分析性作品很少。关于维贾雅拉克希米·潘迪特的资料来源，我们有：罗伯特·哈迪·安德鲁斯的《印度之灯》⑥（伦敦，亚瑟·巴克出版社，1967）、薇拉·布里泰恩的《特命公使》⑦（伦敦，艾伦和昂温出版社，1965）、R.L.科伯勒的《影响美国的妇女》⑧（拉合尔，雄狮出版社，1946）以及维贾雅拉克希米·潘迪特的《因此我成为了部长》⑨（阿拉哈巴德，基塔比斯坦书社，1939）。卡马拉德维·恰托帕迪亚成为印度手工业生产的重要人物，并成为传记作家的宠

① Patricia Caplan, Class and Gender in India (London, Tavistock Publications, 1985).

② Tenth Congress of the National Federation of Indian Women, Trivandrum, December, 1980 (Delhi, NFIW, 1980).

③ Joanna Liddle and Rama Joshi, Daughters of Independence (London, Zed books, 1986).

④ Sara S. Mitter, Dharma's Daughters (New Brunswick, Rutgers University Press, 1991).

⑤ Elisabeth Bumiller, May You Be the Mother of a Hundred Sons (New York, Random House, 1990).

⑥ Robert Hardy Andrews, A Lamp for India (London, Arthur Barker, 1967).

⑦ Vera Brittain, Envoy Extraordinary (London, Allen and Unwin, 1965).

⑧ R. L. Khipple, The Woman Who Swayed America (Lahore, Lion Press, 1946).

⑨ Vijayalakshmi Pandit, So 1 Became a Minister (Allahabad, Kitabistan, 1939).

儿。贾米拉·布里吉布杉曾写过《卡马拉德维·恰托帕迪亚：反抗者的肖像》[①]（新德里，阿比纳夫出版，1976）以及约瑟夫·梅赫拉里曾编辑《在十字路口，她的作品和演讲集》[②]（孟买，国家信息和出版有限公司，1947）。我们也有卡马拉德维自己的回忆录《内心深处，外部空间》。萨洛吉妮·奈都卒于1949年，但至少已经出版了3部关于她的传记：塔拉·阿里·贝格的《萨洛吉妮·奈都》[③]（新德里，信息广播部出版局，1974），帕德米尼·森·古普塔的《萨洛吉妮·奈都》[④]（孟买，亚洲出版社，1966）以及萨洛吉妮·奈都的《演讲和作品集》[⑤]（马德拉斯，G.A.纳特山出版社，1925）。近些年，我们看到在独立后的政治和社会工作中发挥了重要作用的女性出版了她们的自传，比如：雷努卡·雷的《我的回忆录》[⑥]（孟买，联合出版社，1982）；阿鲁娜·阿萨夫·阿里的《印度妇女的苏醒》，以及《苏切塔：未完成的自传》。

除了英迪拉·甘地之外，关于政治女性的文章和书籍很难找到。有几篇赞美印度女性力量和权力的文章，例如珊塔·塞博吉特·辛格的《现代印度的沙克蒂》[⑦]，该文刊载于《妇女》，14，17号（1973年8月17日）上。温迪·辛格是为数不多的把女性作为现代政治进程的参与者来描写的历史学家之一。她的文章《印度选举中的妇女政治和土地管理：在北比哈尔，独立运动的深远影响》[⑧]以及《定义1991年比哈尔选举中的妇女政治》[⑨]，被收录于哈罗德·古尔德和苏密特·甘古利编辑的《印度选举》（博尔德，西景出版社，1993）中，是尝试考虑这些问题的少数文章之一。辛格现正从事“印度妇女和选举，1936—1966”的研究。阿穆丽塔·巴苏在《政治的两面

① Jamila Brijbhushan，Portrait of a Rebel (New Delhi, Abhinav Publications, 1976).

② At the Crossroads, her collected writings and speeches, ed. Yusef Meherally (Bombay, National Information and Publications Ltd., 1947).

③ Tara Ali Baig, Sarojini Naidu (New Delhi, Publications Division, Ministry of Information and Broadcasting, 1974).

④ Padmini Sen Gupta, Sarojini Naidu (Bombay, Asia Publishing House, 1966).

⑤ Sarojim Naidu, collected Speeches and Writings (Madras, G. A. Natesan, 1925).

⑥ Renuka Ray, My Reminiscences (Bombay, Allied Publishers, 1982).

⑦ Shanta Serbjeet Singh, Shakti in Modern India, in Femma, 14, no. 17 (August 17, 1973).

⑧ Wendy Singer, Women's Politics and Land Control in an Indian Election: Lasting Influences of the Freedom Movement in North Bihar, in India Votes, ed. Harold Gould and Sumit Ganguly (Boulder, Westview Press, 1993).

⑨ Wendy Singer, Defining Women's Politics in the Election of 1991 in Bihar, in India Votes, ed. Harold Gould and Sumit Ganguly (Boulder, Westview Press, 1993).

性》[1]（伯克利，加利福尼亚大学出版社，1992）中论及了孟加拉和马哈拉施特拉的女性行动主义。拉杰什瓦里·孙德·拉贾恩的《性别、领导力和代表性》[2]载于《真实的和想象的女性》（伦敦和纽约，劳特利奇，1993），该文对女性主义学者运用女性主义理论来看位高权重的女性时遭遇的问题进行了评价，此举引人关注。

关于英迪拉·甘地的书籍很多，以下仅是一些实例：贾M.克尔纳尼的
279 《印度政治的铁娘子》[3]（德里，H.K.出版社，1989）、拉杰·达巴里和詹尼斯·达巴里的《英迪拉·甘地的1028天》[4]（新德里，R.达巴里和J.达巴里，1983）、亨利C.哈特编辑的《英迪拉·甘地的印度》[5]（科罗拉多博尔德，西景出版社，1976）、英德·马尔霍特拉的《英迪拉·甘地》[6]（伦敦，霍德和斯托顿出版社，1989）。阿希施·南迪曾在《英迪拉·甘地和印度政治文化》[7]中描述了甘地夫人的感染力，该文载于《心理学的边缘》（德里，牛津大学出版社，1980）。我找到了两篇关于甘地夫人的报纸文章，尤其引人注意的是它们谈到了甘地夫人是否是女性捍卫者的问题：《英迪拉·甘地和妇女解放》[8]，该文刊载于《亚洲学生》（1974年11月23日），以及梅赫·派斯托恩吉的《聚焦甘地夫人！》[9]，该文刊载于《夏娃周刊》（1979年10月27日至11月2日）。贾瓦哈拉尔·尼赫鲁在1922年至1939年间写给英迪拉的信，已经汇集出版，书名是《自由的女儿》[10]，索尼娅·甘地编辑（伦敦，霍德和斯托顿出版社，1989）。甘地夫人的一些演讲内容被收集起来，以《英迪拉·甘地》[11]的篇名发表在韦林德·格鲁佛和拉

① Amrita Basu, Two Faces of Politics (Berkeley, University of California Press, 1992).

② Rajeswari Sunder Rajan, Gender, Leadership and Representation, in Real and Imagined Women (London and New York, Routledge, 1993).

③ Niranjan M. Khilnani, Iron Lady of Indian Politics (Delhi, H. K. Publishers, 1989).

④ Raj Darbari and Janis Darbari, Indira Gandhi's 1028 Days (New Delhi, R. Darbari and J. Darbari, 1983).

⑤ Henry C. Hart, ed., Indira Gandhi's India (Boulder, Colo., Westview Press, 1976).

⑥ Inder Malhotra, Indira Gandhi (London, Hodder and Stoughton, 1989).

⑦ Ashis Nandy, Indira Gandhi and the Culture of Indian Politics, in At the Edge of Psychology (Delhi, Oxford University Press, 1980).

⑧ Indira Gandhi and Women's Liberation, in The Asian Student (November 23, 1974).

⑨ Meher Pestonji, All Eyes on Mrs. G!, in Eve's Weekly (October 27–November2，1979).

⑩ Freedom's Daughter, ed. Sonia Gandhi (London, Hodder and Stoughton, 1989).

⑪ Indira Gandhi in vol. VII of The Great Women of Modern India series, edited by Verinder Grover and Ranjana Arora (New Delhi, Deep and Deep Publications, 1993).

恩贾纳·阿罗拉编辑的《现代印度的伟大女性系列》，第VII卷（新德里，深度出版有限公司，1993）上。

很多社会科学家都在斟酌"为什么印度处于权势地位的女性众多，而妇女大众却受到剥削"这一问题。阿希施·南迪的观点在《妇女与女性气质：一篇思辨心理学文章》[①]中得以呈现，该文刊载于B.R.南达编辑的《印度妇女》上，同时萨拉·米特尔在《法的女儿》中重申了南迪的观点。苏珊·沃德利在其编辑的《泰米尔妇女的权力》[②]（纽约锡拉丘兹，麦斯威尔学院，1980）的"引言"中对此提出了文化上的解释。我在罗伯特W.奥布莱恩等人编辑的《普通社会学读本》[③]第4版（波士顿，霍顿·米夫林出版公司）中找到了杰拉尔德D.贝里曼的《妇女角色和政治：印度和美国》，其中作者就这一问题谈到了自己的看法；另外刊载于《种族》13（1971年7月至1972年4月）的《种族、种姓和社会分层中其他不当差别》[④]一文也非常令人关注。有一篇关于南亚妇女的概括性研究文章是劳纳克·贾汗撰写的《南亚政治中的妇女》[⑤]，该文刊载于《第三世界季刊》，9，3号（1987年7月）。我尤其喜欢刊载于德维卡·贾伊恩《印度妇女》的伊姆蒂阿兹·艾哈迈德的文章《妇女从政》[⑥]，以及刊载于《亚洲概览》，18，5号（1978年5 月）的玛丽·费因索德·卡赞斯坦的文章《走向平等？印度妇女政治声望的原因和结果》[⑦]。

有两本综述性的书籍涉及议会中的女性。C.K.贾伊恩的《印度女议员》[⑧]（新德里，苏杰特发行，1993 ）是涉及该主题的实用指南。作者调查了女议员及她们的作用，还调查了制定决策的女性；访谈了20位女议员并查阅了女议员的个人档案。J.K.乔普拉的《印度议会中的女性》[⑨]（新德里，

① Ashis Nandy, Woman Versus Womanliness: An Essay in Speculative Psychology, in Indian Women.

② The Powers of Tamil Women, ed. Susan S. Wadley (Syracuse, N.Y., Maxwell School, 1980).

③ Gerald D. Berreman, Women's Roles and Politics: India and the United States, in Readings in General Sociology, 4th edn., ed. Robert W O'Brien, et al. (Boston, Houghton Mifflin, 1969).

④ Race, Caste and Other Invidious Distinctions in Social Stratification, in Race, (July, 1971–April, 1972).

⑤ Raunaq Jahan, Women in South Asian Politics, in Third World Quarterly, 9, no. 3 (July, 1987).

⑥ Imtiaz Ahmed, Women in Politics, in Indian Women.

⑦ Mary Fainsod Katzenstein, Toward Equality? Cause and Consequence of the Political Prominence of Women in India, in Asian Survey, 18, no. 5 (May, 1978).

⑧ C. K. Jain, Women Parliamentarians in India (New Delhi, Surjeet Publications, 1993).

⑨ J. K. Chopra, Women in Indian Parliament (New Delhi, Mittal Publications, 1993).

米塔尔发行，1993）谈到，19世纪以来女性的政治参与史并不可靠；该书还记录了不同女议员在某些立法中所发挥的作用。

一些关于当代妇女运动的书籍和文章十分引人关注。拉达·库马尔的《行动的历史》①（新德里，卡莉女性出版社，1993）是一部有着精美插图
280 的解释性历史书籍，对19世纪和20世纪印度争取妇女权利的运动和印度女性主义进行了解释。书籍一半的内容都专注于讲述现代妇女运动。尼拉·德塞和维博胡提·帕特尔的《国际10年的变化和挑战，1975—1985》②（孟买，大众出版社，1985）仅关注了国际10年中的妇女运动。尼拉·德塞还编辑了《印度妇女运动的10年》③（孟买，喜马拉雅出版社，1988）。盖尔·奥姆维德特的《我们将打破牢笼！》④（新德里，泽德出版社，1980）是参与斗争的女性的生活肖像。奥姆维德特还在她自己的书籍《重塑革命》⑤（纽约阿曼克，M.E.夏普出版有限公司，1993）的一章中谈及了当代妇女运动的有趣历史。有两篇文章对现代妇女运动有着独特的见解：A.R.德塞的《印度妇女运动：评价》⑥，该文载于《经济与政治周刊》，20，23号（1985年6月8日），以及玛丽·费因索德·卡赞斯坦的《组织起来反对暴力：印度妇女运动的战略》⑦，该文载于《太平洋事务》，62，1号（1989年春季）。

关于妇女经济和物质状况的文献资料繁多，其与殖民时期匮乏的文献资料形成对比。一些关于女性工作的书籍引人关注，有里拉·古拉蒂的《女性贫困简述》⑧（德里，印度斯坦出版公司，1981）、玛丽亚·麦尔斯的《印度妇女和父权制》⑨（新德里，概念出版公司，1980）、德维卡·贾伊恩的《妇女权力的追求》⑩（北方邦萨希巴巴德，发展出版社，1980）、雷

---

① Radha Kumar, The History of Doing (New Delhi, Kali for Women, 1993).

② Neera Desai and Vibhuti Patel, Change and Challenge in the International Decade, 1975–1985 (Bombay, Popular Prakashan, 1985).

③ Neera Desai, ed. A Decade of Women's Movement in India (Bombay, Himalaya Publishing House, 1988).

④ Gail Omvedt, We will Smash this Prison! (New Delhi, Zed Press, 1980).

⑤ Gail Omvedt, Reinventing Revolution (Armonk, N.Y, M. E. Sharpe, 1993).

⑥ A. R. Desai, Women's Movement in India: An Assessment, in EPW 20, no. 23 (June 8, 1985).

⑦ Mary Fainsod Katzenstein, Organizing Against Violence: Strategies of the Indian Women's Movement, in Pacific Affairs, 62, no. 1 (spring, 1989).

⑧ Leela Gulati, Profiles in Female Poverty (Delhi, Hindustan Publishing, 1981).

⑨ Maria Mies, Indian Women and Patriarchy (New Delhi, Concept, 1980).

⑩ Devika Jain, Women's Quest for Power (Sahibabad, U.P, Vikas, 1980).

卡·梅赫拉和K.萨拉达莫尼的《妇女和农村转型》[①]（新德里，印度社会科学研究理事会，妇女发展研究中心，1983），以及苏希拉·考希克的《妇女受压迫》[②]（北方邦萨希巴巴德，沙克蒂书籍社，1985）。普列姆·乔德里的《蒙上面纱的妇女：改变哈里亚纳农村的性别等式，1880—1990》[③]（德里，牛津大学出版社，1994），该文研究女性的角色——经济、婚姻习俗、守寡和继承——并意识到形势正在恶化。乔德里注意到虽然现代发展已经改变了哈里亚纳的面貌，但是女性并未从这些变化中获益。被期待已久的比娜·阿格瓦尔的书《自己的土地：南亚的性别和土地权利》[④]（新德里，剑桥大学出版社，1994）关注女性附属的物质基础，尤其关注她们的财产权。什里马蒂·巴苏的《她来拿走她的权利：印度妇女、财产和正当性》[⑤]（纽约国立大学出版社，正在印刷中）研究的是女性为什么不要求她们的权利。

芭芭拉D.米勒的《濒危的性别》[⑥]（纽约伊萨卡，康奈尔大学出版社，1981）对印度不平等的性别比例敲响了警钟。阿马蒂亚·森的文章《超过1亿的女性在消失》[⑦]读者甚众，该文刊载于《纽约评论》（1990年12月20日），讨论了印度和中国的性别比例。我发现阿马蒂亚·森就这问题以及就缺乏女性公正所写的文章具有高度敏感性。我特别喜欢他的《商品和能力》[⑧]（北荷兰阿姆斯特丹，1985）以及与乔斯琳·凯奇合写的文章《印度妇女：幸福和生存》[⑨]，载于《剑桥经济学杂志》，7，3/4号（1983年9月/12月）。

《经济与政治周刊》刊载了很多关于妇女和经济问题的文章。例如，参阅《经济与政治周刊》特刊，24，17号（1989年4月29日）中的文章：C.斯

---

① Rekha Mehra and K. Saradamoni, Women and Rural Transformation (New Delhi, Indian Council of Social Science Research, Centre for Women's Development Studies, 1983).

② Susheela Kaushik, Women's Oppression (Sahibabad, U.P., Shakti Books, 1985).

③ Prem Chowdhury, The Veiled Women: Shifting Gender Equations in Rural Haryana 1880–1990 (Delhi, Oxford University Press, 1994).

④ Bina Agarwal, A Field of One's Own: Gender and Land Rights in South Asia (New Delhi, Cambridge University Press, 1994).

⑤ Srimati Basu, She Comes to Take Her Rights: Indian Women, Property and Propriety (State University of New York Press, in press).

⑥ Barbara D. Miller, The Endangered Sex (Ithaca, N.Y, Cornell University Press, 1981).

⑦ Amartya Sen, More Than ioo Million Women Are Missing, in The New York Review (December 20, 1990).

⑧ Amartya Sen, Commodities and Capabilities (Amsterdam, North Holland, 1985).

⑨ Amartya Sen and Jocelyn Kynch, Indian Women: Well–being and Survival, in Cambridge Journal of Economics, 7, nos. 3/4 (September/December, 1983).

281 里德维的《渔妇投资家》①；尼马拉·巴纳吉的《妇女就业趋势，1971—1981》②；吉莫伊·尤尼的《农村地区妇女就业变化，1961—1983》③；罗格·杰弗里、帕特丽夏·杰弗里和安杜鲁·里昂的《重视粪肥工作》④；米里亚姆·萨马的《妇女工作从未结束》⑤。《人类》是展现女性就业心声的最好的资料来源。例如，普拉亚格·梅塔的《我们被迫抵押我们的孩子——访谈维洛尔的女工》⑥，载于《人类》，22（1985）。

性别鉴定测试与性别选择性堕胎之间的关系引起了研究印度妇女人士的注意。在初次谈论该主题的文章中，有一些是由维博胡提·帕特尔撰写的。她发表了《印度性别鉴定测试和性别预选测试：杀害女性的最新技术》⑦，刊载于《生殖和基因工程》，2，2号（1989）。乌玛·阿罗拉和阿姆拉帕里·德塞就这一主题撰写文章《苏拉特的性别鉴定测试》⑧，刊载于《人类》，60（1990年9—10月）以及文殊·帕里克的《印度性别选择性流产：父母的选择或性别歧视》⑨出版在《女性主义问题》（1990年秋季）上，第19—32页。

1980年，强奸是流行刊物的主题。例如，苏巴德拉·布塔利亚为《夏娃周刊》（1980年3月8—14日）撰写的文章《马图拉强奸案》⑩。另外一些涉及强奸主题的文章有：刊载于《今日印度》（1983年6月30日）的文章《强奸罪》⑪；以及刊载于《探索印度》（1983年3月）的文章《被强奸

① C. Sridevi, The Fisherwoman Financier, in special issue of EPW 24, no. 17 (April 29, 1989).

② Nirmala Banerjee, Trends in Women's Employment, 1971–1981, in special issue of EPW 24, no. 17 (April 29, 1989).

③ Jeemoi Unni, Changes in Women's Employment in Rural Areas, 1961–1983, in special issue of EPW 24, no. 17 (April 29, 1989).

④ Roger Jeffrey, Patricia Jeffrey, and Andrew Lyon, Taking Dung–Work Seriously, in special issue of EPW 24, no. 17 (April 29, 1989).

⑤ Miriam Sharma, Women's Work is Never Done, in special issue of EPW 24, no. 17 (April 29, 1989).

⑥ rayag Mehta, We Are Made to Mortgage Our Children–Interviews With Women Workers of Vellore, Manushi, 22 (1985).

⑦ Vibhuti Patel, Sex–Determination and Sex Preselection Tests in India: Recent Techniques in Femicide, in Reproductive and Genetic Engineering, 2, no. 2 (1989).

⑧ Uma Arora and Amrapali Desai, Sex Determination Tests in Surat, in Manushi, 60 (September–October, 1990).

⑨ J Manju Parikh, Sex–Selective Abortion in India: Parental Choice or Sexist Discrimination, in Feminist Issues 10, no. 2 (fall, 1990), pp. 19–32.

⑩ Subhadra Butalia, The Rape of Mathura, in Eve's Weekly (March 8–14, 1980).

⑪ The Rape Rap, in India Today (June 30, 1983).

者仍在战栗》[①]。关于“索奁焚妻”的文献资料数量众多：柴拉恩亚·卡尔贝格的《至死不渝》[②]，刊载于《今日印度》（1982年7月15日）；《女友通讯》[③]，1，2号（1984年6月）；洛蒂卡·萨卡尔的《反对嫁妆的无力法律》[④]，刊载于《切面》，3，3号（1984年5月—6月）；塞万提·尼南的《在法院的十字路口》[⑤]，刊载于《快报杂志》（1983年11月 27日）；维姆拉·法鲁奎的《嫁妆是获取财富和地位的手段》[⑥]，刊载于《怎样》（1983年5月），所列文章仅是关于嫁妆主题的几个例子。在《人类》上也有很多此类文章。《女友报告》[⑦]（1983年11月25日）在私下里流传。两份重要的官方文档是《议会联合委员会审查1961年禁止嫁妆法案实施问题的报告》[⑧]，C.B.（II），333号（新德里，印度下议院，1982）以及印度法律委员会的《索奁焚妻和法律改革的第91份报告》[⑨]（1983年8月10日）。有一篇极好的文章，由弗拉维亚·艾格尼丝撰写的《保护妇女免受暴力伤害？法律10年回顾，1980—1989》[⑩]，该文总结了保护女性的新法律，刊载于《经济与政治周刊》，27，17号（1992年4月5日）。

鲁普·坎沃萨蒂一样的死亡方式被广泛报道。《异教徒祭祀》[⑪]刊载于《今日印度》（1987年10月15日），该文认为鲁普·坎沃可能是自杀，但其他众多文章却把鲁普·坎沃的死亡美化为萨蒂。女性主义作家，像《妇女研究中心通讯》的编辑把这称为《萨蒂——冷血谋杀》[⑫]，8，3号和4号（1987年12月）。在这场争论中，尤其引人关注的是阿希施·南迪的《萨

① The Raped Still Tremble, in Probe India (March 1983).

② Chairanya Kalbag, Until Death Do Us Part, in India Today (July 15, 1982).

③ Saheli Newsletter, 1, no. 2 (June, 1984).

④ Lotika Sarkar, Feeble Laws Against Dowry, in Facets, 3, no. 3 (May–June, 1984).

⑤ Sevanti Ninan, At the Crossroads of the Courts, Express Magazine (November 27, 1983).

⑥ Vimla Farooqui, Dowry as a Means of Acquiring Wealth and Status, in HOW (May, 1983).

⑦ The Saheli Report (November 25, 1983).

⑧ Report of the Joint Committee of the Houses to Examine the Question of the Working of the Dowry Prohibition Act, 1961, C.B.(II), no. 333 (New Delhi, Lok Sabha, 1982).

⑨ Ninety–First Report on Dowry Deaths and Law Reform (August 10, 1983).

⑩ Flavia Agnes, Protecting Women Against Violence? Review of a Decade of Legislation, 1980–1989, in EPW, 27, no. 17 (April 5, 1992).

⑪ A Pagan Sacrifice, in India Today (October 15, 1987).

⑫ Sati^Cold Blooded Murder, in Research Center Women's Studies Newsletter, 8, nos. 3 and 4 (December 1987).

蒂是获益还是表演：鲁普·坎沃死亡方式的公开辩论》[1]，该文刊载于《萨蒂，祝福和诅咒》上。维纳·塔尔沃曾写过一篇极好的（且有趣的）文章《鲁普·坎沃案：女性主义的回应》[2]来反驳阿希施·南迪，以及反驳另一篇也刊载于《萨蒂，祝福和诅咒》的文章《萨蒂传统的继续创造》[3]。

282 20世纪90年代教派主义对印度妇女和印度人来说已成为普遍性问题。佐亚·哈桑曾写过一篇优秀的文章《教派主义，国家政策以及现代印度妇女权利问题》[4]，该文在教派主义大复苏的背景下讨论了沙阿·巴诺案，刊载于《亚洲学者公报》，25，4号（1993年10—12月）上。马杜·基什沃是杂志《人类》的编辑，也曾以教派主义为主题，写过《赞成妇女或反对穆斯林？沙阿巴诺争论》[5]，载于《人类》，32（1986年1—2月）。佐亚·哈桑编辑的《伪造身份：性别、团体和国家》[6]（新德里，卡莉女性出版社，1993）内含众多文章，增进了我们对社会性别及穆斯林妇女宗教问题的理解。

在首批以印度教复兴运动中的女性为主题的重要文章中，有一篇是塔尼卡·萨卡尔的《妇女是教派主体：国家妇女义工委员会和罗摩诞生地运动》[7]，该文刊载于《经济与政治周刊》，26，35号（1991年8月31日）。1993年，阿穆丽塔·巴苏是《亚洲学者公报》［25，3号（1993年10月—12月）］特刊的特邀编委，该特刊的主题是“印度妇女和宗教民族主义”，刊载了佐亚·哈桑的文章（见上）、塔尼卡·萨卡尔的《印度教主义军中的妇女》[8]、阿穆丽塔·巴苏的《倒置的女性主义：真实的妇女和印度教民族

---

① Ashis Nandy, Sati as Profit Versus Sati as Spectacle: The Public Debate on Roop Kanwar's Death, in Sati, the Blessing and the Curse.

② Veena Talwar, The Roop Kanwar Case: Feminist Responses.

③ The Continuing Invention of the Sati Tradition, in Sati, the Blessing and the Curse.

④ Zoya Hasan, Communalism, State Policy, and the Question of Women's Rights in Contemporary India, in Bulletin of Concerned Asian Scholars, 25, no. 4 (October–December, 1993).

⑤ Madhu Kishwar, Pro Women or Anti Muslim? The Shahbano Controversy, in Manushi, 32 (January–February, 1986).

⑥ Zoya Hasan, ed. Forging Identities: Gender, Communities and the State (New Delhi, Kali for Women, 1994).

⑦ Tanika Sarkar, The Woman as Communal Subject: Rashtrasevika Samiti and Ram janambhoomi Movement, in EPW, 26, no. 35 (August 31, 1991).

⑧ Tanika Sarkar, The Women of the Hindutva Brigade, in special issue of the Bulletin of Concerned Asian Scholars, 25, no. 3 (October–December, 1993).

主义性别化的影像》[1]，以及保拉·巴切塔的《我们所有的女神已被武装：好战的印度教民族主义女性人生中的宗教、抵抗和复仇》[2]。《南亚妇女委员会公报》第8期致力于探讨“女性和印度教权利”，3号和4号期刊刊载了以下文章：乔兹纳·韦德的《关于妇女和印度教权利》[3]、苏切塔·马宗达的《罗摩和印度教特性：妇女和右派动员》[4]、维博胡提·帕特尔的《教派主义、种族主义和身份政治》[5]、保拉·巴切塔的《国家妇女协会话语中的穆斯林妇女》[6]，以及马杜·基什沃的《来自孟买骚乱的警示》[7]。塔尼卡·萨卡尔和乌瓦什·布塔利亚编辑的《妇女和右翼运动：印度经历》[8]（伦敦，泽德书籍社，1995）是此类文献资料的有益补充。

关于南亚妇女的学术研究几乎都是跨学科的研究，且日渐受到后现代主义理论的影响。这导致了大量文集的出现，其收录了不同见解及不同阶段的文章。鲜有试图综述某时期或运动的作品。研究和阅读妇女史最令人振奋，因为每天都有新的工作，且伴随着诱人的可能性。我认为自己的工作仅是一种初步尝试，为新的探索提供有用的构架。

---

① Amrita Basu, Feminism Inverted: The Real Women and Gendered Imagery of Hindu Nationalism, in special issue of the Bulletin of Concerned Asian Scholars, 25, no. 3 (October–December, 1993).

② Paola Bacchetta, All Our Goddesses Are Armed: Religion, Resistance, and Revenge in the Life of a Militant Hindu Nationalist Woman, in special issue of the Bulletin of Concerned Asian Scholars, 25, no. 3 (October–December, 1993).

③ Jyotsna Vaid, On Women and the Hindu Right, in Volume 8, nos. 3–4, of the Committee on South Asian Women Bulletin.

④ Sucheta Mazumdar, For Rama and Hindutva: Women and Right Wing Mobilization, in Volume 8, nos. 3–4, of the Committee on South Asian Women Bulletin.

⑤ Vibhuti Patel, Communalism, Racism and Identity Politics, in Volume 8, nos. 3–4, of the Committee on South Asian Women Bulletin.

⑥ Paola Bacchetta, Muslim Women in the RSS Discourse, in Volume 8, nos. 3–4, of the Committee on South Asian Women Bulletin.

⑦ Madhu Kishwar, Warnings from the Bombay Riots, in Volume 8, nos. 3–4, of the Committee on South Asian Women Bulletin.

⑧ Tanika Sarkar and Urvashi Butalia, ed. Women and Right–Wing Movements: Indian Experiences, (London: Zed Books, 1995).

283

索 引

（索引中页码为原著页码）

A

B

C

D

Dadhabhoy, Mrs., 73 达德哈博伊夫人
Damayanti, 124 达曼扬提
Dange, Ushabai, 174 丹吉, 乌沙拜
dark age, 15, 16, 21, 80 黑暗时代
Das, Bina, 138, 140 达斯, 比娜
Das, C.R., 126, 128 达斯, C.R.
Das, Kalyani(see also Bhattacharjee, Kalyani), 138–40 达斯, 卡利亚尼(另请参阅巴塔查尔吉, 卡利亚尼)
Das, Santi, 137, 142 达斯, 桑蒂
Das Gupta, Kamala, 137–8 达斯·古普塔, 卡马拉
Dasgupta, Rani Mitra, 215 达斯古普塔, 拉尼·米特拉
Darar, Janaki, 213 达瓦尔, 嘉纳基
Dayananda Saraswati, Swami, 15, 18, 20, 44, 148 达亚南达·萨拉斯瓦蒂, 斯瓦米
De, Brojendra Nath, 28–9 德, 布罗延德拉·纳特
Deb, Radha Kanta, 37 德布, 拉达·坎塔
Deccan Educational Society, 51 德干教育协会
Desai, Neera, 228 德赛, 尼拉
Desh Sevika Sangha (Bombay)(DSS), 130, 133–5, 151 妇女报效国家社（孟买）
Desh Sevika Sangha(Madras), 144–5 妇女报效国家社（马德拉斯）
Deshmukh, Durgabai (Mrs.C.D.), 235 德什穆克, 杜尔加拜（C.D.夫人）; Central Social Welfare Board, 229 中央社会福利委员会; organizing devadasis, 127–8 组织神妓; salt satyagraha, 145–6 食盐进军
Deshmukh, G.V., 114 德什穆克, G.V.
Devadasi Act, 185 神妓法案
devadasis, 19, 20, 187 神妓; Durgabai Deshmukh, 127–8 杜尔加拜·德什穆克; Muthulakshmi Reddy, 105 穆图拉克希米·雷德; profession of, 181–2 职业
Devraj, Lala, 44, 148 德夫杰, 拉拉
Dhagamwar, Vasudha, 245 达加穆沃, 瓦苏达
divorce, 1, 113, 114 离婚
dowry, 67, 113, 242 嫁妆
dowry deaths, 245–6, 247, 254 索奁焚妻
Dowry Prohibition Act, 247 禁止嫁妆法案
Draupadi, 124, 151, 160 德劳巴底
Dufferin Fund, see National Association for Supplying Medical Aid to the Women of India 达夫林基金, 参阅为印度妇女设立的全国女性医疗救护协会
Dufferin, Lady, 161 达夫林, 女士
Duleepsingh, Princess Sophie, 97 杜利普辛格, 索菲公主
Dutt, Helena, 121 杜特, 海伦娜
Dutt, Saroj Nalini, 29 杜特, 萨罗杰·纳利妮

E

East India Company, 36, 37 东印度公司

F

G

H

I

J

M

(NCWI), 72, 119 印度全国妇女理事会; history of, 75–8 历史; Rau Committee, 118 劳委员会; Sarda Act, 88 童婚限制法; second franchise campaign, 107, 111 第二次选举权运动; study committee on labor, 172 劳工研究委员会
National Federation of Indian Women (NFIW), 225, 250 印度妇女国家联合会
National Indian Association, 43, 72 全国印度协会
全国社会会议, 20, 26, 53, 64, 66–7, 70 National Social Conference
National Social Welfare Board, 224, 229, 253 国家社会福利委员会
National Vigilance Association, 183 全国治安协会
Native Marriage Act, 1872, 105 1872年特别婚姻法
Naxaalbari Movement, 242 纳萨尔巴里运动
Nayar, Sushila, 129 纳耶尔, 苏希拉
Nehru, Jawaharlal, 129, 143, 196, 207, 252–3 尼赫鲁, 贾瓦哈拉尔; arrest, 138, 151 逮捕; Congress Working Committee, 193 国大党工作委员会; critical of women's organizations, 81, 115 对妇女组织不满; election politics, 192 选举政治; Indira Gandhi, 232, 234 英迪拉·甘地; women's subcommittee of National Planning Committee, 200 国家计划委员会妇女小组委员会
Nehru, Kamala, 146–7, 149, 232 尼赫鲁, 卡马拉
Nehru, Motilal, 129, 232 尼赫鲁, 莫提拉尔
Nehru, Rameshwari, 85, 106, 201, 206 尼赫鲁, 拉梅什瓦里
Nehru, Swarup Rani, 129, 146 尼赫鲁, 斯瓦鲁普·拉尼
new woman, construct of, 28–9, 41, 64–5, 新女性的概念
new woman, the, 54, 61, 62, 64, 161 新女性
Nilkanth, Lady, 172 尼尔坎特女士
Nimbkar, Krishnabai(see also Rau, Krishnabai), 226 宁布卡, 克里希纳拜(另参阅劳, 克里希纳拜)
non–cooperation movement, 103, 126–8, 150, 157, 220, 224 不合作运动
nutrition, 239–40 营养

O

Open Door International, 174 门户开放国际
Operation Bluestar, 233 蓝星行动

P

Pakistan, 191, 198, 223–4 巴基斯坦
Pandit, Vijayalakshmi, 117, 149, 195, 211, 231, 235 潘迪特, 维贾雅拉克希米
Parsee community, 67, 69, 75, 130 帕西集团
partition, of Bengal, 123 分割孟加拉;

Q

R

T

U

V

W

Y

Z

《新编剑桥印度史》丛书书目

I　莫卧儿人及其同时代族群

M. N. 皮尔森：《葡萄牙人在印度》

伯顿·斯坦：《维查耶那加尔王国》

麦洛·克利夫兰·比奇：《莫卧儿和拉杰普特绘画》

凯瑟琳·B. 阿舍：《印度莫卧儿时期的建筑》

约翰·F. 理查兹：《莫卧儿帝国》

乔治·米歇尔：《南印度的建筑和艺术》

乔治·米歇尔、马克·泽布劳斯基：《德干苏丹国的建筑和艺术》

理查德·M. 伊顿：《德干社会史（1300—1761）——八个印度人的生活》

II　印度邦国和向殖民体制的过渡

C. A. 贝利：《印度社会与英帝国的形成》

P. J. 马歇尔：《孟加拉：英国的桥头堡——1740—1828 年的印度东部》

J. S. 格雷瓦尔：《旁遮普的锡克教徒》

斯图尔特·戈登：《1600—1818 年的马拉塔》

奥姆·普拉卡什：《欧洲人在前殖民时期印度的商业活动》

III　印度帝国和现代社会的开端

肯尼斯·W. 琼斯：《英属印度社会宗教改革运动》

苏加塔·鲍斯：《农民劳动和殖民地资本：1770 年以来的孟加拉农村》

B. R. 汤姆林森：《现代印度经济：1860 年至 21 世纪》

托马斯·R. 梅特卡夫：《英国统治者的意识形态》

大卫·阿诺德：《印度殖民时期的科学、技术和医学》

芭芭拉·N. 拉姆萨克：《印度王公和他们的土邦》

IV　当代南亚的演进

保罗·R. 布拉斯：《独立后的印度政治》

杰拉尔丁·福布斯：《近代印度妇女》

苏珊·贝利：《18 世纪至现代的印度种姓、社会和政治》

大卫·卢登：《南亚农业史》